JN439008

빅데이터와
소비자만족

빅데이터와
소비자만족

찍은날 / 1판 1쇄 2017년 8월 20일
펴낸날 / 1판 1쇄 2017년 8월 25일

저　자 / 김시월 · 조향숙
펴낸이 / 민상기
펴낸곳 / **쿠북** (건국대학교출판부의 패밀리 브랜드입니다.)
등록 / 제 4-3 호 (1971. 6. 21.)
주소 / 05029, 서울특별시 광진구 능동로 120 건국대학교 출판부
전화 / (02) 450-3891~3
팩스 / (02) 457-7202
홈페이지 / http://press.konkuk.ac.kr
e-mail / press@konkuk.ac.kr

책임편집 / 박명희
찍은곳 / 네오프린텍㈜

정가 / 18,000원

ISBN 978-89-7107-615-6 93330

이 도서의 국립중앙도서관 예정도서목록(CIP)은 서지정보유통지원시스템 홈페이지(http://seoji.nl.go.kr)와 국가자료공동목록시스템(http://www.nl.go.kr/kolisnet)에서 이용하실 수 있습니다.(CIP제어번호: CIP2017019184)

빅데이터와
소비자만족

김시월 · 조향숙 공저

Big
Data

쿠북

저자의 글

빠른 시대적 변화는 커뮤니케이션의 도구를 다양화시켰다. 이와 더불어 생성되는 수많은 정보로 인하여 우리는 '정보의 쓰나미' 속에서 살고 있다. 이러한 정보가 소비자에게 얼마나 유용하게 활용될 수 있는가는 전적으로 소비자의 정보탐색, 선택 등에 달려 있다. 소비자의 소비생활에서 궁극적인 목적은 소비자의 복지, 즉 행복과 관련이 있는데, 이에 중요한 것은 소비자의 선택에서 비롯된다. 소비자의 선택에 따라 만족, 불만족, 즉 행복과도 연관이 있기 때문이다.

또한 수많은 데이터가 난무한 현대 시장에서 소비자와 기업, 정부의 커뮤니케이션 데이터의 효율성은 매우 중요하다. 왜냐하면, 데이터의 종류도 중요하지만, 어떻게 저장 및 관리하고, 어떻게 분석하며, 그리고 어떻게 활용할 것인가는 전적으로 목표 및 목적과 관련이 있기 때문이다.

소비자는 소비를 통하여 생활하면서 그 과정 중에서 빚어지는 수많은 상품과 서비스, 그리고 환경과 끊임없이 대화하고, 흔적을 남긴다. 이러한 흔적은 과거에는 단순한 경험에 불과했지만, 근간에는 중요한 족적의 데이터로 정리된다.

왜일까?

바로 시장에서 소비자의 소비생활을 통한 구매계획, 구매, 사용, 처분 등은 일련의 소비자 행동뿐만 아니라 소비자 가치, 소비자 심리 등을 파악할 수 있는 중요한 근거가 되기 때문이다. 이러한 모든 것이 데이터화, 빅데이터로 발전하여 미래 사회의 소비트렌드를 예측하고, 새로운 상품 및 서비스를 위한 개발의 근거, 그리고 결함을 발견하고 해결하는 일련의 자료가 된다.

이에 생산과 소비는 서로 시너지 효과를 발휘할 뿐만 아니라, 상호간 자극과 순환적인 관계라고 볼 수 있으며, 소비자, 소비의 중요성은 근간에 떠오르는 화두임에 틀림이 없다.

소비자는 소비사회에서 그리고 시장에서 화폐를 근거로 구매행위를 하는 화폐투표자라고 할 수 있는데, 이는 소비자로부터 선택되는 상품과 서비스가 되고자 노력하는 그 근거가 된다. 따라서 소비자의 다양한 불만표시 및 내용, 소비자의 만족과 다양한 행동, 그리고 이와 관련된 기업 · 기관 · 정부 등과의 소비자 목소리가 중요한 자료가 된다.

본서는 근간 '왜 빅데이터와 소비자의 관계가 중요한가?'에 대한 응답이 될 수 있을 것이다.

본서의 목표는

첫째, 빅데이터의 등장, 개념, 활용방안 등을 소비자 입장에서 이해하고,

둘째, 빅데이터와 소비자의 관계가 왜 중요한가를 이해하고,

셋째, 관련 데이터의 정성적 · 정량적 방법 등의 분석에 대해 이해하고,

넷째, 현재 기업이나 기관 등 시장에서 빅데이터 활용의 사례를 살펴보고,

다섯째, 구체적인 발전 방안을 창의적으로 고안해 보고자 한다.

따라서 사회환경을 바라보는 전반적인 거시적 시각, 구체적인 실습을 활용한 도구적 지각을 키우고 미래 관련 트렌드 예측 및 응용을 가늠하는 통찰력 있는 안목, 그리고 좀 더 나은 융합적인 사고를 통한 전반적인 발전 방안의 도출 등을 키워 기본적 · 학습적 · 전문적 시각의 확대를 기대해 본다.

2017년 8월

저자 일동

CONTENTS

■ 저자의 글 / 4

제 I 부 빅데이터와 시장변화

제1장 빅데이터의 등장으로 무엇이 변화하고 있는가? • 12

1. 빅데이터의 등장 ······ 13
2. 빅데이터의 등장으로 인한 시장환경과 소비자와의 관계 변화 ······ 20
3. 빅데이터의 개념과 본질 ······ 26
4. 빅데이터 활용을 위한 분석의 필요성 ······ 32
5. 빅데이터 활용의 사례와 변화 경험하기 ······ 40

제2장 왜 빅데이터, 빅데이터 하는가? • 46

1. 왜 데이터 분석 전쟁을 하는가? ······ 47
2. 왜 빅데이터 분석과 소비자인가? ······ 52
3. 글로벌 시장과 글로벌 빅데이터 분석 ······ 57
4. 글로벌 시장과 글로벌 빅데이터와의 전쟁 ······ 62
5. 사례 찾고 공유하기 ······ 71

제3장 빅데이터로 인한 비즈니스 데이터의 생태계는 어떻게 변화하고 있는가? • 76

1. 비즈니스 생태계의 변화 ······ 77
2. 기업의 소비자 관련 분석 ······ 85
3. 기업별 현황 및 응용 ······ 93
4. 사례 찾고 공유하기 ······ 99

제II부 빅데이터 활용과 소비자

제4장 왜 소비자로부터 출발하는 빅데이터인가?_빅데이터의 가치와 소비자만족 • 108

1. 왜 소비자의 목소리가 중요한가? ······ 109
2. 왜 소비자만족이 중요한가? ······ 111
3. 소비자의 목소리, VOC, CS 등 관련 자료 분석의 기초 ······ 114
4. 소비자 관련 데이터 활용은 어디까지 가고 있나? ······ 123

제5장 왜 소비자로부터 출발하는 빅데이터인가?_빅데이터의 가치와 소비자문제 • 132

1. 빅데이터의 가치 ······ 133
2. 소비자문제란 무엇인가? ······ 138
3. 빅데이터의 소비자문제는 어떤 것이 있는가? ······ 142
4. 사례 찾고 공유하기 ······ 143

제6장 각 분야에서 빅데이터는 어떻게 활용되고 있는가? • 146

1. 기업의 빅데이터 활용 ······ 147
2. 국내 공공기관의 빅데이터 활용 ······ 152
3. 해외 주요국 공공기관의 빅데이터 활용 ······ 156
4. 사례 찾고 공유하기 ······ 165

CONTENTS

제Ⅲ부 빅데이터 분석과 소비자

제7장 빅데이터 분석을 위해 어떤 능력이 필요한가?_빅데이터 성과와 분석능력 • 170

1. 빅데이터의 창조와 성과 ······ 170
2. 빅데이터와 과학적 조사의 설계 ······ 174
3. 빅데이터와 데이터 과학 ······ 176
4. 빅데이터 분석을 위한 역량 ······ 178
5. 실습하기 ······ 188

제8장 빅데이터 관련 소비자 관계를 어떻게 시각화하는가? • 190

1. 빅데이터의 기술통계 분석 ······ 191
2. 빅데이터의 시각화 ······ 203
3. 빅데이터와 인포그래픽 ······ 206
4. 실습하기 ······ 212

제9장 빅데이터 관련 소비자 관계 분석은 어떻게 하나? • 214

1. 빅데이터와 교차분석 ······ 214
2. 빅데이터와 t 검정(t-test) ······ 218
3. 빅데이터와 일원배치 분산분석 ······ 223
4. 빅데이터와 사회연결망 분석 ······ 225
5. 실습하기 ······ 234

제Ⅳ부 빅데이터 분류와 소비자 커뮤니케이션

제10장 빅데이터 분류와 예측 방법은 무엇인가? • 236

1. 빅데이터와 군집분석 236
2. 빅데이터와 의사결정나무 분석 248
3. 실습하기 259

제11장 빅데이터 관련 소비자와의 커뮤니케이션은 무엇인가? • 260

1. 기업에서의 소비자 커뮤니케이션 261
2. 기관에서의 소비자 커뮤니케이션 275
3. 미래 사회 변화와 소비자와의 커뮤니케이션 292

- 참고문헌 / 304
- 찾아보기 / 315

제 I 부

빅데이터와 시장변화

제1장 빅데이터의 등장으로 무엇이 변화하고 있는가?

도 입

몇 년 전부터 단순한 정보, 데이터, 데이터의 축적, 데이터의 전달, 데이터의 정보 활용화 시대를 지나, 우리 모두 빅데이터, 빅데이터를 외치고 있다.

왜 그럴까?

우리는 과거 머릿속에 혹은 기억 속에 있던 다양한 간접적인 경험과 체험적인 경험, 기록한 사실들의 활용을 중심으로 한 시기를 거쳤다. 그리고 군사적 정보를 활용하고자 하였던 초기 인터넷 시대를 지나, 인터넷과 관련된 빠른 스피드와 거대한 정보의 시기를 보내면서 너무나 많은 정보의 홍수를 거쳐 그 정보를 정리하고, 활용하는 체계적 작업이 필요함을 절실히 느끼고 있음에 틀림이 없다.

바야흐로 빅데이터를 축적한 결과일 것이다.

제1장에서는 빅데이터의 등장, 빅데이터로 인한 시장환경의 변화, 그리고 빅데이터와 소비자와의 관계 변화 등과 그 중요성을 중심으로 살펴보고자 한다.

또한 빅데이터란 도대체 무엇인가? 또 그 본질은 무엇인가? 과연 우리의 시장환경에서 빅데이터의 활용성을 위하여 어떻게 해야 하는가? 등도 다루어 보고자 한다.

이러한 것을 통하여 시장에서 빅데이터의 등장으로 인하여 시장환경이 빠르게 변화하고 있고, 특히 소비자가 더욱 중요해졌으며, 소비자와의 커뮤니케이션과 행동분석으로 데이터의 시장 활성화를 위한 활용성이 높은 것을 이해하게 될 것이다.

1 … 빅데이터의 등장

디지털 경제의 확산으로 우리의 주변에는 규모를 가늠할 수 없을 정도로 많은 정보와 데이터가 생산되는 이른바 '빅데이터(big data)' 환경이 도래하고 있다. 빅데이터란 과거 아날로그 환경에서 생성되던 데이터에 비하면 그 규모가 방대하고, 생성 주기도 짧고, 형태도 수치 데이터뿐 아니라 문자와 영상 데이터를 포함하는 대규모 데이터를 말한다. 급기야 PC와 인터넷, 모바일 기기 등의 이용이 생활화되면서 사람들이 도처에 남긴 발자국인 데이터의 흔적들은 기하급수적으로 증가하고 있다(정용찬, 2012a).

소비자의 소비생활과 밀접한 쇼핑에서 그 예를 찾아보자.

데이터의 관점에서 보면, 과거에는 단순히 소비자가 상점에서 상품을 구매할 때에만 정확한 데이터가 기록되었다. 반면, 인터넷쇼핑몰의 경우에는 구매를 하지 않더라도 방문자가 돌아다닌 기록들이 자동적으로 데이터화되어 저장된다. 도대체 어떤 상품에 관심이 있는지, 얼마나 오랫동안 쇼핑몰에 머물렀는지도 알 수 있다. 소비자는 단순히 상품의 쇼핑뿐만 아니라 은행 · 증권과 같은 금융거래, 교육과 학습, 여가활동, 자료검색과 이메일 등 하루 대부분의 시간을 PC와 인터넷에 할애한다. 사람과 기계, 기계와 기계가 서로 정보를 주고받는 사물지능통신(M2M: machine to machine)의 확산도 디지털 관련 정보가 폭발적으로 증가하게 된 이유라고 볼 수 있다.

단순히 인터넷 이용만 보더라도, 2015년 기준으로 만 3세 이상 우리나라 인구 중에서 인터넷 이용률은 85.1%에 이르고 이용자 수는 41,940,000명에 이른다. 이 중에서 만 60세 이상의 노년층도 39.5%에 이른다고 한다(김주영 외, 2015). 뿐만 아니라 우리의 인터넷 속도는 세계에서 가장 빠른, 평균 26.3Mbps에 이른다(네이버, 2016).

그러나 빠른 속도만큼 활용성에서는 의문이다.

세계에서 가장 빠른 인터넷 속도는 어느 나라?

아카마이코리아가 16일 발표한 '2016년 3분기 인터넷 현황 보고서'에 의하면, 지난 3분기 기준 우리나라 인터넷 평균 속도가 세계에서 가장 빠른 것으로 나타났다.

2016년 12월 16일 콘텐츠전송네트워크(CDN) 기업 아카마이코리아가 발표한 '2016년 3분기 인터넷 현황 보고서'에 따르면 한국은 인터넷 평균 속도가 전년 동기 대비 28% 빨라진 26.3메가비피에스(Mbps)를 기록했다.

Mbps는 초당 다운로드할 수 있는 메가바이트(MB) 단위 용량을 뜻하는 단위로, 26.3Mbps는 1기가바이트(GB) 용량의 고화질 동영상을 약 38초 만에 다운로드할 수 있는 속도다.

한국은 조사 대상에 포함된 국가들 중에서 유일하게 평균 속도 25Mbps를 넘었다. 우리나라의 뒤를 이은 곳은 홍콩(20.1Mbps), 노르웨이(20Mbps), 스웨덴(18Mbps) 등이다. 미국과 중국은 상위 10개국에 들지 못했다.

우리나라는 4 · 10 · 15 · 25Mbps 광대역 인터넷 보급률에서도 각각 97%, 78%, 61%, 34%로 세계 1위를 차지했다. 2016년 3분기 전 세계 인터넷 평균 속도는 6.3Mbps로 전년 동기 대비 21% 빨라졌다.

해당 보고서를 작성한 연구원은 "연말연시 쇼핑 시즌에는 많은 소비자가 다양한 디바이스를 통해 인터넷에 접속하기 때문에 트래픽이 급증한다"면서 "인터넷 평균 속도가 전 세계적으로 꾸준히 상승하고 있어 올해 연말에는 트래픽으로 인한 문제는 발생하지 않을 것"이라고 말했다.

자료: 네이버(2016), 세계에서 가장 빠른 인터넷 속도는 어느 나라?, http://www.naver.com

중국, 인터넷 사용인구 7억 명, 현금 없이 온라인 결제로만 생활 가능

베이징에 거주하는 직장인 하 씨(28세, 여)는 매일 아침 출근 후 온라인 사이트를 통해 장을 본다. 각종 야채와 고기, 우유, 물 등 당일 저녁식사에 필요할 재료를 구매하는 것인데, 정오 이전에 주문한 제품에 대해서는 하루 배송 원칙을 고수하는 온라인 유통 업체를 통해 신선한 제품을 퇴근 후 제시간에 받아볼 수 있기 때문이다. 물건 구매 시 하씨는 온라인 결제 방식인 즈푸바오(支付宝), 웨이신 즈푸(微信支付), 큐큐즈푸(QQ支付) 등을 이용하고, 일정 금액을 사용할 때마다 각 결제 업체가 지급하는 쿠폰 할인 혜택을 받아오고 있다. 기존에 시장에서 직접 제품을 구매하는 방식보다 시간적, 금전적으로 경제적인 생활을 할 수 있다는 것이 하 씨의 설명이다.

베이징에 거주하는 또 다른 직장인 손 씨(32세, 여)는 매일 아침 출근길 '띠띠(嘀嘀)'로 불리는 콜택시를 타고 출근한다. 휴대폰에 다운로드해 둔 띠띠따처(嘀嘀打车) 애플리케이션에 목적지를 설정하면 근처에 있는 다양한 종류의 해당 업체에 등록된 자동차가 검색된다.

이 가운데 원하는 자동차 차종과 목적지까지 탑승 비용 등을 통해 손 씨가 직접 선택한 차량을 탑승하는 방식이다. 이때 해당 앱상에는 차량 운전사의 사진과 이름, 나이 등이 동시에 검색된다는 점에서 손 씨는 기존의 택시를 탑승했을 때보다 안전하다고 설명한다. 물론 이용 비용은 온라인 결제 시스템인 즈푸바오, 웨이신 즈푸 등을 이용한다.

최근 중국에서는 이 같은 온라인 결제 방식을 포함한, 온라인으로만 일상생활을 영위하는 것이 가능해졌다. 온라인 결제 시스템으로 연결된 다양한 온오프라인 상점과 교통수단 등을 통해 현금이 없이도 생활이 가능해진 것이다.

이 같은 온라인을 통한 편리한 생활이 가능해지면서, 중국 내 인터넷 사용자 수는 크게 증가했다.

중국인터넷정보센터(CNNIC)가 조사한 '제39차 중국인터넷발전상황통계보고(中国互联网络发展状况统计报告)'에 따르면 중국 내 인터넷 사용자 수는 2016년 12월 기준, 7억 3,100만 명에 달하는 것으로 집계되었다. 중국 전체 인구의 절반(53.2%)을 넘어선 수치다.

특히 스마트폰을 이용한 인터넷 사용 인구는 전체 인터넷 사용 인구의 약 95.1%에 해당하는 6억 9,500만 명에 달했으며, 최근 3년 동안 10% 이상의 지속적인 증가를 기록했다고 전해졌다.

이 가운데 스마트 폰을 통한 온라인 결제 시스템 이용자의 수는 4억 6,900만 명으로, 지난해 같은 기간 대비 약 31.2% 증가하는 등 급격한 성장세를 보였다.

스마트폰 사용자들은 온라인 검색, 음원 청취, 영상물 감상, 온라인 결제와 관련한 앱을 다수 소지하고 있는 것으로 나타났다. 또한 해당 앱을 통한 음식 주문, 장보기, 교통수단 등의 이용자 수는 지난해 대비 83.7% 증가했다고 보고서는 밝혔다.

특히 띠띠따처(嘀嘀打车) 등 온라인과 연동된 교통수단을 사용한 이용자 수는 같은 기간 약 1억 6,800만 명에 달했으며, 이는 지난해 같은 기간 4,616만 명이었던 것과 비교해 37.9% 증가한 수치다.

이들이 해당 온라인 연동 상점과 교통수단을 이용할 때 사용했던 '웨이신 즈푸', 'QQ즈푸', '즈푸바오' 등의 이용자 수는 같은 기간 총 2억 3,900만 명으로, 지난해 같은 동기 대비 32.7% 증가한 것으로 분석됐다.

이 같은 인터넷 사용자 수의 급격한 증가에 대해 일각에서는 스마트폰 보급이 중국 전역으로 확산되는 것이 성공을 거뒀기에 가능했다는 분석이다.

중국 인터넷 정보 센터 관계자는 "지난 10년 동안 중국의 인터넷 환경은 빠른 속도로 발전해 왔다"면서 "특히 지난 한 해 중국 인터넷 업계는 서비스 환경 제고를 위해 관련 법안의 규범화, 콘텐츠의 다양화, 설비의 지능화 등을 추진했다. 이를 통해 인터넷 이용자들의 수가 크게 확산됐다"고 말했다.

더욱이 중국 정부는 최근 베이징에서 개최된 양회를 통해 오는 2020년까지 인터넷 정보 인프라 향상을 위해 약 200조원을 투입하는 등 향후 인터넷 사용자 수는 지속적인 증가세를 이어갈 것이라는 전망이다.

이 관계자는 "이 분야 정부 투자금의 상당수는 인터넷 네트워크 망 구축 및 서비스 질 향상을 위한 분야에 활용될 것"이라며 이같이 덧붙였다.

자료: 사이언스타임즈(2017. 1. 31.), 중국, 인터넷 사용인구 7억 명, 현금 없이 온라인 결제로만 생활 가능.

사용자가 직접 제작하는 UCC를 비롯한 동영상 콘텐츠, 휴대전화와 SNS에서 생성되는 문자 등은 데이터의 증가 속도뿐만 아니라, 그 형태와 질에서도 기존과 매우 다른 양상을 보이고 있다. 특히 블로그나 SNS에서 유통되는 텍스트 정보는 그 내용을 통해 글을 쓴 사람의 성향뿐만 아니라, 소통하는 상대방과의 연결 및 네트워크 관계까지도 분석이 가능하다. 게다가 사진이나 동영상 콘텐츠를 PC를 통해 이용하는 것은 이미 보편적으로 일반화되었고, 방송 프로그램도 TV수상기를 통하지 않고 PC나 스마트폰으로 보는 콘텐츠 중심의 세상이 도래한 것이다.

또한 주요 도로와 공공건물은 물론, 심지어 공공주택의 엘리베이터 내부에까지 설치된 CCTV가 촬영하고 있는 영상 정보의 양도 그 상상을 초월할 정도로 엄청나다. 그야말로 일상생활의 모든 소비자행동 하나하나가 빠짐없이 데이터로 저장되고 있는 셈이다.

이러한 데이터 중심의 사회에서는 민간 분야뿐만 아니라 공공 분야에서도 데이터를 양산하고 있다. 예를 들면, 인구센서스(census)를 비롯한 다양한 사회인구학적인 조사, 국세 관련 자료, 의료보험, 연금 등의 분야에서도 자연스럽게 데이터가 생산되고 있으며, 스마트워크의 본격화도 데이터 증가를 가속화할 전망(방송통신위원회, 2011)이라고 하였으며 실제로 실행되고 있다.

결국 이러한 빅데이터 관련 사회는 우리 시장의 환경을 급격하게 변화시키고 있는데, 그 근본적인 원인은 인터넷을 비롯한 네트워크 환경의 급격한 변화로 인한 것이라고 볼 수 있다.

그렇다면, 구체적으로 언제부터 빅데이터가 등장하였는가?

2007년부터 전 세계적으로 생성된 디지털 정보량이 사용 가능한 저장 공간을 초과하기 시작하여 2011년에는 전 세계적으로 생성될 디지털 정보량이 1.8ZB에 달하는 '제타바이트(zettabyte) 시대'로 진입되었다고 보고 있다. 스마트 단말 확산, SNS 활성화, 사물지능통신(M2M) 확산 등으로 데이터의 증가 및 폭발이 가속화되면서 다양한 정보, 다양한 채널의 등장과 이로 인한 정보의 생산 · 유통 · 보유량의 증가는 계속적인 데이터의 기하급수적인 증가를 유발하고 있다.

예컨대, 트위터(twitter)에서만 하루 평균 1억 5,500만 건이 생겨나고 유튜브의 하루 평균 동영상 재생건수는 40억 회에 이른다고 한다. 이른바 글로벌 데이터 규모는 2012년에 2.7제타바이트(zettabyte), 2015년에는 7.9제타바이트로의 증가를 예측하였다(IDC, 2011). 1제타바이트는 1,000엑사바이트(exabyte)이고, 1엑사바이트는 미국 의회도서관 인쇄물의 10만 배에 해당하는 정보량이라고 한다.

페이스북은 2012년 8월 기준으로 매일 25억 개(500TB) 이상의 데이터가 발생하였고 트위터는 2013년 1월 기준으로 매일 4억 개 이상 데이터가 발생하였다고 한다. IDC(2011)는 2020년 전 세계 디지털 정보의 양이 2009년에 비해 44배 정도 증가할 것으로 전망하고 있으며, 2011년에는 전 세계에서 생성되는 디지털 정보량의 1.8제타바이트로 매 2년마다 2배씩 증가한다고 발표하였다.

이는 지구상에 존재하는 정보의 90%가 그 시기 2년 새 만들어졌을 만큼 엄청난 '데이터 쓰나미'가 펼쳐질 것으로 예상하였으며, 2020년에는 1인당 평균 보유 데이터의 양이 130제타바이트까지 증가할 것으로 예상하였다(복경수 · 유재수, 2013).

최근 빅데이터는 데이터 자체보다는 이를 어떻게 잘 활용하여 새로운 인사이트를 창출하는 고급 분석의 중요성이 더욱 부각되고 있다. 빅데이터를 활용하여 스마트한 의사결정과 새로운 가치서비스를 창출하려면 실시간으로 현황분석은 물론, 예측분석까지도 민첩하게 실행하여야 한다. 이와 함께 디지털 정보량의 기하급수적인 증가에 따라 기존 데이터베이스 관리 도구의 데이터 수집, 저장, 관리, 그리고 분석하는 역량을 넘어서는 빅데이터라는 용어가 등장하였다.

이러한 빅데이터의 출현과 더불어 시장의 관심 또한 증대되고 있다.

마이크로 타깃팅(micro targeting)에 의하면 오바마의 미국 대선 승리로 빅데이터에 대한 관심이 급증했다고 하기도 한다. 이에 따라 2013년 초 각종 세미나와 컨퍼런스의 주제로 빅데이터가 단연 으뜸이었다고 해도 과언이 아니라고(노규성, 2014) 지적하고 있다.

그러나 당시의 인기에 따른 기대와는 달리 아직 산업계에서나 기관 등에서 구체적인 활용 및 도입 상황은 어느 정도 주춤한 것으로 판단한다. 물론 국가별, 시장 상황별, 관련 기업이나 기관의 규모별 차이가 있지만, 앞으로의 급속한 전개 및 변화를 대비한 준비가 필요하다. 이러한 주춤한 가장 큰 이유는 빅데이터 관련 솔루션이나 기반 기술 및 인프라 장비가 매우 고가인 측면이 있으며, 무엇보다 관련 전문가의 부족, 필요성의 인식 부족 등이 가장 큰 요인으로 보인다.

주요 선진국의 경우는 기업뿐만 아니라 공공부문의 빅데이터 활용이 두드러지고 있으며, 이는 미국을 중심으로 활발한 활용과 분석이 이루어지고 있다. 예를 들어, 페리스 등(Parise *et al.*, 2012)은 빅데이터 활용 목적과 데이터 형태를 조합하여 빅데이터 프레임워크를 제시하였다. 여기에서 빅데이터 활용 목적은 측정(measure)과 실험(experiment)으로 구분되고, 데이터의 형태는 거래 데이터와 비거래 데이터로 구분하였다. 이러한 프레임워크에서는 빅데이터의 영역을 성과관리(performance management), 데이터 탐색(data exploration), 소셜 분석(social analytics) 및 의사결정 과학(decision science)으로 구분하였다.

그리고 폴리(Foley, 2013)는 데이터 생성, 데이터 축적, 데이터 관리 최적화, 분석, 데이터 자산(wealth)의 공유, 비즈니스에의 활용, 비즈니스 전환, 산업 패러다임의 변환 등 여덟 가지 최선의 실행방안(best practices)을 빅데이터 전략으로 제안하였다.

채승병 등(2012)은 일반 기업 주도의 빅데이터 활용 방향을 생산성과 효율성의 제고, 의사결정 능력 향상, 문제의 발견과 해결 등 크게 세 가지로 제시하였다. 그리고 송민정(2012)은 빅데이터 활용 분야를 빠르고 정확한 의사결정, 문제해결의 실마리 제공, 개인 맞춤형 기회제공 등으로 구분하였다.

한편 조완섭(2012)은 다른 각도에서 활용 영역을 제시하였는데, 그것은 이상 현상의 감지, 가까운 미래의 예측, 상황분석 및 새로운 기회의 창출 등으로 분류하였다.

장영재(2012)는 빅데이터 활용을 위한 전략을 네 가지로 제안하였는데, 첫째, 빅데이터 패러다임을 잘 이해할 것, 둘째, 데이터 중심적 기업문화를 정착할 것, 셋째, 빅데이터가 전부가 아니라는 인식을 가질 것, 넷째, 전문가를 활용할 것 등을 제안하였다.

김신곤과 조재희(2013)는 특히 지방자치단체가 보유한 공공데이터에 대한 현황을 분석하여 빅데이터 활용을 위한 인프라 구축, 공공 정보의 개방과 공유문화의 확산에 적극적 참여, 공공데이터 활용을 위한 오픈 플랫폼의 구축, 소셜 미디어의 활용, 중앙정부의 공공 분야 빅데이터 지원 사업의 활용, 데이터 사업 유형 및 도입 방법의 고려 등 지자체 빅데이터 도입에 관한 고려사항을 제안하였다.

이상 각 전문가들은 데이터 영역에서는 기업중심의 개별 데이터와 중앙정부나 지방자치단체 등의 공공데이터를 의미하며, 그리고 이 데이터들의 활용 영역 구분은 다소 차이가 있는 것으로 보이지만, 대체로 의사결정이라는 큰 범주에서는 일치하며, 부분적으로 이상 현상 감지나 문제적인 현상에 대한 보완적인 유형을 내포하고 있다. 그리고 무엇보다 가까운 미래에 대한 예측 자료로 활용하여 상황을 발 빠르게 분석하거나 새로운 기회 창출 등에 활용할 수 있다고 지적하고 있다.

2 … 빅데이터의 등장으로 인한 시장환경과 소비자와의 관계 변화

1) 시장환경의 변화

일반적인 시장환경의 변화 요소는 무엇인가?

시장환경의 변화 요소는 논자에 따라 다를 수 있지만, 거시적 환경요인(macro-environmental factors)과 미시적 환경요인으로 그 분류가 가능하다. 특히 소비자 개인이 시장에 직접적으로 영향을 미치기보다는 미시적 환경요소 전체에 부분적인 영향을 미치게 되며, 보다 넓은 의미의 환경요인을 의미하는 것으로서 일반적으로 이를 외부환경요인이라고 할 수 있다. 거시적 환경요인은 경제적 · 사회문화적 · 정치적 · 법적 · 기술적 자연 환경요인과 경쟁 환경요인으로 구성된다. 이들 환경요인들의 구성요소들은 매우 다양하며, 또한 끊임없이 변화하면서 새로운 기회와 위협을 창출함으로써 시장의 성과에 커다란 영향을 미치게 된다. 따라서 시장 변화요인과 관련된 요인들의 각 구성요소별 현황과 미래의 추세를 분석, 파악하고 이들이 의미하는 바를 전략적으로 분석할 필요가 있다.

그 외 미시적 환경요인(micro-environmental factors)으로는 주주, 고객인 소비자, 공급업자, 유통경로 담당자, 경쟁자 대중, 채권자, 노동조합과 정부 등으로 구성되며, 이들의 관계 및 융합적인 네트워크, 그리고 개별 존재의 특성에 의해 환경을 받는다고 볼 수 있다.

결국, 시장의 구성요인이 생산자, 소비자, 정부 등의 요인이지만, 빅데이터로 인한 시장환경은 다양한 변화를 초래하고 있다. 구체적으로 보면, 빅데이터로 인한 시장환경의 변화는 데이터의 지속적인 다량의 축적, 관련 사례수의 확대로 인한 객관성 확보 등의 긍정적 측면을 비롯하여, 빅데이터의 분석 필요성 증대, 데이터의 활용 기회 확대, 현재 및 미래 트렌드 파악의 필요성 대두 및 가능성 증대, 빅데이터로 인한 현상분석에 대한 객관성 확대, 빅데이터로 인한 정확한 예측력의 증가, 빠른 데이터 분석과 활용의 스피드화, 사회적 기회비용의 절감, 빅데이터와 관련된 새로운 직업의 창출 등의 기대감을 낳고 있다. 또한 좀 더 객관화를 위하여 다양한 영역의

그림 1-1 소비자행동에 영향을 미치는 요소

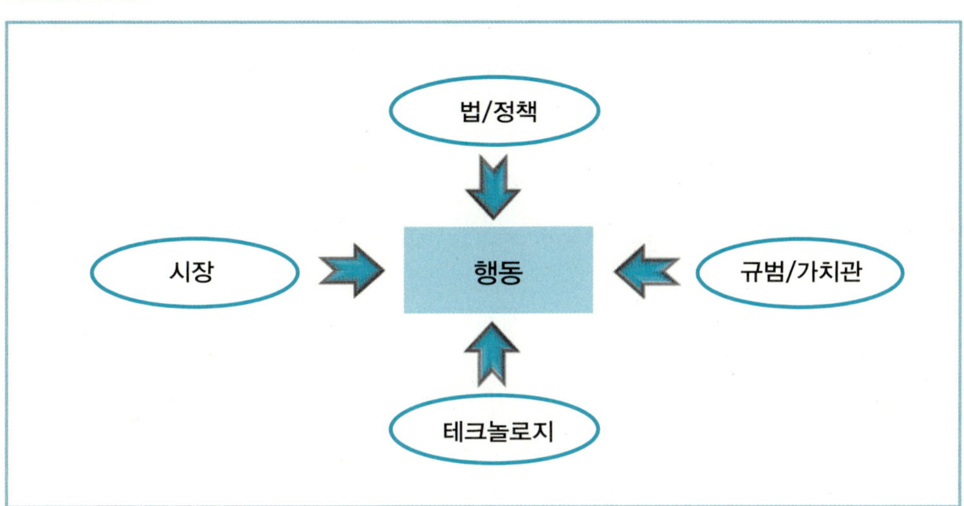

융합 및 연계성이 필요하고, 새로운 산업 기반의 확대를 위한 준비, 글로벌화의 확대화, 가상현실의 증진, 미래에 대한 궁금함, 불안감 증대로 인한 분석 및 예측의 필요성 등을 들 수 있다.

빅데이터의 역량은 빅데이터로부터 가치 있는 인사이트를 찾기 위한 대용량의 처리, 분석 기술과 데이터 관리 및 분석 역량을 포함한다. 즉, 수집, 저장, 처리, 분석, 시각화 및 공유의 흐름을 가진다고 볼 수 있다. 이러한 빅데이터의 역량에 대한 가치와 인식이 시장에서 변화하고, 그 중요성이 확대되고 있다.

2) 소비자와의 관계 변화

시장에서의 생산, 소비의 관계성이 친밀해지고 관심이 증대되면서 소비자행동과 시장성의 연계가 확대된 것은 주지의 사실이며, 다양한 정보가 제공되고 그 정보를 공유할 수 있게 되었다. 특히 소비자의 소비를 통한 생산의 연계는 그 어느 때보다 중요성이 증가하고 있는데, 이는 소비자로부터 가치 창출을 연계해야 한다는 것이다.

예컨대, 신용카드회사에서는 소비자의 소비 금액인 소비 규모 분석, 소비 장소 분석, 소비 품목 등의 분석을 통한 소비자행동의 분석 및 예측이 증가된 것을 들 수 있다. 근간 이를 토대로 발표한 각 지역별 소비현황 파악을 통한 소비동향 분석과 예측, 시장분석 등이 그 직접적인 예일 것이다.

카드회사의 빅데이터 분석

BC카드의 2017년 5대 소비트렌드 발표에 의하면, 2013년부터 빅데이터 사업의 일환으로 매년 소비트렌드 도출, 마케팅 및 신상품 개발 등에 활용하고 있다.

2017년 소비트렌드는 다섯 가지 키워드로 도출, 자기계발 업종 및 스마트 환경과 관련된 업종이 두드러져 있다고 2016년 11월 29일 발표했다.

BC카드는 빅데이터사업의 일환으로 지난 2013년부터 매년 소비트렌드를 도출해 왔으며, 이를 통해 BC카드와 BC카드 회원사가 시장 변화에 적시 대응하고 효율적인 마케팅 활동을 할 수 있도록 지원 중이다.

이번에 BC카드가 선정한 2017년 소비트렌드는 △얼리 힐링족(Early Healing Consumer) △뉴노멀 중년(New Normal Middle Age) △위너 소비자(Winner Shopper) △스트리밍 쇼퍼(Streaming Shopper) △내비게이션 소비(Navigation Consumption) 등 다섯 가지이다.

얼리 힐링족은 자신의 행복한 삶을 가치관으로 추구하는 30대를 지칭한다. 최근 3년 동안 30대 고객들의 자동차(국산차/수입차 구매, 주차장, 세차장) 업종, 자기계발 관련(헬스클럽, 골프용품/연습장, 서적/문구) 업종, 여행(항공권, 면세점, 호텔, 렌터카) 업종의 매출이 증가하고 있는 것으로 나타났다.

비교 기간 내 30대 고객들의 전체 업종 평균 성장률이 6.6%에 그친 것에 비해 세 가지 업종의 연평균 성장률은 19.0%를 기록한 것으로 나타나는 등 실현 가능한 범위 내에서 개인의 취향을 충족시킬 수 있는 소비에 집중하고 있는 것으로 나타났다.

뉴노멀 중년은 젊은 세대가 가진 취미활동을 즐기는 40대와 50대를 지칭한다. 40대 및 50대 고객들의 매출패턴을 분석해 본 결과, 새로운 업종에 대한 매출 증가율이 눈에 띄게 증가하고 있는 것으로 나타났다.

주유소 업종의 매출 비중이 소폭 감소한 것과는 달리 헬스클럽 및 수영장 등 자기계발 업종에서의 매출 비중이 급격히 증가했으며, 대형 할인점 및 슈퍼마켓의 매출비중은 변동이 없는 반면 편의점의 매출이 급격히 증가하는 모습을 보였다. 또한 온라인쇼핑, 피부/미용, 애완동물 업종의 매출도 큰 폭으로 증가했다.

위너 소비자는 '덕후' 등과 같이 상품 구매 과정의 전반에서 다른 사람들과는 차별화된 과정과 의미를 부여하는 소비자들이다. BC카드가 소셜 미디어 분석을 통해 확인한 결과, '덕후'와 함께 언급된 감성표현들 중 긍정적인 표현들이 3년 전에 비해 13%가량 증가한 것으로 나타났다.

'덕후'와 관련된 대표 소비업종인 완구 업종의 이용금액 증가율을 확인해 본 결과 비교 기간 내 22%의 성장률을 기록한 완구 업종의 소비 계층을 세부적으로 분류해 본 결과, 20대 및 1인가구의 증감률이 높게 나타난 것으로 확인되었다.

스트리밍 쇼퍼는 기존의 텍스트보다 동영상 및 이미지를 이용해 소통의 도구를 선호하는 소비자를 지칭한다. 최근 동영상 콘텐츠에 커머스를 접목한 'V-커머스'(동영상 쇼핑 플랫폼)가 스트리밍 쇼퍼들을 중심으로 크게 성장하고 있다.

BC카드가 한국트렌드연구소와 함께 시행한 '온라인 · 동영상 쇼핑 사용자 조사' 결과 동영상을 통한 쇼핑 경험이 있는 소비자는 33.0%로 알파 소비자 중심의 시장 초기단계이지만, 경험이 없지만 향후 의향이 있는 소비자 비중이 29.8%로 나타나는 등 빠른 성장이 예상된다.

내비게이션 소비는 소비자의 쇼핑 동선 파악을 통해 소비자의 니즈와 인공지능(AI), 사물인터넷(IoT), 위치기반(LBS) 등을 이용해 내비게이션처럼 정보를 제공하는 소비를 일컫는다. 최근 소비자의 니즈 맞춤 알림 서비스와 인공지능을 활용한 '챗봇' 등이 대표적인 서비스이다.

BC카드가 한국트렌드연구소와 함께 시행한 '내비게이션 모바일 쇼핑 사용자 조사' 결과 니즈알림, 대화형 서비스 등 모바일 내비게이션 쇼핑을 이용하거나 의향이 있다는 응답이 66%이고, 이러한 서비스의 장점으로는 부족한 시간 활용 가능(36%), 간편한 결제(22%), 저렴한 구매(21%) 등을 꼽았다.

BC카드 마케팅전략본부장은 "다양한 사회문화 영역에서 발생하는 현상을 관찰 및 분석함으로써 미래의 변화요소를 파악하고 기회를 포착할 수 있다"며 "향후 소비트렌드를 상품 개발 및 마케팅에 적극 활용하여 차별화된 BC카드만의 전략을 구축해 나아갈 것"이라고 밝혔다.

자료: 비씨카드(2016. 11. 29.), 2017년 5대 소비트렌드.

그러나 이러한 것은 기업 측면, 소비자 측면, 정부 측면에서 보면, 시장경제 예측면에서 장점도 많이 존재하지만 단점 또한 존재한다. 보다 다양한 앱 또한 증가하고 창의적인 아이디어 기반 사업이 증가하지만, 특히 기업의 노동자들은 과연 노동시간이 감소했는가? 이와 더불어 서비스 산업의 증가는 오히려 감정적 노동을 증가하지 않았는가? 그리고 시장의 개방 및 확대로 인한 개인정보의 보호와 사회적 노출 등에서 생각해 볼 필요가 있다.

즉, 기존 사회의 환경에서 빅데이터의 환경으로의 변화는 소비자에 대한 다양한 시각이 변화되고 있지만, 그 환경에서의 주체자도 소비자이며, 소비가치가 가미된 소비자행동 분석이 요구된다는 점을 주지하여야 한다.

표 1-1 빅데이터 환경의 특징

구 분	기존 환경	빅데이터 환경
데이터	• 정형화된 수치화된 자료 중심	• 비정형의 다양한 데이터 • 문자 데이터(SMS, 검색어) • 영상 데이터(CCTV, 동영상) • 위치 데이터
하드웨어	• 고가의 저장장치 • 데이터베이스 • 데이터웨어하우스(data-warehouse)	• 클라우드 컴퓨팅 등 비용효율적인 장비 활용 가능
소프트웨어 · 분석 방법	• 관계형 데이터베이스(RDBMS) • 통계패키지(SAS, SPSS) • 데이터 마이닝(data mining) • machine learning, knowledge discovery	• 오픈소스 형태의 무료 소프트웨어 • Hadoop, NoSQL • 오픈소스 통계솔루션(R) • 텍스트 마이닝(text mining) • 온라인 버즈 분석(opinion mining) • 감성 분석(sentiment analysis)

자료: 정용찬(2012a), 빅데이터 혁명과 미디어 정책 이슈, *KISDI Premium Report*, 12(2), 정보통신정책연구원, p. 4.

2015년에는 ICT 분야는 물론 전 산업에 걸쳐 빅데이터에 대한 관심이 증대되면서, 시장의 긍정적 징후와 함께 다양한 활용 사례가 속속 등장하였다. 세계 시장에서 빅데이터는 단순한 열풍에서 가치가 입증된 기술로 변모되고 있으며, 빅데이터와 예측분석 솔루션을 이용하여 데이터의 가치를 최적화하려는 움직임 또한 활발하다.

국내에서도 빅데이터의 가시적 성과들이 조금씩 늘어나면서, 본격적인 빅데이터 확산을 앞두고 있는 상황이다. 공공부문의 선도적 투자를 통한 인식 제고를 넘어 실질적인 성과와 사례 공유를 통해 민간 시장에 확대해 나갈 시점을 두고, 한국정보화진흥원은 국내 빅데이터 비즈니스 전문가 150인을 대상으로 빅데이터 산업의 10대 뉴스 및 이슈를 다음과 같이 선정하였는데(오정연, 2015), 10대 이슈는 다음과 같다.

① 빅데이터를 넘어 머신러닝, 인공지능이 뜸
② 개인정보보호법 제도, 식별이 어려운 정보이용의 활성화
③ 국내 빅데이터 시장, 거품으로 끝날 수도 있다 — 비즈니스 한계가 드러남
④ 국내 빅데이터 시장이 30% 이상의 고성장
⑤ 빅데이터 전문 인력 양성 시급, 진정한 분석 전문가 필요
⑥ 미래부, 행정자치부, 공공데이터의 개방 확대
⑦ 비즈니스 의사결정에 적극 활용해야, 진짜 빅데이터
⑧ 빅데이터, 개인을 감시하는 빅브라더가 될 위험성 경고
⑨ 한국 빅데이터, 제조업에서 성공해야 함
⑩ 빅데이터와 만난 모바일 결재, 생활플랫폼이 될 것 등

또한 주목할 만한 빅데이터 사례를 살펴보자.

국내의 공공부문에서는 경찰청과 미래부의 빅데이터 기반의 범죄예측 시스템 구축, 통계청은 인구총조사에서 빅데이터를 이용해 1,400억 전기 절약, 건강보험공단의 빅데이터와 ICT를 활용한 건강서비스 활용, 서울시의 택시 운행 분석 데이터 셋 개방, 도로교통공단의 빅데이터 분석을 통한 위험도로 예보, 미래부와 국민과학기술정서 빅데이터 활용 R&D 정책 반영, 인천시의 빅데이터 교통정보 시스템 전국 최초 구축, 보건복지부의 암 빅데이터 사업 추진, 소방방제청의 빅데이터 활용을 통한 119 출동 20% 단축, 국토부와 건강보험공단은 공간+의료 빅데이터 환자의료이용지

도 구축 추진 등을 들 수 있다.

국내의 민간부문에서는 삼성카드의 숨은 고객을 찾아낸 빅데이터 마케팅, 현대중공업의 빅데이터 한 해 53억원 비용 감소, BC카드의 빅데이터 분석해 맞춤형 정보제공, 신한카드와 LG전자의 세대별 사용 패턴별로 신용카드 사용 라이프스타일에 맞춘 공동 마케팅 전개, 멜론의 빅데이터 활용한 큐레이션 서비스, 아모레퍼시픽의 빅데이터 솔루션 도입 소셜 기반 시장분석의 가능, 국내 주요 병원의 빅데이터로 의료수준의 상향 도모, KT의 빅데이터로 신생아 유전질환 선별 검사, SKT는 스마트폰으로 차량의 고장 진단, 네이버의 빅데이터를 활용한 증권 트렌드의 제공 등을 들 수 있다.

결국, 빅데이터 관련 기업이나 공공부문의 내용 및 활용은 고객인 소비자의 의사결정 및 행동과 밀접한 관련이 있는 시장에서의 활용성과 연관성이 깊다.

3 … 빅데이터의 개념과 본질

그렇다면, 과연 빅데이터란 무엇인가?

빅데이터는 큰 용량, 빠른 속도, 그리고 높은 다양성을 갖는 정보 자산으로서 이를 통해 의사결정 및 통찰의 발견을 꾀할 수 있는 특징이 있다. 또한 프로세스의 최적화를 향상시키기 위해서는 새로운 형태의 처리 방식이 필요하다고 하였다(Gartner, 2012). 여기에서 중요한 특징은 규모(volume), 다양성(variety), 속도(velocity), 정확성(veracity), 가치(value)라고 볼 수 있으며, 핵심은 관점을 바꾸는 즉, 패러다임의 변화가 요구된다는 것이다. 이에 지금까지와는 다른 방식의 경영, 개발, 기획, 마케팅, 제조 및 서비스가 필요하다.

빅데이터란 디지털 환경에서 생성되는 데이터로 그 규모가 방대하고, 생성 주기도 짧고, 형태도 수치로 된 데이터뿐만 아니라 문자와 영상 데이터를 포함하는 대규모 데이터를 일컫는다. 빅데이터 환경은 과거에 비해 데이터의 양이 폭증했다는 점과 더불어 데이터의 종류도 다양해져서 사람들의 행동은 물론 위치 정보와 SNS를 통해 각각의 생각과 의견까지 분석하고 예측할 수 있게 된 것이다.

이렇게 빅데이터라는 용어는 널리 알려져 있지만, 그 구체적인 개념은 아직 어느정도는 모호한 상태이다. 이에 빅데이터에서 연상할 수 있는 개념으로는, 대량의 데이터, 소셜 미디어 분석, 차세대 데이터 관리 능력, 실시간 데이터 등 여러 가지가 있다. 이 중 어떤 것을 빅데이터의 개념으로 채택하였든, 기업들은 이미 대량의 정보를 새로운 방식으로 처리 및 분석하는 방법을 이해하고 탐색해 나가기 시작했다는 것이고, 그 과정에서 일부 선도적인 기업들은 주목할 만한 비즈니스 성과까지도 이끌어 내고 있다는 것이다.

빅데이터에 대한 여러 가지 혼란은 대부분 빅데이터의 정의와 밀접한 관련이 있다. 빅데이터라는 용어를 어떻게 정의하는지 알아보기 위해, 응답자들에게 빅데이터의 특징을 두 가지씩 선택해 달라고 요청한 연구의 결과(마이클 슈렉 외, IBM기업가치연구소, 응답자수 1,144명; 2012년 중반 IBM이 전 세계 95개국 26개 산업 분야의 전문가 1,144명을 대상으로 실시한 빅데이터@워크 연구를 바탕으로 IBM 기업 가치 연구소와 옥스퍼드 대학교 사이드 경영대학원이 공동으로 제작함)를 보면 알 수 있다. 응답자들은 다양한 분야의 비즈니스 전문가(전체 표본의 54%)와 IT 전문가(46%)로 구성되었으며, 모든 응답자는 자발적으로 인터넷 설문조사에 참여하였다. 연구 결과는 설문조사 자료 및 옥스퍼드 대학교 교수, 관련 분야 전문가, 기업 경영진 등과의 인터뷰를 기반으로 도출되었다.

그 결과, 빅데이터를 가장 잘 설명할 수 있는 문구로 응답자들이 선택한 대답은 하나의 특징에 집중된 것이 아니라, 데이터의 규모 확대, 새로운 유형의 데이터 및 데이터 분석, 실시간 분석에 대한 요구 증가 등 여러 가지로 분산되어 있음을 볼 수 있다. 구체적으로는 정보의 범위 확대(18%), 새로운 종류의 데이터와 분석(16%), 실시간 정보(15%), 신기술에서 유입되는 데이터(13%), 대량의 데이터(10%), 최신 전문용어(8%), 소셜 미디어 데이터(7%) 등으로 나타났다.

어찌 되었든 오늘날 여러 분야에서도 그렇지만, 특히 정보통신 분야에서의 화두는 단연 빅데이터이다. 그만큼 정보통신 서비스 분야에서는 수많은 커뮤니케이션의 도구 확대, 정보의 확대, 그리고 이와 관련된 미래의 신산업의 동력이 되기 때문일 것이다.

빅데이터는 기존 데이터보다 너무나 방대하여 기존의 방법이나 도구로 수집, 저장, 분석 등이 어려운 정형 및 비정형 데이터들을 의미한다. 예컨대, 1분 동안 구글에서는

200만 건의 검색, 유튜브에서는 72시간의 비디오, 트위터에서는 27만 건의 트윗이 생성된다. 세계적인 컨설팅 기관인 매켄지는 빅데이터를 기존 데이터베이스 관리도구의 데이터 수집, 저장, 관리, 분석하는 역량을 넘어서는 규모로서 그 정의는 주관적이며 앞으로도 계속 변화될 것이라고 언급하고 있다. 어떤 그룹에서는 빅데이터를 테라바이트 이상의 데이터라고 정의하기도 하며 대용량 데이터를 처리하는 아키텍처라고 정의하기도 한다(네이버 지식백과, 2016). 그 구체적인 규모, 다양성, 속도, 그리고 정확성을 살펴보면 다음과 같다.

첫째, 규모(volume) 면에서는 데이터의 양을 들 수 있다.

'빅데이터' 하면 가장 먼저 연상되는 규모는 기업들이 전반적인 의사결정 능력을 향상시키기 위해 활용하려 노력하는 데이터의 양을 의미한다. 데이터의 규모는 전례없는 속도로 급증하고 있다. '대규모'가 어느 정도의 규모인지는 산업별 · 지역별로 차이가 많지만, 종종 언급되는 PT(petabytes)나 ZT(zetabytes)보다는 적은 규모이다.

연구에 의하면, 절반을 약간 넘는 응답자들이 1TB에서 1PT 사이의 데이터 세트를 빅데이터라고 생각한 반면, 30% 정도의 응답자들은 자신의 기업 수준에서 어느 정도가 '빅' 데이터인지 아예 모르고 있었다. 그러나 모든 사람이 동의할 만한 한 가지 사실은 '대량'이라고 여겨지는 규모가 오늘보다는 내일 더 커질 거라는 점이다.

둘째, 다양성(variety) 면에서는 데이터의 다양한 형태와 소스를 들 수 있다.

다양성은 정형, 반정형, 비정형 데이터를 전부 포함하는 복잡하고 다양한 형태의 데이터를 관리하는 것과 관련이 있다. 기업들은 기업 내부와 외부의 전통적 및 비전통적 소스에서 유입되는 복잡한 데이터를 취합하고 분석해야 한다. 센서와 스마트기기, 소셜 협업(social collaboration) 기술의 폭발적 발전으로 인해 텍스트, 웹 데이터, 트위터 메시지, 센서 데이터, 오디오, 비디오, 클릭 스트림, 로그 파일 등 수많은 형태의 데이터가 생산되고 있다.

셋째, 속도(velocity) 면에서는 데이터의 이동을 들 수 있다.

데이터가 생산, 처리, 분석되는 속도 또한 지속적으로 증가하고 있다. 데이터가 실시간으로 생성된다는 점과 스트리밍 데이터를 비즈니스 프로세스와 의사결정 과정에 도입해야 한다는 점이 속도를 높이는 데 기여하고 있다. 속도는 반응시간, 즉 데이터가 생산 혹은 수집되는 시간과 그 데이터에 접근할 수 있는 시간 사이의 격차에도 영향을 미친다. 오늘날 데이터는 전통적인 시스템이 수집하고 저장, 분석하기 불가능한 속도로 끊임없이 생성되고 있다.

이러한 점은 실시간 부정한 사기 적발이나 다채널 실시간 마케팅같이 시간에 민감한 프로세스들은 특정 유형의 데이터들을 실시간으로 분석할 수 있어야 효과적인 비즈니스 도구가 된다.

넷째, 정확성(veracity) 면에서는 데이터의 정확성과 불확실성을 들 수 있다.

정확성은 일정 유형의 데이터에 부여할 수 있는 신뢰수준을 의미한다. 높은 데이터 품질을 유지하는 것은 빅데이터의 중요한 요구사항이며 어려운 과제이지만, 최상의 데이터 정제(data cleansing) 기법을 사용해도 날씨나, 경제, 소비자의 미래 구매 결정 같은 일부 데이터의 본질적인 불확실성은 제거할 수 없다. 불확실한 주변 상황을 더 잘 이해하고자 하는 경영진은 반드시 빅데이터의 불확실성 또한 인식하고 대비해야 한다.

결국 빅데이터란 디지털화된 오늘날의 시장경제에서 기업들이 경쟁 우위를 확보할 수 있는 기회를 제공하는 이런 특징들의 조합이라 할 수 있다. 빅데이터는 기업들이 소비자와 상호작용하며 서비스를 제공하는 방법을 변화시키는 것은 물론이고, 기업, 심지어 산업 전체를 스스로 변화시키는 데 중요성이 있다. 모든 기업들이 모두 똑같은 방법으로 데이터 활용 역량을 구축하지는 않을 것이다. 그러나 새로운 빅데이터 기술 및 분석을 통해 의사결정과 실행 능력을 향상시킬 수 있는 기회는 모든 산업 분야에 공존하고 있다.

그렇다면, 빅데이터의 본질이란 무엇인가?

앞에서 빅데이터의 가장 큰 특징으로는 크기, 속도, 다양성, 정확성을 들었다. 크기는 일반적으로 수십 테라바이트 혹은 수십 페타바이트 이상 규모의 데이터 속성을 의미하며, 속도는 대용량의 데이터를 빠르게 처리하고 분석할 수 있는 속성이다. 융복합 환경에서 디지털 데이터는 매우 빠른 속도로 생산되므로 이를 실시간으로 저장 · 유통 · 수집 · 분석처리가 가능한 성능을 의미하며, 다양성은 다양한 종류의 데이터를 의미하며 정형화의 종류에 따라 정형 · 반정형 · 비정형 데이터로 분류할 수 있다. 그리고 정확성은 일정 유형의 데이터에 부여할 수 있는 신뢰수준을 의미하며, 높은 데이터 품질을 유지하는 것은 빅데이터의 중요한 요구사항이라고 하였다.

다시 한 번, 빅데이터의 특징은 3V로 요약하는 것이 일반적인데, 이는 데이터의 양, 데이터 생성 속도, 형태의 다양성을 의미하지만(O'Reilly Radar Team, 2012), 최근에는 가치(value)나 복잡성(complexity)을 덧붙이기도 한다.

따라서 빅데이터란 기존 데이터베이스 관리 도구로 데이터를 수집, 저장, 관리, 분석할 수 있는 역량을 넘어서는 대량의 정형 또는 비정형 데이터 집합 및 이러한 데이터로부터 가치를 추출하고 결과를 분석하는 기술을 의미한다. 이에 전 세계 저장 매체 용량의 증가 및 디지털화를 들 수 있다(워싱턴 포스트, 2016). 다양한 종류의 대규모 데이터에 대한 생성 · 수집 · 분석 · 표현을 그 특징으로 하는 빅데이터 기술의 발전은 다변화된 현대사회를 더욱 정확하게 예측하여 효율적으로 작동케 하고 개인화된 현대사회 구성원마다 맞춤형 정보를 제공 · 관리 · 분석 가능케 하며, 바로 과거에는 불가능했던 기술들을 실현시키기도 한다.

이와 같이 빅데이터는 정치 · 사회 · 경제 · 문화 · 과학 · 기술 등 전 영역에 걸쳐서 사회와 인류에게 가치 있는 정보를 제공할 수 있는 가능성을 제시하며, 다양한 영역에서 복합적으로 연관이 있다는 데에 그 중요성이 부각되고 있다.

이미 세계경제포럼은 2012년 떠오르는 10대 기술 중 그 첫 번째를 빅데이터 기술로 선정했으며, 대한민국 지식경제부 R&D 전략기획단은 IT 10대 핵심기술 가운데 하나로 빅데이터를 선정하는 등 점점 더 세계는 빅데이터를 주목하였다.

빅데이터 플랫폼은 빅데이터 기술의 집합체이자 기술을 잘 사용할 수 있도록 준비된 환경이며, 기업들은 빅데이터 플랫폼을 사용하여 빅데이터를 수집 · 저장 · 처리 및 관리할 수 있다. 빅데이터 플랫폼은 빅데이터를 분석하거나 활용하는 데 필요한 필수 인프라 구조인 셈이다. 빅데이터 플랫폼은 빅데이터라는 원석을 발굴하고, 보관 · 가공하는 일련의 과정을 어긋난 이음새나 틈새 없이 통합적으로 제공해야 한다. 이러한 안정적 기반 위에서 처리된 데이터를 분석하고 이를 다시 각종 업무에 맞게 가공하여 활용한다면 사용자가 원하는 가치를 정확하게 얻을 수 있을 것이다.

이처럼 다양하고 방대한 규모의 데이터는 미래 경쟁력의 우위를 좌우하는 중요한 자원으로 활용될 수 있다는 점에서 주목받고 있다. 대규모 데이터를 분석해서 의미있는 정보를 찾아내는 시도는 예전에도 존재했지만, 현재의 빅데이터 환경은 과거와 비교해 데이터의 양은 물론 질과 다양성 측면에서 패러다임의 전환을 의미한다.

이러한 관점에서 빅데이터는 산업혁명 시기의 석탄처럼 IT와 스마트 혁명 시기에 혁신과 경쟁력 강화, 생산성 향상을 위한 중요한 원천으로 간주되고 있다(McKinsey, 2011).

일반적으로 기업은 보유하고 있는 고객 관련 데이터를 활용해 마케팅 활동을 활성화하는 일련의 고객관계관리(CRM: customer relationship management) 활동을 1990년대부터 시작하였다. CRM은 기업이 보유하고 있는 데이터를 통합하는 데이터웨어하우스(datawarehouse), 고객 데이터 분석(data mining)을 통한 고객유지와 고객이탈방지 등과 같은 다양한 마케팅 활동을 진행하는 것을 뜻한다.

기업의 CRM 활동은 자사 고객 데이터뿐만 아니라 제휴회사의 데이터를 활용한 제휴 마케팅까지도 포함한다. 최근에는 구매 이력 정보와 웹로그(web-log) 분석, 위치기반 서비스(GPS) 결합 등을 통해 소비자가 원하는 서비스를 적기에 적절한 장소에서 제안할 수 있는 기술 기반을 갖추게 되었다. 뿐만 아니라 구매 및 사용 경험이 있는 소비자의 CS 관련 목소리인 VOC(voice Of customer, consumer)도 새로운 상품생산 및 개선점, 그리고 소비자의 불만족을 만족으로 전환하여 재구매 및 충성도를 증가시키는 다양한 대처방안, 대안, 그리고 위기관리 등을 위한 점을 찾을 수 있다.

이러한 소비자분석은 빅데이터 시대를 맞이하여 일대 전환점을 맞고 있다. 분산처리 방식과 같은 빅데이터 기술을 활용해서 과거와 비교가 안 될 정도의 대규모 소비자의 정보를 빠른 시간 내에 분석하는 것이 가능하다. 트위터와 인터넷에 생성되는 기업 관련 검색어와 댓글을 분석해 자사의 제품과 서비스에 대한 소비자 반응을 실시간으로 파악해 즉각적인 대처를 시행하고 있다.

소프트웨어나 하드웨어도 오픈소스 형태의 하둡(Hadoop)이나 분석용 패키지인 R과 분산병렬처리기술, 클라우드 컴퓨팅 등을 활용하면 기존의 비싼 스토리지와 데이터베이스에 기반한 고비용의 데이터웨어하우스를 구축하지 않더라도 효율적인 시스템 운용이 가능하다(네이버 지식백과, 2016; 커뮤니케이션북스, 2013).

4 … 빅데이터 활용을 위한 분석의 필요성

그렇다면, 빅데이터 분석은 왜 필요하며, 그 분석은 누가 하며, 그리고 빅데이터 분석은 가능한가?

일반적으로 대부분의 분석에서, 빅데이터가 아직 보편적으로 도입되고 있지 않은 이유는 '필요성'에 대한 인지의 부족을 들고 있다. 또한 '분석에 대한 가치판단이 불가능'한 이유도 들 수 있다. 이와 더불어 한편, 앞으로 투자를 집중해야 할 분야는 여러 분야 중에서 특히 '보안 모니터링 분야'와 '자동화 시스템' 분야를 들 수 있으며, 그 외 다양한 분야에서도 활용이 기대된다.

무엇보다 가장 중요한 것은 빅데이터의 핵심 가치에 있는데, 빅데이터의 핵심 가치는 바로 소비트렌드 및 트렌드 예측과 제품 개선에 도움이 된다는 것이다. 이러한 도움을 얻고자 빅데이터를 운영하는 데 있어서 애로 사항은 관련 재직자의 전문성을 들 수 있고, 복잡성으로 인해 알고리즘 개발에 난항을 어느 정도는 겪고 있는 것을 들 수 있다.

자료에 의하면, 글로벌 기업의 빅데이터 활용이 세계적으로는 거의 29%라고 하며, 한국의 빅데이터 도입률은 5% 내외라고 한다. 한국의 빅데이터 도입률이 상대적으로 낮은 것을 알 수 있다. 이는 다만 1년 전 같은 기관 같은 조사와 비교하여 도입률의 증가가 두드러지고 있는 것은 아니므로 모든 기업에게 빅데이터를 도입 및 활용이 필요한 것은 아닐 수 있다는 가능성을 보여 주는 결과이기도 하다.

또한 종업원 수 1천 명 이상 기업의 도입 및 활용률은 49%로 1천 명 미만 기업의 활용 수준과 비교하면 2배 이상의 활용률 차이가 나타나고 있어, 기업규모에 따라 차이가 있다고 한다. 빅데이터 도입 및 활용이 원활하게 나타나기 위해서는 투자의 여력이 있고, 분석할 데이터가 풍부하게 준비되어야 한다는 점에서 규모가 큰 기업에서 빅데이터 수요가 집중되고 있는 것으로 나타났으며, 50인 미만 기업에서도 21%의 활용률이 나타나고 있어 기업의 특성과 활용 의지의 조합에 따라 빅데이터의 활용은 모든 규모의 기업에게 유용하게 활용될 수 있다는 가능성을 제시하고 있다(Bigdata and IoT: Benefits, Usage trends 2016, Techproresearch).

결국, 투자의 여력이 있고, 분석할 데이터가 풍부하게 준비되어야 한다는 점에서 규모가 큰 기업에서 빅데이터 수요가 집중되고 있지만, 소규모의 기업도 기업의 특성과 활용 의지의 조합에 따라 빅데이터의 활용은 모든 규모의 기업에게 유용하게 활용될 수 있다는 가능성을 제시하고 있다.

또한 빅데이터를 도입하지 않은 61%의 기업들은 도입하지 않은 이유에 대해 '필요성 못 느낀다', '데이터 분석의 가치가 있는지 잘 모르겠다'는 응답이 가장 빈번하게 나타났다. IoT 등 데이터 수집을 통해 향후 투자를 집중할 빅데이터 분야는 '보안 모니터링 분야'와 '자동화 시스템' 분야로 나타났으며 데이터 수집은 고객 데이터와 비즈니스 데이터 모두 수집, 활용하겠다는 의지를 보인 기업이 65%로 가장 높게 나타났다. 웹비즈니스 모니터링을 통한 온라인 수집 툴을 이용하는 경우가 전체의 72%로 가장 빈번하고 일반적인 데이터 수집 방법으로 나타나고 있으며 네트워크 트래픽을 이용한 데이터 수집 방법도 61%로 자주 이용하고 있는 것으로 나타났다.

기업들이 생각하는 빅데이터 수집과 분석의 가치 중 가장 기대하거나 장점으로 느끼고 있는 것은 트렌드 예측이 가능하다는 점(76%)과 제품 개선 가능성을 느낀다는 점(65%)을 선택하고 있어 이러한 장점이 빅데이터의 핵심 가치로 평가되고 있다.

그림 1-2 빅데이터 분석의 필요성

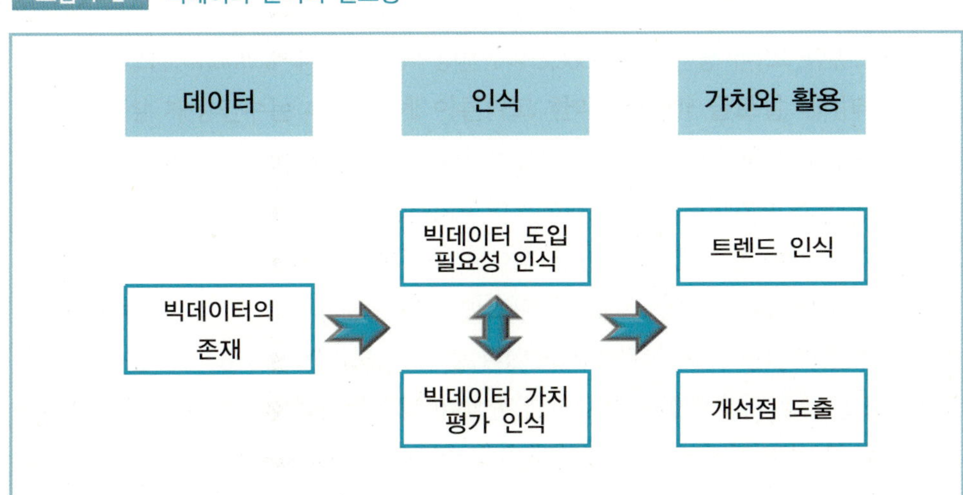

따라서 원활한 빅데이터 분석을 위한 조직 구성의 고민은 재직자 전문 교육(61%) 및 적합한 벤더 활용(34%), 또한 기업 구조 및 관련 데이터의 복잡성으로 인해 빅데이터 분석 알고리즘 개발에 난항을 겪는다는 것이 주요 애로 사항으로 높게 나타났다.

한편, 2016년에는 빅데이터 분석 기술 및 시장은 큰 폭의 성장세를 보이고 있다는 분석이다(Forrester Research社). 또한 'Predictive analytics'는 향후 10년간 안정적 성장세를 보이고, 비즈니스적 가치가 높은 기술로 평가되었으며 기업이 자사 및 자사 제품의 시장에서의 평가, 마케팅의 최적화를 통해 비즈니스적 성과를 향상시키고, 위기 혹은 위험성을 줄이는 방법을 제공하는 가장 우수한 솔루션으로 선정하고 있다. 그리고 NoSQL 기술은 복수의 저가 서버들을 클러스터링, 샤팅 등의 방법을 통해 데이터를 분리하여 처리하고 있어 보다 대량의 데이터를 빠르게 처리할 수 있는 기술로 평가받고 필요에 따라 주요 가치(key-value), 주요 문서(documents), 도표 데이터베이스(graph database) 등으로 활용할 수 있다는 점을 특징으로 보고 있다. 비즈니스 가치를 평가한 것에서 빅데이터 고객이 가장 관심을 보이는 관련 기술에서는 데이터 준비 및 발견(data preparation and discovery), 통합 및 완성(integration) 관련 기술이 높은 응답을 나타냈다.

그렇다면, 국내 기업들의 빅데이터 분석 도입 수준이 낮은 이유는 무엇일까? NIA(2016a)가 최근 실시한 조사에 따르면 아직까지 빅데이터 분석을 도입하지 않고 있는 가장 큰 이유는 빅데이터라고 부를 만한 데이터가 없다는 것이 가장 큰 비중을 차지하고 있다. 결국 경험이 쌓여야 아마존의 '예측 배송'과 같은 고도화된 빅데이터 분석이 가능할 수 있을 터인데 경험이 쌓일 수 있는 전제사항이 되는 데이터가 부족하거나 사실상 없는 수준이다 보니 빅데이터 분석의 도입 · 활용 수준과 고도화 정도가 상대적으로 취약하다는 것이다.

또한, 빅데이터 분석 도입 효과를 확신할 수 없다. 이는 과거에 CRM 등 데이터 분석 시스템의 도입 효과가 크지 않았다고 여기는 국내 기업이 많은 것 또한 부정적 영향을 미치고 있는 것으로 분석되고 있다는 점도 중요한 이유로 나타났다. 그리고 빅데이터 분석에 대한 CEO나 CIO의 무관심이나 국내 기업 환경에서 데이터 중심의 의사결정 문화가 부족한 것도 걸림돌로 작용하고 있다.

국내는 국외의 밝은 전망과는 다르게 실제로 빅데이터 분석을 통해 어떤 활동을 할 수 있는지, 빅데이터 자체가 무엇인지에 대한 이해도 현장에서 극히 부족하다는 지적들이 나오고 있다. 많은 기업들이 빅데이터 분석의 활용 방안을 잘 모르고 있으며, 빅데이터 분석을 활용한 성공 사례도 아직 드물기 때문에, 그리고 성공적인 적절한 롤 모델이 없으며, 특히 중소기업이 쉽게 진입하지 못하는 장벽이 높은 상황인 것이다. 또한 현장의 목소리 중에는 빅데이터 분석은 데이터 전문가와 IT 관련 부서만의 업무라는 인식이 강하게 자리 잡고 있는 것도 문제로 지적되고 있다.

또한 해외의 경우에는 빅데이터 관련 전문 인력도 풍부하고, 개방형 생태계가 조성되어 있어서 다양한 서비스와 솔루션이 등장할 수 있으며 이들 간의 매시업(mash-up)이 활성화되어 있다는 것이다. 즉, 지도, 음악, 사진, 비디오, 애니메이션 같은 다양한 데이터 형식이나 자료들을 하나의 디지털 파일로 조합하는 방식이 활성화되어 빅데이터 도입 효과가 증대될 수 있는 기반을 보유하고 있는 해외와 비교해 아직까지 인력도 부족하고 개방형 생태계의 형성 수준도 취약한 국내 실정도 빅데이터 도입과 활용을 저해하는 요소로 작용하고 있다.

한편, 고객정보 유출 사건 등도 부정적 요인으로 들 수 있다. 예컨대, 2008년 옥션 1,863만 건, 2009년 GS 칼텍스 1,125만 건을 비롯해 2014년 KT 1,170만 건 등 홈페이지 해킹 등에 의한 고개정보 유출 사고가 지속적 · 연속적으로 발생하고 있어 데이터의 공유 및 활용에 대한 고객들의 부정적 시선이 강해 정보 공유와 유통이 차단되어 있는 것도 큰 장벽으로 들 수 있다. 인터넷 시대 도래 이후 수차례에 걸쳐 대규모 개인정보 유출을 경험한 고객들의 반발과 정부의 규제들로 인해 빅데이터 분석의 활용이 쉽지 않은 상황이다. 실제로 개인정보 보호와 데이터 개방 거부감 등과 맞물려 빅데이터 도입과 활용에 어려움이 많다는 것도 현장의 목소리다.

이러한 것을 분석하면 다음과 같다. 빅데이터 분석 수요 기업들을 대상으로 빅데이터 분석 활성화를 위한 정책 요구사항을 조사한 빅데이터 분석을 도입하지 않은 이유를 살펴보면, 가장 큰 이유는 빅데이터라고 부를 만한 데이터가 없다는 점, 빅데이터를 분석할 만큼 큰 기업이 아니라는 점, 빅데이터의 도입효과가 나타날 업무가 없다는 점, CEO나 CIO의 무관심, 도입 효과에 대한 불신, 관련 전문 인력이 없음, 빅데이터 자체가 어떤 것인지 잘 모름 등을 들고 있다(NIA, 2016b).

또한 NIA가 2015년 빅데이터 수요기업을 대상으로 조사한 결과를 보더라도 빅데이터 분석에 대한 성공 사례 전파가 활성화의 핵심이라는 응답이 가장 많았으며, 개인정보보호법 등을 비롯한 관련된 법과 제도의 정비와 유연한 적용도 높은 우선순위로 요구되고 있다. 그 결과를 보면, 성공 사례 전파, 법과 제도 정비, 제품과 서비스 등 기술 향상, R&D 지원, 국내외 시장자료 공유 등으로 나타났다.

그리고 2016년 빅데이터 분석 시범사업의 선정과제를 보면, 선도 사업으로 KT와 질병관리본부의 로밍 빅데이터를 활용한 해외로부터의 유입 감염병 차단 서비스 개발, W쇼핑과 한동대의 빅데이터 딥러닝 기술 활용 스마트 T-커머스 서비스 개발, 매일유업과 그린비즈니스협회의 유가공 업종 제조 생산, 에너지 최적화를 위한 빅데이터 플랫폼 개발, 유라와 충북대 등 딥러닝 기술 기반의 대용량 제조 데이터 분석 서비스 플랫폼 개발 등을 볼 수 있다. 산업 확산 면에서는 ING생명과 생명보험협회 생명보험 빅데이터 전략모델 개발 및 확산, 삼성중공업과 현대중공업 등 제조업 빅데이터 전략모델 개발 및 실증(NIA, 미래부와 NIA 2016년 빅데이터 시범사업 착수, 2016) 등을 들 수 있다.

이러한 국내 기업들의 빅데이터 분석 활용이 활성화되지 못한 가장 큰 원인으로 지목된 데이터 부족과 관련해서는 사물인터넷(IoT) 적용 대상이 점차 확대되면서 상황은 점차 나아질 것으로 예상하고 있다. 다만 개인정보 보호와 데이터 개방 거부감 등이 여전히 강하기 때문에 이에 대한 정책적 지원과 고객들의 인식 변화가 전제되어야 할 것이다.

또한 국내 기업들이 빅데이터 분석 활용에 참고할 수 있는 성공적인 사례와 적용모델이 전파되어야 하는데, 이에 대해서는 현 정부의 핵심 국정 어젠다인 '창조경제'와 '정부 3.0' 정책 기조에 따라 정부 차원에서 빅데이터 분석의 활용을 적극 추진 중이며, 미래창조과학부와 NIA는 빅데이터 분석을 확산시키기 위해 다양한 산업에 걸쳐 시범사업을 추진 중이다. 이런 노력들을 통해 빅데이터 분석의 활용 사례가 점차 확산되고, 실제 활용에 있어 방법론을 찾아가는 과정을 밟아 나가게 되면 빅데이터 분석에 대한 투자와 적용이 확대되는 계기를 마련할 수 있을 것으로 기대된다.

4차 산업혁명 시대의 도래를 앞둔 상황에서 국내 기업들의 빅데이터 분석 활용 수준은 전반적으로 제고되어야 할 것으로 평가된다. 이를 위해서는 빅데이터 분석이 특정 산업이나 기업에만 적용 가능하고, 기업 내에서도 특정 부서나 담당자만의 문제라는 인식의 대전환이 필요하다. 또한 데이터 중심 기업문화 조성도 요구되는데 이를 위해서는 무엇보다도 최고 경영자의 강력한 추진 의지와 관심 및 관여가 필요하다고 할 수 있다. 이를 기반으로 사내 부서 간 데이터 공유도 촉진될 수 있을 것이며, 빅데이터 분석의 전략적 활용가치가 극대화될 수 있을 것이다. 이처럼 기업들의 빅데이터 분석에 대한 인식과 문화가 바뀐 토대 위에서 명확한 활용 목적 수립과 활용 가능한 데이터에 대한 정확한 파악 및 추가 데이터 확보, 분석 단계별 필요 인력과 솔루션을 확보 등에 대한 노력을 기울일 때 국내 기업들의 빅데이터 분석 활용이 활성화될 수 있을 것이다.

또한 기업들의 노력이 결실을 맺을 수 있도록 정부의 지원도 절실한데, 기업의 빅데이터 분석 활용에 대한 인식 제고를 위해 정부 차원에서 관련 성공 사례를 창출하고 전파하는 것뿐 아니라, 기업 자체적으로는 해결하기 어려운 부분, 예를 들면 데이터 소스 부족 해결에 필요한 개인정보 보호제도 정비 등은 정부가 앞장서 해결해 주어야 할 것이다. 구체적으로는 다양한 개인정보 중 순차적으로 개방할 수 있는 정보에 대한 가이드라인 마련과 개인정보 활용제도 수립과 같은 것들이 그 예가 될 수 있을 것이다. 이에 발맞추어 미래창조과학부가 발표한 'ICT 융합 신산업 규제 혁신'에 따르면 '개인정보 활용 기준을 명확화하되, 위반 시 엄격한 법을 적용한다는 원칙'하에서 빅데이터 분석의 활성화를 위해 개인정보 보호제도상 규제를 개선하기로 하였다.

이러한 기업과 정부의 빅데이터 분석 활성화에 대한 노력이 결실을 맺을 때 국내 제조업과 서비스업은 한 단계 더 도약하고 4차 산업혁명 시대에 부응할 수 있는 경쟁력을 확보할 수 있을 것으로 기대된다.

1단계로 범정부적으로 개인정보 활용에 대한 명확한 가이드라인을 담은 법률해설서를 상반기 중에 행정자치부, 방송통신위원회, 금융위원회가 마련하기로 했으며, 이후 기존 사전 동의(opt-in) 규정의 완화 등에 대해 검토해 관련 법률의 개정도 추진하기로 하였다. 이를 통해 2015년 10% 미만에 머물러 있는 국내 기업의 빅데이터 분석 도입률을 2020년에는 현재 글로벌 선도기업의 도입률인 30% 수준으로 끌어올리는 것을 목표로 제시하였다.

일반적으로 빅데이터는 다양한 분야에 적용 가능하지만, 마케팅 분야에서도 각광을 받고 있다. 빅데이터 마케팅은 마이크로 마케팅(micro marketing)으로서 빅데이터를 통해 고객의 소비패턴과 선호도, 정보 등을 분석하여, 구매할 가능성이 높은 고객에게 맞춤형 혜택과 서비스 제공을 말한다. 단순히 유형의 상품에 한정된 것이 아니라 최근에는 금융 · 유통 · 의료 · 통신 · 보험 분야와 같은 무형의 서비스를 제공하는 형태로까지 확대되고 있으며, 상품만이 아닌 유권자의 정치적 성향, 선호 공약 등을 분석하여 선거에 이용하는 형태도 존재한다. 국내 빅데이터 시장은 연평균 27.9% 성장해 2020년에는 약 9억 달러에 이를 것으로 전망되었다(이투데이, 2014).

한국정보화진흥원에서 2012년 발간한 'IT & Future Strategy' 보고서에서는 빅데이터를 기업 및 기관의 전략 수립을 위한 도구로 사용하기 위해서는 다음과 같은 3대 요소를 중심으로 전략을 구성해야 한다고 제안하였다(이석주 등, 2013).

첫째, 자원: 내부 혹은 외부적으로 활용 가능한 빅데이터를 발견하고 이를 확보할 수 있는 전략 수립이 필요하다.

둘째, 기술: 빅데이터를 혁신 전략으로 활용할 수 있도록 빅데이터 플랫폼, 분석 프로세스 및 신기술에 대한 이해가 필요하다.

셋째, 인력: 내부적으로 데이터 분석자의 역량을 키우는 동시에 외부 인력 사용을 위한 협력 전략 수립이 필요하다.

그럼에도 불구하고 빅데이터의 문제점은 바로 사생활 침해와 보안 측면에 자리하고 있다. 빅데이터는 수많은 개개인들의 수많은 관련 정보의 집합체이다. 그렇기에 빅데이터를 수집, 분석할 때에 개인들의 사적인 정보까지 수집하여 관리하는 빅브라더의 모습이 될 수도 있다는 것이다. 그리고 그렇게 수집한 관련 데이터가 보안 문제로 유출된다면, 이 역시 거의 모든 사람들의 정보가 유출되는 것이기에 큰 문제가 될 수 있다.

아울러 빅데이터를 이용한 다양한 기술들이 보편화되면서, 개인정보뿐만 아니라, 신용정보, 사생활 노출 등의 문제가 발생되고 있다. 이러한 유출된 빅데이터를 이용해 인간을 통제하고 감시하는 사회로 진입할 것이라는 '빅브라더 사회의 도래'를 우려하는 시각도 존재한다. 일례로 2013년 미국 국가안보국(NSA)의 개인기록 무차별 수집, 분석 사건은 이러한 주장을 뒷받침하는 사례이다.

또한 EU에서는 '잊힐 권리(Right to be forgotten)' 법안을 발의한 바 있으며, 온라인상에서 생성한 정보는 생성 주체(사용자)가 소유권을 가져야 한다는 원칙을 고수하고 있다. 여러 각국의 개인정보의 보호를 위한 법안, 가치와 빅데이터 마케팅을 이용하는 기업 사이에 첨예한 대립이 존재한다. 뿐만 아니라 방송통신위원회와 한국인터넷진흥원의 '2012년 정보보호 실태조사'를 보면, 국내 기업의 73.3%는 정보보호 투자를 전혀 하지 않는 것으로 나타났는데, 이러한 '보안'에 대한 안일한 태도는 빅데이터 마케팅에 있어서 큰 장애물이 되고 있다.

아무래도 빅데이터를 가장 많이 활용하는 곳은 기업의 마케팅 부서로서, 이곳에서는 개인의 소비 패턴에 관한 빅데이터를 활용해 새로운 상품의 개발 및 홍보 전략을 수립하고, 그 결과 요즘 히트 상품들을 보면 거의 빅데이터에 의해 개발된 것들이다. 따라서 요즘은 빅데이터를 '21세기의 원유'라고 부르기도 한다. 예전엔 석유 같은 천연자원을 많이 가진 국가를 자원 부국이라 했지만, 빅데이터의 분석 및 활용 능력이 뛰어난 국가를 자원 부국으로 부른다.

빅데이터로 실시간 감염병 발생 상황 포착

뉴스에 의하면 빅데이터 분석을 통한 예방적 치료 활동 덕분에 지난 1년간 우리나라에서만 약 5조원의 의료비가 절감되었다고 한다. 병이 진행된 후 더 많은 비용이 들기 전에 예방적 치료를 할 수 있기 때문이다.

덕분에 독감이나 수족구병 같은 감염병도 어느새 자취를 감추었다. 예전엔 이 같은 감염병은 의사의 신고에 의해서만 확인됐다. 따라서 감염병이 어느 정도 확산된 후에서야 정부의 대책이 나오곤 했다.

하지만 약품안전사용정보 시스템에 기록되는 실시간 처방내역의 분석으로 이제 감염병이 발생하는 즉시 포착할 수 있게 됐다. 또한 빅데이터를 이용해 어떤 감염병에 어떤 의약품이 많이 처방되는지의 패턴을 찾아내고 실시간으로 처방 내역을 추적하면 어떤 감염병이 유행할지도 미리 알 수 있다.

자료: 사이언스타임즈(2017. 6. 24.). 빅데이터로 실시간 감염병 발생 상황 포착.

5 … 빅데이터 활용의 사례와 변화 경험하기

아직까지 빅데이터 활용의 사례가 많지는 않지만, 분야별, 국가별, 시장별로 간략히 소개하면 다음과 같다.

어? 내보험료가 왜 할인됐을까? 4차 산업혁명이 만드는 미래, 빅데이터

〈사이언스타임즈〉(2017)는 신년특집으로 경제 · 사회 구조의 근본적 변화를 가져올 4차 산업혁명의 핵심 기술들을 소개하는 기획기사를 마련했다. 빅데이터 인공지능 가상현실 등 이 기술들이 상용화된 가까운 미래에는 우리의 생활이 어떻게 바뀔지를 이야기 형식으로 작성했다.

보험회사로부터 나의 보험료가 새로 책정되었다는 메시지가 방금 도착했다. 금액을 확인해 보니 이전보다 매달 내야 할 보험료가 8%나 저렴해졌다. 가만히 생각해 보니 지난달부터 내가 담배와 술을 일체 하지 않는 게 반영된 것 같다.

요즘 보험회사에서는 고객의 카드 사용내역을 참조해 실시간으로 보험요율을 조정해준다. 나처럼 금연과 금주를 선언해 담배를 구입하거나 음주를 한 기록이 전혀 없는 고객의 경우 보험료를 내려준다. 또 규칙적으로 운동을 해도 할인 대상이 된다.

웨어러블 기기에서 측정되는 맥박이나 혈압 같은 생체 정보도 보험요율의 조정에 중요한 참고 자료가 된다. 이 모든 것들은 바로 보험회사에 도입된 빅데이터 기반의 보험요율 책정 프로그램에서 이루어져 자동으로 고객에게 통보된다.

이렇게 다각도로 수집된 개인의 건강 관련 정보들은 보험회사뿐만 아니라 의료기관에서도 활용된다. 심장박동 등에서 특정 이상 징후가 발견되면 즉시 어떤 질병의 전조일 수 있으니 병원의 무슨 과를 방문하는 것이 좋겠다는 메시지가 전송된다.

최근에 나는 안과를 방문해 보라는 메시지를 받았다. 나의 유전자 정보를 분석한 결과, 황반변성에 걸릴 확률이 높다는 설명이었다. 이 같은 권유가 처음엔 과잉 진료처럼 여겨졌으나 사실을 알고 보면 전혀 다르다.

자료: 사이언스타임즈(2017. 6. 24.), 어? 내 보험료가 왜 할인됐을까? 4차 산업혁명이 만드는 미래, 빅데이터.

빅데이터로 탈세 및 산불 감시 등에 활용

철새들의 경우 활동 범위가 광범위해 관련 학자들의 관찰 데이터만으로는 새들의 이동 장소 및 활동 내역 등에 대한 정보가 매우 부족하다. 따라서 이처럼 일반 시민들을 통하면 방대한 데이터를 수집할 수 있어 그에 대한 예측이 훨씬 정확해진다. 철새보호단체에서는 이 데이터를 새들의 서식지를 보호하는 데 효과적으로 활용하도록 정책결정자 및 조류학자 등과 공유한다.

이외에도 빅데이터의 활용처는 무궁무진하다. 모든 국가의 골칫거리인 탈세도 개인의 소비 및 납세 내역을 빅데이터로 추적해 잡고 있다. 기상청의 날씨 예보 정보도 빅데이터로 인해 더욱 정확해졌다. 스마트폰에 실린 온도와 습도의 측정 센서가 보내온 정보를 모아 실시간의 날씨 지도를 만들기 때문이다.

이 같은 지역별 날씨 정보는 산불을 감시하고 예방하는 데도 활용된다. 해당 지역의 건조도 및 기온을 지난 몇십 년간의 기록과 비교 분석하면 산불의 발생 시기 및 장소를 예상할 수 있기 때문이다.

자료: 사이언스타임즈(2017. 6. 24.), 빅데이터로 탈세 및 산불 감시 등에 활용.

빅데이터로 강력범죄 예방

집 근처의 안과에서 진찰을 받은 후 모처럼 산복도로 뒤편으로 난 산책길을 걸었다. 벌써 날이 어두워졌지만 이곳은 예전과 달리 산책하는 사람들로 붐빈다. 얼마 전만 해도 이곳은 우범지역이어서 저녁이 되기 무섭게 사람들의 발길이 뚝 끊긴 곳이다.

이곳이 다시 안전해진 건 역시 빅데이터 덕분이다. 경찰청에서는 범죄의 패턴 및 발생 장소, 발생 시간 등을 예측해 그에 맞춘 정보를 실시간으로 순찰차에 보내고 있다. 빅데이터 순찰 시스템의 도입 이후 똑같은 경찰 인원으로도 강도 및 폭행 사건 등의 강력범죄가 매년 10% 이상씩 감소하고 있다.

산책길 모퉁이를 돌아서는데 바로 앞의 낮은 구릉에서 철새 떼가 날아오르는 모습이 보인다. 나는 얼른 스마트폰을 꺼내 그 장면을 동영상으로 촬영한 뒤 'E-철새'라는 앱을 통해 전송했다. 철새보호단체에서 배포한 이 앱은 일반 시민들이 자기 동네에서 관찰한 새들의 기록을 모아 철새 보호 활동에 사용한다.

자료: 사이언스타임즈(2017. 6. 24.), 빅데이터로 강력범죄 예방.

브라질의 경우

2014년 월드컵과 2016년 올림픽을 준비한 리우데자네이루는 지능형운영센터(IOC)를 통해 도시 관리와 긴급 대응 시스템을 갖추었다. IBM의 분석 솔루션이 적용된 지능형운영센터에는 교통, 전력, 홍수, 산사태 등의 자연재해와 수자원 등을 통합 관리할 수 있는 체계가 갖추어져 있다. IBM이 제공한 고해상도 날씨 예측 시스템은 날씨와 관련한 방대한 데이터를 분석해 폭우를 48시간 이전에 예측한다. 싱가포르는 차량의 기하급수적인 증가로 인한 교통체증을 줄이기 위해 교통량 예측 시스템을 도입하였다. 싱가포르는 이 시스템을 통해 85% 이상의 정확성으로 교통량을 측정하고 있다.

자료: 최재경(2016), 빅데이터 분석의 국내외 활용현황과 시사점, *KISTEP InI*, 14, 한국과학기술기획평가원.

독일의 2014년 FIFA 월드컵 우승과 '빅데이터'

브라질에서 개최된 2014년 FIFA 월드컵에서 독일은 준결승에서 개최국인 브라질을 7:1로 꺾고, 결승에서 아르헨티나와 연장전까지 가는 접전 끝에 1:0으로 승리를 거두었다. 무패행진으로 우승을 차지한 독일 국가대표팀의 우승의 배경에는 '빅데이터'가 있었다.

독일 국가대표팀은 SAP와 협업하여 훈련과 실전 경기에 'SAP 매치 인사이트'를 도입했다. SAP 매치 인사이트란 선수들에게 부착된 센서를 통해 운동량, 순간속도, 심박수, 슈팅동작 등 방대한 비정형 데이터를 수집, 분석한 결과를 감독과 코치의 태블릿PC로 전송하여 그들이 데이터를 기반으로 전술을 짜도록 도와주는 솔루션이다. 기존에 감독의 경험이나 주관적 판단으로 결정되는 전략과는 달리, SAP 매치 인사이트를 통해 이루어지는 분석은 선수들에 대한 분석뿐만 아니라 상대팀 전력, 강점, 약점 등 종합적인 분석을 통해 좀 더 과학적인 전략을 수립할 수 있다. 정보 수집에 쓰이는 센서 1개가 1분에 만들어 내는 데이터는 총 12,000여 개로 독일 국가대표팀은 선수 당 4개(골키퍼는 양 손목을 포함해 6개)의 센서를 부착했고, 90분 경기 동안 한 선수당 약 432만 개, 팀 전체로 약 4,968만 개의 데이터를 수집했다고 한다.

자료: 최재경(2016), 빅데이터 분석의 국내외 활용현황과 시사점, *KISTEP InI*, 14, 한국과학기술기획평가원.

미국의 정치 및 사회 분야; 2008년 미국 대통령 선거

2008년 미국 대통령 선거에서 버락 오바마 미국 대통령 후보는 다양한 형태의 유권자 데이터베이스를 확보하여 이를 분석, 활용한 '유권자 맞춤형 선거 전략'을 전개했다. 당시 오바마 캠프는 인종, 종교, 나이, 가구형태, 소비수준과 같은 기본 인적 사항으로 유권자를 분류하는 것을 넘어서서 과거 투표 여부, 구독하는 잡지, 마시는 음료 등 유권자 성향까지 전화나 개별 방문을 또는 소셜 미디어를 통해 유권자 정보를 수집하였다. 수집된 데이터는 오바마 캠프 본부로 전송되어 유권자 데이터베이스를 온라인으로 통합 관리하는 '보트빌더(VoteBuilder.com)' 시스템의 도움으로 유권자 성향 분석, 미결정 유권자 선별, 유권자에 대한 예측을 해나갔다. 이를 바탕으로 '유권자 지도' 를 작성한 뒤 '유권자 맞춤형 선거 전략'을 전개하는 등 오바마 캠프는 비용 대비 효과적인 선거를 치를 수 있었다.

자료: 최재경(2016), 빅데이터 분석의 국내외 활용현황과 시사점, *KISTEP InI*, 14, 한국과학기술기획평가원.

한국의 정치 및 사회분야; 대한민국 제19대 총선

중앙선거관리위원회는 대한민국 제19대 총선부터 소셜 네트워크 등 인터넷상의 선거운동을 상시 허용하였다. 이에 소셜 미디어상에서 선거 관련 데이터는 증폭되었으며, 2010년 대한민국 제5회 지방 선거 및 2011년 대한민국 재보궐선거에서 소셜 네트워크 서비스의 중요성을 확인한 정당들 또한 SNS 역량 지수를 공천 심사에 반영하는 등 소셜 네트워크 활용에 주목했다. 이 가운데 여론 조사 기관들은 기존 여론조사 방식으로 예측한 2010년 제5회 지방 선거 및 2011년 재보궐 선거의 여론조사 결과와 실제 투표 결과와의 큰 차이를 보완하고자 빅데이터 기술을 활용한 SNS 여론 분석을 시행했다.

그러나 SNS 이용자의 대다수가 수도권 20~30대에 쏠려 있기에, 빅데이터를 이용한 대한민국 제19대 총선에 대한 SNS 분석은 수도권으로 한정되어 일치하는 한계를 드러내기도 했다.

자료: 최재경(2016), 빅데이터 분석의 국내외 활용현황과 시사점, *KISTEP InI*, 14, 한국과학기술기획평가원.

미국의 경제 및 경영; 아마존닷컴의 추천상품 표시, 구글 및 페이스북의 맞춤형 광고

아마존닷컴은 모든 고객들의 구매 내역을 데이터베이스에 기록하고, 이 기록을 분석해 소비자의 소비 취향과 관심사를 파악한다. 이런 빅데이터의 활용을 통해 아마존은 고객별로 '추천 상품(recommendation)'을 표시한다. 고객 한 사람 한 사람의 취미나 독서 경향을 찾아 그와 일치한다고 생각되는 상품을 메일, 홈페이지 상에서 중점적으로 고객 한 사람 한 사람에게 자동적으로 제시하는 것이다. 아마존닷컴의 추천 상품 표시와 같은 방식으로 구글 및 페이스북도 이용자의 검색 조건, 나아가 사진과 동영상 같은 비정형 데이터 사용을 즉각 처리하여 이용자에게 맞춤형 광고를 제공하는 등 빅데이터의 활용을 증대시키고 있다.

자료: 최재경(2016), 빅데이터 분석의 국내외 활용현황과 시사점, *KISTEP InI*, 14, 한국과학기술기획평가원, pp. 33-43.

미국 사우스웨스트 항공의 고객 맞춤형 광고

저가 항공의 대명사인 사우스웨스트 항공은 비행기 좌석 스크린에 승객별로 다른 광고를 제공하고 있는데, 미국인의 96%를 비롯해 전 세계적으로 5억 명에 달하는 고객 정보를 갖고 있는 액시엄(Acxiom)사의 DB에 저장되어 있는 항공기 탑승객의 쇼핑 습관과 구매 패턴 등을 분석한 후 승객별 최적화된 광고를 제공하고 있다.

자료: 최재경(2016), 빅데이터 분석의 국내외 활용현황과 시사점, *KISTEP InI*, 14, 한국과학기술기획평가원, p. 35.

그 외 다양한 국가에서 산업분야별로 사례가 다양하지만, 다음의 각 장에서 구체적으로 살펴보고자 한다.

생각해 볼 문제

1. 빅데이터로 인한 시장 변화에서 소비자, 기업 각각의 측면에서 장점, 단점을 얘기해 봅시다.

2. 빅데이터로 인한 소비자 측면에서 변화 현상을 찾아보고, 미래소비사회에서 빅데이터의 활용의 효율성을 예측해 봅시다.

3. 빅데이터와 관련되어 창출되는 새로운 직업을 말해 보고, 앞으로의 소비사회 변화도 예측해 봅시다.

4. 기존 데이터와 빅데이터의 차이점은 무엇인지 얘기해 봅시다.

5. 빅데이터의 효과적인 활용을 위한 조건은 무엇인지 생각해 봅시다.

도입

빅데이터 시대가 도래하고, 바야흐로 세계는 빅테이터 분석 전쟁을 시작하고 있다.

왜 그러한가?

시장의 구성요소인 기업, 소비자, 정부의 역할과 중요성을 볼 때, 미래의 시장은 소비자가 원하는 상품과 서비스의 생산 및 시장의 트렌드 변화 흐름의 주도권과 관련이 있을 것이다. 특히 기업이 생산한 상품과 서비스는 소비자의 선택에 따라 기업의 성패가 달려 있어, 소비자의 관심과 구매 여부가 중요하므로 소비자를 화폐투표자로 일컫는다. 어찌 보면 몇 년에 한 번하는 정치적 투표자가 아니라 매일매일 생활의 영위를 위하여 행하는 화폐투표자로서의 역할이 매우 중요하다. 이에 기업은 소비자의 마음, 행동 등의 데이터를 통하여 미래를 예측할 것이고, 정부는 3.0시대를 넘는 서비스와 다양한 질서를 구성하고 있다.

따라서 제 2 장에서는 왜 데이터 분석 전쟁을 하는가? 왜 빅데이터 분석과 소비자인가? 글로벌 시장과 빅데이터 분석은 어떤 상황인가? 그리고 글로벌 시장과 글로벌 빅데이터와의 전쟁 현황을 살펴보고자 한다.

이를 통해서 결국 기업은 소비자와 관련성이 높고, 국내만이 아니라 다국적, 글로벌 시장에서의 점유전쟁에 직면해 있음을 알고자 한다. 이는 특정한 정보통신 분야만이 아니라, 다양한 분야에서 이루어지고 있음을 알고자 한다.

1 … 왜 데이터 분석 전쟁을 하는가?

정보통신 관련 기술은 급속한 발전을 이루었으며, 이로 인해 인터넷은 우리 사회의 전반적인 분야를 변화시키고 있다. 또한 다양하고 폭넓은 이용 행태에 따라 지금 이 순간에도 엄청난 데이터를 생산, 재생산해 내고 있다. 대부분의 인터넷 데이터는 제한적인 활용 이외 단순히 생성과 소멸을 반복해 왔으나, 최근에 들어서는 빅데이터(big data)라는 핵심 키워드의 부상으로 무엇보다 인터넷 데이터에 대한 관심이 더욱 고조되고 있다.

물론 과거에도 데이터 마이닝(data mining), 비즈니스 인텔리전스(business intelligence), 라이프 로그(life log) 등을 통해 데이터 기반의 부가가치를 창출하려는 노력이 부단히 시도되어 온 것은 사실이다.

그렇다면 왜 다시 빅데이터라는 이름으로 재부상하고, 관심이 집중되고 있는 것일까?

이는 정보통신기술의 진화와 맞물려 새롭게 부상하고 있는 인터넷 글로벌 기업들이 지속적으로 생성되는 다양한 데이터들을 확보하고 그 속에서 숨겨진 가치를 찾고자하기 때문이다. 즉, 인사이트(insight)를 도출하려는 시도를 통해 데이터 보유와 활용이 새로운 경쟁력이 될 수 있음을 알고, 또한 여러 가지 면에서 입증이 되고 있기 때문이다.

바로 이와 같은 시도들은 빅데이터를 다양한 분야에서 중요한 이슈로 자리매김하게 하고 있다. 이러한 상황에서 과연 우리는 빅데이터 시대를 어떻게 리드하고 무엇에 집중하여야 할 것인가? 현재 뜨거운 감자로 부상한 빅데이터 시장분석, 사례분석, 정책 분석 등을 통해 여러 가지의 시사점을 도출해야 한다. 그러기 위해서는 향후 다가올 본격적인 빅데이터 시대의 국가경쟁력 확보를 위한 빅데이터의 특정한 문제해결을 위한 목적 달성을 위한 새로운 계획의 필요성과 중점 방향 등에 대한 깊이 있는 분석이 필요하다. 특히 빅데이터를 둘러싼 시장전략 및 분석 대상이 무엇이어야 하는가를 다양한 입장과 상황에서 고려해야 한다.

오늘날 인터넷의 발전과 스마트폰의 빠른 보급은 다양한 정보를 생산하고 소비문화를 변화시켰으며, 생성된 무수한 데이터들을 어느 누구나 공유하고 소비할 수 있는 공유 및 활용의 생태계가 자리 잡아 가고 있다. 네트워크에 연결된 디바이스의 폭발적 증가로 인해 다양한 형태의 데이터들이 빠른 속도로 생성되고 있는 작금의 상황에서, 세계 최고 수준의 정보통신기술 인프라 및 스마트 기기 사용률의 증가로 인하여 국내에서도 모바일 데이터 생성 및 유통량은 매우 급증하고 있다. 물론 국가별로 기술, 인프라, 활용성은 차이가 있다. 시스코 제공 자료에 따르면, 글로벌 모바일 트래픽은 2010년부터 2015년까지 연평균 약 92% 증가할 것으로 전망하였고 국내 모바일 트래픽은 연평균 약 103% 증가할 것으로 전망하고 있다(Cisco, 2011).

이와 같은 데이터의 급증과 데이터 분석기술의 발달은 빅데이터라는 핵심 키워드의 부상을 야기하였고 국내에서도 빅데이터 활용을 위한 정책과 초기 활용 사례들이 관찰되고 있다. 기존에도 데이터 마이닝, 비즈니스 인텔리전스, 인공지능, 라이프로그 등의 기술로 데이터의 처리 및 분석을 통해 부가가치를 창출하고자 노력했음에도 불구하고 이렇게 다시 빅데이터가 뜨거운 감자로 부상한 이유는 무엇일까?

과거에는 데이터를 저장 · 관리하는 주체에 의해 필요한 데이터의 항목과 형태를 정하고 필요 항목 외에 대부분의 데이터들은 잠재 가치와 역할을 인정받지 못하고 생성과 소멸을 반복하였다고 볼 수 있다.

하지만 최근에는 버려지고 있는 많은 데이터들 속에서 숨은 가치를 찾고 인사이트를 도출하려는 다양한 시도와 성공을 통해 데이터 보유와 활용이 새로운 경쟁력이 될 수 있음을 입증하고 있다. 이것은 바로 데이터에 대한 인식이 매우 달라졌기 때문이다. 데이터의 확보와 활용에 대한 이슈가 생겨나고 '빅데이터'라는 새로운 이름으로 여러 산업 분야에서 트렌드 변화와 패러다임 시프트에 대한 요구가 발생하고 있다. 또한 이것을 기반으로 하는 새로운 산업에 대한 욕구와 희망도 작용하였다고 볼 수 있다.

가트너(Gartner, 2012)는 빅데이터를 "대량의 데이터가 실시간으로 끊임없이 다양한 형태로 들어오는 것"이라고 정의하고 있다. 맥킨지(McKinsey, 2011)는 "전통적인 데이터베이스 소프트웨어로는 수집, 저장, 관리, 분석이 어려운 정도의 큰 규모의 데이터"로, IDC(2011)는 "다양한 데이터로 구성된 방대한 볼륨의 데이터로부터 고속 캡처,

데이터 탐색 및 분석을 통해 경제적으로 필요한 가치를 추출할 수 있도록 디자인된 차세대 기술과 아키텍처"라고 빅데이터를 이야기하고 있다.

기존의 데이터웨어하우스 분야에서 정의하는 대용량 데이터와의 차이점으로 빅데이터는 PB급 이상의 거대한 데이터의 규모(volume), 비정형 데이터를 포함한 데이터의 다양성(variety), 그리고 실시간으로 생성되는 데이터의 속도(velocity)로 특징되는 세 가지 요소의 복합적인 변화를 제시한다. 이른바 3V(volume, variety, velocity)의 복합적인 변화 이외에도 데이터 분석 측면에서 바라보면, 사물 서술형인 기존 데이터 기반의 통계분석에서 관계형 데이터 기반의 분석으로 변화되고 있다.

그리고 일반적인 통계분석 이외에도 관계 기반의 소셜 네트워크 분석(SNA), 기계 학습(machine learning), 마이닝 등의 기술들을 최적화하여 사용하고 있다. 더불어 시각화 측면의 강조와 변화 또한 빅데이터의 큰 특징으로 들 수 있다. 이러한 빅데이터는 데이터 생성 주체에 따라 어플리케이션 서버 로그, 센서 데이터 등 컴퓨터가 생산하는 데이터, 트위터, 블로그, 이메일, 게시판 등 사람이 생산하는 데이터, 그리고 페이스북, 링크드인 등을 통해 수집되는 소셜 네트워크의 관계 데이터 등이 있으며 데이

표 2-1 기존 데이터와 빅데이터의 차이점

종 류	기존 데이터	빅데이터
양(volume)	제한된 용량	무한한 대용량
다양성(variety)	정형 〉〉 비정형 database	정형 〈〈 비정형 SNS, multimedia, log, web document 등
속도(velocity)	batch	실시간 · batch
분석(analytics)	통계분석 (사물서술형 데이터)	통계분석 (사물서술형과 관계형 데이터) SNA, mining, NLP machine learning
가시성(visualization)	presentation for data	info-graph for insight

터들의 연관 관계를 통해 새로운 빅데이터의 가치사슬을 지속적으로 형성시키고 있다.

맥킨지(2011)는 빅데이터의 잠재적 가치 창출을 전망하는 보고서를 통해 5개 산업 분야(의료, 공공, 제조, 소매, 통신)에서 빅데이터의 적용으로 1%의 추가 생산성 향상이 가능할 것으로 예측하며 빅데이터 활용 효과를 제시하였다. IDC는 빅데이터 시장이 2010년 32억 달러에서 2015년에는 169억 달러로 연평균 39.4% 성장할 것이라 전망하였다.

그리고 영국의 연구기관 Policy Exchange는 빅데이터 도입으로 인해 자국의 공공 부문에서만 연간 £160억~330억을 절감할 것으로 예측하였으며 이는 영국 국민 1인당 연간 약 £250~500을 절감하는 효과로 정부 총 예산인 £7,000억의 2.5~4.5%에 해당하는 규모이다. 국가정보화전략위원회에 따르면 우리나라도 공공분야의 빅데이터 활용 효과가 10.7조원에 달할 것으로 추산하고 있다. 이처럼 빅데이터 분석은 산업의 효율화를 도모하여 비용절감의 효과를 가져오며, 활용 효과로서 이윤의 증대와 연관된다(국가정보화전략위원회, 2011).

또한 많은 설문조사 결과, 기업들이 생각하는 빅데이터 수집과 분석의 가치 중 가장 기대하거나 장점으로 느끼고 있는 것은 아마도 '트렌드 예측'이 가능하다는 점과 '제품의 개선' 가능성을 느낀다는 점을 선택하고 있어 이 두 가지 장점이 빅데이터의 핵심 가치로 평가할 수 있다. 이러한 원활한 빅데이터 분석을 위한 조직 구성의 고민은 재직자 전문가 교육 및 적합한 벤더 활용 또한 기업 구조 및 관련 데이터의 복잡성으로 인해 빅데이터 분석 알고리즘 개발에 난항을 겪는다는 것이 주요 애로 사항으로 높게 나타났다.

즉, 기업의 입장에서는 생존확률의 증가를 위하여, 보다 정확한 예측을 통한 소비자를 수용하기 위하여, 트렌드 예측을 통한 상품 개발과 미래 변화를 주도하기 위하여 분석전쟁을 하고 있는 것이다.

전 세계 주요 기업들은 빅데이터가 시장에서의 새로운 기회를 제공하게 될 것으로 인식하고 있으며 조사 결과 응답자들은 주로 훌륭한 기회를 제공할 것으로 예측했고 위협 또는 부정적 응답은 소수에 불과한 것으로 나타났다.

빅데이터는 비즈니스 통찰력을 제공하고 있으며 특히 선진국이 밀집해 있는 북아

메리카 및 유럽에 위치한 기업에게서 더욱 두드러지게 나타났다. 이미 전 세계 많은 기업들은 빅데이터에 무게중심을 두고 다양한 활동을 추진해 왔으며 많은 활동 중 1개 이상의 활동을 했던 기업은 전체 기업의 절반에 이를 정도로 높은 단계에 이르고 있다. 빅데이터 효과 중 가장 큰 것은 조직의 효율성 증가로 판단하고 데이터 분석에 따른 조직의 낭비 요소를 줄이고 보다 빠르고 효율적인 방법론을 찾는 데서 높은 효과를 경험하는 것으로 나타났다.

빅데이터 도입 활용에 있어 항상 고민스러울 수밖에 없는 저해요소가 있으며 가장 대표적인 문제는 전체적인 빅데이터 이용 및 관리에 대한 전략적 부재를 가장 부족한 부분으로 선정하였고, 빅데이터 활용의 개선점을 찾기 위한 노력은 크게 데이터 품질, 검색 성능, 보안, 엑세스 방식 등에서 나타나고 있으며 가장 많은 노력을 하고 있는 분야는 데이터 품질 부문으로 나타났다.

소비자에 대한 깊은 이해를 바탕으로 모든 분야의 기업들이 기존 소비자 및 잠재 소비자와 상호작용할 수 있는 새로운 방법을 발견하고 있다. 이 원칙은 소매 분야에 적용되지만, 최종 소비자 및 일반 대중을 대상으로 하는 통신, 의료, 정부, 은행, 금융, 소비재 등의 분야는 물론이고, 비즈니스 파트너 및 공급업자 등과의 B2B 상호작용에도 적용된다.

관련 자료 분석에서, 빅데이터 활용을 통해 추구하는 가장 중요한 목표 세 가지를 질문하자, 거의 절반 정도의 응답자가 소비자 중심적 목표를 최우선 과제로 꼽았다.

기업들은 빅데이터가 소비자행동에 대한 이해와 예측 능력을 높여 주고, 이를 통해 고객 경험을 개선해 줄 것으로 확신하고 있다. 매매거래와 다채널 상호작용, 소셜 미디어, 멤버십 카드 같은 소스를 통해 입수한 신디케이트 데이터(syndicated data), 여타 고객 관련 정보들은 기업이 고객의 기호와 요구 사항을 완벽하게 파악하는 데 도움을 주고 있다. 사실 이것은 수십 년 동안 마케팅과 영업, 소비자 서비스 분야의 최고 목표였다.

그러나 빅데이터에 대해서 긍정적인 전망만 존재하는 것은 아니다.

미국 정부 IT 네트워크인 Meritalk는 빅데이터의 가능성(possibility)과 현실(reality) 사이에는 아직까지도 격차가 존재한다고 주장하고 있다. 다만 이러한 부정적인 시각이 등장한다는 것은 빅데이터의 가치가 축소되었다기보다는 부풀려진 기대치가 변곡점을 지나고 있다는 반증으로 해석될 수도 있다. 이는 빅데이터의 진정한 가치에 대한 시각이 데이터 확보와 공유, 전문가 부재 등의 문제 도출로 현실화되고 있는 것으로 판단된다. 특히 데이터 과학자의 양성은 단기간에 이루어지기 어려우며 분야의 전문 지식과 지속적인 현장 경험을 통해 노하우를 축적하는 과정을 거쳐야만 가능하므로 고급 인적 자원에 대한 수요는 당분간 공급을 초과할 것으로 예상하고 있다.

2 … 왜 빅데이터 분석과 소비자인가?

소비자 중심적 사회로의 변화는 소비 중심적인 시장경제의 활성화 및 경제적 변화 및 발전을 도모하였다. 이는 소비자의 선택으로 형성되는 소비선택 시장에서 소비자의 선택을 받기 위한 기업의 활동이 중요해진 것이다. 결국, 소비자로부터 선택을 받은 기업의 상품과 서비스는 소비자가 소유하고 있는 인지적 긍정과 충성, 행동적 선택과 구매, 그리고 심리적 만족을 동반하게 되며, 이러한 것은 기업 활동에 긍정적인 역할을 하므로 소비자만족은 매우 중요하다.

이와 아울러 구매 전이나 구매 후에 소비자가 인식하는 상품과 서비스의 문제점으로 인한 불만, 피해 등은 기업의 문제인식과 제품 개선, 그리고 보다 나은 발전을 위한 모태가 되므로 중요하다. 결국, 소비자불만과 문제는 충성적인 소비자로부터 소외되며, 소비자만족은 기업의 성공적 요인이 되고, 정부 3.0시대에 전략적 시민역량 양성의 성공 요인이 되기도 한다.

또한 글로벌 사회에서 국내에서의 기업 간 경쟁도 중요하지만, 글로벌 국가 간, 기업 간 경쟁에서 앞서가는 요소가 되며 이는 크게 기업이미지, 나아가 국가이미지와도 관련성이 있다.

일반적으로 모든 소비자는 행복을 추구한다. 현대사회는 이미 대중적인 소비사회를 넘어서고 있다. 뿐만 아니라 소비자는 궁극적으로 행복한 소비사회를 향하는 과정 중에 있다고 볼 수 있다.

행복의 사전적 의미를 찾아보면 욕구와 욕망이 충족되어 만족하거나 즐거움을 느끼는 상태로서 갈등감을 느끼지 않고 안심하거나 또는 희망을 그리는 상태에서의 좋은 감정으로 정의된다. 소비의 궁극적 목적을 소비자의 욕구와 욕망의 충족으로 인식한다면 소비행복은 소비목적이 달성된 상태를 지칭한다고도 할 수 있다(이성림 외 4인, 2011). 행복과 관련된 소비생활 만족도는 삶의 질에 영향을 주는 요인 또는 삶의 질을 구성하는 하위영역으로 간주하는 것이 가장 일반적인 접근이라고 할 수 있다(남수정, 2007).

소비자의 소비생활 목표는 최종적으로 만족을 얻기 위함이다. 소비자 입장에서는 소비생활 만족도가 삶의 질에 영향을 주는 가장 중요한 요인으로 간주되고 있다. 소비자의 소비생활 만족은 자신의 소비생활을 인지적, 정서적으로 평가하고 느끼는 것을 의미하는 것이며 그러한 평가와 느낌은 삶에 대한 주관적 만족과 안녕감, 행복감 등으로 표현될 수 있다(허경옥 · 박상미, 2012).

소비생활 만족도에 대한 연구는 초기에는 대부분 제품이나 서비스 관련 소비자 만족에 대한 연구가 많았으며, 최근에는 소비자의 심리적 특성을 중심으로 하는 소비생활 만족도에 대한 관심이 높아지고 있다.

소비자 만족도, 소비생활 만족도에 대한 정의는 다소 차이를 보인다. 소비자 만족과 불만족에 대한 정의는 기대와 성과 간의 차이가 나타난 구매결과 중심과 구매과정 중심으로 소비자의 만족과 불만족을 평가하는 방법이 있고(신승학, 2009), 관련 연구로는 기대불일치 이론, 공정성 이론, 귀인이론, 비교수준이론, 가치인식에 대한 불균형 이론 등이 있다.

소비생활 만족은 소비자 개인적 특성, 사회문화적 특성, 심리적 특성, 그리고 마케팅 요인 등 다양한 요인들에 의해 영향을 받는다. 또한 소비에 대한 자기조절과 소비생활 만족도가 달라지고 특히, 소비생활 만족도는 주관적 경제수준과 소비에 대한 자기조절에 의해 영향을 받기도 한다. 일반적으로 많은 연구들은 소비생활 만족도가 소비자 개인적 특성과 심리 상태에 따라서 영향을 받는다고 한다. 관련 연구결과를 보면, 소비생활 만족도는 소비자의 여러 개인적, 심리적, 경제적 변수와 관련이 있다는 것으로 논의되고 있다.

이른바 현대사회는 곧 대중화된 소비사회로 통한다. 또한 우리는 궁극적인 소비문화사회로 가고 있는 가교의 역할을 수행하고 있는 과정에 불과할 수도 있다.

오늘날 소비사회에서의 소비는 단순히 물질적 소비가 아닌 사용상의 효용, 그 이상의 가치를 지닌다. 즉, 소비는 자신을 표현하는 수단임과 동시에 소비대상자의 상징이며 자신의 정체성을 강조하는 도구기능적인 척도로도 여겨진다.

따라서 상징은 끊임없이 만들어지고 이에 따라 욕구 역시 무한히 확장되기 때문에 소비욕구는 끝이 없다고 말한 것(이성림, 2006)처럼 소비주의의 특징은 현대사회에서 다양한 문제들을 초래하는데 그 중 하나가 삶에 대한 만족, 불만족 문제이다.

현대의 소비자들은 경제적으로 풍요로워질수록 수면장애, 불안증, 우울증, 허기증, 식욕부진, 자살 등의 개인적인 불행의 징표들은 줄지 않고 오히려 늘어 가고 있는 것(박명희 외 7인, 2011)을 지적하고 있다. 생활이 안락해지고 편안해질수록 이것을 지속하고 싶은 욕망은 커지고 궁핍에 대한 두려움도 함께 커져만 간다. 예컨대, 젊어지고 아름다워지는 데 지출을 더 하면 할수록 나이 들고 늙어 가는 자연적인 진행 과정 자체도 근심과 두려움의 대상이 되는 것이다. 가진 것에 대한 집착은 커지고, 소비경제에서 뒤처지지나 않을까 하는 조바심에 물질적으로 더 나아지는데도 더 살기 힘들다고 느낀다(Lipovetsky, 2006). 이러한 소비사회 문제 때문에 최근 연구에서 소비생활 만족이 더욱 중요하게 인식되고 있다.

혹자는 소득수준이 높아지고 제품의 품질이 나아지고 있음에도 소비생활 만족도는 크게 향상되지 않는 것으로 보인다(허경옥, 2016)고 지적하고 있다. 이는 소비자들의 소비생활 만족도가 다양한 요인에 의해 영향 받고 또 복잡해지면서 소비자들의 소비생활 만족을 이해하고 또 그 영향 요인을 파악하는 것이 어려워지고 있다는 것이다.

소비자의 소비생활과 소비자만족은 소비자의 선택에서 비롯된다. 소비자가 지닌 화폐를 어떤 상품과 서비스를 선택하느냐 하는 것은 소비자 만족과 불만족의 근원이 되며, 선택 후 만족한다면 재선택과 재구매의 가능성이 높아지고, 불만족한다면 비선택의 가능성이 높아질 것이다. 여기에서 시장은 소비자의 선택에 주목해야 한다.

그렇기 때문에 기업은 소비자의 선택을 받기 위하여 다양한 방법으로 데이터를 수집하여, 분석하고, 활용할 뿐만 아니라 미래 트렌드를 예측하고 상품과 서비스의 개선 및 신상품 개발을 위한 움직임이 활발하다.

교통사고 골든타임 살릴 'e-Call' 사고 발생 후 자동으로 119 신고

화물 운송 기사인 한 모 씨(42)는 큰 사고를 당했다. 새벽에 시골 도로를 달리다가 화물차가 빙판길에 미끄러지면서 논두렁 아래로 굴러떨어진 것이다.

굴러떨어지는 순간에도 '주위에 아무도 없어서 나를 발견하지 못할텐데'라는 걱정이 들었지만, 사고의 충격으로 인해 이내 정신을 잃고 말았다. 그런데 얼마 후 깨어나 보니 병원에 누워 있는 자신의 모습과 그 옆에 서 있는 119 구조대원을 발견하고는 의아한 생각이 들었다.

'한적한 시골 도로에서, 그것도 모두가 잠이 든 새벽녘에 사고를 당했는데 누가 신고를 했을까?' 하고 궁금해 하는 한 씨에게 119 대원은 "신고자는 바로 화물차에 탑재되어 있는 'e-Call' 서비스"라고 알려 줬다.

미래의 어느 날에 일어날 일을 가상으로 꾸며 본 이야기지만, 아마도 3~4년 뒤면 현실에서 이 같은 상황을 직접 만날 수 있을 것으로 보인다. 정부가 250억원을 들여 긴급 구난체계 서비스인 'e-Call'의 도입을 서두르고 있기 때문이다.

교통사고 골든타임을 지키기 위한 ICT 서비스

e-Call 서비스는 자동차 사고가 발생하면 스마트폰이나 차량에 내장되어 있는 센서가 사고를 자동으로 인지하여 관제센터로 사고 정보를 전송함으로써, 신속하게 구조할 수 있도록 만드는 ICT 시스템을 말한다.

오지 같은 인적이 드문 지역이나 새벽 시간, 또는 사고로 의식을 잃어 신고를 할 수 없을 때 스마트폰이나 내비게이션, 블랙박스 등에 탑재되어 있는 센서가 이를 자동으로 인식하여 신고를 하는 것이다.

이 같은 신고 내용은 119 구조대는 물론, 차량 제작사와 경찰서 등에도 즉각 통보되어 사고발생 이후 골든타임 내에 인명이 구조될 수 있도록 하는 데 있어 결정적인 기여를 한다. 뿐만 아니라 보험사에도 동시에 통보되어 신속하게 사후처리를 하는 데도 도움을 준다.

우리나라는 1990년대에 들어서면서 본격적인 자동차 대중화가 시작되었지만, 교통안전과 관련한 현재까지의 통계조사를 살펴보면 여전히 교통 후진국에 가까운 상황이다.

교통사고 사망자 수가 OECD 회원국 중 최하위권 수준이며, 교통사고 대응체계도 아직은 미흡한 상태이기 때문이다. 인명 피해를 최대한 줄일 수 있는 e-Call 서비스의 도입이 시급한 이유다.

그동안 정부는 이런 교통안전 분야의 후진성을 탈피하기 위해 '교통사고 사상자 절반 줄이기 프로젝트'를 추진해 왔고, 그 일환으로 지난 2013년부터 e-Call 서비스에 대한 R&D 및 사업 기획을 여러 부처에서 공동으로 진행하여 왔다.

현재 시스템 개발을 담당하고 있는 한국전자통신연구원(ETRI)의 관계자는 "e-Call 서비스를 구축하게 되면 교통사고로 인한 사망자 수의 2~3%, 즉 연간 100~150명의 사망자를 줄일 수 있고, 400~600억원에 달하는 사회적 비용의 감소 효과도 볼 수 있다"라고 기대했다.

24시간 전국 어디서나 가능한 한국형 e-Call

우리보다 훨씬 빨리 e-Call 서비스 도입을 검토한 해외 선진국들은 어느 수준까지 와 있을까? 이에 대해 교통진흥공단의 관계자는 "e-Call 서비스는 그 주체에 따라 국가 주도와 민간 주도로 구분된다"라고 전하며 "EU나 러시아가 국가 주도의 e-Call 서비스를 준비하는 대표적인 국가라면, 미국은 민간 기업이 주도하고 있다"라고 덧붙였다.

미국의 경우 글로벌 자동차 제조사인 GM이나 포드의 일부 자동차에는 e-Call과 유사한 서비스를 제공하는 시스템이 탑재되어 있는데, 사고 및 긴급 상황 발생 시 해당 서비스 콜센터로 신고 연락이 가도록 설정되어 있다.

우리나라는 지난 2015년부터 2018년까지 미래창조과학부와 국토교통부가 공동으로 관련 연구개발과제를 진행하고 있다.

국토교통부의 관계자는 "e-Call 서비스는 사고정보를 수집하는 '센서 기술'부터 시작하여 사고정보를 전송하는 '통신기술'과 사고 상황을 관제하기 위한 '네트워크 운용기술'까지 다양한 기술이 총망라된 서비스"라고 정의하며 "새로운 기술이라 할 수는 없지만, 신속하고 신뢰성 높은 사고 상황 감지와 사고처리 관제를 위해서는 이들 기술의 유기적인 연계가 필수"라고 강조했다.

한편 지난 8월에는 e-Call 서비스의 국내 도입과 관련한 정책현안들을 수렴할 'e-Call 포럼'의 창립 기념 세미나가 열려 업계의 주목을 끈 바 있다.

당시 세미나에서 '한국형 e-Call 서비스'에 대해 발표한 한국지능형교통체계협회의 조용성 기술표준센터장은 "24시간 전국 어디서나 전 차량이 자동으로 사고를 판단하여 사망사고 및 사회적 비용을 줄이는 '한국형 e-Call' 체계 구축을 목표로 한다"고 말했다.

그러면서 "오는 2019년 6월까지 e-Call 시스템의 플랫폼과 알고리즘을 개발하고, 실증 사업을 통해 필요성을 부각시켜, 국내에서도 긴급 구난체계 시스템을 의무화하는 방향으로 추진할 수 있도록 하겠다"고 밝혔다.

자료: 사이언스타임즈(2017. 1. 2.), 교통사고 골든타임 살릴 'e-Call' 사고 발생 후 자동으로 119 신고.

3 ··· 글로벌 시장과 글로벌 빅데이터 분석

글로벌 시장의 동향을 과거부터 살펴볼 때, 다양한 방법이 있지만, 세기별 발명품을 통한 시장 변화를 살펴보자.

우선, 19세기의 발명품을 살펴보면, 백열전구, 고문 도구, 요람, 카드 속임수 장치, 전화기, 면도 기계, 농기계, 잠수함, 증기선, 총, X-ray, 사진기, 여러 가지 운동기구들, 자동차, 지혈대, 타자기, 축음기, 증기기관차, 오토바이, 영사기, 자전거, 볼트 액션 라이플, 레버 액션 라이플, 잠수복, 통조림, 주사기, 글라이더, 개틀링 기관총, 모젤권총, 모신나강 소총, 워커콜트, 다이너마이트 등이 유럽과 미국의 발명품들이다.

20세기의 발명품을 살펴보면, 미국의 AP 통신은 20세기의 히트상품으로 지퍼, 아이스크림 콘, 네온사인, 셀로판, 1회용 반창고, 복사기, 포스트 잇, 놀이용 원반, 클립, 볼펜 등 우리 생활용품을 중심으로 선정하였고, ≪워싱턴포스트≫지는 20세기를 대표하는 8대 발명품으로 비행기, 플라스틱과 나일론, TV, 허블 우주망원경, 페니실린, 원자폭탄과 수소폭탄, 컴퓨터, DNA 나선형 이중구조의 규명 등을 들고 있다.

그러면 21세기는 어떨까? 혹자는 21세기는 유통의 시대, 혹은 아이디어나 꿈을 파는 시대라고 한다. 영국 일간지 ≪인디펜던트≫가 '21세기에 우리 생활을 변화시킬 50가지 발명품'을 선정해 소개했다. 이 신문은 이들 상품과 서비스가 그 자체로도 차세대 유망 상품이지만 개발 과정과 아이디어의 응용에 더 주목할 필요가 있다고 강조하였다.

우선 상품에서는 '빌리보'라는 조개껍데기 모양의 어린이용 완구로 어린이들은 수영장에서 물놀이 도구로 쓰거나 허리에 끼워서 달팽이 흉내를 내기도 하고 썰매로 이용하기도 한다. 어떻게 갖고 즐기라는 안내문은 없다고 하며, 이 신문은 "어린이들의 상상력에 따라 활용도가 무궁무진한 상품"이라고 평가했다. 즉, 수요자인 소비자 중심의 창의적인 사용을 권장하고 있다.

그리고 어두운 데서 화장을 고칠 때 편리하도록 조명장치와 거울을 부착한 립스틱 '리파라치', 100달러짜리 랩톱 컴퓨터, 탄소배출량을 줄인 발광다이오드(LED) 전구 등도 유망한 아이디어 상품으로 꼽혔다.

건축에서는 옥상에 식물을 심는 환경친화적 건축인 '그린 루프'로 이것은 요즈음 북유럽 국가를 중심으로 확산되고 있다. 기존 건축물의 옥상이나 공간에 방을 덧붙이는 '기생 건축'은 영국 · 독일 · 네덜란드 등에서도 인기를 끌고 있다.

또한 서비스에서는 인터넷의 활용도가 점점 다양해지고 있는 것을 활용한 '판도라 닷컴'은 노래 제목이나 가수 이름을 입력하면 음악을 찾아서 들려주는 '개인 DJ' 서비스를 제공한다. 영국의 '샤잼'은 가수 이름과 곡명을 모를 때 유용한 서비스로 휴대전화로 연결해 노래의 한두 소절만 부르면 전 세계 유명 가수의 가사와 음성 특징이 보관된 데이터베이스를 검색해 곡명을 알려주는 서비스를 제공해 준다.

그리고 기타 부문에서는 '로스트'처럼 블록버스터형 TV 프로그램이 자리 잡을 전망이다. 사회 분야에선 빌 게이츠, 워런 버핏 등이 주도하는 민간 자선사업도 미래 사회에 큰 영향을 끼칠 것으로 전망되었고 정치권에선 인터넷 선거운동의 영향력이 갈수록 커질 것으로 예상되었다.

이러한 것을 보면, 과거의 발명품은 생활필수품과 다양한 변화를 위한 도구적인 측면이었다면, 앞으로는 좀 더 창의적이고 상상력이 있는 다양한 변화를 스스로 추구하는 개인적인 성향과 결정권이 있는 측면으로의 변화를 볼 수 있다. 결국, 그 변화의 주인공은 바로 소비자 스스로이며, 그 변화를 주도하는 것도 소비자 스스로이다. 왜냐하면 시장의 활성을 위한 역할에서 기업도 중요하지만, 그 곳에서 삶을 영위하는 주체적 역할의 소비자는 기업에서 생산한 상품과 서비스를 선택하고 사용하고 비용을 지불하므로 그 역할이 중요하기 때문이다. 따라서 소비자의 요구와 트렌드를 빅데이터를 중심으로 분석하여 미래를 읽을 필요가 있다.

전 세계의 대표적인 미래연구기관인 세계미래회의(WFS)의 과학기술팀에서 21세기를 이끌어 갈 최고의 발명을 정리하여 발표하였다. 과학기술은 미래의 혁신을 이끌 중요한 열쇠가 된다. 과학기술만 잘 분석해도 미래의 흐름을 알 수가 있다.

첫째로, 미국항공우주국의 이온추진 엔진: NASA가 소행성 벨트로의 여행에 도움을 줄 이온 추진 엔진을 개발하였다. 2012년 8월에 베스타를 떠나 2015년에 최종 목적지에 도착할 우주선에 이온 추진 엔진을 탑재함으로써 행성 탐험에 실제로 사용되고 있다. 연료만 870kg을 사용하며 우주선을 시속 14만 5천km로 날아가게 하는 추진력을 가진 엔진이다.

둘째로, 대체식품 소일렌트: 영화 〈소일렌트 그린, 1973년〉에는 과일이나 채소, 고기 같은 천연식품이 사라진 2022년에 지구는 인구과잉으로 사람들은 굶어 죽고, 병에 시달리게 된다. 소일렌트란 가루 형태로 제공되는 콩 대체식품이다. 물을 혼합해서 섭취하는 것만으로 다른 영양분을 공급할 필요 없이 균형 잡힌 식생활을 가능하게 해주는 것으로, 대량생산은 2022년으로 예상하고 있다.

셋째로, 의료 진단하는 나노센서: 의학계는 동물의 후각에 해당하는 기능을 가진 나노센서를 이미 개발하였다고 논문에 발표하였는데, 연구원들은 나노 크기의 DNA 가닥으로 코팅한 이 기기가 냄새분자를 인식한다고 하였다. 그 결과 정상 및 흑색종 세포의 냄새를 구별하여 종양의 크기도 유추할 수 있게 될 것이다.

넷째로, 농사 로봇: 스페인에서 로스피어라는 로봇이 개발되었는데, 이 로봇은 농작물을 해치지 않고 농장의 모든 정보의 유형을 관찰하고 이동할 수 있는 로봇이다. 즉, 이 로봇은 작물 수확량을 개선하고 토양수분, 온도, 함량, 화학비료 등을 측정하기 위한 여러 센서를 갖춘 로봇이다.

다섯째로, 안전한 핵분열 원자로: 미국의 한 대학은 우라늄이나 플루토늄을 대체할 원자로를 개발하고 있다. 이 원자로는 안전을 가장 중요하게 생각하고 있으며, 기존의 핵연료와 달리 균일한 우라늄 크리스털을 이용하여 훨씬 더 안전한 핵연료를 제조할 수 있다.

그 외 11세기~20세기 10대 발명품(월스트리트지, 1999)을 살펴보면, 나침반(중국, 1086), 트랜지스터(미국, 1947), 전구(미국, 1879), 베이글 빵(폴란드, 1610), 기계식 계산기(독일, 1671), 금속활판(독일, 1450), 총(중국, 1250), 인공위성(소련, 1957), 금속활자(한국, 1329), 복제양 돌리(스코틀랜드, 1997) 등을 들고 있다.

세계를 바꾼 10대 발명품(런던과학박물관, 2009)을 살펴보면, X레이, 페니실린, DNA 이중나선구조, 아폴로 10호 캡슐, V2 로켓엔진, 스티븐슨 로켓엔진, 파일럿 ACE, 용기 기관, T형 포드 자동차, 전기 전보 등을 들고 있다. 그리고 미국인들에게 가장 중요한 발명품(CNN, 2003)은 칫솔, 자동차, 컴퓨터, 휴대전화, 전자레인지 등을 들고 있다. 이러한 것은 다양한 변화의 계기가 되었다.

장차 우리의 삶의 형태를 바꿔 놓을지도 모르는 10대 발명품(뉴스위크지, 2004)으로는 고품질 인조 다이아몬드, 파리 같은 로봇, 세포 프로그래밍, 우주 엘리베이터, 컴퓨터 운전 차량, 기억 칩, 우주 식물, 플라스틱 전자혁명, 경량 자동차, 수륙양용 주택 등을 들고 있다.

21세기 세계 8대 발명품으로는 암 연구에 한몫하는 파리, 폐타이어의 획기적 처리법, 야채로 만든 여러 색깔의 김, 햇빛으로 물 정화, 우주선 보수하는 로봇, 폐기물을 먹는 지렁이, 공기를 이용한 발전, 태양에너지 자동차 등을 들고 있다.

이러한 변화는 IoT를 중심으로 한 다양한 변화를 가져오는 계기가 될 것이다.

글로벌 시장의 선두주자로서 기업은 서비스 데이터로서 수리, 소비자상담, 소비자 불만 등의 데이터를 활용할 수 있고, 유통채널 데이터로서 수요, 판매, 그리고 재고 등을 활용할 수 있다. 뿐만 아니라 트랜잭션 데이터(transaction data)로서 트래킹(tracking), 서비스 로그(service log) 등을 활용할 수 있으며, 기업 분석용 데이터로서 관리결산, EDW 등을 활용하고, 멀티미디어 콘텐츠(multi media contents)로서 원본, 구매, 소비 정보 등이 포함된다. 그리고 M2M 센싱 데이터(sensing data)로서 설비, 장비, 스마트 단말기 등이 포함된다.

전 세계의 기업들은 이미 빅데이터를 통해 고객 서비스를 개선하고 업무 효율을 높이고 있다. 맥러드 러셀 인디아(Mcleod Russel India Limited)의 경우는 매년 1억 킬로그램에 달하는 차(茶)의 수확과 제조, 마케팅 과정을 정확히 추적하여 차 거래의 시스템 가동 정지 시간을 완전히 제거하였다. 프리미어 헬스케어 얼라이언스(Premier Healthcare Alliance)는 발전된 데이터 공유 및 분석 기능을 사용하여 환자 관련성과를 개선하면서도 비용을 28억 5천만 달러나 절감하였다. 또한 산탐(Santam)사는 사기성 보험금 청구를 줄이기 위한 예측 분석을 실시하여 고객 경험을 개선시켰다.

고객 중심적 목표 외에도 기업들은 빅데이터의 활용을 통해 다른 기능적인 목표도 추구하고 있다. 대부분은 파일럿 프로젝트를 시행하는 단계이지만, 빅데이터 활용의 목표로 자주 언급된 항목으로는 위험관리, 재무 관리, 직원들의 협력, 신규 비즈니스 모델 개발에 응용 등이 있다.

산탐사(Santam): 예측 분석을 활용한 사기 파악 능력 향상과 보험금 청구 과정 신속화

보험사기는 전 세계 보험회사들의 골칫거리가 되고 있다. 방화사건 같은 대규모 사기든, 자동차 수리비용의 과다청구와 같은 소규모 사기든, 보험사기로 인한 보험금 지급 비용이 매년 수백만 달러에 달하고 있다. 그 비용은 보험료 인상이라는 형태로 고스란히 고객에게 전가된다. 보험회사들은 보험사기를 막기 위해 많은 노력을 기울이고 있지만, 소송이나 사립 탐정 같은 전통적인 방법들은 시간과 비용이 너무 많이 소요된다.

남아프리카 최대 규모의 단기보험 회사인 산탐사 역시 보험사기 문제가 심각했다. 보험사기로 인한 손실 비용이 산탐 고객들이 지불하는 연간 보험료의 6~10% 정도를 차지하고 있었다. 또한 보험사기는 업무 효율 저하라는 또 다른 결과를 야기했다. 대리점들이 고위험 및 저위험 보험금 청구를 전부 조사해야 했기 때문에, 모든 보험금 청구 건이 완료되는 데 최소 3일 이상이 소요되었다. 결국 고객들은 신속한 보험금 지급을 요구하게 되었고, 고객 서비스와 관련한 산탐사의 평판은 하락하기 시작했다.

산탐사는 고급 분석 솔루션을 이용하여 보험사기를 조기에 파악할 수 있게 되었다. 보험금 청구 건의 데이터를 수집하여 확인된 위험 요인과 비교 평가한 다음, 건별로 5개의 위험 범주로 세분화 — 보험사기 가능성이 있는 건 및 고위험 건을 저위험 청구 건과 분리 — 하는 방법이었다. 이 신규 시스템을 통해 산탐사는 보험사기 건에 지급하던 수백만 달러를 절약할 수 있었을 뿐 아니라, 저위험 청구 건의 처리 시간도 획기적으로 절감하였다. 결국 고객에 따라 1시간 만에 보험금 지급이 결정되기도 하였으며, 시행 후 몇 달 만에 대형 자동차 보험사기 조직을 적발하기도 했다. 빅데이터와 예측 분석, 위험 세분화를 통해 발견한 패턴을 이용해 산탐사는 보험사기를 파악해 냈던 것이다.

자료: 최재경(2016), 빅데이터 분석의 국내외 활용현황과 시사점, *KISTEP InI*, 14, 한국과학기술기획평가원, p. 35.

아우토메르카도스 플라자(Automercados Plaza's): 통찰의 확대를 통한 수익의 증가13

베네수엘라의 가족 소유 식료품 체인인 아우토메르카도스 플라자의 다양한 시스템 및 데이터베이스에는 6TB가 넘는 제품 및 고객 관련 데이터가 분산되어 있었다. 그러다 보니 각 매장에서 이루어지는 업무에 접근하기가 쉽지 않았다. 경영진은 그 데이터들 속에서 가치 있는 통찰을 발견할 수 있을 거라고 생각했다.

"가격 책정, 재고 관리, 판매, 유통, 머천다이징과 관련 사항들이 두리뭉실 뒤섞여 있었다." 아우토메르카도스 플라자의 CIO의 말이다. "우리 회사에는 거의 2천만 달러 규모의 재고가 있는데, 우리는 각각 여러 시스템에서 관련 정보를 추적하여 수작업으로 취합했다. 갖고 있는 재고를 정확히 파악하기 위해서는 좀 더 통합적인 관점이 필요했다."

아우토메르카도스는 전사적인 정보 통합을 통해 매출은 대략 30%, 연 수익은 700만 달러나 증가하는 성과를 거뒀다. 로메로는 이런 증가의 원인으로 재고 관리 개선과 변화하는 시장 조건에 대한 빠른 적응을 들었다. 일례로 제품 손실이 35%가량 감소했는데, 이는 상하기 쉬운 제품이 부패되기 전에 할인 판매 계획을 세울 수 있었기 때문이다.

자료: IBM 글로벌 비즈니스 가치연구소(2012), 분석: 빅데이터의 현실적인 적용, 요약 보고서.

4 … 글로벌 시장과 글로벌 빅데이터와의 전쟁

글로벌 시장에서 글로벌 빅데이터와 전쟁을 하고 있는 지금, 시장에서 성공한 사례나, 실패한 사례 모두가 중요한 자료이다. 성공적인 도약전략과 실패의 근본원인 개선을 통한 재도약은 이미 글로벌 시장에서 중요한 비즈니스 전략으로 시도되고 있다는 것이다. 예컨대, 미국의 유명한 로스쿨에서는 비즈니스 스쿨과 융합하여 아시아의 법률사무소를 비롯한 비즈니스의 생존성과 자멸의 구체적인 원인 등을 데이터로 옮겨 그 원인을 정량적으로 파악하고 있으며, 이를 교육적 효과 및 자료로 활용하고 있다. 즉, 전략적 비즈니스 수립 — 인본적인 가치관(human), 테크놀로지

(technology), 비즈니스(business) 등의 3요소에 맞게 융합적 · 창의적 전략의 필요성을 제안하고 있다.

우리는 컴퓨터 정보통신이 발달하면서 많은 정보를 얻을 수 있는 좋은 기회를 갖게 되었다. 하지만 그 많은 정보를 모두 흡수하고 활용할 수 없게 되면서 사람들은 정보의 홍수에 허덕이게 되었고, 이를 해결할 수 있는 가장 좋은 방법으로 찾은 대안이 빅데이터 분석이라고도 볼 수 있다. 따라서 좀 더 체계화된 맞춤 해답 찾기를 빅데이터 분석으로 기대하게 되었다.

빅데이터 활용을 통한 분석은 많은 사례에서 뚜렷한 성과를 이루지 못하는 사례도 많은데, 이러한 실패의 원인은 빅데이터 분석 전에 목적 수립에 문제가 있을 수 있다. 따라서 분석 전에는 목적을 명확히 할 필요성이 있으며, 이에 글로벌 시장에서는 빅데이터의 전쟁을 직면하고 있다.

단순히 많은 데이터 축적과 기술의 고도화가 아니라, 숫자 및 내용적인 데이터를 해석하고 추론하는 능력 또한 요구되는바, 이른바 인문학적 통찰과 통계적 추론이 결합되고 기술적 능력이 가미된 융합적이고 다각적인 사고가 필요하며 이것이 빅데이터 분석의 궁극적인 방향이 되어야 할 것이다.

따라서 데이터 분석의 궁극적인 목적은 소비자의 생활인 삶을 윤택하게 하기 위함이지만 빅데이터를 활용하고자 하는 사람들이 과연 소비자 중심적인 가치로 진행하는지 이는 확신하기 어렵다. 뿐만 아니라 지식기반 산업의 시작은 분명 우리 사회가 매우 빨랐음에도 불구하고 빅데이터에 대한 관심과 분석, 활용성 등은 유럽과 미국 등에 비해 늦은 감을 알 수 있다.

빅데이터는 다양한 산업과 서비스 영역에서 비즈니스 경쟁력의 핵심 요소로 자리잡으며 가히 현재는 빅데이터 전쟁 시대라고 할 만하다. 최근에는 국내외 여러 기업에서 고객경험 혁신을 위한 빅데이터 전략을 강화하고 있으며, 인력과 예산도 이전보다 확대되는 추세이다. 하지만 빅데이터를 통한 실질적인 비즈니스 성과 창출은 결코 쉬운 일이 아니다.

이에 한국IDG는 '제6회 비즈니스 임팩트 & 빅데이터 2016(6th Business Impact & Big Data 2016)' 컨퍼런스를 2016년 2월에 개최해 국내외 선진 빅데이터 전략과 사례를 공유하고 국내 기업들이 당면한 비즈니스 과제를 해결하는 데 도움을 주었다. 특히 컨퍼런스에는 빅데이터 관련 담당자들이 가장 만나고 싶은 기업으로 꼽은 이베이, 메이시스, 우버, 카카오, 알리바바 그룹 등 빅데이터 전문가들이 연사로 참여하였다.

'기업경쟁력의 핵심, 빅데이터! 고객경험(CX)을 혁신하다'라는 주제로 열린 컨퍼런스에는 먼저 이베이(eBay)의 데이터 사이언스 부문장이 기조 연사로 참여했다. '고객 중심(Customer-Centric)의 커머스를 위한 예측 분석'이라는 주제로 글로벌 온라인 유통업체 이베이의 빅데이터 성공 전략과 다양한 빅데이터 예측 분석 사례에 대해 발표하였다.

미국 유명 백화점인 메이시스(Macy's)의 고급 분석 책임자는 옴니채널 고객경험 향상을 위한 빅데이터와 고급 분석(advanced analytics)의 활용 전략과 사례에 대해서 발표하였다. 연사는 20년 이상의 빅데이터 분석과 실행 경험이 있으며, 특히 고객 중심 마케팅과 ARC(Acquisition → Retention → Conversion) 전 과정을 최적화하는 것에 관한 폭넓은 전문지식을 지니고 있다.

카카오에서도 컨퍼런스에 참여해 자사의 빅데이터 노하우를 전수하였는데, '분산 Graph DB를 통한 카카오의 실시간 피드와 실시간 추천엔진, powered by Apache S2Graph'라는 주제로 S2Graph를 개발한 그래프DB 파트장이 직접 강연에 참여하였다. 카카오에서 기존에 서비스별로 나뉘어 있던 사용자의 관계와 실시간 행동 데이터를 Apache S2Graph라는 그래프 DB를 사용하여 어떻게 저장하고 여러 서비스들에서 이를 어떻게 활용하는지 공유하였다. 왜 굳이 새로운 그래프 DB를 만들게 되었는지에 대해서도 소개하였다.

중국 최대 전자상거래업체 알리바바(Alibaba)가 오프라인으로까지 영역을 넓히고 있다. 알리바바 그룹 디렉터는 온라인 쇼핑 환경에서 그렇듯 오프라인에서도 고객을 분석하기 위한 알리바바 그룹의 여러 가지 흥미로운 프로젝트들을 소개하였다. 이어, 우버(Uber)의 데이터 사이언스 매니저는 데이터 사이언스의 미래와 데이터 사이언티스트 팀의 역할 및 필요성에 대해 전달하였고, 우버 이전에 NASA와 트위터에서 근무 시의 비즈니스 경험도 함께 전달하였다.

아울러 컨퍼런스에는 한국 오라클, 팁코 소프트웨어, 한국마이크로소프트, SAS, 던험비, 효성인포메이션시스템, 위세아이텍, 한국인포매티카, 데이타솔루션이 참여해 빅데이터를 통한 비즈니스 혁신 전략과 다양한 산업 적용 사례를 전달하였다.

한국IDG는 "각 업종의 선도 기업들이 빅데이터와 기존 비즈니스 데이터의 융합을 통해 비즈니스를 변화시키고 있을 뿐 아니라 신시장을 개척하고 있다"고 진단하며, "기업 비즈니스 혁신을 견인하려는 IT 전문가를 비롯해 기업 혁신 전략으로 데이터를 활용하려는 이들에게 이번 비즈니스 임팩트 & 빅데이터 2016 컨퍼런스는 탁월한 정보 습득 및 교류의 장이 되었다"고 밝혔다.

주지하다시피 2016년 미국 대선은 빅데이터 전쟁이었다고 한다. 바로 '마이크로타기팅'을 통해 유권자를 상세하게 분석한 것이다. ≪가디언≫지에 따르면 공화당과 민주당 양당의 출마자들은 빅데이터를 통해 개인정보를 수집하고 투표자들의 성향 파악을 통해 유권자의 표 관리에 나섰다. 대선 주자들이 유권자 빅데이터 관리에 힘을 쏟고 있는 것은 지난 2012년 미국 대선에서 오바마 대통령이 유권자 맞춤 전략인 '마이크로타기팅(microtargeting)'을 통해 큰 성공을 거두었던 것도 하나의 이유이다.

'마이크로타기팅'이란 선거 캠프가 유권자의 기본적인 정보인 성별, 나이, 거주지는 물론이고 그들의 상세하고 진정한 관심사가 무엇인지까지 파악해 선거에 활용하는 빅데이터 시스템이다. 당시 오바마 진영은 이 시스템을 통해 선거자금 모금에 성공했고 대통령에 당선되었다고 해도 과언이 아니다.

이번 선거에서는 '마이크로타기팅'이 한층 더 업그레이드되어 민주당과 공화당 양당 간에 더욱 치열한 승부처가 되었고, 지난 선거보다 더 많은 정보를 축적하면서 유권자 동향을 더 정밀하게 추적하고 분석해서 선거 전략에 활용하였다. 미 대통령 선거전이 달아오르고 있는 가운데 민주당과 공화당 양당 후보들이 빅데이터 시스템 '마이크로타기팅'을 가동하면서 이전보다 더 포괄적이고 세밀한 방법으로 유권자들을 포섭하였다.

공화당과 민주당 양당은 유권자 정보를 다량 축적해 처리할 수 있는 거대한 데이터베이스를 가동하여 그 안에 유권자들의 과거 선거 관련 정보를 모두 입력하였으며, 그 내용은 지난 선거에서 투표를 했는지의 여부, 투표를 했다면 언제 했는지 등, 필요한 항목을 첨가하였다. 대표적 항목들 중에는 인구통계자료(demographics), 직업, 정치적 혹은 자선단체 기부 사례, 단체 활동, 주택 · 자동차 · 보트 등의 보유 여부, 라이센스와 허가 취득 사례, 잡지 구독, 선거출마 경력 및 정치적 성향 등이 포함되어 있다.

이처럼 광범위한 정보 축적이 가능한 것은 미국 선거법상 유권자 등록 및 선거기록 공개가 허용되어 있기 때문이다. 민주당과 공화당 양당은 합법적으로 허용된 유권자 정보를 기반으로 전자상거래 방식을 활용하여 정보를 추가해 나갔다. 이때 사용하고 있는 것이 다이렉트 마케팅(direct marketing) 기법이다. 최근 기업들은 과거 상인들이 사용해 왔던 생산자에서 도매상으로, 그리고 소매상으로의 전통적 유통경로를 따르지 않고 인터넷 등을 통해 직접 고객인 소비자를 상대하고 있다. '마이크로타기팅'에서 채용하고 있는 것은 다이렉트 마케팅의 광고 기법이다. 기업들은 광고에 접속하는 소비자들을 대상으로 다양한 이벤트를 실시하면서 소비자 관련 동향, 개인 성향, 요구 사항 등의 정보를 축적하고 있는데 대선 주자들이 이를 적극적으로 활용한 것이다. 이는 2012년 대선보다 더 다양하고 세밀해졌음을 의미한다. 대선 후보자들이 운영하고 있는 웹사이트를 통해 사이트에 접속한 네티즌 의견을 수렴하고, 또한 미래 유권자들의 동향을 분석하면서 접속자들로부터 나오는 선거 관련 개인 정보들을 대량 축적하였다. 자체적인 조사활동도 진행되어, 여론조사 요원, 자원봉사자들을 통해 유권자들에게 설문조사를 하는 방식으로 하였으며, 과거 질문 내용을 보면 어느 정당, 어느 후보를 지지하는지에 대한 내용이 대부분이었다.

그러나 '마이크로타기팅'이 운영되면서 질문 내용이 매우 구체적이고, 더 다양해졌다. 이를테면 어떤 후보자를 추천하는지, 또는 상대방 후보에게 이기기 위해 어떤 전략을 짜야 하는지 등에 대해 진지하고도 진솔하게 질문하였다. 응답자 계층을 광범위하게 펼쳐 놓고 하나하나 그룹화하여, 특정 직업군을 타깃으로 집중적인 설문조사를 하였는데, 점차 그 범위가 좁아지면서 질문 내용도 더 세밀해지고 전문화되었다.

양당 후보자들 간에 빅데이터 확보 경쟁이 치열해지면서 유권자와 관련된 새로운 사실들이 밝혀졌다. 예를 들어, 캘리포니아 주에 거주하는 라틴계 유권자들의 경우 젊은 자녀들의 일자리 보장을 강력히 요구하고 있었으며, 총기 관련 여론 동향도 상세하게 드러났다. 특히 총기 소지자들 대부분이 총기 소지를 규제하자는 후보자 주장에 강력 반발하고 있는 것으로 조사되었다. 이런 조사 결과들은 양당 후보자들 진영에서 곧 선거 전략으로 변신된 것이다. 그리고 더 많은 유권자 그룹, 더 나아가 유권자 개개인을 설득할 수 있는 발언으로 이어지며, 이러한 빅데이터 경쟁 속에서 선거 전문가들은 '마이크로타기팅'이 축적해 놓은 정보의 깊이가 선거 당락을 결정할 것이라고 전망하기까지 하였다.

양당 후보자들이 다양한 정보들을 축적하면서 어떤 방식으로 그 자료를 분석하고, 유권자들을 포섭해 나가는지 그 방식에 대해서도 관심이 집중되었으며, 2016년 대선이 2012년 대선에 이어 빅데이터가 큰 위력을 발휘하는 대단위 규모의 정보전이 되었던 것이다.

결국 국경 없는 전쟁으로 일컫는 빅데이터 활용 전쟁에서 승리하는 전략은 협업능력을 높이는 것도 하나의 전략이다.

정보보호 분야 역시 빅데이터 분석과 활용의 필요성이 높아지고 관련 인력의 수요가 늘어날 것이다. 기업 대부분은 중요한 정보가 유출되더라도 이를 적시에 인지하지 못하는 것이 바로 현실이다. 다양한 빅데이터 솔루션이 나와 있지만 아직 기업에서 원하는 수준으로 이를 탐지할 만큼 정교하지는 못하다. 각종 로그를 분석해서 정보유출이나 임직원의 부정행위를 적발하는 기술과 서비스에 대한 수요는 더욱 증가될 전망이다.

또한 다양한 분야의 보안 관련 인력이 많이 필요해질 것이다. 현재의 보안 인력의 양성체계는 해킹이나 취약점 분석 위주로 이뤄져 있다. 그러나 앞으로는 보안 엔지니어가 아니더라도 보안 서비스와 산업에 대한 지식을 갖춘 인재, 그리고 국제협업을 할 수 있는 어학능력 보유자에 대한 수요가 더 커질 것으로 보인다.

즉, 디지털 환경에서 생성되는 방대하고 복잡한 데이터 및 이를 분석하는 기술. IT(정보기술) 업계뿐 아니라 유통 · 자동차 · 통신 등 다양한 업종과 공공기관에서 빅데이터 기법을 이용해 전략과 정책을 수립하거나 기업 경영 및 마케팅에 활용하는 사례가 늘고 있다는 것이다.

대부분의 국내 전문가들은 한국의 빅데이터 기술은 글로벌 수준보다 2~3년 뒤처져 있다고 평가한다. 이에 기업들은 소비자의 온라인 발자취에 집중해서 다양한 데이터 분석을 통한 전략을 수립하고 있다.

예를 들면, '힘들다 · 쉬고 싶다' CJ제일제당이 최근 디저트 제품 '쁘띠첼 스윗푸딩'에 사용하는 광고 문구다. 이 광고 문구는 그냥 기획자의 머릿속에서 나온 것이 아니라 빅데이터 기술을 활용해 과학적으로 뽑아낸 것이라고 한다. 방대한 분량의 빅데이터를 수집하고 분석하여 그 속에서 유의미한 결과를 끌어냈다는 것이다.

CJ제일제당 마케팅실의 트렌드전략팀은 2~3주간 네이버 블로그와 카페, 트위터 등에서 '힘들다, 쉬고 싶다, 찌뿌둥하다'와 같이 피곤함을 나타내는 단어가 들어간 문장 6억 5,000만여 건을 수집해 자체 시스템으로 분석하였다. 그 결과 '월요일 오후 2시 16분'이 사람들이 일주일 중 가장 피곤하게 느끼는 순간이라는 결론을 내렸다. CJ 관계자는 "2013년 말부터 추진해 온 빅데이터 프로젝트가 165건에 달한다"며 "올해는 이를 통해 개발한 음식 10여 종을 선보일 계획"이라고 말했다.

SNS 등 인터넷에 떠돌아다니는 글 · 사진 · 영상 등의 정보를 분석해 마케팅 또는 경영 전략에 활용하는 기업이 늘고 있다. 즉, 불특정 다수가 온라인 공간에 남긴 발자취가 모여 시장경제가 되는 시대가 열린 것이다.

미국 신시내티 동물원은 6개월간의 방문객들의 행동을 데이터로 분석하였다. 그 결과, 방문객인 소비자는 '아이스크림을 해질 무렵 가장 많이 소비하고 있다'는 사실을 알게 되었다. 이를 바탕으로 이후 운영 시간을 2시간 더 연장하자 아이스크림 판매액이 하루 평균 2,000달러(약 225만원)가량 늘었다고 한다. 그뿐만이 아니라 식음료와 기념품 판매도 덩달아 35%가량 증가하는 시너지 효과까지 본 것이다.

세계적인 패션 브랜드 자라는 인터넷에서 유행하는 최신 패션 트렌드를 파악해서 이를 즉각 반영하여 바로 '다품종 소량 생산' 전략을 펴면서 소비자의 변화하는 트렌드에 발맞추어 급성장한 계기가 되었다.

한화생명은 내부 보험 계약 데이터와 보험개발원 등의 공공데이터를 활용해서 기존의 '보험사기 방지 시스템'을 강화하였다. 이 시스템은 다양한 보험사기의 유형과 사례를 데이터베이스로 구축해서 보험금 지급 요청이 들어왔을 때 사기일 가능성은 없는지를 분석하는 기능이 있다. 한화생명 측은 "이 시스템은 연간 50억원가량의 보험사기를 막는 효과를 내고 있다"고 밝혔다.

또한 이마트, 롯데마트, 신세계백화점 등 대형 유통업체들도 포털사이트의 주요 검색어, 키워드 등을 수집해 상품 입점과 개발에 활용하고 있다.

KT는 한 달간 SNS를 비롯한 인터넷에 올라온 글 60억 건을 수집해 IPTV(인터넷TV)인 '올레TV' 서비스 개선 작업을 벌이고 있다. KT는 올레TV와 VOD(주문형 비디오)를 함께 적은 글들을 분석하면 사람들이 어떤 상황에 불만을 느끼는지 알 수 있다며 "이를 토대로 VOD를 고를 때 시청자 평점을 함께 보여 주거나 결제를 간소화하는 방안 등을 연구 중이라고 한다.

글로벌 시장 조사업체 가트너(Gartner)가 기업의 IT(정보기술) 책임자들을 대상으로 실시한 조사 결과 "빅데이터 활용 분야에 투자할 계획이 있다"고 응답한 비율이 2013년 64%에서 그 후에는 73%로 늘어났다고 한다. 기업들의 관심이 커지면서 이 서비스를 제공하기 위한 글로벌 IT 기업 간 각축전도 치열하게 펼쳐지고 있다.

10여 년 전부터 관련 프로그램을 개발해 온 구글, 아마존, 마이크로소프트, IBM 등을 비롯해 최근에는 데이터 생산자인 SNS 기업들도 가세하였다. 13억 명 넘는 회원을 확보한 세계 최대의 SNS 페이스북은 최근 이용자들이 SNS에 남긴 다양한 반응을 취합하고 분석하는 '토픽(topic) 데이터'라는 기업용 서비스를 출시할 계획이라고 밝혔다. 트위터는 매일 발생하는 5억 건 이상의 메시지 데이터를 가공해서 유료로 기업에 제공한다.

국내 빅데이터 분석 업체인 다음소프트는 "최근 2년간 IT, 자동차, 유통, 뷰티 등 다양한 업종에 걸쳐 120여 업체에 기술 · 서비스를 제공했다"고 말했으며, SK텔레콤도 '스마트 인사이트'라는 온라인 여론 분석 서비스를 하고 있다.

KB국민카드는 작년부터 스마트 오퍼링이란 데이터 시스템을 본격 가동하였다. 하루 800만 건 이상 발생하는 카드승인 데이터를 분석해 고객의 소비 행태를 파악하고 가맹 업종과의 연관을 살펴 고객에게 실시간으로 할인혜택 같은 정보를 제공하는 시스템이다. 예를 들어 백화점을 이용하는 고객에게 인근 매장의 상품정보를 제공하고, 영화관을 이용한 젊은 고객에겐 데이트에 적합한 장소 정보나 레스토랑 할인 쿠폰을 주는 것이다.

근간 데이터 기반 서비스가 속속 나오고 있을 뿐 아니라 모바일 카드도 경쟁적으로 출시되고 있어 소비자들은 카드 사용이 편리해지지만 한편으로는 개인정보 보호 · 해킹방지 등이 중요한 과제이다. 카드사들이 스마트 오퍼링 같은 빅데이터 기반 서비스를 경쟁적으로 내놓고 있다. 이는 하루 수백만 건에서 수천만 건에 이르는 카드 승인 정보를 활용하여, 숨은 수요를 찾아내어 새로운 성장 동력으로 활용하기 위해서다.

모바일 카드 시장을 잡기 위한 전투도 치열하다. 카드사들이 관련 상품을 연이어 내놓고 있다. 스마트폰 사용이 보편화하면서 빠르게 늘고 있는 모바일 카드 시장을 서로 선점하기 위해서이다.

BC카드는 고객의 특성뿐 아니라 사회 현상을 함께 분석해 상품과 서비스 정보를 제공하는 '인공지능 마케팅 프로파일링 시스템(AIPS)'을 개발 중이라고 밝혔다. 카드 고객 가운데 피규어를 자주 사는 30대 남성이 3월에 소비를 줄이고, 4월엔 인기 애니메이션 개봉이 예고되어 있다면, 해당 고객은 피규어를 사려는 의도가 있다고 보고 관련 상품의 할인 정보를 제공하는 방식이다.

신한카드도 최근 '샐리'란 서비스를 내놨다. 2,200만 카드 사용자 데이터를 바탕으로 소비 패턴을 분석해서 할인 정보 등을 제공한다. 삼성카드는 자주 가는 상점이나 서비스를 등록해 놓으면 할인 쿠폰을 받을 수 있는 '링크' 서비스를 한다. 홈페이지나 모바일 앱에서 제공하는 맞춤서비스 가운데 고객이 원하는 것을 선택하면 이후부터 이용할 수 있다. 현대카드의 빅데이터 분석 서비스로는 외식 가맹점을 방문하는 고객의 성별, 연령대별 특성과 재방문율 등에 맞춰 카드 할인 혜택을 안내하는 '마이 메뉴'가 있다.

KB국민카드는 5일 기존 고객을 대상으로 '굿데이카드' 등 모바일 단독카드 네 종류를 내놨다. 회사 홈페이지와 모바일 앱을 통해 신청할 수 있고 본인확인 절차를 거쳐 24시간 이후에 발급된다. 이 회사 상품기획부 팀장은 "앞으로 발급 대상을 신규 고객과 체크카드 고객까지 확대하고 모바일 단독카드 상품도 점차 늘릴 계획"이라고 했다.

하나카드도 '모비원'이란 모바일 카드를 내놨다. 고객 확보를 위해 가맹점 이용 시 카드 사용액의 0.8~1.6%를 할인해 준다. 신한카드도 지난달 말 실물 없는 모바일 카드 여섯 종류를 내놨다. BC카드는 연회비 2,000원을 앞세운 모바일 단독카드 '바로페이'를 출시했다. 우리카드와 삼성카드도 이달 내에 모바일 단독카드를 선보일 예정이다.

모바일 카드는 초기 단계라 아직은 전체 카드 결제금액의 1%, 발급 장수는 6.5% 수준(2014년 기준)이다. 하지만 앞으로 모바일 카드 이용이 더 늘어날 것이란 점에는 이견이 없다. 한국은행에 따르면 지난해 모바일 카드 발급은 앱 방식의 경우 1,334만 건으로 전년에 비해 300% 이상 늘었다. IC방식은 62% 증가했다. 카드사들이 모바일 카드를 늘리는 것은 애플페이, 삼성 페이, 네이버 페이 등 간편결제 서비스의 확대에 대한 대응 측면도 있다. 지금은 경쟁 상대가 아니지만 장기적으로 이들 '페이' 서비스가 본격적으로 금융과 결합하면 카드사에 위협적인 요인이 될 수 있기 때문이다.

모바일 카드 활성화를 위해선 해결해야 할 과제가 적지 않다. 특히 모바일 전용카드의 경우 오프라인 가맹점이 아직은 부족한 편이다. 카드사들은 서울 명동이나 종로 등지에 모바일 카드를 사용할 수 있는 '모바일 존' 구축을 앞세우고 있지만 전체 신용카드 가맹점에 비하면 턱없이 부족하다. 관련 시스템도 구축에 상당한 비용이 들고 업계 간 이해가 복잡하게 얽혀 있기 때문이다.

결국, 글로벌 데이터 전쟁은 이미 시작되었고, 데이터 전쟁은 피할 수 없다. 이러한 전쟁에서 살아남는 법은 데이터를 수집하고, 분석하고 활용하는 것이다. 또한 로봇과 머신러닝이 활용되는 이 시기에 문화적 배경을 통한 분석적인 능력은 우리 인간의 역할일 것이다.

그러나 데이터는 바로 사람이다. 소비자가 되어 생각하고 모든 관련 빅데이터도 소비자로부터 출발하고 소비자 입장에서 이해하고 분석하여야 한다. 또한 데이터는 누구나 필요한 것을 수집하고 창조하지만, 재창조하고 분석한다면, 새로운 아이템을 찾고 발전할 수 있을 것이다. 또한 그 속에서 읽히는 일정한 패턴을 찾고, 예측한다면 빅데이터로 고객을 찾고, 고객의 이탈을 예측하고 관련된 예방 사항도 찾을 것이다. 왜냐하면 영원한 충성고객인 충성소비자는 없기 때문이다.

5 … 사례 찾고 공유하기

스페인 자라(Zara)의 효율적인 물류 배송망

패스트패션(SPA) 기업의 대표 주자 중 하나인 자라는 빅데이터 분석을 활용해 전 세계 매장의 판매 현황을 실시간으로 분석한 뒤 고객 수요가 높은 의류를 실시간으로 공급할 수 있는 물류망을 구축함으로써 재고 부담은 줄이고 매출은 극대화하는 성과를 거두고 있다.

자료: 최재경(2016). 빅데이터 분석의 국내외 활용현황과 시사점. *KISTEP InI*, 14. 한국과학기술기획평가원. pp. 33-43.

GE의 산업 인터넷(Industrial Internet)

"어젯밤 잠들 때는 산업재 기업이었지만, 오늘 아침 일어나면 소프트웨어 및 빅데이터 분석 기업이 되어 있을 것이다"는 제프리 이멜트 GE 회장의 말은 산업 인터넷을 캐치프레이즈로 데이터 분석의 힘을 통해 생산성 혁명의 원동력을 찾겠다는 GE의 야심을 상징적으로 압축한다. GE는 고객들에게 산업 생산성 향상으로 보다 더 스마트한 Factory를 구현할 수 있도록 자사의 IT 역량을 대폭 강화하기 위해 GE소프트웨어를 별도로 설립하는 한편 'Predix'라는 빅데이터 분석 플랫폼을 개발했다. 이런 노력을 통해 2016년에는 'Predix'가 대부분을 차지하는 소프트웨어 사업에서 70억 달러의 매출을 달성할 계획이다.

자료: 최재경(2016), 빅데이터 분석의 국내외 활용현황과 시사점, *KISTEP InI*, 14, 한국과학기술기획평가원, pp. 33-43.

DHL의 물류 효율화

일별 배송 정보를 분석하여 소비자의 물류 서비스 이용 흐름과 패턴 파악에 활용하고 있는 DHL은 실시간 교통상황, 수신자 상황, 지리적/환경적 요소를 고려한 최적화된 배송 경로를 실시간으로 분석해 적기 배송 실패율을 제로 수준으로 만드는 한편 불필요한 연료 소모도 최소화하고 있다. 또한 이렇게 얻어진 데이터 분석 결과는 물류 서비스 수요 증가 추세를 예측하여 물류센터 확장과 배송차량 추가 등에 대한 투자결정에도 활용하고 있다.

자료: 최재경(2016), 빅데이터 분석의 국내외 활용현황과 시사점, *KISTEP InI*, 14, 한국과학기술기획평가원, pp. 33-43.

분야별 뉴스 과학기술정보통신 · IT CES 2017의 화두는 '인공지능'

전 세계의 눈이 최근 미국 라스베이거스에 쏠리고 있다. 2017년 1월 5일부터 8일까지 미국 라스베이거스에서 올해 IT의 흐름을 보여 주는 'CES(소비자가전전시회) 2017'이 열리기 때문이다. 영국 BBC는 2일 특집기사를 통해 50번째로 열리는 CES를 조명했다.

전시장에서 주목해야 할 부분은 스타트업들이다. 프랑스, 이스라엘, 우크라이나, 네덜란드 등의 신생기업들이 개발한 기술제품들이 자국 국기를 내걸고 다양한 아이디어를 선보이고 있다. 중국 기업들의 위세도 돋보인다. 전시를 신청한 기업이 1,300개에 달한다.

생활용품이 다수 선보이고 있는 점도 특징 중의 하나다. IT 블로거로 명성을 얻고 있는 로버트 스코블(Robert Scoble) 씨는 BBC와의 인터뷰를 통해 "전시회 기간 동안 우리 실생활과 밀접한 관계가 있는 혁신 제품들이 다수 선보일 것"이라고 말했다.

인공지능(AI) 비서를 통해 '인간과 기계' 감성대화

이번 CES의 화두는 인공지능(AI)이다. 대화가 가능한 다양한 AI로봇들이 전시돼 관람객을 맞을 준비를 하고 있다. 그 중에서도 특히 주목을 받는 곳이 있다. 가상현실 속에서 인공지능을 소개하고 있는 전시 공간이다.

아마존의 '알렉사(Alexa)', MS의 '코타나(Cortana)', 구글의 '어시스턴트(Assistant)'와 같은 챗봇들이 전시돼 유창하게 대화를 나누는 AI 비서를 소개하고 있다. 이들 음성비서 시스템에는 크고 작은 기업들이 첨단 기술이 결합돼 있다.

MIT 출신 엔지니어들이 설립한 헤드폰 전문 스타트업 '온보컬(OnVocal)'에서는 아마존 '알렉사'에 감성대화가 가능한 무선 이어폰을 결합했다. 또 '소노스(Sonos)'에서는 무선 스피커를, GE에서는 음성에 영향을 받는 테이블 램프를 연결했다.

스마트홈 분야의 올리(Olly)는 대화형 음성 인식을 통해서 집 안에 있는 가전기기 제어가 가능하다. 이 제품은 영국의 UCL, 임페리얼대, 에딘버러 대학 연구진이 공동연구를 통해 개발한 것이다. 중국 등으로부터 1,000만 달러의 투자를 받은 제품이다.

첨단 센서로 임산부의 건강 24시간 체크

호주의 스타트업 '블리탭(Blitab)'에서는 세계 최초로 촉각을 활용한 태블릿을 선보였다.

액체를 활용한 기술을 적용했는데 모든 종류의 문자와 그래픽, 기하학적 형상 등 시각장애인에게 중요한 각종 콘텐츠를 표현할 수 있다.

첨단 센서를 활용한 웨어러블 헬스용품들도 다수 선보이고 있다. 그 중에서도 센서가 장착된 팔찌 '아바(Ava)'는 임신한 여성을 위해 제작했다. 임산부와 태아의 건강을 살피며, 문제가 발생할 경우 스마트폰 앱 등을 통해 경고음이 울린다.

그동안 TV 부문에서는 OLED(유기발광다이오드)가 기술을 이끌어 왔다. 그러나 가격이 너무 비싸고 LED처럼 밝지 않다는 불만이 제기돼 왔다. 올해 전시될 TV 제품들은 이런 불만을 해소하려 할 것으로 보인다.

LG 올레드 TV는 '나노셀(Nano Cell)' 기술을 통해 색 정확도와 재현력을 높이고 있다. 측면에서 봐도 색 왜곡이 없고, 빛 반사를 줄여 밝은 곳에서도 선명한 화질을 재현할 수 있다고 설명하고 있다. 파나소닉은 이전보다 색상이 더 선명한 화질을 선보이고 있다.

삼성전자는 퀀텀닷(양자점) TV를 선보였다. 퀀텀닷은 빛을 정교하게 만들어 낼 수 있는 나노미터(10억분의 1m) 크기의 반도체 입자다. 색을 나노 단위의 정확도로 조절할 수 있어 일반 TV에 비해 5배 이상 정확하다는 평을 듣고 있다.

아이디어가 첨가된 제품들도 다수 선보인다. '지니캔(GeniCan)'이란 제품이 있다. 재활용 상자나 쓰레기통 옆에 부착해 버려지는 물건의 바코드를 스캔할 수 있다. 바코드가 읽혀진 제품은 디지털 구매 목록에 기록되고 사용자의 아마존 계정을 통해 자동주문이 이뤄진다.

만일 바코드가 없는 제품이라면 스캐너 앞에 버릴 물건을 대고 음성으로 입력하면 된다, 한국의 스타트업 '아날로그 플러스(Analogue Plus)'에서는 헬멧 사용자를 위한 스마트 커뮤니케이션 디바이스 '어헤드(Ahead)'를 선보였다.

'어헤드'는 헬멧 사용자를 위한 블루투스 기반 소형 커뮤니케이션 기기다. 핸드폰 연동을 기반으로 하는데 음악 감상이나 목소리로 길 안내해 주는 음성 내비게이션뿐 아니라 전화, 메시지 알림 등 알림 서비스도 제공한다. 통화나 다자간 대화도 가능하다.

음악을 듣거나 친구와 이야기하며 스키나 보드를 즐길 수 있다. 자전거를 타거나 오토바이를 운전할 때도 사용할 수 있다. 귀를 막지 않아 주변 환경을 인지할 수 있기 때문에 다른 블루투스 헤드셋보다 훨씬 안전하게 사용할 수 있다는 것이 개발자의 설명이다.

(사이언스타임즈, 2017. 1. 3.)

생각해 볼 문제

1. 세계는 왜 데이터 분석 전쟁을 하는가?

2. 빅데이터 분석은 소비자와 어떤 관계가 있는가?

3. 글로벌 시장에서 글로벌 빅데이터 분석을 활용한 결과의 예를 들어 보고, 응용 및 고안해 봅시다.

4. 글로벌 시장과 글로벌 빅데이터와 전쟁의 궁극적인 목적은 무엇이라고 생각하는가?

도 입

앨빈 토플러는 사회에서의 변화 및 대응 속도 중 기업의 속도가 가장 빠르다고 하였다. 이는 생산을 담당하는 기업이 시장의 변화를 주도적으로 이끌기도 하지만, 시장경제에서 변화하는 트렌드에 잘 부응하는 것이기도 하다. 이처럼 비즈니스 생태계는 발 빠르게 변화하고 있고, 이는 시장 변화의 주축이 되고 있다.

기업과 소비자와의 긴밀성과 발 빠른 변화 추출은 기업 생존의 지름길이 되며, 기업이 오랜 기간 지속할 수 있는 중요한 변수이다. 결국 기업의 중요한 파트너는 소비자이며, 좋은 기업은 소비자가 만드는 원동력인 것이다.

따라서 제 3 장에서는 시장의 변화와 비즈니스 데이터의 생태계 변화를 다루어 보기 위하여, 비즈니스 생태계의 변화, 기업의 소비자 관련 분석의 필요성 및 현황, 그리고 현재 기업별로 나타나는 현황과 응용 사례 등을 다루어 보고자 한다.

이러한 것을 통해 시장의 변화에서 비즈니스 데이터가 발 빠르게 부응하는 생태계를 알 뿐만 아니라, 그 중요함을 알 수 있고, 이에 기업이나 시장에서 보유한 소비자 관련 데이터의 중요성을 알 수 있을 것이다.

① … 비즈니스 생태계의 변화

우리는 모바일, SNS의 발달과 IoT 기술의 확산을 통해 실시간으로 다양한 유형의 거대한 데이터가 쏟아져 나오는 작금의 시대에 살고 있다. 세계적인 기업으로 성장한 중국 알리바바 그룹의 마윈 회장은 세상은 IT시대에서 DT(Data Technology) 시대로 바뀌고 있고, 앞으로는 그 데이터를 통해 사회에 얼마나 많은 가치를 창출해 내느냐가 매우 중요해질 것이라고 강조한 바 있다. 이는 방대한 데이터를 활용해 개별 소비자의 요구에 맞춤으로 상품과 서비스를 부응할 줄 아는 기업이 바로 시장에서 성공하는 시대가 온다는 것을 의미한다.

실제로 빅데이터는 이미 SNS 분석이나 트렌드 분석을 넘어 시장의 비즈니스 영역에서 활발히 활용되는 핵심 전략으로 자리 잡아가고 있다. 빅데이터 마케팅의 선두주자라고 할 수 있는 아마존의 경우는 매출의 35%가 소비자가 구매한 상품정보와 검색한 상품정보, 그리고 유사한 구매자의 구매 패턴 등을 복합적으로 분석한 빅데이터 추천 시스템을 통해 발생하고 있다. 이러한 수익증가로 아마존은 이익의 10%를 추천 시스템의 성능의 질 향상에 지속적으로 계속해서 순환적인 투자를 하고 있다. 데이터를 기반으로 하여 정확히 문제를 진단하고, 관련 프로세스를 혁신하는 한편, 시장을 개척하는 과학적 업무방식이 일반화되고 있는 것을 의미한다.

결국 빅데이터를 활용한 트렌드 분석, 상품 개발 및 전략, 그리고 비즈니스 마케팅화 등으로 연결되고 이것을 시스템화하고 있다는 것이다. 이에 다양한 데이터로 수요자인 소비자에 대한 분석이 이루어지고 있다.

그러나 국내 기업의 대다수를 차지하는 중소기업들에게 이러한 이야기들은 아직은 꿈같은 이야기이다. 대기업들은 빅데이터를 활용하여 제조 · 관리 · 마케팅 부문 등에서 어느 정도는 효율성을 높이고 있는 반면, 중소기업들은 재정적인 자금과 전문 인력 부족을 이유로 빅데이터 활용을 거의 하지 못하는 양극화 현상이 나타나고 있는 것이다.

작금의 현실에서 사업이 바쁘고, 인적 · 기술적 역량이 부족한 중소기업들이 빅데이터를 사업에 활용하는 것은 말처럼 쉬운 일이 아니다. 과연 빅데이터를 통해 무엇을 얻고, 어떤 목표를 가지며, 어떤 문제를 해결하고, 그리고 자신들의 사업에 어떤 가치를 부여할 수 있을지에 대해서도 막연하기만 하다.

이러한 문제를 해결하기 위해 기획된 것이 '중소기업 빅데이터 활용지원' 사업이다. 중소기업이 가진 문제를 진단하고, 이를 해결할 수 있는 빅데이터 솔루션을 활용하여 실질적인 성과를 창출할 수 있도록 지원하는 것이다. 기업들이 가진 비즈니스 이슈를 정의하고 이를 데이터로 해결할 수 있는 방안을 모색하고, 도출된 결과를 성과로 연계하는 일련의 과정을 종합적으로 지원함으로써 중소기업들이 경쟁력을 제고하고 새로운 부가가치를 창출할 수 있도록 돕는 것이다.

2015년에는 빅데이터 활용에 대한 열정과 의지가 강한 30개의 중소기업이 선정되었고, 각 기업들의 주요 이슈를 중심으로 제품 서비스 기획, 개발 및 생산, 마케팅 및 서비스 등에 빅데이터 분석이 이루어졌다. 분석 결과는 집중적인 컨설팅을 통해 실질적으로 실천 가능한 액션으로 연결되었고, 기업들은 실질적인 성과를 체험할 수 있도록 권장되었다. 본 사업에 참여했던 많은 기업들이 빅데이터 활용의 중요성을 절감했고, 앞으로도 적극적으로 향후 사업에 확대 적용할 계획이다(미래창조과학부, 한국정보화진흥원, 2015)고 발표하였다.

중소기업 빅데이터 활용지원 사례

2015 중소기업 빅데이터 활용지원사업 우수사례집(미래창조과학부, 한국정보화진흥원(NIA), K-ICT빅데이터센터)은 대상 중소기업들 중 주요 우수 사례를 정리한 것으로, 빅데이터 도입을 주저하고 있는 중소기업들에게 등대 역할을 할 수 있을 것으로 보인다. 중소기업들에게 있어 빅데이터가 단순히 트렌디한 IT 용어가 아니라 실재 사업에 도움을 주는 핵심전략 툴로 활용되는 계기가 될 것이다.

대기업처럼 홍보비를 충분히 사용하기 어려운 스테디톡은 제한된 홍보 자원의 효과성을 극대화하기 위한 방안이 필요한 상황이었다. '수많은 잠재고객 중 어떤 고객에게 집중하여야 할까? 고객들은 화상 · 전화영어 서비스를 선택할 때 어떤 기준을 가장 중요하게 생각할까?' 빅데이터 분석은 스테디톡이 기존 타깃층으로 생각하던 고객군과 전혀 다른 고객군을 찾아냈다.

이를 활용하여, 짧은 기간이지만 가시적인 성과를 확인한 스테디톡은 데이터 수집과 분석 시스템을 강화하고 데이터 기반의 의사결정을 더욱 확대하여 나갈 예정이다.

활용지원 프로젝트 기간: 2015년 8월 ~ 12월
수집데이터 대상 기간: 2014년 10월 1일 ~ 2015년 9월 30일
수집데이터: 뉴스, 트위터, 커뮤니티, 블로그, 카페 총 61,703건

2015 중소기업 빅데이터 활용지원사업 우수사례집(미래창조과학부, 한국정보화진흥원(NIA), K-ICT빅데이터센터) 분석 관련 내용은

① 빅데이터 분석기반의 효율적인 공장운영
② 신시장 진입의 열쇠를 찾아 준 빅데이터
③ 빅데이터, 오프라인 매장의 고객을 분석하다
④ 빅데이터 속에 감춰진 핵심고객
⑤ 빅데이터로 시작된 온라인 매거진의 진화
⑥ 빅데이터, 신제품을 브랜딩하다
⑦ 빅데이터로 들여다본 코스메슈티컬 시장 등으로 구성되었다.

빅데이터는 관리하기 어려운 데이터에서 데이터 수집, 저장, 처리, 분석기술 그리고 관련한 인재 조직까지도 포괄하는 의미로 확대되고 정착해 가고 있다. 뿐만 아니라, 빅데이터의 등장으로 빅데이터 관련 시장과 비즈니스 생태계도 또한 변화하고 있다. 빅데이터 비즈니스는 혁신적인 정보통신 기술로 수집, 분석한 가치 있는 다양한 데이터를 기업, 그리고 사회경제 관련 전반으로 확대하여 사전 예측의 효율극대화를 도모하는 분야이다. 이러한 것은 인터넷의 이용 확대와 통신비용의 절감, 그리고 다양한 센서의 저렴화로 가용 가능한 데이터의 양이 지속적으로 급증하고 있으며 또한 수집한 대량의 데이터를 저장하고 분석할 수 있는 시스템이 마련되었기 때문이라고 볼 수 있다.

이에 기업은 빅데이터를 도구화하여 사업 방향에 대한 의사결정, 신사업의 발굴, 새로운 상품과 서비스의 개발, 업무의 고부가가치 창출에 적극적으로 활용하고 있으며, 빅데이터를 활용한 새로운 경영 패러다임을 다양하게 모색하고 있다. 사회경제적

표 3-1 빅데이터의 특성과 효과

빅데이터 특성	효과
대규모 (huge scale)	• 기술 발전으로 데이터 수집, 저장, 처리 능력 향상 • 현실계 데이터를 기반으로 한 정교한 패턴분석 가능 • 데이터가 많을수록 유용한 데이터, 전혀 새로운 패턴의 정보를 찾아낼 수 있는 확률 증가
현실성 (reality)	• 우리 사회 일상에서의 데이터 기록물의 증가 등 현실정보, 실시간 정보의 축적이 급증할 전망 • 개인의 경험, 인식, 선호 등 인지적인 정보 유통 증가
시계열성 (trends)	• 현시점뿐만 아니라 과거 데이터의 유지로 시계열적인 연속성을 갖는 데이터의 구성 • 과거, 현재, 미래 등 시간 흐름상의 추세분석 가능
결합성 (combination)	• 의료, 범죄, 환경, 안보 등 타 분야, 이종 데이터의 결합으로 새로운 의미의 정보 발견 • 실제 물리적인 결합 이전에 데이터의 결합을 통한 사전 시뮬레이션, 안전성 검증 분야 발전 가능 데이터

자료: 이재성 · 홍성찬(2014), 기업의 빅데이터 적용방안 연구－A사, Y사 빅데이터 시스템 적용 사례－, *Journal of Internet Computing and Services*(*JICS*), 15(1), p. 103.

차원에서 빅데이터 활용은 사회경제 현상 변화에 대한 새로운 시각, 법칙을 발견하고 가까운 미래의 방향을 예측 가능하게 한다(박웅 · 박호영, 2014).

일반적으로 비즈니스 경쟁 환경에서 기업은 품질 좋은 제품과 서비스를 낮은 비용으로 생산할 수 있도록 기업 자체의 생산성을 높이거나 프로세스의 효율성을 높이기 위한 기업 내부자원 및 내부역량에 초점을 둔 전략을 펼쳐 왔다.

그러나 기업 내부로부터 발생하는 경영의 성과나 운영의 효율성을 높이기 위한 전략만으로는 더 이상 지속적인 경쟁 우위를 보장해 주지 못하게 되었다. 즉 고객인 소비자의 기대는 점점 더 복잡해지고 있으며 이를 만족시키기 위해 기업은 더 완벽한 비즈니스 활동을 수행해야 한다(박춘식 외, 2011). 뿐만 아니라 시장 환경은 점점 더 빠르게 변화하고 있어 그에 대처하고자 기업은 제품을 시장에 보다 빠르게 공급할 수 있도록 자신들의 공급업체와 긴밀한 협력을 하게 되었으며, 소비자인 고객의 요구에 더욱 적합한 제품을 생산하기 위해 고객인 소비자나 판매업체 등과 협력하게 되었다(Gossain and Kandiah, 1998).

이렇게 기업은 새로운 시장을 끊임없이 창출해야 하는 외적 시장변화의 필요성으로 인해 지역적 범위를 넘어서는 기업 간 협력을 하게 되었으며, 뿐만 아니라 다른 산업에 속한 기업이나 경쟁 기업과도 긴밀히 협력하게 되었다. 이러한 복잡한 경영환경에서는 보다 단순하면서도 보편적으로 활용될 수 있는 체계에 관심을 갖게 된다.

바야흐로 기업이 고려해야 하는 요소가 기업 내부에서 외부로 변화 및 확장되기 시작하였으며 기업들 간의 협력에 대한 중요성 역시 강조되어 공급라인관리, 고객관계관리, 물류관리 등의 전략적 협력에 대한 고려도 강조되었다. 기업들 간 협력에 대한 중요성이 기업 활동에 직접적 간접적으로 영향을 미치는 조직과 그 조직 간의 관계를 고려하여 기업 주변의 현상을 파악하고 기업의 주요한 전략적 의사결정을 하고자 하는 노력이 기업 생태계 개념으로 진화하고 진전된 것이다.

따라서 다양한 형태로 이루어지는 기업 간의 협력과 경쟁의 관계를 바탕으로 기업 전략의 범위를 새롭게 인식하려는 개념이 기업생태계라고 할 수 있으며(Vuori, 2005; Moore, 1993; Peltoniemi, 2006) 이러한 복잡한 경영환경에서 적절한 의사결정을 위해서 파악해야 하는 관점으로 기업생태계 개념을 활용하게 되었다.

기업생태계는 다양한 상호관련이 있는 조직이나 비즈니스 도메인들의 그룹들로 구성되어 있으며(Iansiti and Levien, 2004), 그러한 조직들은 사회조직이나 비공식조직일 수도 있으며 그들 간의 다양한 관계를 통해 상호이익을 추구하는 비즈니스 시스템이라고 정의될 수 있다. 여기에서 개체 또는 조직들은 기업이나 조직, 정부기관 등과 같은 비즈니스 환경에서 흔히 보이는 개체들을 의미하며, 이들은 연결 관계를 가지고 있다(김혜영, 2012).

일반적으로 비즈니스 관련 모델을 살펴보면, 주로 '수익'에 대한 관심, '가치'에 대한 중요성, 고객을 포함한 비즈니스 '참여자'들에 대한 관심 등을 중심으로 비즈니스와 관련된 '활동의 구조' 또는 '프레임워크'로 표현하고 있다.

기업이 누구에게 어떻게 어떠한 환경에서 재화를 창출할 것인가를 정하는 프로세스와 전략이라고 서술하며, 기업이 어떠한 구성으로 작동하고 있는가에 관한 전체적인 설계의 개념으로써 비즈니스 모델을 설명한다. 요약하자면, 고객인 소비자에게 제공할 가치의 창출과 실현의 과정이 논리적으로 체계화된 것이 바로 비즈니스 모델이다.

비즈니스 모델의 평가 프레임워크 개발 관련 접근에서는 목표, 가치, 프로세스 등이 서로 연결되어 비즈니스 모델의 진화를 거듭하고 있다. 또한 Peter와 Rowan은 비즈니스 모델과 관련하여, 누구에게 왜 가치를 제공해야 하는지, 무엇을 제공해야 하는지, 어떻게 그것을 만들 것인지, 어떻게 이윤을 획득할 것인지, 어떻게 자신을 차별화하고 경쟁 기업에 우위를 유지할 것인지에 대한 것을 비즈니스 모델에서의 관심이라고 설명하였다(Peter and Rowan, 2008).

비즈니스 모델은 기술과 시장의 변화에 따라 변화해야 하며 시장에 적합하지 않은 비즈니스 모델은 사라지고, 새로운 비즈니스 모델이 등장한다고 이야기하면서(이홍규 · 김성철, 2011), 비즈니스 모델의 혁신이 강조되고 있다.

최근에는 정보통신기술(ICT)이 폭넓게 활용되면서 다른 기술 및 산업 간 융합이 급속히 확산되고 있다. 이로 인해 세계는 정보화시대를 넘어서 수요자 중심의 융합시대로 빠르게 전환하고 있다. 융합화는 제품은 물론 산업 간의 경계를 허물고 가치 창출을 위한 기업들 간의 상호의존도를 매우 심화시키고 있다. 더욱이 소비자에게 제공되는 가치는 다양한 기업들 간의 유기적 상호작용을 통해 다양한 서비스, 제품 및 기술 등이 서로 결합되고 연결되어 함께 소비됨으로써 제공되는 가치 복합체(value complex)로 변하고 있다(김창욱 외, 2012).

자사의 경쟁 우위나 이익 추구를 위한 전략적 제휴를 넘어서 고객가치 창출이라는 공동의 목적을 추구하고 성과를 공유하는 비즈니스 생태계라는 개념이 등장하게 되었다. 비즈니스 생태계는 무어(Moore, 1993)에 의해 처음으로 제시된 개념으로서, 무어(1996)는 비즈니스 생태계를 비즈니스 세계의 유기체로서 그 구성원인 고객에게 가치를 제공하는 데 상호작용하는 조직으로 구성된 경제적 공동체라고 정의한다. 이안시티와 레빈(Iansiti & Levien, 2004)은 개별 기업을 대상으로 가치의 창출과 제공에 영향을 미치고 또한 그것으로부터 영향을 받는 기업들(공급자, 유통업자, 아웃소싱 기업, 관련 제품 생산자, 기술 제공자 등)의 네트워크를 비즈니스 생태계라고 설명한다.

한편 펠토니에미(Peltoniemi, 2006)는 비즈니스 생태계를 다수의 행위자가 서로 연결된 상태를 유지하며 생존과 경쟁 우위를 위해 상호 의존적인 입장을 취하고 있는 집단의 총체라고 보고 있다.

비즈니스 생태계 개념에 대한 공통점은 상호 의존성을 갖는 구성원들의 네트워크(loose network)라는 점이다. 생태계에 참여하는 모든 구성원은 소비자에게 편익을 제공하는 과정에서 공생의 관계를 가지며 생태계의 운명을 공유한다. 비즈니스 생태계가 지속적으로 성장하고 발전하기 위해서는 생태계에 참여하는 경제주체들이 생태계 전체의 가치를 높이는 데 상호 협력해야 하며 생성된 가치를 함께 공유해야 한다는 점도 중요한 공통점으로 지적된다.

생태계의 발전과 관련하여, 무어(1996)는 생태계가 생성(birth), 확장(expansion), 리더십(leadership), 자기 갱신(self-renewal)의 단계를 거치며 진화한다고 설명한다. 이안시티와 레빈(2004)은 비즈니스 생태계가 지속적으로 성장하기 위해 건전성(healthiness of ecosystem)이 중요한데, 이를 생산성(productivity), 강건성(robustness), 틈새 창출(niche creation) 등의 세 가지 지표로 설명하고 있다. 융합시대에 기업의 생존과 발전은 기업이 속한 산업의 매력도나 기업의 전략 보다는 기업이 속한 생태계 내의 여러 구성원들과의 성공적인 가치를 공유하며, 성공적인 상호의존에 의해 결정되고 있다.

이는 바로 비즈니스 생태계가 기업의 생존과 번영을 위한 필수 조건이 되면서 공유, 개방, 상생을 외면하는 폐쇄적인 경영전략으로는 지속적인 성장이 불가능하게 되었다는 것이다. 기술사업화 분야도 R&D 자체가 중시되던 과거의 기술공급자 중심에서 R&D 성과의 활용을 강조하는 기술수요자 중심으로 무게 중심이 빠르게 이동하면서, 소비자인 고객의 가치 창출을 위해 비즈니스 생태계의 조성이 무엇보다 시급하다.

비즈니스 생태계 모형은 특정 분야를 대상으로 해당 분야에서 고객인 소비자의 가치를 창출하는 데 상호작용하는 조직과 개인들로 구성된 복잡한 현실의 비즈니스 세계를 의미한다. 생태계 모형은 현실 분석을 기반으로 현재 상황은 물론 향후 진화될 것으로 예상되는 미래 상황도 함께 반영하여 비즈니스 세계를 묘사하는 것이다. 이를 통해 생태계 모형은 대상 분야의 전반적인 상황을 직관적으로 이해하는 데 매우 중요한 관점을 제공하며, 해당 분야의 특징, 요구 사항, 역할 및 서비스 등을 논의하기 위한 기반이 될 수 있다.

디지털 생태계 개념은 가치 창출 개념의 변화를 반영하고 있다. 소비자는 공동창조자(co-creator)와 프로슈머(prosumer)로, 가치사슬(value chain)은 가치 네트워크(value network)

표 3-2 시장경쟁 프레임워크의 변화

구 분	가치사슬	전략 네트워크	비즈니스 생태계
경제 패러다임	산업경제	정보경제	창조경제
관심의 초점	특정 산업/사업부문 내 기업의 활동	상호 협력적 관계를 맺는 기업들의 전략적 협력활동	생태계를 구성하는 전체 구성원들의 유기적 연계 활동
상호작용 (경쟁과 협력)	산업 내 기업 간 경쟁	상호 협력적 관계	경쟁과 협력 메커니즘을 동시에 공유
경쟁 전략	경쟁 우위 확보를 위한 수직 · 수평 통합	고객 네트워크 및 수익 확대를 위한 전략적 제휴	고객가치 창출의 생태계 조성을 위한 공생 및 공진화(co-evolution)
지배구조	산업 내 기업 간의 거래상 관계만 존재	주도기업과 부속기업이 존재하며 주도기업이 통제력을 행사	분권화된 자율 통제구조 하에서 키스톤(keystone) 기업과 동등한 기업으로 구성되며, 키스톤이 모범적인 지위를 가짐

자료: 박웅 · 박호영(2014), 기술사업화의 비즈니스 생태계 모형에 관한 연구: 공공 연구개발성과 사업화에의 적용을 중심으로, 기술혁신학회지, 17(4), p. 789.

로, 제품가치(product value)는 네트워크 가치(network value)로, 단순 협력 및 경쟁은 복잡한 협력적 경쟁(co-opetition)과 공진화(co-evolution)로, 개별 기업 전략은 전체적인 가치 생태계(value ecology)를 고려한 전략으로의 변화를 의미한다.

빅데이터 생태계 구축의 자연발생적 동인으로는 시장견인(market-pull) 동인과 기술주도(technology-push) 동인을 들 수 있다. 시장견인 동인으로는 최근 스마트폰 등 모바일 기기의 확산, 소셜 미디어의 확장 등으로 인한 소비자 수요의 다양화 및 고도화, 빅데이터 분석을 통한 기존 비즈니스 효율화, 개인화 그리고 미래 예측력을 통한 혁신 욕구 증대를 들 수 있다. 기술주도 동인으로는 향상된 데이터 저장 · 처리 능력, 분석기술을 통해 이제까지 찾아내지 못했던 방대한 규모의 데이터를 분석하는 기술 · 서비스 제공이 가능해졌고, 특히 모바일 및 스마트 생태계의 진화는 이러한 융합을 가속화하고 있다는 점을 들 수 있다. 따라서 기업들은 위의 두 가지 동인에 의해, 즉 소비자들의 수요를 충족시키고, 기술적 혁신의 가능성을 효과적으로 활용하기 위해 다양한 유형의 비즈니스 모델을 시도한다. 궁극적으로 빅데이터 생태계는 이를 효율적으로 추진하기 위한 추진방법으로 이해될 수 있다. 이는 비용, 위험, 자원, 역할을 공유하고 나누는 개념이며, 가치의 교환, 가치의 생성, 가치의 공유를 포함한 개념이다(김사혁, 2012).

이러한 빅데이터 생태계 성공의 핵심 요인은 스마트 미디어 환경 하에서 빅데이터 생태계 구성자 간 선순환의 상생구도 구축이다. 빅데이터 생태계 내에서의 산업 간 성장 이슈는 신규 사업모델의 개발 및 신규 시장의 창출이며, 궁극적으로 경쟁과 협력을 통해 동반성장하는 것이다. 특히 빅데이터 생태계 내에서의 기업 간 분배 이슈는 생태계 협력기업들 간 공감할 수 있는 인센티브 및 이익 공유 메커니즘(incentive/ profit-sharing mechanisms)의 구현이 핵심이다.

2 … 기업의 소비자 관련 분석

정보통신 기술의 발달은 방대한 데이터 처리 속도를 개선시키고 데이터 속에 숨은 패턴을 파악하는 기술의 혁신적인 발전을 가져왔다. 이러한 추세에 맞추어 Gartner, IDC 등은 글로벌 ICT 산업에 영향을 미칠 기술요소로 빅데이터를 선정하는 등 빅데이터 관련 산업에 대한 관심이 급증하고 있다. 빅데이터는 기존의 데이터베이스 형태로 관리되던 형태에 비해 자료의 형식이 다양하고 순환 속도가 빨라 기존 방식과는 다른 데이터 분석 방식과 관리방법을 요구한다. 따라서 최근 빅데이터 분석 및 관리를 위한 새로운 패키지가 출현하고 있고 이에 대한 고도화된 기술을 요구하는 기업의 수가 증가하고 있다(정부연, 2013).

빅데이터를 기반으로 한 분석의 수요가 기업들을 대상으로 증가하고 있는데, 이는 방대한 고객인 소비자의 자료를 이용한 분석이 가능하게 되었기 때문이다. 이에 따라 대기업을 중심으로 마케팅 및 사업 전략 수립에 빅데이터 분석방법론을 도입하는 사례가 급증하고 있으며, 기업들은 빅데이터 기술 도입 결정 시 해당기술의 경제적 가치를 정확히 산정하여 기업의 수익에 미치는 영향을 정확히 산정할 수 있어야 한다. 기업들의 빅데이터 기술 도입 목적은 분석을 바탕으로 새로운 사업 기회를 발굴하여 새로운 상품 및 서비스 개발로 수익 창출에 활용하기 위함이다.

그러나 이러한 기술을 도입함으로써 실질적으로 기업의 가치 및 수익이 얼마나 늘어날 것인지는 확실한 요소가 아니므로, 빅데이터 기술도입에는 불확실성이 내재되어 있다고 할 수 있다. 따라서 빅데이터 기술도입에 따른 가치를 측정하기 위해서는 이러한 불확실성에 대한 명시적 고려가 필요하다. 반면에 불확실성은 기업에게 위험으로도 작용할 수 있지만, 역으로 기회로도 작용할 수 있으므로, 이러한 위험으로부터 발생하는 가치에 대한 분석은 매우 중요하다고 할 수 있다.

빅데이터의 등장과 발전에 있어서 하드웨어와 소프트웨어의 성능과 가격이 급격히 낮아진 것도 확산의 중요한 요인이었다. 분산 및 병렬처리와 하둡(Hadoop), 그리고 클라우드 컴퓨팅과 같은 기술적 발전은 데이터의 수집과 저장에 있어서 획기적인 변화를 가져왔다.

이러한 기술적 변화가 단순히 개인의 생활이나 기업의 활동을 편리하게 하는 수준에서 머물렀다면 정보기술 투자의 효과는 제한적이라고 할 수밖에 없다. 실제로 정보기술 투자로 인한 효과에 관해서 의문이 제기되어 왔는데, '정보기술 생산성의 역설'로 표현되거나 카르(Carr)는 정보기술은 아무런 도움도 되지 않는다는 주장을 하기도 하였다. 이러한 주장의 배경에는 정보기술에 대한 투자가 의사결정의 질을 높여서 생산성에 기여하기 보다는 단순한 업무지원의 역할밖에는 하지 못한다는 것과 구축된 시스템이 기계적인 전산화에 그쳐서 새로운 가치의 창출로 이어지지 못한다는 비판의 의미를 담고 있었다.

기업이나 정부, 기관 등 조직의 활동에서 발생하는 각종 데이터를 수집하고 처리하여 의사결정을 위한 정보를 생성할 수 있도록 시스템을 구축하는 것은 정보기술에 대한 투자효과를 높이는 데 있어서 필수적이다. 이처럼 오랫동안 데이터는 조직 내부에서 발생하는 데이터를 수집대상으로 하였으나, 정보기술의 발달로 시민들의 공과금 데이터나 소셜 네트워크에서 발생하는 문자나 사진 등을 수집하여 가치 있는 정보를 생성하는 사례가 나타나고 있다. 이것은 정보 시스템의 필수적인 입력요소인 데이터를 조직 내부뿐만 아니라 외부의 다양한 소스로 부터 확보하여 보다 빠르고 정확한 의사결정에 도움을 줌으로써 정보기술에 대한 투자가 더욱 효과적일 수 있게 되었음을 의미한다.

예를 들어, 어떤 상품에 대한 소비자들의 초기 반응을 알아보기 위하여 체험이나 경험을 통해 소비자로부터 받은 트위터 문자를 분석하거나 소비자와의 통신서비스 통화 내용을 녹화하여 데이터베이스에 저장하고, 그것을 분석하여 내용을 도출하고 문제점을 파악할 수도 있다.

이처럼 빅데이터 정보 시스템은 기업의 내외부에서 대량으로 발생하는 데이터의 많은 양을 수집하고, 처리하여, 지속적으로 정보를 제공할 수 있는 시스템을 말한다. 우리 사회에서 빅데이터를 활용한 다양한 국외의 사례들이 보고되었지만, 기업이나 기관의 입장에서 안정된 데이터 원천과 정보의 생성을 위한 시스템을 구축하려면 어떻게 해야 하는지에 관한 논의는 지금까지 극히 부족하였다.

따라서 기존의 빅데이터 사례들을 다양한 관점(예를 들면, 정보 시스템 구축의 관점 등)에서 살펴보아야 한다. 이러한 것은 어떤 조직의 정보기술에 대한 투자가 단순히 기술 그 자체의 도입으로 인한 단기적인 효과에 그치지 않고, 조직의 의사결정과 활동에 도움이 되는 정확하고 빠른 정보를 지속적으로 제공할 수 있는 시스템의 구축을 통하여 조직의 성과에 연결될 수 있는 방법을 찾는 데 도움이 될 것이다.

예컨대, 기자들이 사실과 사건에 관한 기사를 작성하는 데 있어서 누가(Who), 언제(When), 어디서(Where), 무엇을 (What), 어떻게(How), 그리고 왜(Why)를 의미하는 5W 1H는 미디어 저널리즘 분야에서 지켜야 할 원칙처럼 인식되어왔다. 기사의 내용은 전달하고자 하는 정보를 담고 있는데, 그 정보는 여러 가지 데이터들을 조합하여 만들어진다. 따라서 기사 속의 정보를 생성하는 데 필요한 데이터는 모두 5W 1H에 근거하여 수집된다. 빅데이터 정보 시스템도 다양한 소스로부터 많은 데이터를 수집하여 정보를 생성한다는 관점에서 바라보면 저널리즘의 5W 1H 프레임워크는 일맥상통하는 면이 있다.

✐ **수집**: 빅데이터 정보 시스템을 구축함에 있어서 데이터의 수집은 전체 시스템의 가장 기초가 되는 영역이다. 데이터를 누가, 언제, 어디서, 어떤 유형으로 발생시키는지를 조사하고 파악해야 한다. 조지 등(George *et al.*, 2014)은 빅데이터의 소스를 다섯 가지로 구분하였는데, 정부에 의한 공공(public) 데이터, 개인들에 의해 생성되는 프라이빗(private) 데이터, 인터넷 사용으로 인해 발생되는 접속로그와 같은 배출(exhaust) 데이터, 소셜 미디어에서 생성되는 커뮤니티 데이터, 그리고 개인의 행동에 의해 만들어지는 자기계량(self-quantification) 데이터로 구분하였다. 기술의 발전으로 데이터의 수집이 용이해졌지만, 수집해야 할 데이터의 양과 질, 방법과 목적, 그리고 비용과 시간 등을 고려해야 한다. 왜냐하면, 수집해야 할 데이터의 양은 바로 사용목적과 관련이 있기 때문이다. 또한 사용목적과 관련이 없는 불필요한 데이터를 수집하는 것은 비용과 시간에 있어서 낭비를 초래하기 때문이다.

✐ **저장**: 다양한 유형으로 생성되는 대량의 데이터를 어디에, 어떻게 저장할 것인가의 문제는 다음 단계인 처리와 분석과 밀접한 관련이 있다. 체계적으로 저장하지 않으면 처리와 분석이 용이하지 않기 때문이다. 특히 텍스트, 음성, 영상 등과 같은 비정형 데이터는 저장방식에 따라서 처리와 분석에 필요한 시간이 크게 달라지기 때문에 정보를 얻기에 용이한 형태로 저장을 해야 한다. 기술적 측면에서 오픈소스 하둡(Hadoop)은 빅데이터의 저장에 있어서 사실상 표준이 되었고, 많은 업체들이 하둡과 연동되는 솔루션을 출시하고 있지만, 빅데이터의 저장과 관리는 여전히 고비용을 요구한다. 특히, 빠르게 누적되는 빅데이터의 속성상 용량의 한계를 극복하기 위한 확장성도 중요한 고려대상이다.

✐ **처리**: 처리는 빅데이터를 분류와 여과를 통하여 분석이 가능한 상태로 바꾸는 것을 말한다. 분석 전에 실행되어진다고 하여 전처리라고도 부르는데 스토리지 비용을 줄이려면 저장단계 전에도 부분적으로 수행해야 한다. 데이터의 내용을 어떻게 정제하고 분류하여 분석과 관련 없는 부분들을 제거할 것인지 그 방법과 과정을 미리 설계해야 한다. 이러한 처리과정을 통하여 데이터의 축소와 통합, 그리고 변환이 일어나는데, 처리과정은 빅데이터 정보 시스템에서 가장 많은 시간을 필요로 하는 단계로 알려져 있다. 데이터가 클수록 시간을 단축시키려면 분산, 병렬 처리를 해야 한다. 데이터를 저장과 동시에 실시간으로 처리할 것인지, 아니면 저장해 두었다가 나중에 처리할 것인지도 고려해야 한다.

✎ **분석**: 빅데이터는 다수의 샘플을 기반으로 하기 때문에 정보의 왜곡이 적을 뿐만 아니라 변수 선택의 폭을 넓힐 수 있고 빠르게 최신의 결과를 확보할 수 있다는 것이 기술적 장점이다. 즉, 빅데이터 정보 시스템은 기업 내부에 저장된 거래기록을 바탕으로 고객의 특성이나 구매패턴을 이해할 수 있을 뿐만 아니라 기업 외부에 있는 날씨, 교통, SNS 등으로부터 얻은 데이터를 활용하여 인과관계의 파악이나 예측도 가능하다.

그러나 빅데이터 정보 시스템에서 데이터 자체보다는 이를 활용하여 새로운 인사이트를 도출하는 분석을 통해 비즈니스적 이익을 창출하는 것이 중요하다. 분석의 결과로 가치 있는 정보분석 결과를 얻을 수 있다는 확신이 있어야 투자가 가능하기 때문이다. 빅데이터를 활용하여 의사결정의 질을 높이고 새로운 가치를 창출하려면 실제 일어난 현상에 대한 이해뿐만 아니라 미래에 대한 예측까지도 가능한 분석을 해야 한다. 저장되고 처리된 데이터를 언제, 어떻게 분석하여 제공할 것인가는 빅데이터 정보 시스템의 구축에 있어서 가져야 할 중요한 질문이다. 가치 있는 정보를 제공하려면 분석에 필요한 시간과 방법을 미리 정해 놓아야 하는 것이다.

✎ **표현**: 분석을 통하여 얻어진 어떤 정보를 언제, 어떻게 보여 주느냐에 따라서 사용자의 이해 정도가 달라질 수 있다. 도표나 그림을 통하여 요약된 정보를 제공하여 직관적으로 이해하도록 만들 수도 있고, 요약된 정보의 구체적인 세부 내용을 확인할 수 있도록 드릴다운 메뉴를 제공할 수도 있다. 최근에는 데스크톱이나 노트북 컴퓨터뿐만 아니라 태블릿이나 스마트폰 등과 같은 인터페이스도 고려 대상이 되었다. 스마트폰의 성능향상으로 앱을 개발하여 보여줄 수도 있고, 단순히 그래픽 문자메시지로 보내 줄 수도 있다. 이처럼 사용자가 기기에 상관없이 어디서나 제공된 정보를 볼 수 있도록 하는 'One Source Multi Use'를 구현하기 위한 기술적 요구사항들을 소프트웨어 개발 시에 고려해야 한다.

✎ **사용**: 빅데이터로 부터 얻은 정보를 잘 사용하는 것은 시스템의 성공 여부를 좌우하는 결정적인 요인이다. 좋은 정보를 제공하고 성능이 우수한 시스템이라고 하더라도 적절히 사용되지 않는다면 결국은 실패로 귀결될 것이다. 따라서 빅데이터 정보 시스템을 구축하기 전에 누가, 언제, 어디서, 무슨 정보를 어떻게, 왜 사용하는지를 조사하고 파악해야 한다. 구축 후에는 주로 사용하는 정보와 사용자, 접속 방법과 시간, 장소, 목적 등과 같은 자료를 확보하여 분석하여 시스템의 운영과 개선에 반영해야 한다. 특히, 빅데이터의 사용목적을 명확히 함으로써 구축될 시스템의 가치를 설명할 수 있어야 한다. 예를 들어, 고객만족이 목적이라면 데이터의 수집과 분석을 통해 고객에게 어떤 이익을 가져다 줄 수 있는지를 명확히 해야 정보 시스템 구축을 위한 투자결정을 할 수 있는 것이다.

▌빅데이터 기반 전략 수립을 통한 기대효과를 보면,

첫째, 사회 전반적인 문제 해결 능력 향상과 신뢰문화 확산에 기여한다는 것이다.

장기간 축적된 데이터를 분석하여 최적의 솔루션 도출이 가능하고, 통찰력, 경험 등에 다양한 데이터를 결합하여 서비스 품질 및 신뢰도를 향상시킬 수 있다는 것이다. 실제로 아마존, 네플릭스 등은 수년간 축적된 데이터를 분석한 고객 추천서비스를 개발하여 수익을 극대화하고 있으며, 볼보와 GM은 자동차, 생산데이터, 운전자 데이터를 수집 · 분석하여 품질 개선에 활용하고 있다.

둘째, 잠재적 기회와 위협 요인을 발굴하고 선제적 대응이 가능하다는 것이다.

실시간 데이터 분석을 통해 잠재적인 위협에 대한 사전 징후 포착이 가능하다는 것이다. 예를 들면, EU의 SESTI 프로젝트는 의료분야의 약신호(weak signal), 이머징 이슈, 파급력 높은 이슈(wild card) 식별을 위해 호라이즌 스캐닝 기반의 미래연구를 수행하고 있고, 포스코(POSCO)는 광물자원의 가격변화 추이, 수요, 환율 등을 분석하여 외부환경에 유연히 대응하고 있다.

셋째, 데이터 분석 및 소프트웨어 기술 분야의 국가경쟁력 강화에 기여한다는 것이다.

실제로 데이터 분석에 대한 사회적 붐을 조성하여 국민 참여 및 관심을 증대시키고, 데이터 분석 시범사업 및 민 · 관 협업으로 빅데이터 이용 활성화를 촉진해 데이터 기반 신산업 창출의 기회로 활용 가능하다는 것이다.

표 3-3 빅데이터 미래예측 분석 관련 기타 해외 사례

예측 대상	기 관	예측 분석 활용 사례
구매 행위	First Tennessee Bank	빅데이터 분석을 통해 우편 홍보물 비용을 20% 절감하고 반응률은 3.1% 증가시켜 예측 분석에 투자된 비용대비 600%의 수익을 창출
제품 선택	아마존닷컴	빅데이터 분석을 통한 개인별 맞춤형 제품 추천으로 발생하는 매출이 전체 매출의 35% 차지
보험료 산정	올스테이트	보험 가입 차량의 특성에 근거하여 신체 상해 부담금액의 예측 정확도를 3배 향상
주식시장	런던 주식거래소	런던 주식거래소 거래량의 약 40%가 빅데이터 기반 알고리즘 시스템에 의해 이루어지고 있음
유행성 독감	구 글	증상과 관련된 온라인 검색 트렌드 분석으로 질병통제센터보다 7~10일 앞서서 병원의 독감 환자 증가를 예측
세금 환급	미국 국세청	국세청 조사 담당자들은 빅데이터 기반 예측 분석을 활용하여 사기로 의심되는 세금 환급 요청서의 순위를 매겨 조사 건수를 늘리지 않고도 25배나 많은 탈세를 찾아냄
범 죄	샌프란시스코 경찰	기존 범죄데이터 및 지역데이터 분석을 통해 범죄 발생이 예측되는 지역으로 경찰차를 미리 보내 순찰을 지시
테러 공격	미국 국방부	관련자의 체포, 재판, 금전적 지원, 정치적 맥락 등의 요소에 근거하여 테러리스트의 공격 및 무장저항세력의 활동을 예측 분석
도시 전력	콘 에디슨	미국 뉴욕시의 전력 케이블 고장을 예측하고, 1시간에 3번씩 운영 모니터에 표시되는 위험수위를 업데이트
항공 지연	컨티넨탈항공	레이더 네트워크 데이터를 통해서 항공편의 지연을 예측하고 하늘 공간의 활용도를 개선함으로써 수천만 달러를 절약
교통량	호주 뉴사우스웨일스 주정부	호주 시드니 M4 고속도로의 차량 이동시간 예측 및 예상되는 교통량 지연을 일기예보와 마찬가지로 지역별로 온라인에 게시

자료: 오정연 외 3인(2015), 빅데이터 기반 미래예측 및 전략수립의 의의와 사례, 한국정보화진흥원 미래전략센터 빅데이터전략센터, p. 16.

표 3-4 빅데이터 미래예측 분석 관련 기타 해외 사례

예측 대상	기 관	예측 분석 활용 사례
대선	오바마캠프	인구사회학적 특징, 과거 투표 참가 이력, 잡지 구독 등 80여 가지 변수를 활용하여 부동층 중 설득 가능한 유권자 예측 및 선거활동에 활용
에너지소비	호주 에너지젝스	호주 제2의 전력회사인 에너지젝스는 인프라 개발 및 에너지 소비 절감을 위한 인센티브 제공 대상 선정을 위해 향후 20년의 전력 수요 증가 예측을 공간적 차원에서 시뮬레이션
대출상환	Kiva	저개발 국가 주민의 자활을 돕는 비영리단체 Kiva는 소액 대출 신청 프로젝트 중 '학교', '기계' 등의 키워드 포함 여부로, 상환 불능 가능성이 2배 이상 높은 프로젝트 선별
운전부주의	포드자동차	데이터에 대한 학습을 통하여 주의력 분산, 피로, 또는 음주 등으로 인해 운전자가 주의를 기울이고 있지 않다는 것을 감지
뇌 활동	버클리 대학	대상자가 시각적으로 경험한 것을 그 사람의 뇌 활동으로부터 유추해 유사하게 비디오로 재구성(대량의 비디오 라이브러리에서 뽑은 100개의 이미지를 조합한 것을 사용자에게 보여 주고 그것을 역구성)
기차궤도	BNSF 철도	심각한 열차사고의 주요한 원인인 궤도 파손을 예측 분석하여 85% 정확도로 문제가 발생할 구체적 위치 예측
건강서비스	테네시 주 공공의료보험	청구데이터 분석을 통해 개별 가입자들이 어떤 의료서비스를 원하게 될 것인지를 예측
파산	시티그룹	30년이 넘는 기간 동안의 국제적 채무불이행 사례 데이터 분석을 통해 각 지역별 상업적 신용 리스크 모델 개발
마케팅	Target 쇼핑몰	고객의 쇼핑 행태 분석을 통해 고객의 임신을 예측하여 30%나 더 많은 대상자를 찾아내서 신생아 부모의 구매 욕구에 호소할 수 있는 할인쿠폰 발행

자료: 오정연 외 3인(2015), 빅데이터 기반 미래예측 및 전략수립의 의의와 사례, 한국정보화진흥원 미래전략센터 빅데이터전략센터, p. 17.

3 … 기업별 현황 및 응용

이미 인터넷 채널인 구글, 페이스북, 아마존, 야후 등은 빅데이터를 기반으로 소셜 분석의 효과를 입증하면서 많은 기업이 빅데이터에 주목하고, 빅데이터 기반의 새로운 비즈니스 모델 발굴을 추진하면서 빅데이터 시장이 본격화되고 있다.

그 외 IT 글로벌 기업의 빅데이터 추진 현황을 살펴보면 다음 <표 3-5>와 같다.

표 3-5 IT 글로벌 기업의 빅데이터 추진 현황

회사 이름	추진 내용
Oracle	• 세계적인 DB업체 '하이페리온'사(社)를 인수로 분석기술 확보 • 오라클 Big Data Appliance(CDH탑재) 제품 출시 • Endeca, Exalytics 등 빅데이터 분석 솔루션 출시
HP	• BI솔루션업체 'Vertica'와 기업용 검색엔진업체 'Autonomy' 인수 • Autonomy에서 제공하는 정보처리 레이어와 버티카의 고성능 실시간 분석 엔진의 조합을 토대로 빅데이터 인프라 서비스 제공
Microsoft	• Hadoop on Window, Hadoop on Azure 출시 예정 • Hortonwork의 Hadoop 탑재
IBM	• 분석용 데이터 저장 관리 업체 'Netezza', 데이터 통합 업체 'Essentaicl', 분석 솔루션 업체 'Cognus' 등 비즈니스 분석 관련 업체 인수 • 빅데이터 솔루션: InfoSphere Biginsight(Hadoop), InfoSphere Streams
SAP	• 'HPA(High Performance Analytics) 기반의 SEMMA 방법론' 제시 • 'IT+분석+비즈니스' 통합플랫폼 구현(SAS 빅데이터 분석플랫폼 Solution MAP)인메모리 컴퓨팅 기반의 어플라이언스 HANA 출시
Palantir	• Enterprise Intelligence Platform 보유 • 미국 정부 및 월가 금융사들 중심의 대형범죄분석, 사기분석, 재난구조 등의 사업 레퍼런스 확보
Teradata	• 데이터웨어하우징 및 비즈니스 인텔리전스(BI) 전문 업체 • 비정형데이터의 고급 분석 · 관리 솔루션 업체 인수(Ester) • 'Ester Map Reduce Platform' 제시
EMC	• 데이터 저장부터 관리 · 분석까지 빅데이터와 관한 모든 것을 제공하기 위해 Greenplum, Isilion 등 빅데이터 솔루션 업체 및 데이터 관련 다수 업체 인수

자료: 이재성 · 홍성찬(2014), 기업의 빅데이터 적용방안 연구 – A사, Y사 빅데이터 시스템 적용사례, 한국인터넷정보학회, 15(1), p. 105.

표 3-6 해외 기업의 빅데이터 분석 활용 주요 사례

분 류	기 업 명	빅데이터 활용 내역
고객관계관리/경험의 변화	아 비 바 생 명	고객 맞춤형 보험 상품 제공
	사우스웨스트항공	고객 맞춤형 광고
	타깃(Target)	고객 맞춤형 상품 프로모션
내부 프로세스/효율성 개선	D H L	물류 효율화, 투자 의사결정에 참고
	자라(Zara)	효율적인 물류 배송망 운영
	구글(Google)	데이터센터 성능 및 에너지 사용 최적화
신규 value proposition 창출	아마존(Amazon)	고객 주문 전에 예측 배송
	G E	산업 인터넷으로 smart factory 구현
	후지쯔(Fujitsu)	농업용 빅데이터 분석 솔루션 제공

자료: 최재경(2016), 빅데이터 분석의 국내외 활용현황과 시사점, *KISTEP InI*, 14, 한국과학기술기획평가원, pp. 33-43.

또한 해외 기업의 빅데이터 분석 현황 및 응용 사례는 다음과 같다(표 3-6).

예를 들어, 영국의 아비바생명은 운전자의 운전 패턴에 기반을 둔 맞춤형 보험 상품을 제공하고 있는데, 이를 위해 차량 내 운행기록 장치를 통해 실제로 운전하는 운전자의 운전 행태를 수집 및 분석하고 있으며, 주로 운전하는 시간과 지역 등을 감안해 보험료를 산정하는 'Pay-as-you-drive' 상품인 'RateMyDrive'를 내놓아 고객들로부터 좋은 반응을 얻었다.

저가항공사인 사우스웨스트 항공은 고객 맞춤형 광고를 실시하였다. 저가항공의 대명사인 사우스웨스트 항공은 비행기 좌석 스크린에 승객별로 다른 광고를 제공하고 있는데, 미국인의 96%를 비롯해 전 세계적으로 5억 명에 달하는 고객 정보를 갖고 있는 액시엄(Acxiom)사의 DB에 저장되어 있는 항공기 탑승객의 쇼핑 습관과 구매 패턴 등을 분석한 후 승객별 최적화된 광고를 제공하고 있다.

타깃(Target: 미국 유통회사)은 고객 맞춤형 프로모션을 실시하였다. 타깃은 여성 고객의 임신 여부를 선제적으로 파악하기 위해 빅데이터 분석을 활용하고 있는데, 고객의 임신을 높은 확률로 추정할 수 있게 해주는 주요 아이템에 대한 검색이나 구매 등 온/오프라인에서 행해지는 고객의 모든 활동을 지속적으로 축적하여 고객의 임신 주기까지 알아맞힐 수 있는 수준의 정보를 확보하고 있다. 이와 같은 분석 결과를 바탕으로 관련 상품에 대한 프로모션 등의 효과를 제고하고 있다.

물류회사인 DHL은 효율화를 도모하였다. 일별 배송 정보를 분석하여 소비자의 물류 서비스 이용 흐름과 패턴 파악에 활용하고 있는 DHL은 실시간 교통 상황, 수신자 상황, 지리적/환경적 요소를 고려한 최적화된 배송 경로를 실시간으로 분석해 적기 배송 실패율을 제로 수준으로 만드는 한편 불필요한 연료 소모도 최소화하고 있다. 또한 이렇게 얻어진 데이터 분석 결과는 물류 서비스 수요 증가 추세를 예측하여 물류센터 확장과 배송차량 추가 등에 대한 투자 결정에도 활용하고 있다.

자라(Zara)는 효율적인 물류 배송망을 확립하였다. 패스트패션(SPA) 기업의 대표주자 중 하나인 자라는 빅데이터 분석을 활용해 전 세계 매장의 판매 현황을 실시간으로 분석한 뒤 고객 수요가 높은 의류를 실시간으로 공급할 수 있는 물류망을 구축함으로써 재고 부담은 줄이고 매출은 극대화하는 성과를 거두고 있다.

구글(Google)은 데이터센터 성능 및 에너지 사용 최적화를 도모하였다. 구글은 데이터센터 서버와 기타 장비들의 사용시간과 에너지 사용량에 대한 방대한 분량의 운영 데이터를 분석하여 데이터 센터의 성능과 에너지 사용량이라는 트레이드오프 관계에 있는 두 가지 지표를 최적의 상태로 운영하고 있다.

아마존(Amazon)은 예측 배송 서비스를 실시하였다. 빅데이터 분석을 이용한 고객 이해와 구매 추천의 선구자인 아마존은 '예측 배송'이라는 또 다른 파격적 행보를 시도할 계획인데, 이를 위해 2013년 12월 고객이 구매하기 전에 배송을 준비하는 '예측 배송(anticipatory shipping)' 서비스에 대한 특허를 취득한 바 있다. '예측 배송'은 고객이 구매할지 여부가 불확실한 상황에서 고객 주소지 근처의 물류창고로 배송을 시작하는 것으로, 이는 기존 주문과 검색 내역, 위시 리스트와 쇼핑 카트에 담아 놓은 상품, 반품 내역, 마우스 커서가 머무른 시간 등을 활용해 고객 자신보다 고객을 더 잘 이해하는 것으로 알려져 있는 아마존의 빅데이터 분석 역량에 바탕을 두고 있다. 이와 관련해 월스트리트저널(WSJ)은 '예측 배송은 방대한 고객 데이터를 제대로 활용하고 있는 아마존만이 가능한 서비스로 경쟁 업체들과 비교해 강력한 차별화 포인트가 될 수 있을 것이다'고 전망했다.

GE의 산업 인터넷(industrial internet)은 생산 혁명의 원동력으로 활용되고 있다. "어젯밤 잠들 때는 산업재 기업이었지만, 오늘 아침 일어나면 소프트웨어 및 빅데이터 분석 기업이 되어 있을 것이다"는 GE 회장의 말은 산업 인터넷을 캐치프레이즈로 데이터 분석의 힘을 통해 생산성 혁명의 원동력을 찾겠다는 GE의 야심을 상징적으로 압축한다. GE는 고객들에게 산업 생산성 향상으로 보다 더 스마트한 factory를 구현할 수 있도록 자사의 IT 역량을 대폭 강화하기 위해 GE소프트웨어를 별도로 설립하는 한편 'Predix'라는 빅데이터 분석 플랫폼을 개발했다. 이런 노력을 통해 2016년에는 'Predix'가 대부분을 차지하는 소프트웨어 사업에서 70억 달러의 매출을 달성할 계획이다.

후지쯔(Fujitsu)는 농업용 빅데이터 분석 솔루션을 제공하고 있다. 후지쯔는 농지작업 실적과 작물 이미지 등 데이터를 분석해 수확량 증가와 품질을 향상시키는 클라우드 기반의 농업용 빅데이터 분석 솔루션을 2012년부터 제공하고 있다. 이는 기후와 토양환경 등에 대해 센서로부터 수집되는 데이터와 과거 수확실적 등을 비롯한 빅데이터를 분석하여 최적의 파종, 농약 살포, 수확 시점을 제공하는 솔루션이다.

다음으로 국내 기업의 빅데이터 분석 현황 및 응용 사례는 다음과 같다.

카드사와 통신사 등이 내/외부 데이터의 융복합/분석 등을 통해 고객관계관리/경험의 변화와 신규 Value Proposition 창출을 통한 신사업 발굴 등에 빅데이터를 활용하는 사례가 등장하고 있으나, 규모나 고도화 등의 측면에서 해외 기업과 비교해 아직 부족한 실정이다.

① 신한카드의 고객 라이프 스타일 맞춤형 상품: 신한카드는 자사의 월평균 승인건수 2억 건과 2,200만 명에 달하는 고객의 빅데이터 분석을 바탕으로 소비패턴에 따라 남녀 각각 9개씩 18개의 생활방식을 도출해 새로운 상품체계인 '코드나인'을 선보였다. 신한카드는 '코드나인'을 활용한 세부적인 맞춤형 카드를 앞세워 포화상태에 이른 국내 카드 시장에서 활로를 모색하고 있다(신한카드 홈페이지, 2017).

② 삼성SDS의 제조업 생산성 향상 지원 솔루션: 삼성SDS는 제조, 물류 등 다양한 서비스에 활용될 수 있는 데이터 분석 솔루션 '브라이틱스(Brightics)'의 '실시간 생산 시설 분석', '물류 리스크 모니터링' 등을 앞세워 고객사들의 생산성 향상을 지원하는 한편, 빅데이터 서비스 사업 기회 발굴을 추진하고 있다. 삼성전자가 삼성SDS의 '브라이틱스' 솔루션을 국내외 법인 간 물류 효율화에 적용해 생산성 증대에 활용하고 있으며, 다수의 기업들이 품질관리 등에 해당 솔루션을 활용하고 있는 것으로 알려져 있다.

③ SK텔레콤의 상권 분석 및 타깃 마케팅 지원 서비스: SK텔레콤은 국내 최대 이동통신 사업자로서 보유한 강점을 적극적으로 레버리지해 유동 인구와 지리 정보, 소비 업종과 상품 판매 현황을 종합적으로 분석하여 지오비전(Geovision)이라는 상권 분석 및 타깃 마케팅 지원 서비스를 개발하여 제공하고 있다.

카드 등 금융사와 유통 업체, SI 기업, 통신사업자 등 일부 대기업을 중심으로 빅데이터 활용 사례가 늘어나는 추세이나, 최근 NIA의 조사에 따르면 국내 기업의 빅데이터 활용도는 그동안의 장밋빛 전망과는 달리 아직 낮은 것으로 나타났는데, 중견기업(매출액 천억원 이상)의 빅데이터 도입률이 9.6%에 그치고 있다.

표 3-7 2016년 빅데이터 분석 시범사업 선정과제

구 분	주관기관/참여기관	과 제 명
선도사업	KT/질병관리본부	로밍 빅데이터를 활용한 해외로부터의 유입 감염병 차단 서비스 개발
	W쇼핑/한동대	빅데이터 딥러닝 기술 활용 스마트 T-커머스 서비스 개발
	매일유업/그린비즈니스협회	유가공 업종 제조 생산, 에너지 최적화를 위한 빅데이터 플랫폼 개발
	유라/충북대 등	딥러닝 기술 기반의 대용량 제조 데이터 분석 서비스 플랫폼 개발
산업확산	ING생명/생명보험협회	생명보험 빅데이터 전략모델 개발 및 확산
	삼성중공업/현대중공업 등	제조업 빅데이터 전략모델 개발 및 실증

자료: NIA(2016b), 미래부-NIA 2016년 빅데이터 시범사업 착수, 한국정보화진흥원.

이상을 통해서 국내 빅데이터 분석 활성화를 위한 문제점을 다음과 같이 진단하고 있다.

국내 기업들의 빅데이터 분석 도입 수준이 낮은 이유는 무엇일까? NIA가 최근 실시한 조사(2016b)에 따르면 아직까지 빅데이터 분석을 도입하지 않고 있는 가장 큰 이유는 빅데이터라고 부를 만한 데이터가 없다는 것이 가장 큰 비중을 차지하고 있다. 결국 많은 경험이 쌓여야 아마존의 '예측 배송'과 같은 고도화된 빅데이터 분석이 가능할 수 있을 텐데 경험이 쌓일 수 있는 전제사항이 되는 데이터가 부족하거나 사실상 없다시피 하다 보니 빅데이터 분석의 도입/활용 수준과 고도화 정도가 상대적으로 취약하다는 것이다.

또한, 빅데이터 분석 도입 효과를 확신할 수 없다는 것도 중요한 이유로 나타났으며, 빅데이터 분석에 대한 CEO나 CIO의 무관심이나 국내 기업 환경에서 데이터 중심의 의사결정 문화가 부족한 것도 걸림돌로 작용하고 있다.

국내는 실제로 빅데이터 분석을 통해 어떤 활동을 할 수 있는지, 빅데이터 자체가 무엇인지에 대한 이해도 현장에서 부족하다는 지적이 나오고 있다. 많은 기업들이 빅데이터 분석의 활용 방안을 모르고 있으며, 빅데이터 분석을 활용한 성공 사례가 아직 드물기 때문에 특히 중소기업이 쉽게 진입하지 못하는 상황인 것이다.

비록 조사에서는 언급되지 않았지만, 또 다른 현장의 목소리 중에는 빅데이터 분석은 데이터 전문가와 IT부서만의 업무라는 인식이 강하게 자리 잡고 있는 것도 문제로 지적되고 있다.

이에, 기업대상으로 조사한 결과에 의하면, 국내 빅데이터 분석 활성화 관련 정책 요구사항으로는 성공 사례 전파, 법/제도 정비, 제품/서비스 등 기술 향상, R&D 지원, 국내외 시장자료 공유 등으로 요구하고 있다.

결국, 국내 기업들의 빅데이터 분석 활용이 활성화되지 못한 가장 큰 원인으로 지목된 데이터 부족과 관련해서는 사물인터넷(IoT) 적용 대상이 점차 확대되면서 상황은 점차 나아질 것으로 예상된다. 다만 개인정보 보호와 데이터 개방 거부감 등이 여전히 강하기 때문에 이에 대한 정책적 지원과 고객들의 인식 변화가 전제되어야 할 것이다.

또한 국내 기업들이 빅데이터 분석 활용에 참고할 수 있는 성공 사례와 적용 모델이 전파되어야 한다.

빅데이터 분석 수요 기업들을 대상으로 빅데이터 분석 활성화를 위한 정책 요구사항을 조사결과를 보더라도 빅데이터 분석에 대한 성공 사례 전파가 활성화의 핵심이라는 응답이 가장 많았으며, 개인정보보호법 등을 비롯한 관련 법/제도의 정비와 유연한 적용도 높은 우선순위로 요구되고 있다.

시장에서 기업들의 노력이 결실을 맺을 수 있도록 정부의 지원도 절실한데, 기업의 빅데이터 분석 활용에 대한 인식 제고를 위해 정부 차원에서 관련 성공 사례를 창출하고 전파하는 것뿐 아니라, 기업 자체적으로는 해결하기 어려운 부분, 가령 데이터 소스 부족 해결에 필요한 개인정보 보호제도 정비 등은 정부가 앞장서 해결해 주어야 할 것이다. 구체적으로는 다양한 개인정보 중 순차적으로 개방할 수 있는 정보에 대한 가이드라인 마련과 개인정보 활용제도 수립과 같은 것들이 좋은 예가 될 수 있을 것이다. 즉, 직접적인 롤모델과 제안서가 요구된다고 할 수 있다.

4 … 사례 찾고 공유하기

- 아이폰 탄생 10년 후 … PC 성능 등 장착 '소통 필수품'으로
- 노키아 · 모토롤라 등 휴대전화 단말기 브랜드, 쓸쓸히 퇴장
- 종이처럼 접거나 휘는 기술 개발 등 진화는 계속 이어질 듯

"터치로 조작할 수 있는 와이드 스크린 아이팟, 혁신적 휴대폰, 획기적인 인터넷 통신기기. 이것들은 3개의 분리된 제품이 아닙니다. 하나의 제품입니다. 우리는 이 새로운 제품을 아이폰이라고 부릅니다."

2007년 1월 9일(현지시간) 미국 샌프란시스코 모스콘센터에서 열린 맥월드 행사에서 당시 애플 최고경영자(CEO) 스티브 잡스는 휴대폰 전면을 터치스크린으로 사용하는 '아이폰'을 이같이 소개했다. 아이폰이 세상에 처음 모습을 드러낸 지 올해로 10년이다.

아이폰을 필두로 한 스마트폰은 전 세계 주요 산업 지형부터, 개인의 일상생활까지 혁명적으로 변화시켰다. 음성통화와 문자메시지 기능에 머물던 휴대전화는 '손안의 컴퓨터'로 진화했다. 길 찾기, 게임, 공연 예약 등을 길을 걸으면서도 할 수 있게 만들었다. 책과 신문을 읽던 지하철 안 풍경은 이제 스마트폰 화면이 점령했다. 여행을 하면서 숙박할 곳을 실시간으로 찾을 수 있고, 해외에서도 카카오톡을 이용해 무료로 통화할 수 있게 됐다. 모바일 뱅킹으로 송금도 편리해졌고, 모바일 쇼핑은 백화점 갈 일을 줄였다. 동시에 '모바일 과잉'의 역효과도 나타나고 있다. 시도 때도 없이 울리는 모바일 메신저 음향으로 잠을 설친다는 하소연도 들린다. 근무시간 외 업무 지시로 여가시간이 줄고, 페이스북 좋아요 숫자에 희비가 엇갈리기도 한다.

노키아, 모토롤라 등 휴대전화 단말기 브랜드는 기억 저편으로 사라졌다. 그러나 권불십년인가. 승승장구하던 스마트폰 산업도 성숙 · 정체기에 접어들면서 신제품이 나올 때마다 '혁신이 없다'는 비판에 직면하는 처지가 됐다.

2017년 1월 2일 KT경제경영연구소 자료를 보면 지난해 3월 기준 한국의 스마트폰 보급률은 91%로 세계에서 가장 높은 수준이다. 또 정보통신정책연구원 조사 결과를 보면 일상생활에서 필수적인 매체를 묻는 질문에 스마트폰을 응답한 비중은 2015년 46.4%를 기록, 44.1%에 그친 TV를 마침내 역전했다. 이러한 것은 인터넷 서비스가 단순히 정보의 창구가 아니라 생활 곳곳에서 밀접하게 연결될 수 있는 기술이 됐다는 것이다.

언제 어디서나 모바일 접속이 가능해지자 페이스북, 트위터 등의 사회관계망 서비스(SNS)가 활성화됐다. 실시간으로 전파되는 SNS가 여론에 미치는 파급력은 기존 언론을 위협할 정도가 됐다. 쇼핑 · 배달 · 공유서비스 등 O2O(Online to Offline) 서비스는 그 영역을 계속 확장시키고 있다. 스마트폰이라는 하드웨어도 이에 맞춰 진화하고 있다. 기존의 피처폰, 카메라, MP3, 캠코더, PC의 성능이 스마트폰으로 집약됐다. 신제품이 나올 때마다 더 선명한 카메라와, 더 풍부한 음질이 스마트폰에 구현된 것이다.

스마트폰 애플리케이션(앱) 시장이 커지면서 소프트웨어와 콘텐츠의 중요성이 어느 때보다 부각된 것도 모바일 혁명이 가져온 변화다. 앱스토어라는 상점에 누구나 참여할 수 있게 되면서 콘텐츠를 돈으로 사야 한다는 인식이 자리 잡았다.

그러나 점차 스마트폰 시장이 성숙기에 접어들면서 새로운 수요는 주춤해지고 있다. 출하량 기준으로 2010~2011년 연간 60~70%씩 급성장하던 스마트폰 시장은 지난해 성장률이 3.1% 증가하는 데 그친 것으로 추정된다. 신제품이 나오더라도 '혁신이 없다'는 평가를 받는 일도 늘고 있다. LG경제연구원은 "스마트폰 완성도가 높아지다 보니 사용자들에게 새로운 기술은 '반드시 필요한 혁신기술'이라기보다 '있으면 좋은 기술' 정도로 여겨지고 있다"고 평가했다.

향후 스마트폰의 미래로 잘 구부러지는 '플렉서블(flexible)' 디스플레이를 적용한 스마트폰이 나올 것이란 전망이 많다. 종이처럼 접거나 휘게 할 수 있는 유연한 스마트폰으로 더 많은 기능을 얹어 활용성을 높일 수 있기 때문이다. 그러나 '포스트 스마트폰'에 대한 물음표가 이어지며 확실한 다음 타자는 알 수 없다는 게 중론이다. 그만큼 스마트폰의 진화가 상상을 뛰어넘을 수 있다는 얘기이기도 하다.

스마트폰은 개인의 모든 커뮤니케이션을 담당하는 소통 채널의 역할을 지속하게 될 것이며 다양한 방식의 스마트폰이 나오겠지만, 스마트폰은 앞으로도 스마트폰의 역할을 하게 될 것으로 본다고 했다.

"올해 모바일결제시장 26% 성장한다 … 942조원 규모"

올해 전 세계 모바일 결제 시장 규모가 작년보다 25.8% 성장한 7천800억달러(약 942조원)에 달할 것이라고 시장조사기관 트렌드포스가 전망했다.

트렌드포스는 3일 보고서에서 "지난해 스마트폰 제조사들이 저마다 모바일 결제 생태계 구축에 나서면서 관련 시장이 급성장했다"며 "결제 방식이 혁신되고 다양해지면서 새로운 수요와 기회가 나타났다"고 평가했다.

트렌드포스는 이어 "구글이 최근 전자지갑 플랫폼인 안드로이드페이 사업을 확장하고 있다"며 "올해는 모바일 결제 서비스와 더불어 관련 보안 솔루션도 크게 발전할 것"이라고 내다봤다. 지난해 성장성이 돋보인 회사는 삼성전자와 애플이었다.

특히 삼성전자는 2015년 한국에서 삼성페이를 출시한 이래 미국, 중국, 스페인, 싱가포르, 호주, 브라질, 러시아 등으로 출시 지역을 확대해 왔다. 말레이시아와 태국에서도 오픈 베타 서비스를 진행 중이다.

삼성전자는 프리미엄폰인 갤럭시S와 갤럭시노트 시리즈뿐 아니라 중저가폰인 갤럭시A와 갤럭시C 시리즈에도 삼성페이를 탑재해 이용자층을 넓히고 있다. 올해는 모바일 결제 시장의 경쟁이 더 치열해질 전망이다.

오는 2월 열리는 모바일 월드 콩그레스(MWC)에서 전략 스마트폰 G6를 선보이는 LG전자는 삼성페이에 대적할 만한 'LG페이'(가칭)를 탑재하는 방안을 검토하는 것으로 전해졌다.

구글은 최근 일본 라쿠텐의 모바일 결제 서비스 '에디'(Edy)와 제휴해 일본 내 안드로이드페이 서비스를 개시했다. 소니의 전자태그(RFID) 솔루션인 '펠리카'(FeliCa)와의 제휴도 추진 중이다.

중국 전자상거래 회사 알리바바가 운영하는 알리페이는 조만간 한국에 합작법인을 설립해 국내 서비스를 본격적으로 시작할 것으로 알려졌다. 트렌드포스는 이런 배경 속에서 보안 기술 등이 동반 성장할 것으로 예상했다.

트렌드포스는 "근거리 무선통신(NFC)은 모바일 결제의 핵심 솔루션으로 자리 잡고 있다"며 "올해 출시되는 스마트폰의 60%가 NFC 기능을 탑재할 것"이라고 내다봤다.

트렌드포스는 이어 "올해 출시되는 스마트폰의 50%가 지문인식 기능을 탑재할 것"이라며 "지문인식보다 보안성이 뛰어난 홍채인식에 대한 투자도 늘고 있다"고 덧붙였다.

자료: 연합뉴스(2017. 1. 3.), 아이폰 탄생 10년 후 … PC 성능 등 장작 '소통 필수품'으로.

소비자에게 3D프린터 레고 제작 허용

덴마크의 목수 출신 올레 키르크 크리스티얀센(Ole Kirk Christiansen)은 1932년 빌룬트(Billund)라는 지역에 공장을 세운다. 처음에는 가정에서 쓰는 나무로 만든 생필품을 만들었고, 그 중에 장난감이 들어 있었다.

하지만 2년 뒤 그는 회사 이름을 '레고(LEGO)'라 하고, 본격적인 장난감 생산에 들어간다. 조립이 가능한 나무 레고였다. 이 신선한 아이디어는 어린이들로부터 큰 인기를 끌었다.

그러나 1942년 큰 화재를 당한다. 위기에 봉착해 창업주 크리스티얀센은 변신을 시도한다. 나무 장난감 생산을 줄이고, 대신 플라스틱 레고 생산에 나섰다. 그의 판단은 옳았다. 플라스틱 레고가 불티나게 팔리면서 지금의 명성을 가져오게 한 계기가 됐다.

'파브리카토' 통해 개인 제작 가능해

71년 전 화재가 첫 번째 위기였다면 가장 최근의 위기는 3D프린터가 출현했기 때문이다. 알려져 있다시피 3D프린터를 이용하면 어떤 레고도 생산 가능하다는 결론이 나온다. 그동안 레고가 자랑하던 레고를 3D프린터로 손쉽게 제작할 수 있다는 것이다.

▲ 81년의 역사를 가진 장난감 회사 레고가 3D프린터와의 경쟁이 아니라 협력을 선언했다. 소비자 스스로 레고 제작이 가능한 3D프린터 제작시스템 '파브리카토(faBrickato)'를 시험 도입 중이다.

이런 사실은 지난 수년간 레고사를 불안에 떨게 했다. 이달 초 로어 루드 트랑백(Roar Rude Trangbæk) 대변인은 워싱톤 포스트 기자와 만나 "(3D프린터 출현이) 새로운 고품질 제품을 개발하는 일보다 더 힘들었다"고 말했다.

레고 직원들은 위기를 극복하기 위한 방안을 찾기 시작했다. 그리고 디자이너 스테파니 뮐러(Stefanie Mueller)를 통해 3D프린터를 활용한 레고 제작 프로그램 '파브리카토(faBrickato)'를 내놓기에 이른다.

이 프로그램이 강조하고 있는 것은 가정 레고(homegrown LEGO)이다. 3D프린터를 활용해 가정에서 자체 제작할 수 있는 시스템을 만들겠다는 것. 3D프린터와의 경쟁이 아니라 3D프린터와의 협력을 선택한 것이다.

레고사의 이 같은 결단은 큰 의미를 갖고 있다. 그동안 레고사에서 보유하고 있었던 레고 디자인의 자부심을 과감히 포기하겠다는 것이다. 대신 레고 제작을 소비자에게 모두 위임함으로써 세계인 전체가 참여하는 거대한 생산 시스템을 구축해 나가겠다는 의도다.

3D프린터로 레고를 제작할 경우 실제로 놀라운 일이 벌어질 것으로 예상된다. 독일의 한 대학에서 포스닥을 하고 있는 한 학생은 3D프린터로 레고를 제작할 경우 14시간의

생산과정을 불과 67분 동안 해결할 수 있다고 말했다. 이런 짧은 제작 과정을 통해 수많은 가정에서 기존 레고 디자인을 넘어서는 새로운 레고들이 끊임없이 등장할 수 있다는 전망을 할 수 있다.

"3D프린터 출현은 위기 아닌 기회"

레고사의 마케팅 담당 CMO는 3D프린터에 대해 "레고사를 위협하는 요인이 아니라, 레고를 더 발전시킬 수 있는 기회"라고 말했다. 3D프린터를 통해 세계인 모두가 참여하는 제작 시스템을 구축해 보겠다는 의도를 내비치고 있다.

문제가 없는 것은 아니다. 가장 심각한 문제는 기존 레고 제품의 특허권이다. 가정에서 레고를 제작하게 할 경우 그동안 수입원이 됐던 상표 · 디자인 · 기술 특허 등에 있어 침해 사례가 빈번히 발생할 수 있다. 레고 특허권의 한계가 어디인지 재해석이 필요한 상황이다.

그러나 긍정적인 면도 있다. 그동안 레고 매출 중 60% 이상은 1세 이하 영아용 제품에 집중돼 있었다. 어린이와 성인 고객을 늘리는 게 관건이었다. 그러나 '파브리카토(faBrickato)'를 보급할 경우 성인 고객이 늘어나게 될 것으로 보인다.

가정 내 레고 제작을 허용하더라도 경쟁사 제품으로 비화할 가능성이 크지 않다는 분석도 나오고 있다. 실제로 수년 전 한 개발자가 3D프린터를 활용해 '심슨네 가족들(Simsons)'을 테마로 한 레고 디자인을 개발한 적이 있다.

그러나 레고사 측에서는 아직 확실한 생산 시스템을 구축하지 못하고 있다. 생산 시설을 구축하는 일이 쉽지 않기 때문이다. 소비자들의 레고 제작을 허용할 경우 소량 제작은 가능하지만 대량 생산은 거의 불가능하다는 것을 말해 주고 있다.

2008년 세계적으로 불황이 이어지면서 세계 장난감 업계도 큰 불황을 맞았다. 더구나 스마트폰이 일상화되면서 많은 어린이들이 장난감 대신 모바일 게임을 즐겼다. 이런 위기를 2009년 레고는 모바일 블록 쌓기 게임 '마인크래프트(Minecraft)'로 해결했다.

불황 속에서 레고 판매실적은 크게 늘어난 것으로 집계됐다. 2009~2013년 사이 매출은 2배, 영업이익은 4배 가까이 늘었다.

그리고 지금 3D프린터로 야기된 위기를 획기적인 방식으로 극복하려 하고 있다. 3D프린터와의 경쟁이 아니라 협력하자는 것이다. 소비자들이 3D프린터를 활용해 가정에서 자유자재로 원하는 블록을 만드는 시스템을 구축 중이다.

레고 측은 이 시스템을 통해 '디지털 기술'과 '재미'를 동시에 원하는 '디지털 키덜트'족의 수요를 더욱 확대할 수 있을 것이라 보고 있다. 레고의 미래를 결정할 수 있는 이 실험이 어떤 결과를 가져올지 세계인의 주목을 받고 있다.

자료: 네이버(2014), 소비자에게 3D프린터 레고 제작 허용, http://www.naver.com

등록차량 대수 2,200만 대 육박, 전기차 5년來 31배 급증

국내 차량 등록대수가 2,200만 대에 육박한 것으로 나타났다. 전기차도 5년 만에 31배나 급증했다.

국토교통부는 2016년 12월말 기준으로 우리나라의 차량 누적 등록대수가 전년에 비해 81만 3,000대(3.9%) 늘어난 2,180만 3,351대로 집계됐다고 2017년 1월 17일 밝혔다.

국토부 관계자는 "내수 진작을 위한 자동차 개별소비세 인하가 지난해 6월까지 실시돼 등록대수 증가에 영향을 미쳤다"고 말했다.

전체 차량의 등록대수 중 국산차는 약 2,016만 대로 92.5%를 차지했다. 수입차는 164만 대(7.5%)를 나타냈다. 특히 수입차의 경우 매년 비중이 증가하고 있는 것으로 나타났다.

정부의 친환경차 보급 확대정책에 따라 전기차도 급증했다. 국토부 관계자는 "전기차의 경우 2011년 말엔 344대에 불과했지만 지난해 말엔 1만 855대로 늘었다"며 "특히 이 중 절반인 5,629대가 제주도에 등록돼 있다"고 말했다. 전기차의 보급 확대로 전체 등록차량 중 친환경차의 비중은 처음으로 1%를 넘어섰다.

인구고령화 추이에 따라 만 65세 이상 차량 소유자는 전체 등록 차량의 10%에 육박했다. 반면 취업난이 이어지면서 만 20세에서 29세 사이 청년층의 차량소유 비중은 2.6%에 그쳤다. 여성소유 차량은 21.2%(463만 대)를 차지했다.

최근 10년간 경차등록은 2.4배 늘었다. 내구성 향상으로 차령이 10년을 넘어선 차량대수도 전체 차량의 30.8%(672만 대)에 달했다.

지난해 신규 등록 차량 대수는 183만 5,000대로 2015년 184만 7,000대보다 1만 1,253대(0.6%)가 줄었다. 신규 등록 차량 중 국산차는 156만 2,000대(85.1%)이며 수입차는 26만 9,000대(14.7%)다. 수입차의 경우 전년 28만 8,000대(15.6%)보다 1만 9,000대(6.7%) 감소했다. 이 밖에 지난해 차량의 이전등록과 말소등록은 전년에 비해 각각 3.1%, 1.7% 증가했다.

국토부 자동차관리관은 "올해 상반기 중 차량 등록대수가 2,200만 대를 돌파할 것"이라며 "앞으로 고령인구 증가 등에 따라 교통안전대책을 보다 강화해 나갈 것"이라고 말했다.

자료: Daum 뉴스/코리아(2017. 1. 17.), 등록차량 대수 2,200만 대 육박, 전기차 5년來 31배 급증.

한국형 인더스트리 4.0 가능한가? 4차 산업혁명은 독일 제조업이 모델

"지난해 독일의 아디다스 매장에는 신발 대신 로봇이 진열됐다. 이것은 개인의 발바닥 모양을 스캔해서 3D프린터로 밑창을 제작하여 로봇이 개인맞춤형 신발을 5시간 만에 만들어 내는 스피드 팩토리를 보여 주기 위함인데, 독일이 2011년부터 추진해 온 인더스트리 4.0의 결과다."

한국ICT융합네트워크 부회장은 최근 소프트웨어 컨버전스 심포지엄에서 "지난해 가장 큰 이슈가 됐던 제4차 산업혁명이 독일의 '인더스트리 4.0'에서 비롯된 것"이라면서 "대개들 인더스트리 4.0을 자동화공장시스템 정도로 생각하는데, 그것과의 차이점은 스피드 팩토리처럼 개인화된, 개별 고객의 요구사항 즉 마켓의 요구사항이 반영되는 것"이라고 설명했다.

4차 산업혁명, 독일의 인더스트리 4.0서 시작

"기계 설비에 경쟁력을 갖고 있는 독일이 기계 설비를 팔기 위한 전략으로 만든 것이 인더스트리 4.0"이라고 설명한 부회장은 "우리가 독일의 맥주를 수입해서도 많이 마시지만, 독일의 맥주 기계를 더 많이 수입해 사용하고 있다"며 "아디다스 스피드 팩토리도 신발을 팔아서 얻는 수입보다 스피드 팩토리의 로봇을 팔아서 얻는 수입이 더 많아지게 될지도 모른다"고 덧붙였다.

부회장은 인더스트리 4.0의 주요 특징을 Decentralization(분권화), Autonomy(자율성), Networking(네트워킹)으로 꼽았다. 그 사례로 자동차가 조립 공간의 프로세스 모듈을 통해 CPS(Cyber physical systems)로서 자율적으로 움직이게 하는 과정을 설명했다. 즉 제조 현장에서 생산 기계가 생산 자재와 스스로 커뮤니케이션을 하면서 각 공정과정을 찾아서 보내는 시스템을 뜻한다.

여기서 핵심은 CPS인데, 가상(Cyber) 시스템과 사람, 공정, 설비와 같은 물리적(Phycical) 시스템을 네트워크로 통합하여 안전하고 신뢰성 있게 분산제어하는 지능형 시스템 구축 기술이다. CPS는 기존의 전통 산업과 결합하여 항공, 국방, 스마트그리드, 스마트시티 등 광범위한 분야에 응용되고 있다.

부회장은 "CPS를 통해 독일이 인더스트리 4.0을 추진한 이유가 인력이 부족하고 인건비가 높은 자국의 현실을 극복하기 위해 스마트 팩토리를 개발해 수출하고, 그것을 이용해 제조한 제품의 경쟁력을 확보하기 위함"이라고 밝혔다.

이를 위해서 부회장은 "특정 상품에 대한 어떤 사람의 수요가 다른 사람들의 수요에 의해 영향을 받는 네트워크 효과가 중요한데, 스마트폰을 단 한 사람만 사용한다면 그 효용가치가 없지만 그것을 사용하는 사람이 많아질수록 효용가치가 높아지는 것처럼 인더스트리 4.0을 대기업이 중소기업과 협력해서 추진한다면 네트워크 효과가 최적화될 것"이라고 설명했다.

다양한 전문가들의 협업이 중요해

따라서 조직화 시나리오에서 공동의 의사소통 형태 구현이 성공하는 것을 가정한다면 규격과 표준을 통해 인더스트리 4.0은 큰 경제적인 잠재력을 확보할 수 있다면서 부회장은 "CPS는 다양한 기술로 이뤄진 복합적인 분야이고 인더스트리 4.0도 워낙 방대하기 때문에 다양한 분야 전문가들의 협업이 필수적"이라고 지적했다.

이처럼 "독일에서 제4차 산업혁명 정책의 일환으로 인더스트리 4.0을 추진해 왔기 때문에 그것이 독일에게는 딱 맞는 전략이지만 우리나라에게도 맞는지는 고민해 봐야 할 문제"라며 독일과 우리나라는 국민총생산에서 제조업이 차지하는 비중이 높은 면에 있어서는 유사하지만 주요 산업과 산업별 구조에 있어서는 많은 차이가 있기 때문"이라고 말했다.

예를 들어 인더스트리 4.0이 대량 생산품을 CPS를 통해 자동화나 스마트화를 거쳐 개인 맞춤형으로 저렴하게 생산하는 게 목표라면 우리나라의 전통 공예품 같은 경우는 아직 자동화 대량 생산 시스템이 갖춰져 있지 않지만, 개인 맞춤형으로는 생산되고 있기 때문에 우리는 자동화 대량생산을 거치지 않고 인더스트리 4.0으로 가는 길을 찾아야 하는 것이라고 제언했다.

자료: 사이언스타임즈(2017. 1. 31.), 한국형 인더스트리 4.0 가능한가? 4차 산업혁명은 독일 제조업이 모델.

생각해 볼 문제

1. 기업의 소비자 분석의 중요한 목적은 무엇이라고 생각하는가?

2. 기업 중에서 소비자 분석이 필요한 분야의 기업은 어떤 기업인가?

3. 기업에서 펼치고 있는 소비자 분석의 예를 들어 봅시다.

4. 미래에는 어떤 창의적인 기업 소비자 분석이 있을지 역발상적으로 생각해 봅시다.

5. 글로벌 시장에서 기업의 소비자 분석을 통하여 성과를 거두고 있는 예를 찾아서 그 장점을 파악하고, 좀 더 나은 개선점을 찾아봅시다.

제 II 부

빅데이터 활용과 소비자

도 입

소비자는 스스로의 삶의 복지, 만족, 궁극적으로는 행복을 위하여 삶을 영위하며 소비는 그 수단과 도구이며 과정이다. 소비를 통한 행복인 만족의 경험은 소비자에게 중요한 정보이며, 경험적 자원이다. 소비자는 기업이 생산한 상품과 서비스를 자신의 재화와 교환하는 것인데, 이런 교환은 시장에서 이루어져 화폐가 이들의 도구가 된다. 이에 소비는 소비자의 선택에서 출발하고, 소비자로부터 선택을 받고자 시장은 활발하게 움직이고 있다.

소비자는 만족한 경험을 누군가와 공유하고자 한다. 이러한 공유는 인기상품이 될 수도 있고, 구전이나 홍보를 통한 기업 이윤과도 적접적으로 관계가 있다. 따라서 소비자의 목소리는 새로운 상품과 서비스 개발, 그리고 앞으로의 트렌드 예측에서 기업의 중요한 빅데이터 자료가 된다.

이에 제 4 장은 소비자로부터 출발하는 빅데이터로, 빅데이터의 가치와 소비자만족과의 관계를 다루어 보고자 왜 소비자의 목소리가 중요한가, 왜 소비자만족이 중요한가? 소비자만족을 소비자의 불만족인 VOC, CS 등 관련 자료의 분석과 관련하여 다루어 보고자 한다. 또한 소비자 관련 데이터 활용은 어디까지 가고 있으며, 이러한 사례를 찾고 공유하고자 한다.

1 … 왜 소비자의 목소리가 중요한가?

빅데이터 활용을 선도하는 것은 소비자인 고객에 대한 분석이 우선적으로 필요하다. 소비자분석의 주자료는 소비자들의 자료인 도구화된 설문지를 통한 패널 자료, VOC, CS 등 다양하다.

기업을 대상으로 한 설문조사에서, 빅데이터 활용을 통해 추구하는 가장 중요한 목표 세 가지를 질문하자, 거의 절반 정도의 응답자가 소비자 중심적 목표를 최우선 과제로 꼽았다. 기업들은 소비자의 기호와 행동을 더 잘 이해하고 소비자의 경험을 개선하기 위해 노력한다. 현대사회에서 소비자주권과 소비자권한이 강화된 소비자를 이해하는 것은 2011년 IBM 글로벌 CMO 연구와 2012년 IBM 글로벌 CEO 연구에서도 우선 과제로 손꼽혔던 항목이기도 하다.

기업들은 빅데이터가 소비자 행동에 대한 이해와 예측 능력을 높여 주고, 이를 통해 소비자 경험을 개선해 줄 것으로 확신하고 있다. 구매거래와 다채널 상호작용, 소셜 미디어, 멤버십 카드 같은 정보 자료를 통해 입수한 신디케이트 데이터(syndicated data), 여타 소비자 관련 정보들은 기업이 소비자의 기호와 요구 사항을 완벽하게 파악하는 데 도움을 주고 있다. 사실 이것은 수십 년 동안 마케팅과 영업, 소비자 서비스 분야에서 최고의 목표였다.

이와 같이 소비자에 대한 깊은 이해를 바탕으로 모든 분야의 기업들이 기존 소비자 및 잠재 소비자와 상호작용할 수 있는 새로운 방법들을 발견하고 있다. 이 원칙은 주로 유통인 소매 분야에 적용되지만, 최종 소비자 및 일반 대중을 대상으로 하는 통신, 의료, 정부, 은행, 금융, 소비재 등의 분야는 물론이고, 비즈니스 파트너 및 공급업자 등과의 협업에도 다양하고 폭넓게 적용되고 있다.

사실상 빅데이터는 소비자와 기업 간의 양방향 도로가 될 수 있다고 한다. 예를 들면, 포드 포커스(Ford Focus) 전기 자동차는 운행 중은 물론이고 주차 중에도 엄청난 양의 데이터를 창출하는데, 운행 중 운전자는 차량의 가속, 제동, 배터리 충전 및 위치 정보 등을 끊임없이 업데이트 받는다고 한다. 이런 데이터는 운전자에게도 유용하지만, 포드의 엔지니어에게도 전송되어 배터리 충전 시기, 장소, 방법 등을 포함하여 소비자의 섬세한 운전 습관까지도 알려준다고 한다. 차량이 주차 중일 때에는 타이어 공기압 상태와 배터리 시스템 데이터 등이 가장 가까이 있는 스마트폰으로 계속 전송되어 끊임없이 데이터를 전송한다는 것이다.

빅데이터는 소비자인 구매고객, 구매탐색 고객들의 기호와 요구 사항을 완벽하게 파악하는 데 도움이 된다. 이와 같은 소비자에 대한 깊은 이해를 바탕으로 모든 유형의 기업들이 기존 소비자 및 잠재 소비자와 상호작용할 수 있는 새로운 방법을 끊임없이 찾아내고 있다. 이런 방식의 소비자 중심적 시장 시나리오는 끊임없이 빅데이터를 통해 새로운 다양한 유형의 전 세계의 기업들이 빅데이터를 통해 소비자에 대한 질 높은 서비스로 개선하고, 새로운 상품과 서비스를 개발하고, 또한 경영과 업무 효율을 높이고 있다.

맥러드 러셀 인디아(Mcleod Russel India Limited)의 경우는 매년 1억 킬로그램에 달하는 차(茶)의 수확과 제조, 마케팅 과정을 정확히 추적하여 차 거래의 시스템 가동 정지 시간을 완전히 제거하였다. 프리미어 헬스케어 얼라이언스(Premier Healthcare Alliance)는 발전된 데이터 공유 및 분석 기능을 사용하여 환자 관련성과를 개선하면서도 비용을 28억 5천만 달러나 절감하였다. 또한 산탐(Santam)사는 사기성 보험금 청구를 줄이기 위한 예측 분석을 실시하여 소비자 경험을 개선시켰다.

소비자 중심적 목표 외에도 기업들은 빅데이터의 활용을 통해 다른 기능적인 목표를 추구하고 있다. 운영 최적화를 언급한 기업도 많으며 대부분은 파일럿 프로젝트를 시행하는 단계이나, 빅데이터 활용의 목표로 기업들이 자주 언급한 항목으로는 위험/재무 관리, 직원 협력, 신규 비즈니스 모델 개발 등으로 인식하고 있다.

이에 소비자의 목소리는 중요한 데이터가 되며, 결국 생산과 소비의 상관관계성이 높아져, 기업들은 VOC(voice of customer, consumer) 시스템을 구비, 활용, 그리고 분석하여 현황을 통한 기업 평가의 영역으로 확대하고 있으며, 이와 아울러 해피콜 시스템을 갖추고, 스마트한 앱의 기능 확대, 인트라넷과 포털의 기능 확대 등에 힘을 기울이고 있다.

2 … 왜 소비자만족이 중요한가?

2016년 통계청은 한국인의 기대수명이 평균 82.1년으로 남자는 79년, 여자는 85.2년으로 나타났다고 발표하였다(통계청, 2016). 통계청이 발표한 '2015년 생명표'에 따르면 2015년 출생아의 기대수명은 82.1년으로 전년의 81.8년 대비 0.3년이 늘어났다.

이는 한국인의 기대수명이 경제협력개발기구(OECD) 35개 회원국 중 전체 12위(남자 18위, 여자 7위)를 차지했으며(동아닷컴, 2016. 11. 2.), 드디어 한국인의 기대수명이 이제 82세를 넘어서며 '82세 인생'의 막을 연 것이다. 남은 생존 연수를 추정한 기대여명도 남녀 모두 대부분의 연령층에서 증가했다. 특히 65세 한국 남성이 앞으로 더 살 수 있을 것으로 예상되는 기대여명이 OECD 평균을 처음으로 넘어섰다.

반면, 남녀 간 기대수명의 차이는 줄었다. 남녀 간 기대수명 격차는 1985년 최고치를 기록한 이후 남자의 기대수명 개선 속도가 빨라지면서 작년에는 6.2년까지 좁혀진 것이다. 이는 OECD 평균보다는 크고 일본과는 유사한 수준이다.

질병 중에서는 암으로 인한 사망확률이 가장 높았고 심장 질환, 뇌혈관 질환이 그 뒤를 이었다. 암에 걸리지 않는다고 가정했을 때 남자는 기대수명이 5.1년, 여자는 2.9년 늘어나 가장 두드러진 변화를 보였다. 반면, 폐렴으로 사망할 확률은 남녀 모두 10년 만에 8배가량 증가한 것으로 나타났다.

또한 2016년 11월 28일(현지시간) 세계경제포럼(WEF)이 발표한 국가경쟁력 평가 결과 보고서를 보면 홍콩의 기대수명이 84세로 조사 대상 138개국 가운데 가장 높았고, 한국의 기대수명은 82.1세로 10위를 차지했다.

기대수명(life expectancy)은 그해 태어난 사람이 향후 얼마나 더 생존할 것인가를 통계적으로 추정한 수치다. 영국 인디펜던트는 경제 발전으로 중산층이 두꺼워지면서 한국인의 기대수명이 높아진 것이라고 풀이했다. 다만 한국이 다른 OECD 회원국들과 비교할 때 대기오염 정도가 심하다는 점을 문제로 지적했다.

지난해에도 83.8세로 가장 긴 기대수명을 기록했던 홍콩은 태극권을 즐기는 전통, 차를 즐기는 음식 문화 등이 사람들의 건강을 유지해 주는 비결로 꼽혔으며, 일본의 기대수명은 83.6세로 지난해에 이어 2위에 올랐다. 이어 지중해식 식단을 즐기는 스페인이 83.1세로 3위를 차지했고 스위스(82.8세), 이탈리아(82.7세)가 차례로 그 뒤를 이었다. 아시아에서 국가경쟁력이 가장 높은 것으로 평가된 싱가포르의 기대수명은 82.6세로 6위를 차지했다.

결국, 기대수명이 증가하는 것은 소비자의 생산과 소비의 기간이 길어지거나 길어져야 한다는 것을 의미한다. 특히 소비를 통한 궁극적인 추구, 목표가 무엇인지, 기업은 무엇을 얼마나 생산해야 하는지, 시장에서 기업은 생산량과 판매량 증대를 꾀하여 어떤 발전을 추구해야 하는지, 이윤추구를 사회적으로 어떻게 환원해야 하는지, 그리고 궁극적으로 소비자의 복지를 어떻게 추구해야 하는지 등과 관련이 있다.

'헬스케어 천국' 기대수명은 실망. 미국. 5% 부유층에 첨단 서비스 집중

2017년 1월 24일 '뉴욕타임즈'에 따르면 '총인구의 나이를 배열해 중간 위치에 있는' 미국인의 중위연령(median age)은 현재 37.7세다. 그러나 오는 2040년이 되면 이 중위연령이 40세로 올라갈 전망이다.

이처럼 중위연령이 늘어난 것은 평균수명이 늘어났기 때문이며, 현재 미국인의 평균수명은 79세로 1995년과 비교해 3년이 늘어났다. 이런 분위기 속에서 장수를 위한 헬스케어 산업의 규모도 커지고 있다.

의회 예산처(Congress Budget Office)에 따르면 현재 국민들이 헬스케어를 위해 지출하는 금액이 전체의 5.5%에 달하고 있다. 지출 규모가 계속 늘고 있는데 오는 2046년이 되면 약 9%에 달할 것으로 보고 있다.

투자액, 칠레의 5배, 기대수명은 5년 낮아

헬스케어에 관심을 가진 연령대는 고령자들이다. 특히 1950~1960년대 태어난 베이비붐 세대의 증가는 헬스케어 산업을 성장케 하는 원동력이다. 집계에 의하면 65~74세 인구가 지출하는 금액이 19~64세 인구가 지출하는 금액보다 거의 2배에 달한다.

세계 최대 헬스케어 투자국가인 미국인의 기대수명이 OECD 국가 중 최저 수준에 머물면서 부에 편중된 헬스산업이 논란을 불러일으키고 있다.

75~84세 인구가 지출하는 금액은 무려 4배에 달하는 것으로 집계되고 있다. 현재 65세 인구 중 베이비붐 세대가 차지하는 비율이 25%로 나타나고 있다. 그러나 2040년이 되면 37%로 12% 포인트 늘어날 것으로 예상되고 있다.

이런 분위기에 편승, 최근 헬스케어 기술도 놀라울 정도로 발전하고 있다. 관계자들은 헬스케어 기술 발전이 인간 기대수명을 높일 것으로 보고 있다. 그러나 실제로는 정반대의 현상이 벌어지고 있다.

'파이낸셜 타임즈'는 최근 OECD, 세계은행 자료를 토대로 헬스케어에 대한 지출이 가장 높은 나라로 미국을 지목했다. 칠레보다 무려 5배가 넘는다는 것. 그러나 칠레인과 비교해 미국인의 기대수명은 5년이나 낮은 것으로 나타났다.

그동안 상승세를 보였던 미국인의 기대수명도 최근 들어 하향세를 기록하고 있다고 전했다. OECD는 미국의 의료당국이 다른 어떤 나라보다 헬스케어에 많은 비용을 쏟아 붓고 있다고 보고 있다.

그러나 비용 증가가 미국인의 기대수명 증가로 이어지지 않고 있다며, 옥스퍼드대 맥스 로저(Max Roser) 교수의 연구 결과를 인용하고 있다. 그는 지난 수년간 기대수명과 헬스케어 기기 간의 상관관계를 연구해 왔다.

'가난한 사람들을 위한 헬스기기' 필요

그리고 새로운 사실을 발견했다. OCED 회원국 대다수는 헬스케어 기기 지출이 늘어나면서 기대수명도 크게 상승하고 있는 것으로 나타났다. 그러나 미국만은 예외다. 1980년대 중반 이후부터 헬스케어 지출 추이가 기대수명 상승과 이어지지 않고 있는 현상을 발견했다.

그 원인을 찾아들어갔다. 처음에는 미국 내 총기 살인사건 비율에 주목했다. 그러나 총기로 인한 사망자 역시 계속 줄어들고 있었다. 또 다른 원인을 찾고 있던 중 미국에서 있을 수 있는 매우 중요한 사실을 발견했다.

헬스기기 사용자층이 일부 부유층에 국한되고 있다는 것. 헬스기기 구매자 중 5%의 구매액이 전체 헬스기기 구매액의 절반에 달하고 있었다. 이는 미국의 헬스산업이 일부 부유층에 편중되고 있다는 점을 말해 주고 있다.

미국 내에서도 헬스기기와 관련, 부의 편중 현상을 우려하고 있다. 많은 보고서들이 부자를 위한 헬스기술이 아니라 가난하고 몸이 불편한 장애인을 위해 헬스기술을 요구하고 있다. 헬스케어 기술이 기대수명을 연장하고 있다는 주장에 대해서도 반론이 제기되고 있다.

하버드대 연구팀에 따르면 평균수명이 늘어나고는 있지만 그 원인을 의료기술 때문이라고 보고 있다. 조산아 사망이 줄어들고, 암과 심혈관 질환 등에 대한 치료법이 크게 개선됐기 때문이라는 분석이다.

보고서는 향후 사망률을 높이는 요인은 암, 심인성 질환 등 불치병이라고 보고 있다. 정부에서 헬스케어 산업에 많은 자금을 투자하기보다는 이런 불치병 치료법 개발에 관심을 기울여줄 것을 주문하고 있다.

스탠포드대 연구팀도 보고서를 내놨다. 기대수명을 높이기 위해 헬스기기보다는 건강에 대한 교육 수준을 높이고 흡연율 감소 등 사회적인 보건 정책에 더 큰 관심을 기울여야 한다는 것. 이런 분위기 속에서 그동안 승승장구해 오던 헬스케어 산업에 제동이 걸리는 분위기다.

주요 외신에 따르면 새로 출범한 트럼프 행정부는 기술 위주의 헬스케어 산업에 완화정책을 펼 것이라는 전망이 나오고 있다. 그러나 기대수명과 헬스케어 산업과의 불협화음을 지적하는 보고서가 잇따라 나오고 있어 어떤 정책이 시행될지 궁금증이 증폭되고 있다.

자료: 사이언스타임즈(2017. 1. 24.), '헬스케어 천국' 기대수명은 실망, 미국 5% 부유층에 첨단 서비스 집중.

 … 소비자의 목소리, VOC, CS 등 관련 자료 분석의 기초

모든 소비자는 소비를 통하여 소비자복지를 꾀하며, 이는 소비자만족과 상관관계가 높다. 소비자만족을 통한 피드백을 통하여 모든 소비자는 스스로 충성도를 높인다. 이에 소비자불만족은 무엇을 야기하는지를 고려하여야 한다.

그러한 의미에서 우리는 소비자불만족 및 만족, 그리고 제안 표명의 하나인 소비자의 목소리(VOC: voice of customer, consumer)에 관심을 가져야 한다.

다시 말해, VOC는 말 그대로 고객인 소비자의 소리를 뜻하여, 소비자 불만사항을 접수하고 처리 완료하기까지 처리상황을 관리하고 처리상황을 지표화하여 관리하고 평가함으로써 소비자의 체감서비스를 향상시키는 소비자인 고객 관리 시스템이다(네이버 지식경제백과사전, 2016)

근간 기업들은 VOC 분석주기를 축소하고, 능률성을 강조하고, 효용성 증대를 위하여 관련 프로세스 구축에 관심을 기울이고 있다. 이는 VOC 관련 분석의 확대, 자료를 통한 분석능력 강화, 다양한 분석을 통한 소비자와의 커뮤니케이션의 도구가 되기 때문이다.

일반적으로 VOC는 voice of customer(consumer)의 약자로 온라인, 오프라인(전화, FAX, 인터넷, 우편, 상담실, 홈페이지, 방문, 어플리케이션 등)등 다양한 멀티채널로 들어오는 모든 고객인 소비자의 소리를 통합적으로 접수하고 처리결과를 저장하며 측정하는 토탈 소비자 관리 시스템을 말한다.

VOC의 유형은 그 기준에 따라 분류가 다양하지만, 일반적으로 불만형 VOC는 신속한 대응으로 불만족을 만족으로 바꾸는 중요한 자료로 활용하여 소비자의 이탈 방지에 힘을 쏟아야 하고, 만족형 VOC는 서비스 및 상품의 우위성을 객관적으로 평가하여 우수 사례로 활용한다. 또한 제안형 VOC는 상품 개발 및 서비스 개선에 중장기적으로 적용하며, 임의적 VOC는 대화, 행동 등 무의식적으로 튀어나오는 소비자의 선호도, 취향 등으로 1 : 1 소비자 맞춤 서비스에 활용한다. 이에 근간에는 토털 시스템을 업그레이드하며, 직접적인 데이터분석을 통해 기업내부 및 협력사들과 공유하고 있는 상황이다.

근간 치열한 시장경제 환경 속에서 기업들에게 있어 VOC는 점차 그 중요성이 강조되고 있다. '소비자가 있어야 기업도 존재한다'는 단순한 원리를 생각해 보면 VOC 청취가 얼마나 중요한지를 알 수 있고, 기업에 따라서는 주기별로 CEO나 CCO 등이 직접 VOC를 응대하기도 하고 관련 부서를 최상단과 동등한 지위에 두기도 한다. 아울러 기업에 따라 직접적으로 운영하기도 하고, 외부 업체를 아웃바인드로 활용하기도 한다. 또한 관련인을 주기적으로 교육하여, 그들의 복지까지 관심을 기울이고 있다.

이러한 VOC가 중요한 것은 기업의 판매율 및 이윤, 미래의 존립 여부 등을 좌지우지 하는 큰 역할로 자리 매김하고 있기 때문이다.

VOC 듣기는 단순히 듣는 것에서 끝나는 것이 아니라, 소비자만족은 재구매와 기업이미지 향상과 연결시키고, 소비자 불만사항을 해결해 주고 소비자의 요구를 미리 파악해서 자사 제품 및 서비스에 반영해야 하는 중요한 내용이며 도구이다. 이에 VOC는 단순히 소비자의 만족과 불만에 대한 문의사항이 아니라, 관련 부서로 전달되면서 데이터화되어 관리되고 작게는 개선사항에서부터 크게는 제품, 서비스, 마케팅 전반에 걸쳐 영향을 줄 수 있다. VOC 관리의 큰 흐름은 관리전략을 세우고 이에 따라 소비자의 소리를 일관된 형식의 데이터로 수집하고 주관부서에서 분석, 관리, 처리하고 기업의 경영활동 전반에 반영하는 것이다.

따라서 VOC는 소비자와의 최고 접점에서 기업이 생산한 제품과 서비스를 매개로 한 기업과 소비자 간의 직접적인 커뮤니케이션이라고 할 수 있다. 이에 기업에 따라서는 그 위치를 CEO와 같은 수준이나 바로 아래의 수준으로 상향시켜 중요하게 인식하며 분석주기를 단축하거나 빅데이터로 활용하기도 한다.

VOC 전략은 부서, 파트별 목표에서부터 기업 전체의 장기적인 관점에서의 목표를 고려해야 하며, VOC 전략을 잘 세워야 기업이 나아가야 할 방향을 정할 수 있고, 관리 성과와 개선사항에 대해서 명확하게 판단할 수 있다.

기업은 내부, 외부 VOC를 수집하고 분류별로 유형화하고, 표준화된 처리 프로세스를 세워, 처리 프로세스에는 유형별 처리범위와 VOC 처리표준안에 의거한 내용을 포함하기도 한다. 또한 여기에는 어느 정도 법적인 내용이 포함될 수도 있으며, 처리 프로세스에 따른 일관된 VOC 응대는 가장 기본이자 핵심이라고 할 수 있다.

VOC의 효율적인 기능을 확대하기 위해서는 주관부서 할당 및 처리가 중요하다. 접수 VOC를 해결할 담당부서를 지정하고 처리하는 단계로, 이 단계에서는 분류체계에 따라 적절하게 담당자가 배정되어 있는지, 사전 교육을 받았는지, 부서 간 협력체계가 잘 마련되어 있는지를 확인해 유형별 평균 처리 시간은 얼마나 되는지 등에 대해서 챙겨야 한다.

다음으로 결과 리뷰가 중요하다. VOC는 각 처리 과정이 모니터링될 수 있어야 하고 처리결과를 입력하고 소비자의 만족 여부까지 확인이 가능해야 한다. 이렇게 처리가 완료되어 수집된 데이터는 분석에 의하여 표준 규정, 미션 등을 확정 짓기도 하고 소비자 서비스 개선 및 수행을 평가하는 자료로도 활용되기도 한다.

진정성 있는 VOC 관리를 통해 소비자와 소통한 사례 몇 가지를 살펴보면 다음과 같다.

세스코(Cesco)는 공개형 VOC 게시판으로 소비자의 칭찬부터 격려, 제안, 문의, 상담 기능을 모두 소화하며 우문현답의 친절한 소비자 게시판으로 유명세를 펼치며,

한때는 성지순례처럼 게시판을 방문하는 네티즌들도 많았으며, 이용소비자가 아니더라도 문의 내용에 친절, 상세한 답변으로 소비자와의 소통을 이어 가고 있다.

한국능률협회컨설팅 주관 2016 KCSI(지난 1992년 첫 시행 이후 25년째를 맞이하는 대한민국 대표 고객만족도 조사 제도 Korean Customer Satisfaction Index이다. 한국 산업의 고객만족도는 한국 산업의 각 산업별 상품, 서비스에 대한 고객들의 만족 정도를 나타내는 지수로서 미래의 질적인 성장을 보여 주는 지표로 일반 소비자들에게도 널리 알려져 있다. 이는 미국의 ACSI에 2년, 국내 NCSI에 6년 앞선 평가 모델로서 조사대상 산업이 전체 GDP의 약 75%를 차지할 만큼 국내 산업의 대표적 고객만족도 조사제도이다.) 조사 결과 신용카드 부문 1위는 신한카드에 돌아갔다. 업계 최대인 2,200만 소비자의 데이터를 바탕으로 한 '빅데이터 경영'을 통해 소비자 개개인의 요구에 부합하는 차별화된 서비스를 제공해 왔다는 평가다(조선닷컴, 2016. 10. 12.).

신한카드는 2002년, 국내 신용카드사 최초로 '고객패널제도'를 도입하고 소비자의 의견을 경영 전반에 반영해 왔다. 고객 패널은 각종 온라인 채널을 통해 실시간 서비스 품질 평가 및 개선 사항을 건의하고 오프라인 토론과 신상품 개발에 참여하는 등 다방면에서 신한카드의 서비스 품질 향상을 견인하고 있다. 올해는 소비자와의 소통을 한층 강화하고자 고객 패널을 전문가 집단, 서포터즈 패널, 온라인 패널로 세분화하는 등 소비자 권익 보호를 위한 효율적 시스템을 새로 구축했다. 전 임직원이 VOC를 직접 체험할 수 있는 프로그램을 운영하고 이에 기반한 업무 개선을 끊임없이 추진하는 점도 눈에 띈다. VOC 중 업무 개선 효과가 탁월한 제안을 선정, 시상하는 '예스 리워드(Yes-Reward)'를 운영하고 불편사항 접수 시 관련 임직원이 직접 소비자를 찾아가 소통하는 등 다양한 시도를 통해 소비자만족도를 높여 왔다.

이와 아울러 신한카드의 사회공헌 브랜드 '아름人'을 중심으로 한 다채로운 사회공헌활동도 고객에게 좋은 평가를 받았다. 임직원들로 구성된 '아름人 봉사단'이 정기적인 봉사활동에 나서는 한편 전국 지역아동센터 및 종합사회복지관에 지금껏 424개소의 '아름人 도서관'을 꾸려 제공했다고 한다. 여기에 대학생 멘토를 선발해 '아름人 북멘토봉사단'을 꾸리고 저소득 가정 어린이들의 학습을 돕는 한편 청소년 대상 금융 교육 프로그램을 지속 운영해 왔다.

또한 콘텐츠 유통 및 커머스 전문기업 KTH에서 2013년 국내 최초로 개시한 독립 채널형 T커머스 서비스가 바로 'K쇼핑'이다. 국내 최고의 T커머스 서비스라는 자부심이 K쇼핑에게 있다. 또 실제로 이런 우수한 서비스가 가능하도록 노력하고 있다. 이를 뒷받침하는 가장 든든한 힘은 바로 고객센터이다. K쇼핑 발전의 숨은 조력자가 바로 고객을 상대하는 센터 상담사들인 셈이다. KTH가 운영하는 T커머스 K쇼핑은 고객인식 1등, T커머스 1등을 만들기 위해 '고객이 감동할 수 있는 서비스, 상담사가 행복한 콜센터'를 모토로 운영하고 있다. 우선 고객 만족, 고객 감동을 위해 노력하는 K쇼핑을 고객이 체감할 수 있도록 불만 접수해결 이후에도 K쇼핑을 지속적으로 이용하도록 정성이 담긴 손 편지와 작은 선물을 함으로써 고객 감성에 다가가는 서비스 사례가 있다.

이와 함께 VOC 처리과정을 SMS를 통해 실시간으로 고객에게 알리는 'VOC 알리미 서비스'와 품질 불량, 제품 하자 등 고객의 불편 접수 시 기동대원이 현장으로 직접 출동하는 '24시간 출동 서비스'도 전개 중이다. 직매입 상품의 경우 상품별 청약철회 기준 안내 및 반품가이드 안내서를 상품과 함께 동봉해서 배송하는 'K쇼핑 상품만족가이드 서비스'도 마련했다. 또한 상담사가 행복해야 고객도 행복할 수 있다는 마음으로 상담사의 생일을 축하하는 자리를 마련해 케이크와 선물을 제공하는 등 상담사의 감성 케어를 위한 이벤트를 기획했다.

아울러 KT그룹 임직원과 동일하게 K쇼핑 임직원 할인 구매 혜택 제공, 실적 및 통화품질 우수 상담사를 선발하여 업무성과에 대한 포상제도 운영, 근태, 업무성과 등이 우수한 상담사를 선발, 힐링 데이를 운영하거나 영화관람권을 증정하는 등 다양한 동기 부여 프로모션을 실시 중이라고 한다.

그리고 삼성카드는 차별화된 마케팅과 창의적인 상품 및 서비스를 통해 고객의 생활 속 가치와 삶의 질을 지속적으로 높여 가고 있으며, 고객 중심 경영을 통해 업무의 효율성을 높이고 업무 프로세스 전반에 고객의 생생한 목소리를 반영하기 위하여 다양한 노력을 기울이고 있다.

'언제나 고객의 소리에 귀 기울이면서 소비자의 권익을 보호하겠다'는 의지를 담은 임직원 모두의 실천지침인 '금융소비자 보호헌장'을 바탕으로, 고객 중심의 조직문화 구축을 위해 매월 최고경영자(CEO)와 모든 임원들이 참석하는 'CS-Day'를 개최하고 있으며, 매주 주요 임원들과 부서장들이 참석하는 '금융소비자보호협의회'를 운영함으로써 서비스 품질의 향상을 꾀하고 있다. 또한 2002년 카드업계 최초로 출범시킨 CS패널 활동을 2014년 CEO, 고객패널, 전문 자문위원, 임직원들로 구성된 '소비자보호위원회'로 확대하여 지속 운영함으로써 상품과 서비스에 대한 고객들의 개선 요구사항을 보다 적극적으로 경영활동에 반영하고 있다.

삼성카드는 VOC 해결에 있어서도 '고객의 마음으로 생각하고 판단합니다'라는 슬로건 아래 콜센터나 홈페이지에 제기된 고객 불만이나 요구 사항을 현업 부서에 공유하고 해결 여부를 실시간으로 점검할 수 있는 'VOC-Dashboard' 시스템을 구축하여 운영해 오고 있으며, 또한 경영진이 솔선수범하여 고객의 불편을 직접 상담하고 'VOC 사례집'을 공유하는 등 다양한 제도를 운영함으로써 고객 불편사항을 사전예방하고 있다. 이러한 노력의 결과 신용카드 업계 최초로 한국능률협회컨설팅 주관 고객만족경영대상과 한국표준협회 주관 한국서비스대상은 '명예의 전당'에 모두 헌액되었을 뿐 아니라 3대 고객만족도 지수인 한국능률협회컨설팅 'KCSI', 한국생산성본부 'NCSI', 한국표준협회 'KS-SQI' 모두 신용카드 부문 1위에 선정되었으며, 공정거래위원회 주관 'CCM(소비자중심경영)' 5회 연속 인증, 'KSQI 우수콜센터' 8년 연속 선정 등 많은 대외지표에서 고객만족경영의 노력을 인정받고 있다.

그리고 롯데백화점이 한국능률협회컨설팅이 주관하는 2016 한국산업의 고객만족도(KCSI) 조사 결과 백화점 부문 1위를 차지했다. 고객 중심의 현장 경영을 강조하는 롯데백화점은 현재 국내 52개점, 해외 9개점을 운영하는 등 글로벌 기업으로 도약하고 있다. 롯데백화점 대표이사는 "국내 시장에서 압도적 1위의 위상을 지켜나가기 위해선 고객을 우선으로 생각하며 일하는 자세가 가장 중요하다"고 강조한다. 이 같은 경영철학에 입각해 롯데백화점은 고객 만족을 위한 다양한 활동을 펼치고 있다.

우선 우수 고객 관리를 위한 고객 동행 쇼핑, 고객 기념일 관리 등 일대일 맞춤 서비스가 눈에 띈다. 문화와 교양, 스포츠 등과 연관한 우수 고객의 사교 커뮤니티를 운영한다. 또한 미국과 프랑스, 스위스 등 해외 15개 유명 백화점과 제휴를 맺어 우수 고객이 이들 백화점에서 VIP라운지 이용 및 롯데카드 5% 포인트 적립 등의 혜택을 누릴 수 있도록 하고 있다. 모든 고객에 대한 현장 서비스를 강화하기 위해

체계적인 교육도 진행한다. 다양한 서비스 매뉴얼을 개발하고 서비스 전문가를 양성한다. 이와 함께 관련 대학과 산학협력을 맺고 각 대학의 우수 인재를 채용하고 있다(조선닷컴, 2016. 10. 12.)

기업은 부단히 고객중심 경영을 위한 중요한 자산인 VOC를 어떻게 능동적으로 수집하고 기업 내부에서 혈액처럼 순환시킬 수 있을지, 그리고 궁극적으로 VOC를 기반으로 한 고객가치 혁신을 이룰 수 있는 최적의 대안이 무엇인지를 고민해야 한다. 이에 근간에는 VOC, 기본으로 돌아가자고 부르짖으며, VOC는 단순한 시스템이 아니라 소비자의 철학이 담겨 있으며, 고객의 소리에 '기업의 나아갈 길'이 있다고 판단하기까지 한다. 또한 말하지 않는 고객의 소리까지 들어야 하며, 소비자의 목소리는 기업의 미래를 만드는 '진실의 순간'으로 '고객의 소리'를 단순한 평균적인 덧셈이 아니라 곱셈과 가중치를 두는 중요한 데이터로 활용한다면, 소비자의 불만은 줄이고 만족과 고마움이 돌아올 것으로 예측하고 있다. 이에 기업의 칭찬은 기업인이 함께 나누고, 기업의 맨얼굴을 비춰 주는 '거울'인 VOC는 고객이 주는 소중한 '선물'로 승화시키고 있다. 또한 VOC 시스템을 어떻게 구축할 것인가에 대한 진단이 요구된다. 객관적이고도 냉정한 분석이 필요하며, 정보의 수집, 분석, 피드백 등 전반적인 프로세스를 진단하고 진정한 고객이 누구인지, VOC가 줄 수 있는 내부적인 특성은 무엇인지 잘 생각해야 한다.

뿐만 아니라, 좋은 효과를 보이고 있는 VOC에 대해 연구할 필요가 있다. 잘되는 VOC는 그 이름부터 다르며, CEO의 관심이 지대하며 사소한 것 하나하나에 의미를 부여하고 섬세하게 들여다보고 있다. 뿐만 아니라 소비자의 경험에 따라 소비자 패널단을 활용하거나 페널티보다는 인센티브에 집중하며 소비자의 말 한 마디 한 마디에 관심을 기울이고 있다. 이러한 소비자의 소리가 바로 기업 경영의 가이드라인이 되고 있다. 사실 악성소비자도 관점에 따라 어찌 보면 중요한 소비자의 소리인 것처럼, 새로운 소비자의 소리에도 세심하게 귀를 기울여야 한다. VOC는 기업의 다양한 접점으로 들어오는 다양한 고객의 의견을 체계적으로 수집, 저장, 분석하여 기업의 경영활동에 활용하고 고객에게 다시 피드백 해 줌으로써 궁극적으로 고객의 소리에 근거한 경영활동을 할 수 있게 하는 경영체계이다. 이에 VOC 1.0(잃어버린 고객의 목소리를 찾는 것)은 전화나 인터넷을 통한 상담이 주를 이룬 시대를 의미하며,

IT를 접목시켜 프로세스를 구축하는 일이 제일의 관심사였으며, 고객의 다양한 불만이나 의견을 수집해 해결해 주는 방식으로 통했다. VOC 2.0(근본적인 원인을 해결하는 것)은 다양한 고객의 소리를 기업 경영활동에 적극 반영해 자산화가 시작되고, 고객의 소비를 활용해 더 나은 고객서비스를 개발하고 새로운 이익으로 창출하는 개념에서의 접근으로 보고 있다. VOC 3.0(말하지 않는 불만까지 해결하는 것)은 고객이 미처 모르는 VOC를 찾아나서는 고차원적 VOC를 의미하며, 시스템이나 솔루션에 집중하는 것이 아니라, 실시간으로 고객과 소통하고 가치를 전달하는 체계가 핵심으로 자리 잡고 있다(한국능률협회컨설팅; KMAC, 2013).

이에 VOC 1.0 시대에는 잃어버린 고객의 목소리를 찾았으며, VOC 2.0 시대에는 근본적인 원인을 해결했다면, VOC 3.0 시대는 말하지 않는 소비자불만까지 해결하여, 빅데이터에서 숨겨진 욕망을 찾고, 경영의 컨트롤 타워로 거듭나고 있다.

결론적으로 VOC는 수단적인 측면에서 빅데이터로 활용될 수 있는 중요성이 있으며, VOC 3.0은 축적된 엄청난 양의 정보 산더미 속에서 의미 있는 소비자의 소리를 분석하고 찾아내 기업경영에 반영함으로써 소비자가 말하지 않아도 알 수 있는 소비자의 생각을 앞서가는 것이라고 정의를 내리고 있다. 또한 소비자를 분석하는 것이 아니라 소비자의 경험을 분석하고 관리하는 접점에서의 관리로서 중요하다는 것이다. 이를 통해 궁극적으로 소비자불만의 해결보다는 무엇보다 예방을 도모할 수 있는 방법을 찾을 수 있다.

소비는 계획, 구매, 사용, 처분의 일련의 과정이라고 본다면, 제품을 탐색하는 과정에서부터 구매, 사용단계, 그리고 처분단계에 이르기 까지 모든 과정에 대한 분석과 개선을 통해 긍정적인 경험을 창출하게 하는 것은 자연스러운 경험을 통한 긍정적 충성도를 향상시키는 계기가 된다. 이는 결국 수동적 자세에서 벗어나 적극적이고 능동적으로 VOC를 활용하여, 빅데이터 시대에 걸맞은 소셜 미디어와 빅데이터로 상징되는 VOC 3.0의 시대는 이미 시작되었을 뿐만 아니라 성숙되었음을 의미한다.

또한 근간 기업 관련 중요한 인증수여 평가에는 VOC 토털 시스템 구비는 물론이고, 분석주기, 관련 인력의 교육, 복지, 근무 연수(이직률), 그리고 내외부 전문가 활용, 결과의 내외부 공유, 그리고 CEO나 CCO 등의 VOC 경험 등 관련 항목이 증가되고 있다.

미국 소비자, "테슬라 재구매의사 91%"

미국 시장에서 테슬라에 대한 소비자 만족도가 가장 높은 것으로 집계됐다.

2016년 12월 26일 컨슈머리포트가 29개 브랜드의 2014~2017년형 신차 구매자 30만 명을 대상으로 재구매의사 관련 소비자 만족도 조사 결과에 따르면 테슬라의 재구매의사율이 91%를 기록해 1위를 차지했다. 이어 포르쉐가 2위(84%), 아우디 3위(77%), 스바루가 4위(76%)로 지난해와 같은 순위에 올랐다.

전년대비 만족도가 가장 오른 브랜드는 링컨(73%)과 현대(73%)로, 링컨은 2015년 21위에서 2016년 12위로, 현대차는 24위에서 13위로 상승했다. 반대로 지난해보다 가장 많이 하락한 브랜드는 FCA의 램(70%)으로 2015년 5위에서 올해 17위로 떨어졌다. 같은 기간 BMW(72%)는 6위에서 14위, 폭스바겐(64%)은 16위에서 24위로 후퇴했다.

특히 FCA 산하 브랜드와 차종은 만족도에서 최하위권에 머물렀다. 피아트는 재구매의사율이 53%로 29개 브랜드 중 가장 낮은 순위를 기록했고, 짚 컴패스는 소형 SUV 부문에서 최저 평가를 받았다. 닷지 다트는 소형 세단에서, 닷지 그랜드 카라반은 미니밴에서, 크라이슬러 200은 중형세단 세그먼트에서 만족도가 가장 낮았다.

자료: 오토타임즈(2016. 12. 26.), 미국 소비자, "테슬라 재구매의사 91%".

"손주 이따금 돌보는 조부모 장수한다"

손주를 이따금 돌보는 할아버지와 할머니는 장수한다는 연구결과가 나왔다.

스위스 바젤 대학 심리학과 연구팀이 70세 이상 노인 500여 명을 대상으로 2년에 한 번씩 인터뷰와 건강진단을 하면서 20년에 걸쳐 진행한 조사분석 결과 이 같은 사실이 밝혀졌다고 미국의 의학전문지 ≪뉴스맥스 헬스(*Newsmax Health*)≫가 31일 보도했다.

연령과 일반적인 건강상태를 감안했을 때 손주를 이따금 돌보는 노인은 그렇지 않은 노인에 비해 20년 동안 사망할 가능성이 3분의 1 낮은 것으로 나타났다고 밝혔다.

그러나 손주를 풀타임 돌보거나 전혀 돌보지 않는 것은 건강에 부정적인 효과를 미치는 것으로 나타났다.

손주를 이따금 돌보는 노인은 50%가 첫 인터뷰 후 10년 동안 생존했다.
손주는 없어도 성인이 된 자녀의 가사를 돕는 노인도 절반이 10년 동안 생존했다.
자녀가 없어서 친구나 이웃을 보살피는 노인들은 7년 동안 생존했다. 이에 비해 다른 사람을 보살피지 않는 노인은 평균 4년 동안 생존했다.
이러한 효과에 대해 스페인 바르셀로나 폼페우 파브라 대학 의사는 보살핌을 주는 사람은 스스로가 다른 사람과 사회에 도움이 되는 존재라고 생각하고 삶의 보람을 느끼기 때문이라고 설명했다.
이 연구결과는 ≪진화와 인간행동(*Evolution and Behavior*)≫ 최신호에 발표됐다.

자료: 사이언스타임즈(2017. 1. 3.), "손주 이따금 돌보는 조부모 장수한다".

4 … 소비자 관련 데이터 활용은 어디까지 가고 있나?

결국 빅데이터는 어떻게 시작해야 하는가를 시스템 공학적인 접근을 본다면, 데이터를 통한 문제해결기술을 알아야 하며, 구체적인 데이터 분석기술이 있어야 한다. 또한 실시간 대량 데이터 관리기술데이터 기술과 센서 하드웨어 기술이 있어야 한다.

또한 그 기저에는 현재 당면한 문제가 무엇인가? 데이터로 문제를 해결할 수 있는가? 어떤 데이터가 필요한가? 필요한 데이터를 어떻게 저장 · 관리해야 하는가? 필요한 데이터를 어떻게 수집할 수 있는가? 필요한 데이터를 수집하기 위해서는 어떤 센서들이 필요한가? 목적을 위한 최소한의 스펙은 무엇인가? 비용이 경제적으로 타당한가? 등을 알아야 한다.

구체적인 빅데이터 조직을 구성한다면, 인력구성의 배분은 사업 부문, 데이터 부문, 개발 부문, 기타 법무 부문 등으로 구성되면 적당할 것이다. 빅데이터 조직이 잘 운영되려면, 기본적으로 CEO 등 최고책임자 및 최고관리자의 빅데이터에 대한 기대 수준에 대한 공감이 우선적으로 필요하다. 자칫 최고책임자와 최고관리자가 오해하기 쉬운 것은 빅데이터도 한때 나왔다 사라지는 것이 아닌가? 빅데이터의 사례라고 하는 것이 과연 우리 기업과 상관이 있는 것인가? 왜 빅데이터를 이용해도 엄청난 서비스가 나오지 않을까? 왜 다른 기업과 달리 좋은 결과가 보이지 않을까? 많은 투자를 했음에도 불고하고, 결과는 왜 없는가? 등에 대한 오해일 수 있다.

따라서 빅데이터 조직 설립 초기에 구체적으로 평가할 수 있는 목표가 필요하고, 미래지향적인 목표에 맞추어 초기 시스템 구축은 작게 시작할 필요가 있다. 뿐만 아니라 관련 업계와의 연합 및 기관 활용도 권장할 수 있다.

빅데이터 조직의 역할은 데이터로부터 필요한 인사이트를 찾아주는 서비스 조직이라고 할 수 있다. 따라서 해당 업무와 관련된 부서간의 협업이 중요하다. 특히 관련 부서간의 협업이 부족한 경우에는 데이터에서 찾을 수 있는 인사이트의 효능이 감소할 수 있음을 명심해야 한다. 내 부서만의 데이터, 내 부서만의 자료, 내 부서만의 효용 등을 넘어서 기업 전체의 중요한 데이터를 통한 필요한 인사이트 발굴에 의미를 두어야 한다. 물론 가장 우려가 되는 것은 클라우드로 데이터 전송에 대한 개인정보 보호 침해의 우려가 있으며, 대용량 데이터 저장 및 네트워크 비용 증가의 부담이 우려된다.

빅데이터의 가치가 인식되고 정부의 3.0이 발표되면서 빅데이터에 대한 관심이 증가하고 있다. 그러나 각 부처나 지방자치단체에 구체적인 추진 대안이나 전략이 취약한 상황에서 빅데이터를 체계적으로 활용하고 성과를 낸다는 것은 그리 쉬운 일이 아니다(노규성, 2014).

빅데이터와 관련한 이슈가 대두되면서 2013년부터 안전행정부, 미래창조과학부 등 주요 부처에서 빅데이터 관련 계획 수립과 시범사업을 통한 활용모델을 발굴하기 위해 노력하고 있다. 농식품 분야에서도 ICT융합기술을 활용한 생산 및 유통 정보들, 개인 단위의 농식품 실구매 데이터 등 빅데이터의 속성을 가진 데이터들이 축적되면서 정부 3.0과 함께 농식품 공공데이터의 수집, 관리, 개방을 통한 사회적 가치 창출이 요구되고 있는 시점이다. 농식품 분야의 공공데이터는 개방 완료된 120종 외에도 데이터베이스에 저장되어 있는 데이터도 290개에 달하는 것으로 조사되었다. 그러나 데이터의 양에 비해 실효성 있는 양질의 데이터는 아직까지 많지 않은 것으로 평가되고 있는 만큼 기존에 보유 중인 데이터의 고도화도 중요한 이슈이다.

농림수산식품교육문화정보원에서는 2014년, '농식품 공공데이터 개방 및 빅데이터 모델개발' 사업을 통해 '농림축산식품부 공공데이터 포털'을 구축하였는데 기존 농식품 분야 공공데이터의 고도화와 함께 기보유중인 공공데이터를 이용한 빅데이터 기반 농식품 추천 시스템을 공공데이터 포털 내의 하위 서비스로 개발하여 2015년 1월부터 제공하고 있다. 이 시스템의 개발 목적은 농식품 분야의 빅데이터를 이용하여 소비자의 니즈에 맞는 농식품 정보를 제공함으로써 추천 시스템 사용자를 확대하는 것이다. 장기적으로 추천 시스템 사용자가 많아진다면 생산자들을 연결하는 농식품 직거래 플랫폼과 연계하여 지역 농산물 소비를 촉진하는 것도 기대할 수 있다. 이를 중심으로 다양한 융합이 가능할 것으로 보인다.

근간 소비자를 둘러싼 사회환경적 변화요소를 보면, 고령화, 새로운 가족구조의 변화, 사회적 양극화 지속, 소비시장의 글로벌화 가속, 경제의 서비스화 확대 및 신 서비스 산업의 출현, 융복합 상품의 등장, 빅데이터의 활용 증가, 소비자안전 이슈의 부각, 환경과 에너지 위기 지속, 소비자의 시장 영향력 증대, 그리고 창조, 상생, 공유의 현상을 볼 수 있다.

1인 가구 비율 가장 높은 지역 '강원'

1인 가구 비율이 가장 높은 지역은 강원(31.2%)이었고, 인천(23.3%)이 가장 낮았다. 1인 가구 비율은 광주에서 4.6%p 올라 증가 폭이 가장 컸다. 전남(55.9%) · 부산(54.5%)에서는 여성 1인 가구 비율이 가장 높게 나타났고, 울산(43.0%)에서 가장 낮았다.

1인 가구 비중은 1990년 9.0%에 불과했다가 이후 빠르게 늘었다. 당시까지만 해도 4인 가구(29.5%)와 5인 이상(28.7%)이 전체 가구의 60%에 육박할 정도였다.

1인 가구 중에서는 30대가 18.3%(95만 3,000가구)로 가장 높았다. 그다음이 70세 이상(17.5% · 91만 가구), 20대(17.0% · 88만 7,000가구)였다.

남성(49.8% · 259만 3,000가구)과 여성 1인 가구(50.2% · 261만 가구) 비중은 비슷했다. 남성에서는 30대(23.5%) 1인 가구 비율이 가장 높았고, 여성에서는 70세 이상(27.6%)이었다.

통계청은 1인 가구는 여성 등 경제활동을 하는 인구가 많아지면 자연적으로 늘어난다며 대학생이 되면 타지로 유학을 많이 가는 점도 1인 가구가 늘어나는 이유라고 설명했다.

자료: 통계청(2016). 1인 가구 비율 가장 높은 지역 '강원'. http://kostat.go.kr

'나 홀로 가구' 이제 국내에서 가장 흔한 가구 형태

2016년 12월 9일 통계청의 '2015 인구주택총조사'에 따르면 지난해 평균 가구원 수는 2.53명으로 직전 조사인 2010년 2.68명보다 0.15명 감소했다. 평균 가구원 수는 1990년 3.77명에서 지속적으로 감소해 2005년 2.88명으로 3명 미만으로 떨어지더니 2명 중반대까지 줄어들었다.

나 홀로 가구 비중도 빠르게 늘어나는 추세를 보였다. 지난해 1인 가구는 520만 3,000가구로 전체(1,911만 1,000가구)의 27.2%를 차지해 2010년 23.9%보다 3.3%p 증가했다.

1인 가구는 2인 가구(499만 4,000가구 · 26.1%), 3인 가구(410만 1,000가구 · 21.5%), 4인 가구(358만 9,000가구 · 18.8%)를 제치고 가장 흔한 가구가 됐다. 5인 이상으로 구성된 가구는 122만 4,000가구로 6.4%에 그쳤다.

자료: 통계청(2016). '나 홀로 가구' 이제 국내에서 가장 흔한 가구 형태. http://kostat.go.kr

경제활동 하는 여성 늘어나… 타지로 유학가는 대학생 증가

지난해 11월 1일 기준 총가구는 1,956만 603가구로, 2010년 1,796만 3,816가구보다 8.9% 증가했다.

가족 등으로 구성되거나 5인 이하인 일반가구는 1,911만 1,030가구로 8.2% 증가했다. 남남끼리 함께 사는 6인 이상의 가구를 뜻하는 집단 가구는 1만 6,464가구로 1.6% 감소했고, 외국인으로만 구성된 외국인 가구는 43만 3,109가구로 48.6%나 늘었다.

가족끼리 따로 사는 경우가 늘고 소가족이 증가하면서 가구의 증가율(8.9%)이 인구 증가율(2.7%)보다 가팔랐다.

전체 가구의 48.7%인 951만 9,000가구는 서울 · 인천 · 경기 등 수도권에 살고 있었다. 수도권 거주 가구는 5년 조사 때보다 8.8% 늘었다. 특별시 · 광역시에 사는 가구는 893만 9,000가구로 7.8%, 도 지역은 1062만 2,000가구로 9.9% 늘었다.

경기에 사는 가구가 453만 8,000가구로 가장 많았고 서울 391만 5,000가구, 부산 134만 8,000가구 순이었다. 지난 5년간 가장 많이 가구가 늘어난 곳은 인구 유입 속도가 가파른 제주(17.8%)였다.

시 · 군 · 구로 보면 경기 수원시에 거주하는 가구가 44만 5,000가구로 가장 많았다. 수원시 거주 가구는 가장 적은 가구가 사는 경북 울릉군(4,000가구)보다 111배나 많았다. 수원시는 지난 5년간 5만 7,000가구가 늘어 가장 큰 폭의 증가세를 보인 곳이기도 했다.

이에 반해 충남 공주시는 인근 세종시로 이탈하는 인구가 늘면서 가구 감소 폭(–3,000가구)이 가장 크게 나타났다.

자료: 통계청(2016). 경제활동 하는 여성 늘어나 … 타지로 유학가는 대학생 증가. http://kostat.go.kr

40대 미만 가구주 대부분은 1인 가구

가구주는 빠르게 고령화, 여성화되고 있었다. 가구주의 중위연령은 50.8세로 2010년(48.3세)보다 2.5세 늘었다. 가구주 중위연령이 50세를 돌파한 것은 이번이 처음이다.

여성 가구주 비율도 점차 늘어 29.6%로 3.0%p 늘었다. 1990년(15.7%)과 비교하면 2배 가까이 확대된 것이다.

가구주 연령별로 가구원 수를 분석해 보면 40대 미만 가구주에게선 1인 가구가 주를 이뤘고 40대 가구주는 4인 가구가 32.2%로 가장 많았다. 60대 이상 가구주에서는 2인 가구가 41.1%로 가장 비중이 높았다.

아파트에 거주하는 가구는 전체의 48.1%(919만 7,000가구)로 5년 전보다 2.0%p 늘었다. 단독주택 거주비율은 35.3%(673만 9,000가구)로 3.3%p 감소했다.

자료: 통계청(2016). 40대 미만 가구주 대부분은 1인 가구. http://kostat.go.kr

'싱글족' 급증하는데 … 맞춤형 정책 '딜레마'

1인 가구 500만 돌파하며 최다 가구유형 자리잡아

혼인 · 출산 장려대책을 꾸준히 마련하는 정부의 기대에 반해 현실에선 '싱글족'이 늘고 있다. '1인 가구'는 이미 가장 많은 가구유형으로 자리를 잡았다. 하지만 이들을 위한 정책을 전면에서 펼 수 없다는 게 정부의 딜레마다. 생산가능인구 감소를 국가가 독려하는 모양새가 되기 때문이다.

기획재정부의 '2017년 경제정책방향'과 각 부처의 새해 업무보고를 보면 올해 1인 가구를 위한 맞춤형 정책은 눈에 띄지 않는다. 오는 7월에 저소득 1~2인 가구에 대한 생계급여 확대방안을 수립하겠다는 내용이 있지만, 1인 가구를 겨냥한 정책이라기보다 저소득층 생계보장에 초점이 맞춰져 있다.

반면 올해 경제정책방향에는 다자녀를 대상으로 국가장학금의 지원을 확대한다는 내용이 들어갔다. 혼인 세액공제 신설 등 1인 가구를 줄여보려는 대책이 다수 포함됐다. 하반기에는 세 자녀 이상 가구 중심의 다자녀 혜택을 두 자녀 중심으로 다시 설계할 예정이다.

기재부 1차관은 17일 서울 영등포구의 한 어린이집에서 간담회를 갖고 "국 · 공립, 공공형, 직장어린이집 등 공공성이 높은 어린이집을 늘려갈 것"이라고 강조했다. 이밖에 다자녀 가구를 위한 다양한 정책이 현재도 폭넓게 시행 중이다.

그러나 정부의 노력에도 비혼 · 만혼 현상이 굳어지고 있다. 여기에 '독거노인'까지 늘면서 1인 가구의 증가세는 가파르다. 통계청 인구주택총조사에서 2015년 기준 1인 가구는 전체 가구유형 가운데 가장 많은 27.2%(520만 3,000가구)로 나타났다. 1인 가구가 1위로 올라선 것은 이 조사가 처음이다. 기재부 관계자는 "정부가 다방면으로 저출산 대책을 내놓고 있지만 국민들의 눈높이를 맞추기에는 여전히 부족한 것 같다"고 말했다.

출산장려 기조와 별도로 1인 가구 인구수가 다른 가구유형 인구에 비해 적다는 점도 정부 정책의 방향을 다자녀 가구에 맞추도록 하고 있다. 가구유형별 인구수를 계산하면 1인 가구가 꼴찌다. 4인 가구 구성원이 1,435만 6000명으로 가장 많았다. 이어 3인 가구(1,230만 3,000명), 2인 가구(998만 8,000명) 순서였다. 1인 가구 구성원 520만 3,000명은 5인 이상 가구 구성원(612만 명)보다 적다.

다만 1인 가구가 지속적으로 증가하는 미래를 대비해야 한다는 목소리도 나온다. 한국국토정보공사(LX)가 발간한 '대한민국 2050 미래 항해' 보고서에 따르면 1인 가구는 2030년 724만 가구로 늘어 전체 가구유형의 32.4%를 차지할 전망이다. 2050년에는 34.6%(763만 가구)까지 증가할 것으로 예측됐다.

보고서 발간에 참여한 국토정보공사 관계자는 "1인 가구 증가로 소비 주체 · 목적의 개념이 바뀌고, 이는 모든 산업의 변화를 유도할 것"이라며 "정부는 가구 구조변화를 반영해 복지 · 주택 등의 정책을 새롭게 구상해야 한다"고 지적했다.

이에 따라 최근 정부도 1인 가구 증가 경향을 감안하려는 움직임을 보이고 있다.

지난 16일 열린 물가관계차관회의에서 1인 가구의 특성을 반영한 물가지표를 개발하기로 했다. 공정거래위원회는 지난 1일 소비자정책위원회를 열고 1인 가구에 인기를 끄는 제품을 중심으로 가격 · 품질 비교정보를 제공하기로 했다.

자료: 기획재정부 보도자료, http://realestate.daum.net/news/detail/main/20170118053108797

이러한 현상은 기존에 기업의 사회적 책임(CSR: corporate social responsibility, 기업이 경제적 책임이나 법적 책임 외에도 폭넓은 사회적 책임을 적극 수행해야 한다는 것을 의미함)이 공유가치 창출(CSV: creating shared value, 기업과 사회의 공유가치 창출을 의미함)로 확대되어 더욱 직접적인 기업과 소비자의 윈윈 현상으로 확대되고 있음을 볼 수 있다. 예컨대, 기업의 사회적 책임이 기존에 기부 중심의 활동으로 이루어져 산업의 경쟁력이나 지역산업의 기반을 약화시키는 부분적인 결과를 가져왔다는 지적도 있다. 또한 소비자의 니즈가 고려되지 않은 기업의 사회적 책임은 사회적 변화를 충분히 실현하지 못했다는 지적도 있다.

이에 경제성장 동력이 한계에 부딪힌 후, 사회와 공유할 수 있는 가치를 생산하는 기업이 새로운 경쟁 우위를 차지할 수 있다는 마이클 포터의 주장이 설득력을 얻고 있으며, 기업이 사회적 문제나 이슈를 비즈니스 영역으로 끌어들여 이윤 창출과 사회적 가치를 동시에 충족시키는 경영방식으로 해석된다. 즉, CSR을 통해서는 자선활동을 통한 기업의 이미지 제고와 사회기부에 그치지만 CSV는 사회공헌을 넘어, 기업과 공동체 모두를 위한 가치 창출이 가능하며, 이 과정에서 중요시되는 가치는 공생발전과 상생협력임을 강조하고 있다.

기업이 사회적 문제나 이슈를 비즈니스 영역으로 끌어들여 이윤 창출과 사회적 욕구를 동시에 충족시키기 위해서는 소비자의 참여가 필수적이며, CSV의 성공 여부는 소비자주의적 관점에서 소비자가 공유할 수 있는 가치는 무엇인지를 확인하고, 어떻게 소비자의 참여를 유도할 것인지가 중요하다. 결과적으로 CSV를 통해 우리 사회가 당면한 여러 가지 문제인, 일자리 제공, 지역경제 활성화, 양극화 해소, 환경보호 및 관리 등을 효과적으로 해결할 수 있는 방안을 제시할 수 있을 것이다.

그 예로 한국의 미리내 운동을 들 수 있다. 이는 유럽의 서스펜디드 커피(suspended coffee) 운동에서 유래하였으며, 경남 거창에서 미리내 가게라는 이름으로 시작하여 커피뿐 아니라 다양한 먹거리, 목욕탕, 미용실, 문화생활 등 다양한 품목으로 확대되었다(천혜정 외, 2014). 소비자가 미리 돈을 내고 지불한 해당 금액만큼의 쿠폰을 미리내 쿠폰 박스에 넣으면 참여업체의 주인은 쿠폰의 수를 헤아려 메뉴에 해당하는 금액만큼 미리내 간판에 업데이트하고 이후 필요한 사람들이 소비하는 방식이다. 전통적인 구매자로서 경제적 측면에만 참여하던 방식에서 나눔과 기부의 참여방식을 통해 타인과 이익을 나누는 사회적 역할을 동시에 수행하는 것이다.

그리고 일본의 통신판매업체인 ASKUL을 들 수 있다. 일본 문구 통신판매업체 ASKUL은 office supplies를 비롯, office products, medical supplies, office work products, scientific supplies까지 26만 가지 SKU('Stock Keeping Unit'의 줄임말로 최소 유지상품 단위를 뜻하며, 유통 매장에서 해당 상품을 관리하는 최소 단위를 정해 놓은 것을 의미함)를 취급하는 기업이다. 2009년 4월 '에코 턴 딜리버리 & 에코 턴 서플라이'를 실행, 고객에게 상품을 배달할 때 함께 배송되었던 토너, 카트리지까지 함께 회수하는 제도를 도입하였다. 이는 소비자의 쓰레기 배출 비용을 절감하게 할 뿐 아니라 포장재를 재활용함으로써 자원보존과 환경보호에 긍정적 영향을 미쳤다. 이를 통해 3년 동안 포장재의 25% 절감 효과를 가져왔다. 포장재를 회수하는 역물류를 효율적으로 실행하기 위해 자회사를 설립하고, 이에 필요한 도구, 업무의 흐름 등을 다각도로 연구한 결과, 유통업에서 매우 까다로운 일로 여겨져 오던 역물류에 대한 매뉴얼을 구축, 업계 전반에 긍정적인 영향을 미쳤다.

또한 일본 최대의 홈쇼핑 업체, 일본의 5대 상사 스미모토의 계열사인 Shop channel을 들 수 있다. 일본 홈쇼핑 시장의 약 25%를 차지하며 미국에도 파트너사를 런칭, 일본식 홈쇼핑을 미국에도 뿌리내리고자 노력하고 있다고 한다. 일본 홈쇼핑의 선도자로서 높은 시장점유율, 홈쇼핑의 강점인 미디어로서의 성격을 가지고 있다. 미디어를 통한 상품의 판매뿐만 아니라 미디어를 활용, 소비자에게 즐거움을 주는 것 또한 기업의 미션(mission)으로 삼고 있다. 그리고 'Meet the Japan' 농수산물이 산지에서 생산 · 수확 · 포획되는 과정을 매주 목, 금요일에 방송 후 온라인주문을 받는 판매방식을 채택하였다. 이는 일본 전역의 산지와 소비자를 연결하여 지역 농가 소득 증가, 믿고 먹을 수 있는 질 좋은 농수산물을 소비자에게 전달하는 의의가 있으며, 대지진 이후 먹거리에 대한 안정성 요구가 높아져 산지에서 농수산물을 생산하는 모습을 방송함으로써 소비자들의 불안 제거, 농어촌의 소득 증가를 도모하였다. 이에 최근 소비자들이 페이스북을 통해 특정 지역 농수산물을 요청하기 시작하면서 산지와 소비자 연결의 다양화를 꾀하였다.

이와 유사한 광주신세계백화점을 사례로 들 수 있다. 신세계백화점의 첫 지방 진출 백화점으로 1995년 8월에 설립되었다. 개점 초기부터 '식품바이어 시스템'을 통해 지역 농가발전을 위한 다양한 직거래 상품전과 홍보 판촉행사를 진행하였다. '식품바이어(Buyer) 시스템'은 산지를 방문해 지역 농축어민을 직접 만나 우수한 품질의 상품을 들여오는 상생전략으로, 매년 지역 내 20여 개 시 · 군의 특산물전을 개최해 지역 우수 농산물의 판로개척에도 힘써 왔다. 또한 '광주 · 전남 농공상 중기제품 박람회' — 대표적인 중소기업 판로확대 노력으로 꼽힘 — 행사장에 지역 수공예작가 브랜드를 정식 입점시켜 지역 상품의 판로를 확대할 수 있는 장을 마련하였다. 광주 신세계는 지역사회(전남도청, 광주 상공회의소)도 동참, 역할을 조정하고 자원을 재배치함으로써 지역의 우수상품 · 농수산물을 발굴해 육성함으로써 지역사회의 소득증가, 발전이라는 공유가치를 창출했다고 볼 수 있다.

기업은 우선 빅데이터 필요성을 확보해야 하고, 어떤 데이터를 가지고 있는지, 무엇을 하고 싶은지를 명확히 알아야 한다. 그리고 난 후에 가능한 필요 기술을 파악하고, 내부에 없을 경우에는 전문가의 도움을 요청하고 내부 인력을 양성할 필요가 있다. 즉, 왜, 무엇을 등 매우 구체적이고 현실적인 목표부터 시작해야 한다.

결국 빅데이터 분석은 행동을 구체화하는 준비와 태도가 핵심이며, 구체적인 행동을 도출하여 인사이트를 도출하는 것이다. 이러한 일련의 과정과 결과는 사실에 대한 근거를 마련하는 것이라고 볼 수 있다. 즉, 데이터에서 일련의 과정을 통하여 가치 창출을 꾀하는 것이다.

생각해 볼 문제

1. 빅데이터를 통해 인사이트를 도출하는 창의적인 테마를 생각해 봅시다.

2. 빅데이터에 무조건적으로 의존하는 경향의 장단점을 생각해 봅시다.

3. 중소기업의 빅데이터 관리 및 활용을 위한 정부의 역할을 생각해 봅시다.

4. 빅데이터와 소비자만족의 관계를 구체적으로 열거해 봅시다.

5. 빅데이터는 왜 소비자로부터 출발해야 하는가? 구체적으로 토론해 봅시다.

도 입

빅데이터는 디지털 기술 발달로 만들어지는 데이터로 그 규모가 크고, 생성 속도가 빠르며, 형태도 수치데이터뿐만 아니라 문자와 영상 데이터를 포함하는 다양한 데이터를 말한다. 빅데이터는 대용량의 데이터 양(volume), 다양한 형태(variety), 빠른 생성 속도(velocity)라는 뜻에서 3V라고 불리며, 여기에 네 번째 특징으로 가치(value)를 더해 4V라고 정의하기도 한다(시사상식사전, 2013). 빅데이터 활용이 성과를 보이려면 분석과정에서 가치 창출이 중요하기 때문에 네 번째 특성으로 가치(value)를 거론하기도 한다.

최근 빅데이터의 다양한 활용 사례가 나타나면서 다양한 방면에서 그 활용 가치가 거론되고 있다. 하지만 빅데이터의 역기능 또한 예측되고 있는데 예를 들면 개인정보문제, 정보격차 등 새롭거나 기존의 소비자문제가 심화될 수 있다고 한다.

이에 제 5 장에서는 빅데이터의 가치와 소비자문제에 대하여 살펴보고자 한다.

1 … 빅데이터의 가치

미래학자 앨빈 토플러는 제3의 물결(Toffler, 2006)에서 고도의 정보화시대를 예언하였다. 그의 주장에 의하면 제1의 물결은 농업혁명이며, 제2의 물결 산업혁명을 거쳐 제3의 물결인 정보화혁명이 이루어질 것이라고 하였다. 또한 세 번의 산업혁명을 거쳐 최근에는 인공지능, 로봇, 클라우딩, IoT(사물인터넷)과 빅데이터 등 제4차 산업혁명 시대가 도래하고 있다고 주장하였다(김영옥, 2016; Toffler, 2006).

이 장에서는 미래 산업의 주요 동력으로 거론되는 빅데이터에 대하여 살펴보고자 한다. 기존의 통계학이나 데이터 마이닝에 비하여 상대적으로 대용량의 데이터를 분석하는 빅데이터는 관련 기술의 발전으로 가능하게 되었다. 빅데이터 기술은 지금까지 다룰 수 없었던 방대한 대용량의 정형 또는 비정형 데이터를 처리하는 기술로서, 데이터를 통한 지능형 서비스 등 여러 가지 기술 및 서비스를 구현하는 기술이다. 실시간으로 수집되는 다양한 정보와 데이터를 분석하는 지능형 서비스는 앞으로 공공, 민간 등의 데이터 제공 체계나 데이터를 제공하는 전문가의 역할과 가치를 높여 놓을 것으로 전망하고 있다(정지선, 2011). 빅데이터가 주목받는 이유는 휴대폰, 클라우드 컴퓨팅, 소셜 컴퓨팅의 확산으로 빅데이터 분석 및 예측의 중요성이 강조되고 있기 때문이다. 정형 또는 비정형 데이터에 숨겨진 의미를 다양한 방법을 통하여 발견하고 분석하여 기존의 문제를 해결하거나, 위험을 사전에 예방할 수 있다는 점에서 빅데이터의 가치가 높아지고 있다(이재호 외, 2013). 빅데이터는 기업의 생산성과 경쟁력을 강화하여 산업 전반의 혁신과 발전을 유도하고 일자리를 창출할 수 있으며, 소비자를 위한 실질적인 경제적 가치 창출이 가능하다(김성현, 2015).

기업의 데이터는 한 기업의 축적된 경험의 집합체이자 소비자와의 관계가 기록된 역사이다. 또한 현재의 상호작용이며 앞으로 나아갈 방향을 제시하는 척도이다. 이러한 데이터를 얻는 능력 즉 데이터를 이해하는 능력, 처리하는 능력, 가치를 뽑아내는 능력, 시각화하는 능력, 전달하는 능력은 앞으로 수십 년간 중요한 능력이 될 것으로 예측되고 있다(전승우, 2012).

빅데이터의 가치를 창출하기 위해서는 먼저 소비자를 이해하여야 한다. 브라이언 솔리스(Brian Solis)는 빅데이터의 중요한 가치로 '연결된 소비자주의(connected consumerism)'를 언급하였다. 빅데이터에 관심이 있는 기업은 빅데이터 솔루션을 도입하는 것보다 연결된 소비자 중심문화를 만들어 나가는 것이 중요하다고 하였다. 변화를 추구하고, 혁신을 실험하며, 그 실험의 결과로서 진화해 나갈 수 있는 연결된 소비자 중심문화의 중요성을 강조하였다. 어떤 조직이든 사람들은 변화하고 있으므로 미래에 적응하는 것은 중요하다. 변화를 인지하지 못하면 빅데이터에서 새로운 트렌드나 기회를 포착하기 어렵고 더 나아가 이를 변화의 기회로 활용할 수 없다. 그러므로 빅데이터에서 가치를 창출하고 연결하는 것이 중요하다(김창수 · 송민정, 2014)고 하였다.

송태민(2015)은 빅데이터는 저장, 검색, 관리, 공유, 분석, 추론단계로 진행된다고 주장하였다. 저장단계에서는 데이터를 데이터베이스에 축적하고, 검색은 검색엔진을 활용하며, 관리와 공유는 KMS, Web 2.0 등을 통하여 확산 및 공유하여 진행한다. 마지막으로 빅데이터를 분석하여 상황인식을 하는 단계에서 가치가 창출된다고 하였다. 즉 빅데이터의 분석단계에서 가치 창출이 가능하다고 하였다.

맥킨지 보고서(2011)에서는 빅데이터 활용을 통해서 얻는 경제적 가치를 정량적으로 분석하고자 시도하였다. 예를 들면 자동차 위치정보와 교통량 데이터를 분석하여 활용하면 인류는 출퇴근 교통혼잡비용과 이산화탄소 발생을 줄일 수 있으며, 연간 6천억원 달러를 아낄 수 있다고 하였다. 이코노미스트(*The Economist*, 2010)는 데이터를 자본이나 노동력과 거의 동등한 수준의 경제적 투입자본이라고 하였고, MIT 슬로언(*MIT Sloan*, 2011)은 데이터 분석을 잘하는 조직이 보다 높은 경쟁력과 성과를 창출한다고 하였으며. 가트너(Gartner, 2011)는 데이터를 21세기의 원유라고 거론하면서 데이터 경제시대의 진화를 예언하였다(김창수 · 송민정, 2014, 재인용).

위와 같이 빅데이터는 분석과정에서 가치를 창출할 수 있는데 그 가치를 다양한 지표를 통하여 정량화하는 연구도 있다. 예를 들어 MGI(2011)는 빅데이터의 잠재적 가치에 대한 지표를 기업당 데이터 양, 성과의 가변성, 소비자와 공급자의 강도, 거래 강도, 소란 등 다섯 가지로 정리하였다. 그리고 용이성 지표는 재능, IT 심화도, data driven mind set, 데이터 가용성을 기준으로 기업의 가치를 측정하였다(손상영 · 김사혁, 2012).

표 5-1 빅데이터 잠재적 가치의 지표

지 표		내 용
잠재적 지표	기업당 데이터 양	• 데이터의 양이 많을수록 그만큼 데이터 관점에서 투명성이 증가하여 데이터로부터 얻는 편익이 증가함 • 각 산업의 데이터 저장능력을 추정하여 고용 천 명 이상인 기업의 수로 나눈 값을 각 산업의 기업당 데이터 양으로 보았음
	성과의 가변성	• 가변성이 높을수록 기업은 데이터와 활용과 가변성을 노출시키고 성과를 향상시키는 실험으로부터 더 많은 이득을 취할 수 있음 • 법인세 이자 감가상각비 차감 전 영업이익을 이용함
	고객과 공급자의 강도	• 고객과 공급자들이 많을수록 그들을 세분하여 차별화된 행동을 취할 여지가 많아짐 • 근로자들의 수를 고용 천 명 이상인 기업의 수로 나눈 값을 이용함
	거래강도	• 거래강도가 높을수록 인간의 의사결정을 돕거나 대체할 자동화된 알고리즘을 사용함으로써 얻는 혜택이 큼 • 기업의 정보처리 능력을 이용함. 각 산업별로 PC와 메인프레임의 자본스톡을 구해서 고용 천 명 이상인 기업의 수로 나눈 값을 이용함
	소 란	• 얼마나 자주 선두기업과 후미기업이 자리바꿈을 하는가를 측정함 • 혁신적 파괴가 얼마나 자주 발생하는가에 대한 대용변수

자료: MGI(2011)의 보고서를 손상영 · 김사혁(2012)이 번역한 내용을 정리함.
MGI(2011), Big data: The next frontier for innovation, competition, and productivity.
손상영 · 김사혁(2012), 빅데이터 시대의 새로운 정책이슈와 이용자 중심의 활용방안 연구, 정책연구, 정보통신정책연구원, pp. 12-15.

표 5-2 빅데이터 가치의 용이성 지표

지 표		내 용
용이성 지표	재 능	• 한 기업이 더 심오한 분석 재능을 보유할수록 빅데이터로부터 가치를 구현하기에 유리한 입장에 서게 됨. 분석재능의 수치를 고용 천 명 이상인 기업의 수로 나눈 값을 이용함
	IT 심화도	• IT 자산이 많을수록 기술적인 장벽은 낮을 것임. 산업별 IT 스톡을 고용 천 명 이상인 기업의 수로 나눈 값을 이용함
	data driven mind set	• 조직의 리더들이 경험에 의해 또는 의견을 물어 또는 데이터에 의해 의사결정을 하는지에 대한 설문조사 결과를 이용함
	데이터 가용성	• 산업 데이터베이스의 상대적인 수를 이용함

자료: MGI(2011)의 보고서를 손상영 · 김사혁(2012)이 번역한 내용을 정리함.
MGI(2011), Big data: The next frontier for innovation, competition, and productivity.
손상영 · 김사혁(2012), 빅데이터 시대의 새로운 정책이슈와 이용자 중심의 활용방안 연구, 정책연구, 정보통신정책연구원, pp. 12-15.

빅데이터가 디지털 경제를 이끌 핵심 동력으로 주목받으면서 글로벌 대기업들은 빅데이터 전략 계획 수립과 실행에 투자하고 있다. 최근에는 전통적인 대기업들도 빅데이터의 활용방안을 고민하고 있고, 많은 기업이 빅데이터에 의해 변화될 조짐을 보이고 있다. 빅데이터 분석역량 즉 방대한 규모의 정보에 접근하고 이를 정리, 분석하는 역량은 자본이나 노동력과 동등한 수준의 가치를 지니는 새로운 유형의 원자재로 자리매김하고 있는 상황이다(정보통신산업진흥원, 2013).

데이터 과학(data science)은 데이터로부터 의미 있는 정보를 추출해 내는 학문이다. 데이터 과학은 통계학이나 데이터 마이닝(data mining), 데이터베이스를 통한 지식발견(KDD: knowledge discovery in databases)과 비슷한 개념이나 분석 대상인 데이터에서 차이를 보인다. 기존의 통계학 개념이 정형화된 실험데이터를 대상으로 한다면, 데이터 과학은 기업의 실무현장에서 축적되는 빅데이터를 대상으로 하는 경우가 많다. 기존의 데이터베이스를 통한 지식발견은 주로 데이터베이스에서 생성되는 것과 다르게 데이터 과학은 인터넷, 휴대전화 등에서 생성되는 숫자와 문자, 영상 정보 등 다양한 유형의 데이터를 대상으로 하는 것에서 차이를 보인다(김성태, 2014).

최근 빅데이터 분석과 활용에 대한 논의는 크게 두 가지로 분류할 수 있다. 첫째는 부정적인 전망으로 현재 빅데이터 분석과 활용이 대기업 위주로 되어 있고 일반 소비자들은 마케팅 대상으로만 주목되어 정보격차가 심각해질 것이라는 예측이다. 반면에 긍정적인 전망도 있어 빅데이터의 진정한 가치는 일반 소비자나 중소기업에게도 데이터를 활용할 수 있도록 하여 정보격차를 해소할 수 있을 것이라는 긍정적인 전망도 나오고 있다. 일반적으로 원 데이터(raw data)를 유용한 정보로 변환 또는 분석하기 위해서는 전문가의 도움이 필요했다. 통계학자, 수학자, 데이터 과학자 등 전문적인 지식을 지닌 전문가가 원 데이터를 다루었지만, 빅데이터의 경우 인포그래픽, 홀로그래픽 등 시각화를 통하여 전문적인 지식이 없는 일반인도 데이터를 쉽게 이해할 수 있도록 돕고 있다.

빅데이터 이용 가능성의 확산은 우리의 커뮤니티를 향상시키고 개인의 더 나은 의사결정을 지원할 수 있으며 소기업에게 광범위한 새로운 비즈니스 기회를 창출할 것으로 기대된다. 빅데이터가 개인 소비자의 삶에 가져올 변화로는 우선 데이터 중심적 의사결정에 따른 불확실성의 감소와 시간과 돈의 절약이 대표적이다(정보통신산업진흥원, 2013).

표 5-3 미래 사회의 특성과 빅데이터의 역할

미래 사회 특성			빅데이터의 역할
불확실성	⇨	통찰력	• 사회현상, 현실세계의 데이터를 기반으로 한 패턴분석과 미래전망 • 여러 가지 가능성에 대한 시나리오 시뮬레이션 • 다각적인 상황이 고려된 통찰력을 제시 • 다수의 시나리오로 상황 변화에 유연하게 대처
리 스 크	⇨	대응력	• 환경, 소셜, 모니터링 정보의 패턴 분석을 통한 위험 징후, 이상 신호 포착 • 이슈를 사전에 인지, 분석하고 빠른 의사결정과 실시간 대응 지원 • 기업과 국가 경영의 투명성 제고 및 낭비요소 절감
스 마 트	⇨	경쟁력	• 대규모 데이터 분석을 통한 상황인지, 인공지능 서비스 등 기능 • 개인화, 지능화 서비스 제공 확대 • 소셜(니즈) 분석, 평가, 신용, 평판 분석을 통해 최적의 선택 지원 • 트렌드 변화 분석을 통한 제품 경쟁력 확보
융 합	⇨	창조력	• 타 분야와의 결합을 통한 새로운 가치 창출(의료정부, 자동차정보, 건물정보, 환경정보 등) • 인과관계, 상관관계가 복잡한 컨버전스 분야의 데이터 분석으로 안전성 향상, 시행착오 최소화 • 방대한 데이터 활용을 통한 새로운 융합시장 창출

자료: 정지선(2011), 신가치창출 엔진, 빅데이터의 새로운 가능성과 대응전략, *IT & Future Strategy*, 18, 정보화진흥원.

빅데이터 분석을 통한 정보제공은 소비자의 의사결정에 도움을 주어 불완전정보로 인한 소비자 피해 예방에 도움이 된다. 소비자의 구매 후 평가를 쉽게 할 수 있고, 다른 소비자의 의견을 쉽게 볼 수 있다. 또한 앱이나 정보플랫폼을 이용하여 상품의 가격, 서비스 이력, 기업 관련 정보 등을 비교할 수 있는 소비자정보를 쉽게 탐색할 수 있다. 앞으로는 신뢰도가 높고, 기업이나 소비자들을 위한 장기적인 가치를 창출하는 기업들이 시장에서 경쟁력이 높아질 것으로 전망된다.

또한 빅데이터를 활용하는 다양한 앱과 디바이스는 인간의 능력을 확장하고 증강할 것으로 예측된다. 빅데이터는 기계학습과 자동화에서 혁신을 일으키고 있으며, 이는 소비자 수요를 예측하는 새로운 스마트 앱과 디바이스의 번창으로 이어지고 있다. 마지막으로 빅데이터는 새로운 방식으로 지역사회를 재연결함으로써 개인의 일상에 큰 변화를 가져올 수 있다. 이처럼 빅데이터는 개인 소비자의 가치 향상에 다양하게 기여할 수 있을 것으로 전망된다(정보통신산업진흥원, 2013).

2 … 소비자문제란 무엇인가?

1) 소비자문제의 개념

시장에서 발생하는 소비자문제는 학자에 따라 다르게 정의하여, 마이어(Mayer, 1991)는 상품과 서비스를 선택, 사용, 처분하는 과정에서 불만족을 일으키는 상태라고 하였고, 가먼(Garman, 1997)은 시장이 불완전 경쟁적이고 판매자와 소비자의 관심이 다르기 때문에 존재하는 어려움이라고 하였다(지광석, 2011, 재인용). 김영신 외(2007)는 소비자문제를 소비자가 소비생활을 위해 재화나 서비스를 구입, 사용하는 과정에서 일어나는 소비자의 피해 또는 불이익이라고 정의하였고, 백병성(2003)은 소비자문제의 내용에 초점을 맞추어 소비자와 기업 간의 문제이며, 소비자가 입게 되는 피해 또는 불이익은 구체적으로 소비자의 불만과 경제적인 손실, 생명, 신체상 위해가 발생하는 것이라고 정의한다. 정리하면 소비자문제는 소비자들이 시장거래를 통해 겪게 되는 소비자 불만족과 피해, 그리고 불이익을 포함하는 포괄적 개념으로 이해할 수 있다.

일반적으로 소비자문제가 발생하는 경우는 첫째, 생산자가 소비자의 관심과 이익을 완전히 만족시키지 못하거나 이를 꺼려하는 경우, 둘째, 소비자정보의 부족, 셋째, 시장 체제의 해결 능력 부족, 넷째 생산자에게 호의적인 공공정책결정 등이 지적되고 있다(지광석, 2011).

인터넷이나 전자상거래 관련 소비자문제를 살펴보면, 이금노 외(2016)는 온라인 플랫폼에서의 소비자문제는 기존의 비플랫폼이나 오프라인플랫폼에서 발생하는 소비자문제와 동일하거나 유사하기도 하지만 플랫폼을 통한 상호작용이라는 독특한 시장 구조로 다소 다른 문제를 야기하기도 한다. 특히 온라인 플랫폼에 존재하는 망외부성은 소비자 후생 제고를 비롯한 사회적 가치를 빠르게 확산하는 순기능도 있으나 반대로 그러한 외부성이 일부에 이익이 집중되게 하거나 반사회적 문제의 빠른 확산을 야기하는 역기능과 위험성도 내포하고 있다. 이처럼 시장에 참여하는 주체들의 자율적인 활동과 가격기구로 해결할 수 없는 불완전성은 정부가 시장에 관여하는 근거로 제시된다.

파커 외(Parker *et al.*, 2016)는 플랫폼에서의 시장실패를 독점(monlpoly), 외부성(externality), 정보비대칭성(information asymmetry), 예측하기 어려운 위험(unexpected, unpredictable risks)으로 분류하였다. 곧 플랫폼이 망외부성에 승자독식으로 특정 사업자에 집중되거나 가격기구로 설명하기 어려운 외부성의 존재하는 공공재로서의 성격, 플랫폼에 정보가 집중되면서 발생하는 정보비대칭, 불확실에 의한 위험의 확대 등이다.

소비자문제로 정의되는 소비자불만족을 구체적으로 살펴보면 다음과 같다. 소비자의 만족/불만족은 제품의 성과가 소비자의 기대를 얼마만큼 잘 충족시키느냐에 달려 있다. 만족은 일반적으로 특정의 제품에 대한 구매 및 사용 경험에 의해 형성되는 주관적이고 전반적인 평가반응이라고 한다. 만족에 대한 선행연구의 경향은 개념 정립과 측정 방법 등 두 가지 측면에서 논의될 수 있고(정순희, 2007), 개념 정립과 관련해서는 과정 중심이냐 결과 중심이냐에 따라 세분화된다.

첫째, 기대불일치 이론이다. 이 이론은 소비자가 제품 구매 시 갖는 기대와 소비 후 지각하는 성과 그리고 이 두 가지의 일치/불일치 정도가 소비자만족을 결정짓는 데 초점이 있다.

둘째, 비교수준 이론과 수정비교수준 이론은 기대불일치 이론이 전반적 성과에 대한 사전 기대를 비교의 준거로 삼은 데 비해, 비교수준 이론은 비교의 준거로 사전 기대 대신 자신이 과거 유사한 제품에 대해 직접 경험한 수준, 다른 사람들이 경험한 수준, 그리고 생산자가 주장한 수준 등 세 가지 요인을 비교하는 이론이다.

셋째, 가치지각차이 이론은 개인의 목표 달성과 관련하여 한 대상에 대한 지각을 자신의 가치(혹은 욕구나 바람)와 비교하여 차이가 작을수록 긍정적인 감정, 즉 만족하게 되고, 차이가 클수록 불만족하게 된다는 이론이다.

넷째, 공평성 이론이다. 이 이론은 고객 자신의 차원을 넘어 거래 상대방 혹은 다른 소비자들과의 공평성 지각 정도가 만족을 결정짓는다고 보는 이론이다(정순희, 2007).

2) 빅데이터의 소비자문제

빅데이터는 단순히 큰 데이터가 아니고 네트워크화된 데이터라고 할 수 있다. 빅데이터의 가치는 아주 작은 데이터부터 시작해서 개인의 데이터, 몇몇 사람들의 데이터, 그룹의 데이터, 사회의 데이터가 모두 연결이 되고 연관성을 가졌을 때 가치를 가질 수 있다(이재호 외, 2013).

이재호 외(2013)에 의하면 빅데이터서의 소비자문제는 첫째, 빅데이터 정의의 불확실성 문제, 둘째, 빅데이터 개념에 대한 과소평가 문제, 셋째, 데이터 신뢰성의 문제, 넷째, 데이터 객관성의 문제, 다섯째, 데이터 일반화의 문제, 여섯째, 빅데이터와 윤리문제, 일곱째, 빅데이터의 빈익빈 부익부 문제로 정리할 수 있다.

표 5-4 빅데이터의 소비자문제(기회와 과제)

문제점	내 용
빅데이터 정의의 불명확성	• 빅데이터는 많은 정의들이 있으나 매우 일반적인 용어로서 정의가 정확하게 제시되고 있지 않다. 잘못하면 정보를 사용하여 행해지는 모든 행위들(서비스, 행정, 마케팅 등)을 빅데이터라고 잘못 언급할 수도 있다. • 빅데이터와 관련된 행위가 그 기업, 기관, 조직의 홍보 수단이 될 수도 있다. 이러한 결과는 관련 전문가, 종사자, 일반 시민들에게 혼란을 가져다 줄 수 있으며, 특히 공공 행정에 빅데이터를 도입하는 정부의 입장에서는 정확한 빅데이터의 개념 없이 실패한 도입, 정책이 될 수도 있다.
빅데이터 개념에 대한 과소평가	• 빅데이터가 우리의 생활을 편리하게 그리고 사회를 발전, 변화시킬 수 있는 도구 정도로 생각하고 있다. 하지만 빅데이터는 우리 사회 패러다임 전체를 바꿀 수 있는 강력한 힘을 가지고 있다. 빅데이터는 지식의 시스템, 보이지 않는 강력한 파워를 만들고 있으나, 사회에 미칠 좋지 않은 부분이 분명히 있을 것이고 이러한 약점을 찾아야 할 것이다.
데이터 신뢰성의 문제	• 데이터가 현실에서 활용되려면 신뢰성이 필요하다. 빅데이터의 강점이라고 할 수 있는 셀 수 없는 대량의 데이터는 데이터의 신뢰도를 상승시키는 데 어느 정도 한몫할 수 있을 것이다. • 현대사회와 같이 다양하고 세분화되고 복잡화된 사회에서는 양적의 측정이 모든 것을 말하고 있다고 판단하기에는 무리가 있다. 빅데이터가 현실에서는 100% 신뢰하고 믿을 수 있는 데이터라고 말하기 힘들다.
데이터	• 빅데이터를 소유하고 가공하고 분석할 수 있는 기관, 조직은 몇 개밖에 없다. 빅데

객관성의 문제	이터의 신뢰성을 보면 데이터가 민간기업들의 현해가 들어간 주관적인 데이터일 수도 있다고 주장에 도달할 수 있다. 데이터의 객관성에서 데이터 출처, 분석기관, 수집기관 등의 공개가 중요하며, 데이터 발생, 수집부터 가공, 분석 과정 역시 공개되어야 할 것이다.
데이터 일반화의 문제	• 빅데이터가 공공을 위해 사용될 수 있는지에 대해 생각해 볼 필요가 있다. 즉 데이터가 일반적으로 사용(일반화)될 수 있는지에 대해서 알아볼 필요가 있다. • 예를 들면 트위터(twitter) 경우 연구자들이 생각하는 불특정 다수, 일반 사람이 트위터 유저와 다르다는 것이 아니다. 사계적인 소셜 서비스인 트위터는 세계를 대표하는 것이 아니며 그들이 계정 역시 대표하는 것이 아니다. 둘째, 실제로 글을 올리는 유저의 수 역시 애매한 부분을 가지고 있다. 왜냐하면 글을 올리는 사람, 그리고 단지 듣는 사람으로 나뉘는데 40% 이상이 그냥 접속해서 글만 보는 사람이라는 것이다. 이러한 점을 감안했을 때, 빅데이터에서의 데이터 일반화는 다시 한 번 고민할 필요가 있을 것이다.
빅데이터와 윤리문제	• 잘못된 데이터 사용과 관련된 실질적 위험요소는 정량화하고 분석하기 어렵다. 또한 연구자나 빅데이터 관련 담당자가 아무리 윤리문제와 관련된 부분을 조심히 다루고 피해를 최소화하도록 노력하더라도 100% 막을 수 없다. 이는 빅데이터뿐만 아니라 데이터 사용에 있어 윤리 문제는 중요하며 불가피하다. • 빅데이터의 수많은 데이터와 관련된 사용에 대해서 다음과 같은 질문을 할 수 있을 것이다. ① 한 개인이 빅데이터의 부분으로서 동의 없이 그냥 포함될 수 있을까? ② 개인이 공개된 블로그 글이 저자가 상상할 수 없는 방법으로 사용되고 분석될 수 있는 것인가? ③ 아무런 사전 정보 없이 블로그에 쓴 글이 관심을 받고 분석을 받는 것은 그 글을 쓴 사람에게는 어떠한 의미가 될까? ④ '인터넷에 글을 올린 사람은 자신의 공개된 정보가 사용되고 분석되는 것에 대해서 상처를 받지 않을 것이다'는 것에 대해서 누가 확신하고 책임질 것인가? ⑤ 빅데이터에서 동의는 무엇을 뜻하는가? • 윤리적인 문제를 해결 혹은 대처하기 위해서는 먼저 정보를 생산하는 사람과 정보를 사용하는 사람 모두 책임감이 있어야 한다. 그리고 아주 세부적이고 전문적인 규정이 필요하다.
빅데이터의 빈익빈 부익부	• 사회적 데이터 즉 셀 수 없는 큰 규모이고 실질적 데이터에 접근할 수 있는 특권은 소수이고, 이러한 특권은 다시 높은 비용으로 판매될 것이다. 빅데이터와 관련하여 사람들을 3개의 계층으로 나눌 수 있는데, 첫째는 자의 혹은 타의로 데이터를 생산하는 사람, 둘째는 그 데이터를 수집할 수 있는 도구가 있는 사람 그리고 마지막은 그 데이터들을 분석할 수 있는 전문성을 가진 사람이다.

자료: 이재호 외(2013) 연구를 정리함.
이재호 외(2013), 정부 3.0 실현을 위한 빅데이터 활용방안, 한국행정연구원.

3 … 빅데이터의 소비자문제는 어떤 것이 있는가?

빅데이터는 정부나 기업이 기존에 감지하기 어려웠던 국민 또는 소비자의 생각을 간파하고 사회적 현상을 예측하여 신속한 대응 및 예방이 가능하다는 점에서 매우 유용하다고 볼 수 있다. 빅데이터는 종전과 다르게 개인의 습관이나 관심도 및 기타 개인 스스로도 인지하지 못하는 정보의 추출이 가능하게 되며, 이러한 정보가 영구적으로 저장되고 이용될 수 있으며, 특히 악용될 때에는 사회적 문제가 될 수 있다(최은진, 2015; 김재경, 2014).

이 장에서는 빅데이터 시대에 새롭게 대두되거나 심화되는 소비자문제를 살펴보고자 한다.

첫째, 개인정보 침해의 인권보호 문제가 발생할 수 있다(최영훈, 2013). 빅데이터 기술이 발달하면 대량의 정보를 수집하고 분석할 수 있기 때문에 가입자 정보의 활용이 확대되면서 개인정보가 유출되거나 노출되는 현상이 빈번하게 발생한다. 지금까지 개인정보 침해는 항상 문제되어 왔고, 막대한 양의 빅데이터 시대에는 더 빈번하게 발생할 수 있는 문제이기도 하다. 빅데이터 시대에서 방대한 정보, 특히 개인과 관련된 정보가 수집되고 이용될 수밖에 없다는 점을 고려한다면, 식별성이 없는 정보 또는 식별성을 제거한 정보나, 식별되지는 않았으나 식별 가능성이 있는 정보의 수집과 이용을 현재의 개인정보와 같은 수준에서 규제해야 하는지 결정해야 하는 과제는 여전히 남아 있으며, 빅데이터 산업의 발달이나 각종 정보통신서비스의 비약적인 발전과 확대로 인하여 정부 내지 입법자는 이 문제에 대해 숙고하여야 한다(최은진, 2015; 최영훈, 2013). 빅데이터의 기술의 발전은 비식별 데이터를 수집, 저장, 분석하는 과정을 거치면 개인을 식별하는 정보로 재생성된다. 이러한 데이터들이 개인화된 기업 마케팅에 활용될 수 있는 장점이 있지만 개인이 식별되므로 개인정보 침해의 문제점이 발생한다(홍범석, 2013). 또한 빅데이터의 경우 정보의 수집, 이용에 관한 개인의 동의를 받는 문제에 있어서도 과거와는 다른 면이 존재한다. 먼저 빅데이터는 제2차 정보와 같이 소비자가 기업에게 개인정보를 제공한다고 인식하지 않는 상태에서 데이터가 형성되는 경우가 대부분이다. 예를 들어 구매 내역 또는 방문한 사이트 기록 등의 쿠키 정보들은 소비자가 기업에게 의식적으로 제공하는 정보에 해당되지 않는다. 또한 빅데이터의 상당수는 클라우드 서비스를 통해 수집됨에 따라 정보제공자의 의사와 관계없이 수집되는 경우가 많다(최은진, 2015; 김재경, 2014).

둘째, 정보격차의 문제가 발생할 수 있다.

최근 급속한 정보통신기술의 발달은 소비자의 생활영역을 획기적으로 확대하였으나, 정보기술 이용능력, 정보기기 및 정보이용료 지불능력, 컴퓨터에 대한 공포 등의 차이에 따라 정보격차를 심화시키고, 결과적으로 생활의 질적 차이를 가져오고 있다. 정보격차란 정보의 접근과 이용이 각 개인마다 다르게 작용하는 정보불평등 현상을 의미하며 본질적으로 커뮤니케이션과 사회계층의 문제, 즉 가진 자와 못 가진 자 사이에 발생하는 커뮤니케이션 불평등에 대한 개념이라고 할 수 있다(김기옥, 2000; 한국정보문화센터, 1996).

셋째, 지식재산권에 관한 문제가 발생할 수 있다. 빅데이터는 유용한 결과를 만들어 내는 전체적인 흐름, 과정으로서, 데이터 수집을 시작으로 처리, 저장, 분석, 시각화, 활용 단계를 거치게 된다. 각 단계를 거치는 과정에서 지식재산권 문제가 발생할 수 있다. 지식재산권 문제가 발생하는 이유는 내부, 외부, 정형, 비정형에 관계없이 수집되는 데이터의 소재가 무궁무진하고 그 수집, 처리, 분석 등의 기법이 지식재산권에 의하여 보호되기 때문이다(이이삭, 2015).

넷째, 빅데이터 이용과정에서 나타난 피해당사자의 권리구제 문제이다. 빅데이터 시대의 활성화를 위해서는 공공데이터, 더 나아가서는 민간데이터의 공개가 요구되는데, 이 과정에서 데이터의 부정확성으로 인하여 소비자에게 피해가 발생하였을 경우 이에 대한 책임소재 문제가 발생 또는 심화될 수 있다(최영훈, 2013).

4 … 사례 찾고 공유하기

빅데이터 소비자문제와 관련된 사례입니다. 소비자 문제 예방과 피해 구제를 위한 방안을 생각해 봅시다.

빅데이터 개인정보보호에 발목 … 당장 해결 안하면 시장 뺏긴다

2017년 2월 10일 서울에서 '성공적 4차산업 진입을 위한 빅데이터의 산업별 활용과 전략적 대응방안'을 주제로 세미나가 개최되었다.

이 세미나에서 한국정보통신진흥협회 통계정보센터 본부장은 "병원이나 백화점, 카드사, 통신사 등에서 수집된 정보를 산업 전반에 폭넓게 활용할 수만 있다면, 우리 산업 전반에 엄청난 변화를 가져올 것으로 보이지만, 현재로서는 개인정보보호라는 큰 산을 넘지 못하고 있다"고 주장하였다.

자료: 아주경제(2017. 2. 12.), 빅데이터 개인정보보호에 발목 … 당장 해결 안하면 시장 뺏긴다.

얼마든지 조작할 수 있는 빅데이터로 의료, 기술 혁신한다고?

어니스트 데이비스(2017)는 조선 Biz에서 "지난 15년간 인류가 이용할 수 있는 디지털 데이터가 폭발적으로 증가했다. 이 데이터를 처리하는 데 필요한 컴퓨터 기술도 크게 향상됐다. 빅데이터는 과학 · 기술 · 의료 분야의 발전으로 이어질 것이 분명하다. 그러나 빅데이터가 잘못 사용되면 심각한 문제가 생길 수도 있다"고 하였다.

소셜 미디어에는 수많은 정치적 견해가 올라오지만, 이런 견해가 꼭 유권자의 생각을 대표하지는 않고, 트위터와 페이스북 게시글의 상당수는 사람이 아닌 컴퓨터가 생성해 낸 것이다. 그러므로 데이터 양이 증가한다고 해서 고품질 데이터를 확보할 수 있는 것은 아니라고 주장하였다.

자료: 조선 Biz(2017. 2. 21.), 얼마든지 조작할 수 있는데 빅데이터로 의료, 기술 혁신한다고?.

생각해 볼 문제

1. 빅데이터가 소비자에게 미치는 생활의 변화에 대하여 생각해 봅시다.

2. 빅데이터 시대가 오면 소비자에게 어떤 문제가 발생할 수 있는지 생각해 봅시다.

3. 본인의 허락을 받지 않은 상태에서 개인정보가 회자된 경험이 있는 경우가 있습니까? 혹시 경험이 있다면 어떻게 대처했는지 이야기해 봅시다.

4. 빅데이터의 주요 가치는 어디에 있다고 생각하십니까?

5. 공공데이터 개방으로 소비자 피해가 발생할 경우 소비자 피해 보상은 누가 해야 한다고 생각하십니까? 그리고 어떻게 예방해야 한다고 생각하십니까?

도입

빅데이터의 핵심인 데이터의 활용을 살펴보면 초기에는 통신사업자 등 기업이나 민간부문을 중심으로 논의가 이루어졌으나 최근에는 공공부문에서도 빅데이터에 대한 관심이 증가하여 전 분야에 걸쳐서 활용되고 있다.

우리나라의 경우 공공부문에서 활발하게 빅데이터 관련 사업이 진행되고 있다. 대다수의 지자체에서 관련 사업이 진행되고 있으며, IT관련 주무기관에서도 역시 활발하게 진행되고 있다. 예를 들면 미래창조과학부는 2016년 10월 31일에 국가과학기술심의회 운영회에서 '2017년도 공공기관에 대한 연구개발투자권고'를 심의 확정했다. 한전, 한국도로공사 등 기업부설연구소를 운영 중인 30개의 공공기관에 빅데이터 구축 및 활용을 권고했다. 30개 기관 중 22개 기관은 2019년까지 빅데이터를 활용한 주요서비스를 제공하기로 하였고, 17개 기관은 빅데이터 분야에 2020년까지 모두 691억원을 투자하는 중장기 투자계획을 마련했다고 밝혔다(서울경제, 2016. 10. 31).

국내뿐만 아니라 해외 주요국 공공기관도 빅데이터 관련 정책은 이미 추진하였고, 앞으로도 일정 기간 지속될 것으로 전망된다. 이에 기업, 공공기관에서의 빅데이터 관련 정책 활용 사례를 살펴보아 앞으로 빅데이터 활용을 위한 방안을 모색하고자 한다.

제 6 장에서는 기업, 공공기관과 소비자 분야에서 빅데이터가 어떻게 활용되고 있는지 알아보고자 한다.

1 … 기업의 빅데이터 활용

1) 기업 빅데이터의 비전과 장애

글로벌 환경 변화를 신속하게 감지하고 대응하는 역량이 중요해지면서 기업의 내외부에 축적된 빅데이터를 혁신의 수단으로 인식하기 시작하였다. 정형 및 비정형 데이터가 폭증하는 가운데 숨겨진 고객 가치 발굴, 미래 예측, 기업의 생산성 제고 등 다양한 영역에서 빅데이터 활용이 빠르게 확산되면서 빅데이터는 기업의 불확실한 위험에 대처할 수 있는 혁신 수단으로 재조명되고 있다(정보통신산업진흥원, 2013; 전승우, 2012). 빅데이터는 기업경영에 새로운 가치를 창출하고, 전략적 우위를 제공해 줄 수 있을 것이라는 기대감이 고조되면서 많은 기업들이 빅데이터에 높은 관심과 열기를 보이고 있다. 그러나 한편으로는 이러한 빅데이터에 대한 기대가 지나치게 높다는 우려의 목소리도 제기되고 있다(전승우, 2012).

실제 빅데이터 분야가 성장세임에도 불구하고 빅데이터의 진가에 대한 인식부족과 빅데이터 관리 및 분석에 필요한 지식 기반이 취약하여 기업의 충분한 효과를 담보하지 못하고 있다는 주장도 있다. 컨설턴트 기업인 PWC는 2012년 12개국 나라의 다양한 산업군에 걸쳐 1,108명의 응답자를 대상으로 조사한 결과 빅데이터 활용을 방해하는 요소가 크게 네 가지가 있다고 하였다. 우선, 시각화의 중요성에 대하여 인식하지 못하였고, 데이터를 분석하는 것보다 수집하는 데 투자를 더 많이 하였으며, 실력에 격차가 있었다. 마지막은 정보를 빠른 속도로 처리하는 데 시스템이 불충분하기 때문이라고 분석하였다(소프트웨어공학센터경영지원TF팀, 2013).

빅데이터를 위한 새로운 기술이 등장하고 이에 대한 기대와 관심이 높아질수록 빅데이터의 전략적 가치에 대한 논란 또한 계속될 것으로 예측되고 있다. 이에 기존의 빅데이터 실용 사례를 살펴보아 기업에서의 빅데이터 활용방안을 살펴보고자 한다.

2) 기업의 빅데이터 활용 사례

해외 기업의 빅데이터 활용 사례를 살펴보면 금융, 제조, 유통, 레저 등 전 분야 걸쳐서 활용하고 있다(표 6-1).

특정 사업자들의 사례를 구체적으로 살펴보면, 구글, 페이스북, 아마존과 같은 인터넷 기업들과 통신사업자들은 다른 사업자들에 비하여 발 빠르게 빅데이터를 활용하고 있다. 빅데이터 관련 분석 시스템을 갖추고 개인이나 기업에게 빅데이터 분석에 기반을 둔 인사이트에 기반을 둬 기존 서비스들과 차별화된 서비스를 제공하는 비즈니스 모델을 운용하고 있다(표 6-2).

인터넷 기업이나 통신사업자들은 비즈니스 효율을 증가시키거나, 광고 효과 증대, 새로운 비즈니스 창출 등 빅데이터를 다양한 방법으로 활용하고 있다. 우선, 빅데이

표 6-1 해외기업의 주요 빅데이터 사례

분 야	주 요 내 용
금 융	• 뱅크 오브 아메리카는 대규모 고객데이터를 기반으로 고객관리, 맞춤형 금융상품 추천 및 신용리스크 조기대응 등 은행 업무 전반의 효율성과 수익성 제고 • 프로그레시브 인슈어런스와 캐피탈원은 고객들을 체계적이고 효과적으로 세분화하여 그에 따라 맞춤한 제품을 개별화된 제품 전략 제공
제 조	• 반도체 업체인 마이크론 테크놀로지(MICRON TECHNOLOGY, INC.)는 장비에 유입되는 부품의 순서 조합에 따라 처리 시간이 달라지는 것을 발견하고 최적화된 공정 프로세스를 도출하여 생산성 향상
유 통	• 아마존은 협업 필터링(collaborative filtering) 예측 모델링 기법을 토대로 고객의 데이터를 분석하여 고객이 구매할 만한 상품을 추천하여 매출 증대 • 테스코는 고객 관리 전략을 통해 방대한 양의 고객 데이터를 생성하여 홍보 및 전략적인 고객 세부화에 이르기까지 다양한 고객 관리 수행 • 월마트는 소매점과 공급업체 간의 가시적인 수요와 공급 패턴을 분석하여 벤더가 관리하는 재고 시스템을 구축
레 저	• 카지노 체인인 해러즈 사에서는 고객에 관한 세부적이고 종합적인 자료를 수집하여 고객의 충성도를 높이는 방식으로 마케팅 전략 수립

자료: 김성현(2015), 빅데이터 사업으로 본 빅데이터 발전현황 - 글로벌 빅데이터 사례와 시사점, 빅데이터 기획보고서, 3, 한국정보화진흥원.

터를 활용하여 비즈니스 효율을 증가시키는 유형을 살펴보면 다음과 같다. 아마존이 소비자 구매 데이터를 분석해서 상품 추천 서비스를 제공하는 사례처럼 빅데이터를 이용하여 수익 개선, 비용 절감 등 경쟁력을 제고하는 방법으로 빅데이터를 활용하는 유형이다. 두 번째 유형은 빅데이터를 통해 광고효과 증대에 활용하는 유형이다. 빅데이터를 활용하여 광고효과 또는 마케팅 증대 효과를 얻으려는 유형으로 소비자들이 웹서핑 데이터를 활용하여 소비자의 관심분야와 관련된 광고를 제공하고 이를 통해 클릭률을 유도하는 데 활용하고 있다. 세 번째 유형은 자체 보유 내부 빅데이터를 활용하여 새로운 비즈니스를 창출하는 유형이다. 기존의 데이터 분석을 통해 통찰력(insight)을 도출하여 새로운 수익원 또는 수익모델을 확보하는 유형이다.

표 6-2 인터넷 기업과 통신사들의 빅데이터를 활용한 서비스 유형

유 형	내 용
1. 빅데이터를 활용하여 비즈니스 효율을 증가시키는 유형	빅데이터를 이용한 수익 개선, 비용 절감, 이탈률 감소 등 경쟁력을 제고하는 방법으로 빅데이터를 활용하는 유형 예) 아마존이 소비자 구매 데이터를 분석해서 상품 추천 서비스를 제공하는 사례
2. 빅데이터를 통해 광고효과 증대에 활용하는 유형	빅데이터를 활용하여 향상된 광고효과를 얻으려는 유형으로 이용자들의 웹서핑 데이터를 활용하여 이용자의 관심분야와 관련된 광고를 제공하고, 이를 통해 높은 클릭률(CTR: click through rate)을 유도하는 데 활용 예) 구글은 광고 수익 증대를 위해 구글 애드센스(AdSense) 빅데이터 기술을 활용, 애드센스는 블로그의 키워드와 게재 광고를 연계시키는 시스템임. 데이터가 축적됨에 따라 정확도가 높아져서 클릭률이 높아지게 되는 방식
3. 자체 보유 내부 빅데이터를 활용하여 새로운 비즈니스를 창출하는 유형	기존의 데이터 분석을 통해 인사이트(insight)를 도출하여 이를 다른 관련 기업이나 정부에 제공하여 새로운 수익원을 확보하는 유형 예) 버라이즌은 2012년 10월부터 "Precision Market Insight"라는 서비스를 제공하고 있는데, 이는 지난 수년간 실시간으로 축적된 이용자 위치정보, 선호하는 콘텐츠 정보 등의 데이터를 수집하여 익명화된 집합적 데이터로 변환하고 분석하여 도출된 시사점을 수요자에게 공급하는 서비스

자료: 배동민 외(2013), 빅데이터 동향 및 정책 시사점, 방송통신정책, 25(10), pp. 37-74.

표 6-3 금융회사의 빅데이터 활용 사례

분 야	기 업	빅데이터 활용
상품개발	웰컴저축은행	고객행동패턴, SNS 분석을 기반으로 세분화된 중금리대출 상품 개발
	우리은행	올포미카드는 개인별 생애주기, 소비성향을 분석해 할인혜택 재시
	BoA	자영업자 대상 자금관리 지원 상품인 캐시 프로 모바일 개발 시, 소셜 미디어 분석을 통해 고객 성향을 파악하여 반영
	JP Morgan Chase	방대한 양의 고객 신용카드 이용 정보와 정부가 제공하는 금융소비자 재무 정보를 통합하여 새로운 소비트렌드를 발견, 보고서를 만들어 은행 고객들에게 판매
	Wells Fargo	각기 다른 시스템에서 관리되어 온 고객 기록을 통합하는 작업 추진
마 케 팅	SC 제일은행	고객행동분석 정보를 은행RM에게 제공, 기존 CRM의 정보부족 한계를 극복
	KB 국민은행	지도와 고객데이터를 결합, 실시간으로 고객거래 내용을 파악 후 마케팅에 활용
	Lloyds Bank	단순잔액 외 평소 계좌이용성향을 반영한 예상 잔액을 표시
	아멕스	위치기반 소셜 미디어 정보를 활용하여 고객별 맞춤형 마케팅 실시
위험관리	국민/농협은행	비금융정보(통신요금, 도시가스, 공공요금, 국민연금, 건강보험료)를 반영하는 신용평가 시스템 도입
	Citi	고객 거래내역을 Watson(자체 시스템)으로 분석 후 선별적 대출/신용카드 발급, 비영리 신용협동조합의 대출상환 여부 판단 정확도를 개선
	Citigroup	글로벌 고객 데이터베이스를 통해 통합된 고객 거래 데이터를 스페인 대형 의류업체와 공유하여 추가 생산시설, 판매매장 위치 계획에 활용 - 또한 IBM의 슈퍼컴퓨터 왓슨을 도입하여 고객들의 거래 내역 등 빅데이터를 취합해 신용도가 낮거나 떨어질 가능성이 있는 고객들을 선별한 후 대출이나 신용카드 발급 여부 결정
	BB&T	빅데이터를 자금 세탁 추적에 활용하여 세탁 추적 시간 단축
	어슈어런트 솔루션	빅데이터 분석 정보를 고객관리에 활용, 고객 해약 및 직원 이직 방지
	제스트 파이낸스	비정형데이터를 분석하여 고객 신용평가 모델 개발과 활용

자료: 한국산업기술진흥원(2016), 범지인 · 최성종(2013), Wall Street Journal(2013)과 각 언론사 자료를 정리함.
범지인 · 최성종(2013), 빅데이터 활용사례와 시사점, 농업경제연구소.
한국산업기술진흥원(2016), 미국의 빅데이터 산업 육성정책, 글로벌 기술협력기반육성사업 심층분석보고서.
Wall Street Journal(2013), Banks Using Big Data to Discover New Silk Roads.

금융회사 활용 사례를 살펴보면 상품개발, 마케팅과 위험관리 분야에서 빅데이터를 활용하고 있다. 상품개발이나 마케팅은 인터넷 기업이나 통신사업자와 유사하게 활용하고 있으나 위험관리는 차별화되는 분야로 보인다. 다시 말하면 국내 금융권에서 빅데이터 활용 제도의 완화와 분석 노하우를 바탕으로 한 마케팅 컨설팅, 상품개발, 위험관리 등의 활용이 활발히 이루어지고 있다(표 6-3). 금융상품의 특성상 신용 있는 소비자의 거래가 다른 사업에 비하여 중요성이 높아 소비자의 신용의 정확한 판단과 거래 패턴을 분석하여 위험을 최소화하는 방안을 모색하고 있다.

이외에 기업이 학계나 공공기관이 연계하여 활용한 사례도 있다. 중소기업 등 독자적인 빅데이터 분석 및 사업화 능력이 갖추어지지 않은 경우에는 학계나 공공기관과 연계하여 사업화 방안을 도출하는 것도 합리적인 것으로 생각된다.

표 6-4 빅데이터 산 · 학 · 연 협력 네트워크 구성

지 자 체	산·학·연 협력 네트워크
서울특별시	다음카카오, KT 외 다수
광주광역시	광주전남연구원, 지역 대학
세종특별자치시	빅데이터추진협의회
경기도	한국정보화진흥원, 통신사, 카드사 등
강원도	강원창조경제혁신센터
충청북도	충북빅데이터위원회
전라북도	한국국토정보공사
제주특별자치도	지역정보화추진협의회

자료: 한국지역정보개발원 빅데이터부(2016), 지방자치단체 빅데이터 추진현황과 정책적 시사점, 2016년 지역정보화 이슈 리포트, 2, 한국지역정보개발원.

2 … 국내 공공기관의 빅데이터 활용

1) 공공기관의 빅데이터의 활용방안

빅데이터 환경은 민간과 정부 모두 데이터에 기반을 둔 의사결정이라는 새로운 패러다임으로의 전환을 의미한다. 이러한 관점에서 정부의 빅데이터 전략은 국가의 미래를 좌우할 중요한 이슈이다(정용찬 · 한은영, 2014).

공공부문에서 활용되는 빅데이터란 대용량 데이터를 활용, 분석하여 가치 있는 정보를 추출하고, 생성된 지식을 바탕으로 능동적으로 대응하거나 변화를 예측하기 위한 정보화 기술을 의미한다고 볼 수 있다(국가정보화전략위원회, 2011). 공공부문에 빅데이터 도입은 크게 두 가지 측면의 의미를 가진다. 첫째, 공공부문 빅데이터의 도입으로 인한 행정서비스 패러다임의 변화이다. 공공부문에서 빅데이터의 적용은 새로운 서비스의 창출은 물론 행정서비스 제공의 패러다임의 전환을 가능하게 하고 있으며, 정부 3.0이라는 정부패러다임의 변혁으로 구체화되고 있다. 이러한 정부 의사결정의 구조변화는 기존에 단절된 정보의 제한적 활용으로 인한 의사결정 지원의 한계를 극복하고 향후 분야별 정보의 수평적 융합과 실시간 데이터 분석에 기반을 둔 의사결정에 기여할 수 있게 된다(국가정보화전략위원회, 2011). 둘째, 빅데이터를 활용한 새로운 행정서비스의 활성화 가능성이다. 교통, 산업, 의료, 복지, 치안 등 거의 모든 공공분야에서 빅데이터를 이용한 새로운 서비스들이 소개, 활용되고 있다. 정부 3.0의 패러다임 하에서 개인에 최적화된 서비스의 제공 가능성은 지금까지와는 다른 서비스의 수준과 만족을 제공할 수 있을 것이다.

공공기관에서 빅데이터 주요 정책을 살펴보면 크게 기술적 측면, 제도적 측면, 인식적 측면으로 분류할 수 있다(성욱준, 2016).

첫째 기술적 측면에서 살펴보면 빅데이터 공유와 활용 인프라, 데이터 연계, 빅데이터 운영, 분석기술 등이 있고, 제도적 측면에서 살펴보면 법제도 개선, 추진 역량 강화, 법제도 정비 등을 예로 들 수 있다. 인식적 측면에서는 개인정보 익명성 보장, 인식제고, 시범사업 등 다양한 범위가 있다.

공공부문에서의 빅데이터의 활용범위를 세분화하여 살펴보면 ① 시민의 목소리 이해(VOC), ② 사회 이슈 분석, ③ 기관, 인물 평판 분석, ④ 의료 및 복지 서비스 강화, ⑤ 국가 R&D 전략분석, ⑥ 맞춤형 민원 서비스, ⑦ 교육 정책 및 현안 분석, ⑧ 질병, 전염병 관리, ⑨ 범죄 예방과 대응, ⑩ 금융 감독, 세금 추징, ⑪ 환경 감시 및 대응, ⑫ 교통 상황 관리 및 최적화, ⑬ 도시 관제, 재난 대응, ⑭ 내부 감사, ⑮ 국방 및 국가 안보 등 다양하다(이유택 · 송영조, 2012).

2) 국내 공공기관의 빅데이터 활용 사례

국내 공공기관의 빅데이터 활용 분야를 살펴보면 교통, 과학기술, R&D, 경제, 안전, 의료, 정보제공, 행정민원 등 다양하다. 또한 기관도 다양한 지역과 부서에서 진행되고 있는 것으로 나타났다(표 6-5).

표 6-5 국내 공공부문 분야별 대표적 빅데이터 활용 현황

분야	기관	사업내용
교통	경찰청, 도로교통공단, 광주광역시, 서울시, 경기도 등	맞춤형 위험도로 예보 시스템 구축, 빅데이터를 활용한 광주 시내버스 효율화, 유동인구 빅데이터를 활용한 심야버스 노선 수립 등
과학기술, R&D	미래창조과학부	차세대 메모리 기반의 빅데이터 분석 · 관리 소프트웨어 원천기술 개발, 빌딩 내 기기들을 웹을 통해 연동하여 사용자 맞춤형 최적제어 · 모니터링 서비스를 제공하는 소프트웨어 개발 등
경제	경기도, 서울시, 미래부, 고용부, 중소기업청 등	빅데이터 활용 상권영향분석 조례 추진, 서울시 우리마을가게 상권분석 서비스 등
안전	경기도, 대구광역시, 행정자치부 등	CCTV 사각지대 분석, 방화벽 보안 로그분석 등
의료	국민건강보험공단, 미래부, 복지부, 식약처 등	헬스맵 서비스를 위한 환자 의료이용지도 구축, 심실부정맥 예측, 입원병상 최적화 등 보건의료 서비스 등
정보제공	통계청, 건강보험공단, 교육부, 인천광역시, 한국생산기술연구원 등	빅데이터 활용 국민체감 통계생산(경제 및 물가지수 등), 고객서비스 향상을 위한 정보 시스템 고도화사업, 빅데이터 활용 스마트 뉴스 모바일 앱 개발 등
행정민원	광주광산구, 서울, 부산, 경상북도, 통계청 등	시민 맞춤형 서비스 사례, 주민 참여형 빅데이터 행정 구현, 빅데이터 활용 스마트 행정 등

자료: 성욱준(2016)의 연구를 정리함.
성욱준(2016), 공공부문 빅데이터 정책 활성화 연구, 한국정책학회보, 25(2), pp. 125-149.

통신부문의 주무기관인 미래창조과학부의 빅데이터 관련 주요 정책을 살펴보면(성욱준, 2016a), 2011년 이래로 지속적으로 관련 정책을 추진하고 있다.

표 6-6 미래창조과학부 빅데이터 주요 정책

시 기	내 용
2011. 11	국가정보화전략위원회, 빅데이터를 활용한 정부 구현(안)
2012. 11	국가정보화전략위원회, 빅데이터 마스터 플랜
2013. 4	미래창조과학부, 빅데이터 서비스 시범사업 추진
2013. 11	미래창조과학부, 과학기술분야 빅데이터 공동활용 종합계획
2013. 12	미래창조과학부, 빅데이터 산업발전 전략
2014. 1	관계부처 합동, 유능한 정부 구현을 위한 빅데이터 활용 확대방안
2014. 1	미래창조과학부, 과학기술/ICT 분야 공공데이터를 활용한 비즈니스 모델 제안
2014. 8	미래창조과학부, (빅) 데이터기반 미래예측 및 전략수립지원 계획, 제2회 정보통신전략위원회 상정/의결
2014. 12	미래창조과학부, 데이터 산업 발전 전략, 제3회 정보통신전략위원회 상정/의결
2016	미래창조과학부, 2016년 연구개발사업 종합시행계획에 따르면 기초연구 정책지원 및 연구사업 추진 효율성을 강화하기 위해 빅데이터 분석을 실시
2016	미래창조과학부, 선도시범사업 - 로밍 빅데이터를 활용한 해외유입 감염병 차단 서비스 - 빅데이터 딥러닝 기술활용 스마트 T-커머스 서비스 개발 - 유가공 업종 제조 생산, 에너지 최적화를 위한 빅데이터 플랫폼 개발 - 딥 러닝 기술 기반의 대용량 제조 데이터 분석 서비스 플랫폼 개발
2016	미래창조과학부, 산업확산사업 - 생명보험 빅데이터 전략모델 개발 및 확산 - 제조업 빅데이터 전략 모델 개발 및 신중

자료: 성욱준(2016), 정보통신기술진흥센터(2016), 미래창조과학부 보도자료 등을 정리함.
성욱준(2016), 공공부문 빅데이터 정책 활성화 연구, 한국정책학회보, 25(2), pp. 125-149.
정보통신기술진흥센터(2016), 미국의 빅데이터 R&D 전략계획, 해외 ICT R&D 정책동향, 2016(12). 정보통신기술진흥센터.
미래창조과학부 보도자료(2016a), ICT 융합 신산업 활성화를 위한 규제혁신 방안.
미래창조과학부 보도자료(2016b), 미래부 NIA, 2016년 빅데이터 시범사업 착수.

2011년 말 국가정보화전략위원회를 중심으로 빅데이터를 활용한 스마트 정부구현(안)을 마련하였고, 2012년에는 방송통신위원회가 IT인프라와 빅데이터를 접목해 글로벌 시장에서 경쟁할 수 있는 토대를 마련하기 위한 정책대안을 내놓았다. 2013년에는 정부 3.0 및 공공기관 합리화 정책 등을 통해 공공데이터의 개방과 활용을 강조하고, 그 제도적 기반으로서 공공데이터의 제공 및 이용 활성화에 관한 법률이 제정·시행되면서 문화 전반에 걸친 빅데이터의 직관적·심미적 정보시각화 시스템 개발을 기획대상 과제로 선정하는 등 공공분야에 있어서 공공데이터 개발을 시작하였다. 2013년 미래창조과학부는 관련 부처와 합동으로 빅데이터 산업 발전전략을 발표하고 2014년에는 빅데이터 기반 미래전략 수립을 선언하였다(정용찬·한은영, 2014).

또한 2015년 정부는 제3차 소비자정책 기본계획을 확정하여 한국소비자원에 접수된 상담 위해 관련 빅데이터를 분석하였다. 분석 결과를 토대로 생애주기별로 소비자 문제를 진단하고, 기업 등이 소비자 분쟁예방과 계획 수립에 활용할 수 있도록 정보를 제공하여 날로 증가하는 새로운 거래분야와 거래환경에서의 소비자 기만행위와 개인정보 침해, 해외 구매 확대에 따른 소비자문제에 근본적·적극적으로 대응하기 위하여 공정거래위원회와 한국소비자원이 정부, 지방자치단체, 공공기관이 제공하는 피해구제서비스를 통합한 소비자 피해구제 종합지원 시스템을 구축하고 표준화된 원스톱 서비스를 구현할 것이라고 발표하였다(최은진, 2015).

우리나라 정부의 빅데이터 전략의 특징과 평가를 살펴보면, 첫째, 정부주도형 정책 수립과 시행으로 다른 정보 선진국에 비해 빅데이터에 대한 정책 반영이 다소 늦었다는 평가에 따라 정부가 직접 주도하는 형태로 정책이 발전하고 있었다. 둘째, 창조경제를 뒷받침하는 공공데이터 개방을 통한 경제발전에 초점을 두었다. 우리나라 정부는 공공데이터의 제공과 이용 활성화 기본계획에서 창조경제를 뒷받침하는 공공데이터 개방으로, 경제적 부가가치 창출과 일자리 창출 확대를 기대효과로 밝혔다. 빅데이터를 비롯한 공공데이터 관련 정책은 아직 초기단계이기 때문에 그 기반을 조성하기 위하여 우선적으로 수요가 많고 산업과 연계가 용이한 데이터의 개방에 초점이 맞춰져 있다. 셋째, 수요, 공급, 인프라의 세 측면을 함께 고려하였다. 빅데이터의 적극적 개방을 통한 초기시장 창출 및 확대라는 수요 측면이 강조되기는 하지만, 산업 육성기반의 확충이라는 공급 측면과 지속발전 가능한 데이터 생태계를 조성하기 위한 인프라 측면도 함께 정책 수단에 반영되어 있다(정용찬 · 한은영, 2014).

한국지역정보개발원 빅데이터부(2016)에서 조사한 지자체 빅데이터 기 추진사업을 살펴본 결과, 2016년 현재 대다수의 지자체가 빅데이터 관련 정책을 추진하였거나 현재 추진하고 있는 것으로 나타났다.

3 … 해외 주요국 공공기관의 빅데이터 활용

인터넷에 기반을 둔 디지털 경제의 확산과 함께 스마트 기기의 급속한 보급으로 데이터가 양산된 빅데이터 시대가 도래했다고 하였다. 스마트워치 등과 같은 웨어러블 기기의 확산은 사물인터넷(IoT)의 활성화와 함께 데이터의 폭증을 예고하고 있으며 데이터는 과거의 석탄이나 석유처럼 산업을 발전시킬 새로운 자산으로 주목받고 있다고 하였다. 미국을 비롯한 주요국이 빅데이터 시대를 맞이하여 공공정보의 전면적인 개방과 데이터 활용을 통한 가치 창출을 국가 전략으로 삼고 새로운 혁신을 도모하고 있는 것이 이러한 이유 때문이라고 하였다(정용찬 · 한은영, 2014).

미국과 유럽은 공공부문 데이터 개방을 확대하고 정부기관의 빅데이터 활용방안을 모색하는 과정에서 기술개발 등 민간의 참여를 유도하여 그 효과가 민간으로 확산되도록 하고 있다. 반면 일본은 초기단계의 빅데이터 시장, 엄격한 개인정보보호 법제도 등으로 인하여 주요 선진국의 빅데이터 시장의 패러다임을 따라잡기 위하여 공공부문은 물론 민간부문에까지 빅데이터 활성화를 위한 직접적 지원방안들을 제시하고 있다(배동민 외, 2013)고 하였다. 주요국의 빅데이터 정책 동향을 살펴보면 공공개방 포털, R&D 개발인력양성, 법제도, 연관산업지원 등으로 살펴보면 [표 6-7]과 같다.

미국 공공기관의 빅데이터 정책 전략을 살펴보면 다음과 같다. 첫째, 미래 빅데이터 특성을 반영한 기술 개발로 차세대 능력을 함양하였고, 둘째, 데이터의 신뢰성 및 더 나은 빅데이터 기반 의사결정을 위한 R&D를 지원하였다. 셋째, 빅데이터

표 6-7 주요국 빅데이터 정책 동향

구 분	미 국	EU	일 본
정책	Big Data R&D Initiative('12년 3월)	Open data strategy ('11년 5월)	Active Data ('12년 5월)
공공개방 포털	data.gov	open-data.europa.eu	openlabs.go.jp
R&D 개발인력 양성	• 6개 기관별 84개 세부 빅데이터 프로그램 • 2억 달러 예산	• 데이터처리기술 R&D 예산지원 • 1억 유로('11~'13년)	• 빅데이터 관련 R&D 지원 • 해석기술 전문가 양성, 신진 연구자, 벤처 대상 테스트베드 개방 • 89.3억 엔 예산('13년)
법제도	• 개인정보보호와 상업적 이용(산업성장) 간 균형 지향 • Opt-out 방식 • 신규 이슈에 대한 논의 중	• 엄격한 개인정보보호 기준준수(Opt-in 방식) • 공공부문 보유 데이터에 대한 개인의 접근권 존중	• Opt-in 방식 • 빅데이터 성장에 따른 개인 개정안 논의 중
연관산업 지원	• Cloud First Policy ('10년 2월) • Federal Cloud Computing Strategy ('11년 2월) • National Broadband Plan('10년 3월)	• the Digital Agenda for Europe('10년 5월) 브로드밴드 기반 확대, 공공기관 클라우드 확산 정책 포함) • Horizon 2020 (ICT R&D 투자를 '15년까지 두 배 확장)	• M2M 등 연관산업육성 • Active Communication 병행(빅데이터 전송기반 인프라 구축)

자료: 배동민 외(2013), 빅데이터 동향 및 정책 시사점, 방송통신정책, 25(10), pp. 37-74.

혁신을 가능하게 하는 사이버 인프라를 구축하고 강화하였다. 넷째, 데이터 공유 및 관리를 촉진하는 정책을 통한 데이터 가치를 향상하였다. 다섯째, 개인정보보호, 보안 및 빅데이터의 수집 · 공유 · 활용의 윤리적 측면의 이해관련 정책을 추진하였다. 여섯째, 국가의 빅데이터 교육 및 훈련 환경을 개선하고 폭넓은 인력을 확충하였다. 일곱째, 정부기관, 대학, 기업, 비영리 단체와의 협력에 의한 빅데이터 혁신 생태

표 6-8 미국 빅데이터 R&D의 7개 전략과 18개 세부 과제

전 략	세 부 과 제
미래 빅데이터 특성을 반영한 기술 개발로 차세대 능력 함양	• 데이터의 크기, 전달/처리 속도, 복잡성에 보조를 맞춘 기술 개발 • 미래에 요구되는 새로운 빅데이터 기술의 방법론 개발
데이터의 신뢰성 및 더 나은 빅데이터 기반 의사결정을 위한 R&D 지원	• 데이터의 신뢰성과 타당성을 제고시켜 더 나은 결과 도출 • 데이터 기반 의사결정을 지원하는 도구 개발
빅데이터 혁신을 가능하게 하는 사이버 인프라 구축 및 강화	• 국가 데이터 인프라 강화 • 빅데이터에 대한 응용과학 사이버 인프라 역량 강화 • 유연하고 다양한 인프라 지원
데이터 공유 및 관리를 촉진하는 정책을 통한 데이터 가치를 향상	• 데이터 투명성과 효용성을 증가시키는 메타데이터의 모범 사례 개발 • 데이터 자산에 효율적이고 지속적이며 안전한 접근을 제공
개인정보보호, 보안 및 빅데이터의 수집·공유·활용의 윤리적 측면의 이해	• 올바른 개인정보보호 • 안전한 빅데이터 사이버공간 구축 • 데이터 거버넌스를 위한 정보윤리 이해
국가의 빅데이터 교육 및 훈련 환경 개선, 폭넓은 인력 확충	• 데이터 과학자의 양성 • 데이터 영역 전문가 커뮤니티 확장 • 데이터 사용이 가능한 인력 확충 • 공공의 데이터 활용 역량 개선
정부기관, 대학, 기업, 비영리 단체와의 협력에 의한 빅데이터 혁신 생태계 지원	• 기관 간 빅데이터 협력 장려 • 빠른 대응과 영향력이 측정이 가능한 정책과 정책 추진 프레임워크 구축

자료: 정보통신기술진흥센터(2016)과 미국 NITRD(2016)의 자료를 정리함.
정보통신기술진흥센터(2016), 미국의 빅데이터 R&D 전략계획, 해외 ICT R&D 정책동향, 2016(12), 정보통신기술진흥센터.
미국 NITRD(2016), The Federal BIG DATA Research and Development Strategic Plan, 2016. 5.

계를 지원하였다(정보통신기술진흥센터, 2016; 미국 NITRD, 2016).

미국 정부는 2012년 3월 빅데이터 R&D 이니셔티브(Big Data R&D Initiative)를 발표하고, 총 2억 달러(약 2,200억원)를 투자하여 빅데이터 수집, 저장, 보관, 관리, 분석, 공유를 위한 첨단 기술 개발과 필요 인력 양성계획을 추진하는 등 적극적으로 정책을 실시하였다.

미국 정부의 빅데이터 전략의 특징과 시사점을 살펴보면 다음과 같다(배동민 외, 2013).

첫째, 미국 정부의 빅데이터 전략은 연구개발을 통한 핵심기술 확보이다. 대통령 과학기술자문위원회(PCAST)가 2010년 12월 대통령에게 보고한 디지털 미래 디자인(Designing a Digital Future)의 핵심 내용은 빅데이터 관련 기술 투자 필요성이었다. 연방 기관들이 추구해야 할 빅데이터 전략도 데이터를 지식으로 전환하고, 이를 행동으로 이어지도록 촉진시키기 위한 핵심 기술 갭에 중점을 두어야 함을 강조했다. 대통령실 과학기술정책국(OSTP)이 2012년 3월 발표한 빅데이터 연구개발계획(Big Data Research & Development Initiative)은 주요 부처의 빅데이터 관련 예산 집행 우선순위가 연구개발에 있음을 시사한다.

둘째, 각 부처가 추진하는 연구개발 활동을 관리하기 위한 전담 조직 구성이다. 대통령 직속 과학기술정책국(OSTP)은 부처별로 추진 중인 빅데이터 연구개발 계획을 전담하며, 후속 프로젝트 등을 총괄 관리하였다. 국가 차원의 빅데이터 정책과 연구개발의 추진을 위해 빅데이터 고위운영그룹(BDSSG: big data senior steering group)을 구성하였다. 빅데이터 고위운영그룹은 대통령실 과학기술정책국과 연방 부처, 기관 등 관련 조직 간의 유기적인 협력 체계 구축을 담당하였다.

셋째, 빅데이터 연구개발 프로젝트 수행을 통한 전문 인력 양성이다. 별도의 프로그램 마련이 아닌 각 부처의 연구개발 프로젝트 수행 과정을 통해 빅데이터 전문가 양성을 도모하였다.

넷째, 빅데이터 활용 과정에서 정보 약자 보호를 위한 배려이다. 스마트폰 애플리케이션을 활용한 공공서비스의 제공은 스마트폰 비보유자에게는 새로운 유형의 차별로 작용하므로 취약계층을 보호하기 위한 방안 마련을 강조하였다. 또한 비미국 시민에 대한 프라이버시 보호 확대 등 국적에 관계없이 프라이버시가 보호될 수 있는 환경 조성에 노력하였다.

다섯째, 빅데이터 활용 촉진을 위해 개인정보 유출 등의 위험을 최소화하기 위한 노력을 강조하였다. 최근 발표된 '빅데이터: 기회 포착과 가치 보호'는 그동안 제기된 개인정보보호에 대한 종합적인 대책을 제시하였다. 빅데이터 기술을 통한 이익의 극대화와 개인정보보호라는 시민 가치의 보호를 조화시키는 방향으로 빅데이터 정책을 추진하였다. 특히 소비자 프라이버시, 데이터 남용법(national data breach legislation)의 통과, 전자 커뮤니케이션 프라이버시 법(ECPA: electronic communications privacy act) 개정 등 개인 정보와 프라이버스 보호를 위한 법률 제정과 개정을 권고사항으로 제시하여 실행력 있는 보호 조치를 강조하였다.

영국의 빅데이터 관련 정책을 살펴보면 다음과 같다. 각국의 정책을 살펴보면 영국 정부는 2012년 ODI(open data institute)를 설립하고 5년간 1,000만 파운드(약 180억원)의 정부 예산을 지원하여 정부 데이터 활용을 위한 민간협력을 추진 중이었다. 영국 정부는 내각사무국의 오픈데이터 정책 선도와 빅데이터에 대한 수요와 공급 전담 체제를 구축하였다(한국산업기술진흥원, 2016; 장병열 외, 2013).

첫째, 영국의 내각사무국은 정부 데이터 공개를 촉진하고 정부 업무가 더 투명성 있게 진행되도록 하는 것을 주요 업무의 하나로 삼고 있다. 공공데이터그룹(PDG: public data group)과 데이터전략위원회(DSB: Data Strategy Board)가 데이터의 공급자와 고객의 기능을 분리하여 수행하였다.

둘째, 데이터 개방 의무화(open data by default)이다. 각종 정책을 통해 데이터 개방을 적극 추진하였다. 공공데이터뿐만 아니라 기업들이 보유한 소비자 정보를 소비자들에게 다시 제공하도록 하는 정책을 발표하였다(Better Choices, Better Deals, 2013). 영국은 공적 자금을 받는 연구 데이터에 대해서도 액세스를 개선하여 공개하도록 하고, 연구자들이 논문과 기타 작업에 대한 대규모 분석을 수행할 수 있도록 하는 텍스트 마이닝과 데이터 마이닝을 가능하게 하여 비상업적 연구를 지원하고 있다.

셋째, 빅데이터 전문 인력 양성을 위한 교육 개혁이다. 데이터 역량 강화전략(A strategy for UK data capability)을 통해 빅데이터 전문 인력(human capital) 확보를 강조하였다. 영국은 초 · 중등 교육에 대한 정부 개혁을 통해 진학 및 데이터 분석직업에

표 6-9 영국의 빅데이터 관련 정책

국 가	내 용
영 국	**투명한 오픈데이터 정책** • 단일 국가가 생산한 정보량으로는 세계 최대 규모의 공공기록을 보유함 • 빅데이터 자원 개발을 통해 시민의 삶을 향상시키는 다양한 미래기술 및 서비스가 생겨날 것으로 예상하며, 통계정보를 시범으로 공공정보의 빅데이터화 사업을 추진함 - 의료, 기후 등 다양한 분야의 정보를 개방하여 민간의 접근 허용을 시도할 계획 • 영국 데이터정책의 핵심은 오픈데이터 정책으로 국민들로 하여금 영국 정부와 부처의 상과를 이해할 수 있도록 하는 민주적 책임성을 강조함 • 영국의 내각사무국을 중심으로 투명한 오픈데이터 정책을 추진 중임 - 2000년 11월 Freedom of Information Act 200을 제정하여 공공기관 소유 정보에 접근할 수 있는 국민의 권리를 보장함 - 2012년 Open Data Strategy를 통해 교육, 의료, 고용, 세금, 날짜 데이터를 2015년까지 순차적으로 개방하는 것을 발표함 • 2012년 3월 공공부문 정보 접근성 향상을 위해 데이터 전략위원회 설립함 • 2013년 2월 데이터전략위원회(DSB)의 공공 정보개방과 더불어 디지털 인프라 구축, 전문 인력 양성, 법제도 마련, 데이터 테스트베드 구축 등의 데이터 정책 실현을 위한 구체적 과제를 제시함 • 2013년 10월 A strategy for UK data capability를 발표하여 추가적 조치들을 보고하며, 영국의 데이터 활용능력을 강화할 것을 확고히 함 • 최근 국가통계청(ONS: office for national statistics)이 추진하는 빅데이터 허브 구축 사업에 1,000만 파운드의 정부예산을 지원함 - 통계청이 보유한 모든 통계를 디지털화하고 최적의 분석 SW를 적용해 기업 또는 개인 누구나 활용할 수 있도록 함

자료: 한국산업기술진흥원(2016)과 장병열 외(2013)의 자료를 정리함.
한국산업기술진흥원(2016), 미국의 빅데이터 산업 육성정책, 글로벌 기술협력기반육성사업 심층분석보고서.
장병열 외(2013), 빅데이터 기반 융합 서비스산업 창출방안, 과학기술정책연구원.

필요한 필수적인 기술인 컴퓨팅 및 과학에서 우수 능력을 지닌 학생을 배출시키려고 한다.

넷째, 오픈데이터를 통한 혁신, 경제성장 도모이다. 영국은 공공 부문 정보를 오픈함으로써 이를 활용한 다양한 비즈니스 혁신 창출과 경제성장을 도모하고 있다.

영국의 기업 및 조직, 특히 중소기업이 ICT 활용 능력을 향상시킴으로써 온라인 거래를 할 수 있게 되고 국내외 시장에서 매출이 증대할 것으로 기대한다. 오픈데이터 챌린지 시리즈(open data challenge series), 혁신 바우처(innovation vouchers) 등을 통해 지원하고, 오픈데이터 연구소(open data institute)를 통한 스타트업을 육성하였다.

EU의 빅데이터 관련 정책은 금융 분야 중심의 오픈 데이터 정책을 추진하고 있으나 브렉시트 이후 변화가 예상된다. 금융 분야 중심으로 공공부문의 데이터가 공개되고 있고, Horizon 2020 연구혁신 프로그램의 일환으로 혁신기술을 위한 사업을 추진 중이다. 하지만 브렉시트로 인해 EU의 데이터 정책이 변동될 수 있을 것으로 예측된다(표 6-10).

표 6-10 EU의 빅데이터 관련 정책

국 가	내 용
EU	• 금융 분야 중심 오픈데이터 정책 및 브렉시트 이후 변화 예상 • EU는 금융 분야 중심으로 공공부문의 데이터 공개가 이뤄지고 있음 - 영국이 EU에 포함되어 있을 때의 영향으로 EU 역시 오픈데이터 중심의 정책 • Horizon 2020 연구혁신(research and innovation) 프로그램의 일환으로 빅데이터 혁신 기술 발굴을 위한 사업을 추진 중 • 2014년을 유럽진행위원회(EC)는 빅데이터 가치연합(BDVA)과의 민관협력 사업을 추진키로 협의 - 사업 예산 25억 유로를 투자. 데이터 주도 경제 방안을 공표한 이래 본격적으로 도출된 EU의 정책결과물 - 빅데이터 활용의 민관협력으로 맞춤형 의료, 식자재 유통, 농작물 수확 예측 분석 등을 포함한 에너지, 제조, 헬스케어 분야 등에 투자할 전망 • 브렉시트로 인해 EU의 데이터 정책이 변동될 수 있을 것으로 보임 - 시장 조사 업체인 가트너에 따르면 브렉시트는 IT 시장에 데이터 프라이버시 문제와 관련해 일정수준의 혼란을 초래할 전망이며, 최악의 경우 데이터관리 정책을 재검토해야 한다는 분석

자료: 한국산업기술진흥원(2016), 미국의 빅데이터 산업 육성정책, 글로벌 기술협력기반육성사업 심층분석보고서.

일본의 빅데이터 관련 정책을 살펴보면, 2013년 6월 일본 총리 직할 회의체인 고도정보통신 네트워크 사회 추진 전략본부에서 IT 국가 창조 선안 전략을 마련하였다. 총무성에서는 2012년 정보통신심의회 산하에 빅데이터 활용에 관한 특별 그룹을 설립 후 운영하고 있고, 문부과학성에서는 2005년부터 2010년까지 정보 폭발 프로젝트를 진행하였다. 경제산업성은 2007년에서 2009년 정보대항해 프로젝트를 진행하는 등 주요 정책을 추진하고 있다(장병열 외, 2013).

표 6-11 일본의 빅데이터 관련 정책

국 가	내 용
일 본	• 2013년 6월: 일본 총리 직할 회의체인 고도 정보 통신 네트워크 사회 추진 전략본부(IT 전략본부)에서 세계 최첨단 IT 국가 창조 선안 전략 마련, 빅데이터 활용 촉진을 주요 전략으로 포함 • 총무성: 2012년 정보통신심의회 산하 빅데이터 활용에 관한 특별그룹 설립 및 운영 - 2012년 5월 빅데이터 활용 기본전략 발표 - 2012년 7월 액티브 일본 실현을 위한 5대 추진전략 중 하나로 빅데이터 이용과 활용에 의한 사회경제 성장을 포함 - 빅데이터 관련 신규시장 창출을 위해 2013년 89.3억 엔 예산 투입 - 2013년 정보통신 백서: 빅데이터 유통량 추정(2005년 42만 TB → 2012년 221만 TB), 사례에 기반을 둔 빅데이터 경제효과 추정, 총 7조 6,772억 엔 - 2013년 6개의 시작 연구개발 프로젝트 중 견고한 빅데이터 활용 기반 기술의 연구개발 포함 • 문부과학성: 2005~2010년 동안 정보폭발 프로젝트 진행 - 폭증하는 다양한 정보로부터 필요정보를 추출하는 기술 등 개발 목표 - 네 가지 연구항목: 정보폭발 시대의 정보관리, 융합, 활용기관연구, 정보 폭발시대의 안전, 안심 IT시스템 기반 연구, 정보 폭발 시대의 인간 커뮤니케이션 기반연구, 정보 폭발 시대의 지식사회 형성 거버넌스 연구 - 학술지 투고 논문 1,041건, 국제회의 발표 논문 1,710건 • 경제산업성: 2007~2009년 정보대항해 프로젝트 진행 - 정보의 종류에 관계없이 많은 정보 중에서 원하는 정보를 정확하게 검색, 분석하는 일반적인 기술 개발 목표 - 개발 공통기술 56건, 특허 출원 20건, 상용화실적 100건

자료: 장병열 외(2013), 빅데이터 기반 융합 서비스산업 창출방안, 과학기술정책연구원.

표 6-12 중국의 빅데이터 관련 정책

국 가	내 용
중 국	• 세계 데이터의 중심 국가를 목표로 빅데이터 산업 집중 육성 • 국내 데이터 규모와 관심의 지속적 증가에 따라 전 세계 데이터의 중심국으로 부상하겠다고 선언 - 제2회 중국 빅데이터 산업 및 중국 전자상거래 혁신발전포럼에서 2020년 중국이 세계 데이터의 중심이 될 것이며 앞으로 5년간 중국 빅데이터 산업은 연평균 50%를 웃도는 성장세로 보일 것이라고 강조 • 최근 중국정보통신연구원 중심 민간기업 대상 빅데이터 활용 현황 조사 및 확대방안을 수립 • 빅데이터 R&D을 위한 정부의 재정적 지원 요구와 정부의 공공정보 데이터 개방 요구를 파악하여 이에 맞춘 정책 추진을 계획 • 중국 13.5 규획(2016~2020년) 정책에서 빅데이터 산업을 집중육성 대상으로 지정 - 핵심 산업으로 육성할 계획 - 정책 지원 이외에도 정부 차원의 프로젝트를 통해 빅데이터 산업 발전을 추진 중

자료: 한국산업기술진흥원(2016), 미국의 빅데이터 산업 육성정책, 글로벌 기술협력기반육성사업 심층분석보고서.

중국의 빅데이터 관련 정책을 살펴보면 다음과 같다. 국내 데이터 규모와 관심의 지속적 증가에 따라 전 세계 데이터의 중심국으로 부상하겠다고 선언하였다. 제2회 중국 빅데이터 산업 및 중국 전자상거래 혁신발전포럼에서 2020년 중국이 세계 데이터의 중심이 될 것이며 앞으로 5년간 중국 빅데이터 산업은 연평균 50%를 웃도는 성장세로 보일 것이라고 주장하였다. 최근 민간기업 대상 빅데이터 활용 현황 조사 및 확대방안을 수립하였고 빅데이터 R&D를 위한 정부의 재정적 지원 요구와 공공정보 데이터 개방 요구를 파악하여 정책을 추진할 것이라고 하였다(한국산업기술진흥원, 2016).

위와 같이 해외 주요국은 공공기관 차원에서 빅데이터 관련 정책을 이미 추진하였고, 앞으로도 적극적으로 추진될 것으로 전망된다.

4 … 사례 찾고 공유하기

빅데이터 활용 사례를 살펴보면 다음과 같다.

- 미국 보스턴 시는 시민들의 스마트폰에 설치된 어플리케이션인 스트리트 범프를 통하여 수집된 정보를 분석하여 도로 유지 보수의 효율성을 증대하고 사고를 방지하였다.
  - 뉴욕 주의 시라큐스(Syracus) 지역은 Smarter City 프로젝트를 통해 부동산 정보를 공유하여 주택난 해소에 일조하였다.
  - 미시간 주의 IT부는 자체적으로 공공데이터 저장소를 구축하여 시민들에게 공개하는 등 빅데이터 생태계 구축에 기여하였다.
- 영국은 스마트계량기를 통해 30분에 한 번씩 수집되는 에너지 사용 데이터를 분석하여 공급자는 수요 공급 예측, 수요자는 제공되는 보고서를 통해 에너지 소비절약을 도모하였다.
- 서울시는 KT 통화량 통계자료 30억 건, 서울시의 교통데이터를 분석하여 최적의 심야버스 노선을 발굴하여 효과적 대중교통 이용을 통한 시민의 교통비용 절감하고, 심야시간대 안전귀가 보장에 일조하였다.

자료: 정용찬 · 한은영(2014), 빅데이터 산업촉진전략연구-해외 주요국 정부 사례를 중심으로, 정보통신정책연구원.

서울시 심야버스

서울시는 KT의 통화량 통계데이터와 서울시가 보유한 교통 데이터를 융합하고 분석하여 심야버스 노선을 개설하였다. 헥사곤을 활용하여 유동인구 및 교통 데이터의 분포 패턴 시각화 및 분류 방법과 KT에서 제공된 일별/시간대별 빅데이터를 통해 유동인구가 밀집해 있는 지역을 파악하였고, 심야택시 승하차 데이터를 바탕으로 특정 지역의 교통 수요를 파악하였다. 시각화된 유동인구를 노선과 요일 패턴을 분석하여 최적의 시스템으로 운행하고 있다.

자료: 한국산업기술진흥원(2016), 미국의 빅데이터 산업 육성정책, 글로벌기술협력기반육성사업 심층분석보고서.

한국석유공사, 국내 유가 예보 서비스를 통한 비즈니스 최적화

- 국제 정세에 따른 국제 유가의 변동 폭이 매우 크고 선진국에 비해 높은 성장률을 보이는 비 OECD 국가를 중심으로 세계 원유 수요의 증가를 파악하고 금융환경변화에 의한 유가변동 파악의 필요성이 증가하였다.
- 한국석유공사는 2011년 말, 데이터 분석 전문기업인 SAS와 협력하여 유가예보 시스템을 개발하고 '오피넷' 웹서비스를 통해 국내 1,300여 개의 주유소로부터 수집된 휘발유 가격정보를 제공하였다.
  - 부가통신사업자(VAN)와 함께 주유소 카드 단말기 결제 시스템을 통해 하루에 6차례 수집하였다.
  - 사업자가 관련 사업을 하기 위해서는 관련 정보를 석유공사에 제공하도록 석유 및 석유대체연료사업법 개정(2009년)하였다.
- 빅데이터로 예측한 1주일 뒤의 유가와 실제 유가 비교가 가능하다.
  - 국제유가를 기반으로 국내 정유사와 주유소의 판매가격을 추정하는 예측모델을 개발하고, 국내 유가예보 서비스를 통해 소비자들은 주유소별 휘발유 및 경유의 예상 판매가격을 확인한 후 직접 주유소를 선택하여 유류 구입 가능하다.
- 유가변동에 영향을 주는 다양한 변수를 고려한 국제, 국내 유가 및 예측하였다.
  - 사용자 및 차량중심으로 최저가의 유가 서비스를 제공 가능하고, 국제 유가에 민감한 국내 물가 안정에 기여하였다.

자료: 윤미형 · 권정은(2012), Big Data 글로벌 10대 선진사례: 빅데이터로 세상을 리드하다, 한국정보화진흥원.

국민건강보험공단 국민건강 알람서비스

국민건강보험공단은 전 국민 건강보험 빅데이터를 활용해 전국 16개 시도 및 252개 시, 군, 구별로 5개 감염병(감기, 눈병, 식중독, 피부염, 천식)의 위험도(관심, 주의, 위험)를 예측해 알려주는 서비스를 제공하고 있다. 건강보험 개인 진료기록(건보공단)과 기온, 습도, 기압 등 기후 자료(기상청), 미세먼지, 오존, 황사 등 대기오염 자료(환경부), 식중독 발생 신고 정보(식약처), 인터넷 검색어 및 SNS 정보 등 여러 데이터를 분석해 해당 감염병의 당일 혹은 2일 내 발생 전망을 예측하고 있다.

기존 웹사이트 기반 서비스에서 2017년부터는 스마트폰 등 모바일 기기를 활용해 서비스의 접근성을 높이고 불특정 다수를 대상으로 한 시, 군, 구별 집단 알람에서 질환별 개인 알림 서비스로 맞춤화한 것이라고 밝혔다. 알람 대상 질병도 기존 감영성 질환에서 기온이나 미세먼지 등 환경 요인에 의해 위험도가 올라가는 만성질환자의 뇌혈관(뇌경색, 뇌출혈), 심혈관질환(급성관상동맥증후군, 심근경색) 발생 가능성을 예측하는 서비스로 확대한다고 밝혔다.

국민건강보험공단은 모바일 예측 및 알람 서비스 모델을 지난해 말 개발했다. 빅데이터 운영실은 1년간 시범사업을 통해 예측 모델의 정확도를 검증하고 문제점을 보완한 후 2018년 하반기부터 전체 고혈압, 당뇨병 환자 822만 명(2015년 기준)을 대상으로 서비스를 확대할 계획이라고 말했다.

자료: 한국산업기술진흥원(2016), 미국의 빅데이터 산업 육성정책, 글로벌기술협력기반육성사업 심층분석보고서.

서울대학교

서울대학교는 2014년 4월 빅데이터를 기반으로 하는 데이터연구원을 출범시키고 빅데이터 최신 분석 기법과 도메인 지식을 접목시킨 교육 프로그램을 통해 데이터 분석에 기반을 둬 문제를 해결하는 능력을 갖춘 융합적 데이터 사이언스 전문 인력을 양성하는 데 목적을 두고 있다.

빅데이터 전문성에 기반을 둬 21세기 글로벌 시대의 문제들을 해결하기 위하여 창조적 미래 연구 과제들을 수행하고 빅데이터 혁신을 선도할 융합적 인재양성을 비전으로 하고 있다.

빅데이터 연구원은 커리큘럼을 개발하고 교육 분석 기술 분야 및 빅데이터 인사이트 분야를 설정하여 이 두 분야의 병행 교육을 지향하고 있다. 인사이트 교육 영역에는 개인정보보호 관련 항목이 포함되어 있다. 개인정보보호와 충돌할 가능성을 인지하는 것으로 데이터를 분석하는 기술력과 그것을 통해 유의미한 가치를 산출해 낼 수 있는 통찰력을 의미한다.

자료: 김영옥(2016)과 서울대학교 빅데이터연구원 홈페이지(2017)를 정리함.
김영옥(2016), 빅데이터 관련연구의 현황과 한국 유아교육학의 과제, 유아교육연구, 36(6), pp. 181-206.
서울대학교 빅데이터연구원 홈페이지(2017), http://bigdata.snu.ac.kr

충북대학교

충북대학교는 대학에서 이루어지는 여러 행위나 실적, 흩어져 있는 데이터를 수집하여 교육인증원을 2012년 3월에 설립하였다. 해마다 대학 내 학과의 인증을 부여하고 교육성과 분석 및 피드백 전담 조직의 필요성이 대두되어 2015년 교육인증원 주도의 정보시스템 구축을 시작하였다. 교육 분야에서의 빅데이터 활용은 학업관리 지원(학업성과 데이터 활용), 학생생활지원(SNS 등 학업 외 데이터 활용), 접근성 확대(모바일과 정보통신 기술 활용)로 구분되어 있다. 학업성과활용은 애리조나 주립대학의 e-advisor system을 적용하여 온라인 강의 수강정보, 시험점수, 클릭경로 정보를 기반으로 학생 개인 학습성과 모니터링, 이해도에 따른 수준별 수업 제안, 학습진도 관리가 가능하다. 학업 외 활용은 플로리다 대학 사례를 적용하여 Social Media의 학생참여를 유도하고 대학 내 정보 공유 및 의견 수렴을 함으로써 의사결정에 많이 참여하도록 돕는다.

주요사업은 자체인증 및 컨설팅을 통한 교육의 질 관리 및 질적 수준 제고 지원, 외부평가, 인증을 위한 자료, 정보의 수집, 분석, 활용체계 구축, 학내 교육 질 관리 관련 조직간 연계, 협력을 통한 TQM(Total Quality Management) 시스템 구축, 교육 인증 및 효과성 평가, 분석을 위한 전문 인력의 확보 및 양성과 교육 프로그램 교수, 학습과정, 교육효과성, 자원 등 BIG DATA 분석 등이 있다.

자료: 김영옥(2016)과 충북대학교 교육혁신원 홈페이지(2017)를 정리함.
김영옥(2016), 빅데이터 관련연구의 현황과 한국 유아교육학의 과제, 유아교육연구, 36(6), pp. 181-206.
충북대학교 교육혁신원 홈페이지(2017), http://iea.cbnu.ac.kr

생각해 볼 문제

1. 앞으로 빅데이터 산업의 활성화를 위하여 정부가 주요 쟁점으로 삼아야 할 사항은 무엇인지 생각해 봅시다.
2. 기업이 빅데이터를 비즈니스에 활용할 수 있는 방안이 무엇인지 생각해 봅시다.
3. 현재 정부가 실시하고 있는 빅데이터 관련 정책을 찾아보고, 그 장단점을 논해 봅시다.
4. 해외 주요국의 빅데이터 정책 중 우리나라에 도움이 될 만한 사례를 찾아보고, 우리나라에 적용할 수 있는 부분이 무엇이 있는지 생각해 봅시다.
5. 학생들의 복지 증대를 위하여 대학에서 빅데이터 활용방안을 생각해 봅시다.

제 III 부

빅데이터 분석과 소비자

도입

일반 소비자뿐만 아니라 정부와 기업에게 빅데이터가 새로운 활용가치와 성과를 가져올 것이라고 대두된 이유 중 하나는 기술의 발달로 다량의 데이터를 수집하고 저장하는 방법이 발달하였기 때문이다. 그런데 이 부분에서 간과한 내용이 있는데 아무리 많은 데이터가 있어도 제대로 분석하지 않으면 데이터에서 적절한 가치와 성과를 도출하기는 쉽지 않을 것이라는 것이다.

빅데이터를 제대로 수집, 저장하고 분석하여 데이터로부터 주요한 가치를 도출하여 적절한 성과를 이루어 내려면 무엇보다도 과학적인 분석설계와 데이터 과학자의 분석 능력이 요구된다.

이에 제 7 장에서는 빅데이터 분석을 위해서 어떤 능력이 필요하고, 어떤 단계를 거쳐서 분석을 하여야 하는지 알아보고자 한다.

1 … 빅데이터의 창조와 성과

최근 ICT 분야는 물론 전 산업에 걸쳐 빅데이터에 대한 관심이 증대되면서, 시장의 긍정적 징후와 함께 다양한 활용 사례가 등장하였다. 세계 시장에서 빅데이터는 단순한 열풍에서 가치가 입증된 기술로 변모되고 있으며, 빅데이터와 예측분석 솔루션을 이용하여 데이터의 가치를 최적화하려는 움직임 또한 활발하다. 또한 아직도 주변에서 관찰되는 빅데이터 기반의 성과는 빙산의 일각이며(김창수 · 송민정, 2014),

앞으로 그 가치가 더욱 높아질 것이라고 하였다.

이러한 현상은 비단 국내만의 현상은 아니며 세계 주요국에서도 유사한 현상이 나타나고 있다. 예를 들면 OECD의 성장과 웰빙을 위한 데이터 주도 혁신(Data-Driven Innovation, DDI)에 관한 보고서(2015)를 살펴보면 글로벌 경제위기 이후의 경제성장 저하 및 높은 실업률 완화를 위한 신성장 동력으로 지식기반자본(Knowledge-Based Capital, 이하 KBC)을 주목하고 있다고 하였다. 지식기반자본은 3대 무형자산으로 분류되는데 전자화된 정보, 특히 디자인 등의 지적재산권, 기업의 경제적 역량과 함께 가치 발굴의 원천인 디지털 데이터와 정보 분석을 주요 자산이라고 하여 분석능력의 중요성을 거론하였다. 또한 이에 대한 투자는 글로벌 가치사슬에서 더 많은 부가가치를 확보하게 하여 미국, 일본 등 해외에서도 비중이 확대되고 있다(황미진, 2015)고 하였다.

정보통신산업진흥원(2014)은 미국 공공부문의 빅데이터 도입 정책에 대한 평가와 성과 제고를 고려하는 요인을 분석하면서, 빅데이터는 대량의 데이터를 새로운 경쟁력 확보의 수단으로서 상정한 민간부문의 주도로 성장 및 발전하였다고 주장하였다. 특히 민간 기업들은 고객 정보 등 대량의 데이터를 빅데이터 기술로 관리 및 분석하고 이를 데이터 기반 의사결정과 환경 및 수요예측 등에 활용해 실질적인 성과를 도출하였다고 하였다. 또한 공공부문의 성공적인 빅데이터 도입을 위한 고려 요인을 모색하면서 향후 공공부문에서 빅데이터 프로젝트를 원활하게 추진하기 위해서는 세 가지 단계와 각 단계별 절차를 고려해야 한다고 제언하였다. 첫 번째 단계는 빅데이터 프로젝트를 개념화하는 계획 단계로서 성공을 위한 플랫폼을 구축하고 이해 관계자들이 관련 내용을 명확하게 이해할 수 있도록 인지시켜 원활한 프로젝트 추진의 기반을 마련하는 단계인데 이 단계에서 빅데이터 프로젝트를 전개하기 전에 추진 과정 및 최종 성과를 평가할 지표를 개발하여야 한다고 하였다. 실행단계는 프로젝트 추진 인력의 지속적인 관심 및 조직의 효율성을 유지하는 단계이고 마무리 단계는 성과를 평가하고 장단점을 분석해 차기 프로젝트를 준비하는 단계(정보통신산업진흥원, 2014; IBM Center for The Business of Government, 2014)라고 주장하여 성과의 중요성을 거론하였다.

표 7-1 공공부문 빅데이터 프로젝트 성공을 위한 단계

단 계	내 용
계 획	• 프로젝트를 개념화하고 필요한 재원을 마련 ① CIO들이 빅데이터에 대한 개념과 관련 산업 및 법제도 현황 이해 ② 타 공공 기관은 물론 연구기관, 싱크탱크, 교육기관, 민간의 전문가들의 협력 관계를 확보하는 것이 필요 ③ 추진할 빅데이터 프로젝트가 추구하는 핵심 가치 또는 목표를 명확히 설정하고, 확대 가능한 새로운 가치나 기회의 범위를 세부적으로 파악 ④ 여러 가지 빅데이터 프로젝트 가운데 가장 단순한 프로젝트부터 선별적으로 추진 ⑤ 조직의 중간 및 최종 관리자와 같이 프로젝트 추진을 뒷받침해 줄 스폰서 등 전략적 지지층을 확보 ⑥ 공공 기관의 프로젝트인 만큼, 사생활 침해를 방지하기 위한 데이터 활용 정책을 사전에 확립하는 것은 가장 중요한 사안 ⑦ 빅데이터 프로젝트의 기술, 사업, 정책적 측면을 지원할 전문가들로 구성된 워킹그룹이나 전담반(Taskforce)을 조직 ⑧ 프로젝트 진행 과정에서 예상 가능한 저항 또는 장애물을 파악하고 이에 대한 대책을 미리 마련 ⑨ 빅데이터 프로젝트를 전개하기 전에 추진 과정 및 최종 성과를 평가할 지표를 개발 ⑩ 위험 완화 계획도 사전에 설계
실 행	• 프로젝트 추진 인력의 지속적인 관심 및 조직의 효율성을 유지 ⑪ 빅데이터 프로젝트의 실행 중에는 프로젝트 성과를 표시하는 대시보드 등을 활용해 프로그램의 추진력을 유지 ⑫ 데이터 공유 과정에서 지속적인 협력, 의사소통, 피드백을 교환하는 등 커뮤니케이션을 활성화 ⑬ CIO는 프로젝트를 진행하는 동안 처음에 명시했던 프로젝트 취지를 일관적으로 유지 ⑭ 특정한 기술 자체에 주의를 빼앗기지 않고 데이터를 활용한 목표 달성에 프로젝트의 초점을 유지 ⑮ 프로젝트 추진에 필요한 투자 및 재원 부족 등 프로젝트 진행에 중대한 문제가 발생했을 경우에는 필요에 따라 과감하게 중단 및 철회를 결정하는 것이 오히려 피해를 최소화하는 방책

마무리	• 성과를 평가하고 장단점을 분석해 차기 프로젝트를 준비 ⑯ 프로젝트의 전 과정을 되짚어 봄으로써 성과나 과오 등을 평가하고 프로젝트 영향력을 분석 ⑰ 평가 결과를 바탕으로 차기 프로젝트를 선정

자료: 정보통신산업진흥원(2014)과 IBM Center for The Business of Government(2014)의 내용을 정리함.
정보통신산업진흥원(2014), 미국 공공부문의 빅데이터 도입 정책에 대한 평가와 성과 제고를 위한 고려 요인, 해외 ICT R&D 정책동향, 2014(2), 정보통신산업진흥원.
IBM Center for The Business of Government(2014), Realizing the Promise of Big Data, 2014. 2. 9.

빅데이터의 가치와 성과는 빅데이터 자체가 아니라 빅데이터의 활용 내지 사업화 능력으로 보는 관점도 있다. 즉 빅데이터의 핵심을 데이터의 활용 내지 사업화로 보는 것이다. 빅데이터의 사업화는 단순한 데이터의 저장과정이 아니라 이를 분석하는 과정이 중요하며, 더 나아가 분석규칙에 따라 추출된 제2차 데이터를 관련자 등에게 판매하는 것이 빅데이터에 있어서 활용 내지 사업화라고 할 수 있다(김재경, 2014).

일반적으로 정보 시스템 성공 모형은 정보 시스템 사용이 개인에게 영향을 주고 그것은 결국 조직의 성과까지 연결되는 의미를 가지는데 데이터 품질관리가 개인에게 영향을 미치고 결국 조직의 성과로서 조직의 데이터 품질관리 성숙수준과 연결된다는 맥락으로 이해할 수도 있다고 하였다. 또한 이 모형은 데이터 품질관리를 통해 데이터 품질이 향상되면 더 많은 데이터 활용과 사용자 만족에 영향을 주어 긍정적인 성과를 얻을 수 있다고 하여(DeLone & McLean, 1992; 강덕희, 2012; 안희정, 2015), 데이터 품질의 향상과 활용이 중요하다고 하였다.

빅데이터는 전통적인 소량의 정제화된 데이터와 다르게 1단계는 데이터를 제어하기 어려운 단계인 카오스 단계를 거친다. SNS, 트위터 등 실시간으로 대량으로 쏟아지는 데이터는 일정한 연구 설계에 정제화된 데이터와는 다르게 사용할 만한 데이터를 거의 가지고 있지 않은 단계이다. 제2단계는 빅데이터 보유 단계로 단순한 데이터를 수집하는 단계로서 이를 분석할 만한 틀을 가지고 있지 않은 단계이다. 3단계는 최적화 단계로 2단계에서 모아진 데이터를 최적화하는 단계이고, 4단계 간단한 분석 단계는 간단한 분석이 가능한 단계로 데이터의 상관관계의 일부를 파악할 수 있는

표 7-2 빅데이터의 형성 단계

단계	내용
1단계(카오스)	데이터를 제어하기 어려운 단계로서 사용할 만한 데이터를 가지고 있지 않은 단계
2단계(빅데이터의 보유)	단순한 데이터를 수집하는 단계로서 이를 분석할 만한 틀을 가지고 있지 않은 단계
3단계(최적화)	2단계에서 단순히 모아진 데이터를 최적화하는 단계
4단계(간단한 분석)	간단한 분석이 가능한 단계로 데이터의 상관관계의 일부를 파악할 수 있는 단계
5단계(전략)	기존의 데이터를 통한 복잡한 분석 및 예측 모델을 개발할 수 있는 단계

자료: 윤용익 · 김스베틀라나(2013), 빅데이터와 클라우드 시대, 정보와 통신, 한국전자통신연구원.

단계이다. 마지막으로 5단계 전략 단계는 기존의 데이터를 통한 복잡한 분석 및 예측모델을 개발할 수 있는 단계이다(윤용익 · 김스베틀라나, 2013).

즉 빅데이터의 성과는 단순히 대량의 데이터를 수집하여 저장한 것이 아니라 복잡한 분석 및 예측이 가능하게 분류 또는 정제화된 데이터를 의미한다.

기업의 경우 데이터의 품질은 비즈니스 전반에 걸쳐서 영향을 미친다. 데이터 품질은 재무적인 영역뿐만 아니라 생산성, 업무처리 능력, 리스크와 구제에 대한 대응 등 폭넓게 비즈니스 활동과 성과에 영향을 미치고 있다(안희정, 2015).

2 … 빅데이터와 과학적 조사의 설계

1) 지식추구의 방법

지식은 역사적으로 다양한 방법에 의해 추구되어 왔는데, 과학적 방법 이외에도 지식을 획득하려는 목적에 사용된 방법에 따라 다양한 방법이 있다.

첫 번째, 권위주의적 방법으로 사회적 혹은 정치적으로 자질이 있다고 널리 인정되는 사람들이 지식의 생산자가 되고, 사람들은 이들의 말을 인용함으로써 지식을 형성하는 방법이다.

둘째, 영감적 혹은 신비적 방법으로 예언자나 신관 등 초자연적인 힘을 가진 자가 지식의 생산자가 되는 방법이다. 권위주의적 방법과 유사하지만 초자연적 상징의 표시에 의존하고, 지식을 이용하는 소비자의 심리적 상태에 의존한다는 점에서 차이가 있다.

셋째, 이성주의적 방법으로 지식이 논리의 형식과 규칙을 엄격히 지킴으로써 얻어질 수 있다는 주장을 펴고, 원리적으로 무엇이 옳아야 하고 논리적으로 무엇이 가능하고 인정할 만한 것인가에 관심을 둔다. 인간은 관찰 가능한 현상과 무관하게 세상을 직관적으로 이해할 수 있고 지식이란 인간 경험 이전에 존재한다는 가정에서 출발하므로 추상적 논리가 규범적으로 완성된 과학이라고 믿는다. 그러나 인간의 직관은 오류를 범할 수 있기 때문에 이 방법에 의한 지식은 경험적으로 시험되어야 한다(허경옥 외, 2000).

위와 같이 지식을 추구하는 방법은 다양하지만 빅데이터 분석에서는 과학적 방법을 통하여 데이터를 분석하는 것을 목적으로 한다.

2) 과학적 조사의 설계

과학적 조사는 문제가 어떤 것이냐에 따라 결정된다. 따라서 조사의 종류에 따라 조사의 목적과 내용이 달라지며 이에 따라 필요한 자료의 성격과 자료의 수집 방법과 자료의 분류 방법도 달라진다. 과학적 연구조사는 크게 문제의 규명, 현상의 기술과 설명, 인과관계의 규명을 위하여 이루어진다. 따라서 과학적 조사에서 추구하는 바가 어느 범주에 속하느냐에 따라 조사의 종류도 그 목적에 따라 탐색조사, 기술조사와 인과조사로 나눌 수 있다(채서일, 1995).

우선 탐색조사의 주된 목적은 문제의 규명이다. 문제의 규명을 정확히 할수록 과학적 조사에서 얻어진 결과들을 연구목적에 보다 효과적으로 이용할 수 있도록 조사 계획을 세울 수 있다. 연구조사하려는 문제가 조사자들에게 생소하여 사전

지식이 부족할 경우, 주어진 문제에 대한 예비지식을 넓히고 문제에 익숙해지기 위해서 탐색조사를 한다. 탐색조사는 특정 조사 설계를 확정하기 전에 예비적으로 시행하는 성격을 띠고 있어서 탄력성 있게 하여야 하며, 필요하면 그 절차를 변경 수정할 수도 있다. 탐색조사의 방법으로는 문헌 조사, 전문가 의견 조사, 사례 조사 등이 있다.

둘째, 기술조사는 관련 상황에 대한 특성 파악과 특정 상황의 발생빈도를 조사하거나, 관련변수들 사이의 상호관계의 정도를 파악하고, 더 나아가 관련 상황에 대한 예측을 목표로 한다. 기술조사에는 여러 가지 형태가 있는데 크게 종단조사와 횡단조사로 구분할 수 있다. 종단조사는 시점을 달리하여 동일한 현상에 대한 측정을 되풀이하는 조사 방법이다. 따라서 각 기간 동안에 일어나는 변화에 대한 측정이 주된 과제가 된다. 횡단조사는 종단조사와 다르게 측정이 한 번만 이루어지고 반복해서 이루어지지 않는다는 점이 다르다.

셋째, 인과조사는 과학적인 문제해결을 위하여 특정 사회현상이 야기된 원인과 그 결과 사이의 관계를 정확히 밝혀내야만 근본적인 문제해결과 올바른 의사결정을 할 수 있게 된다. 사회현상에 대한 이해와 상황의 변화와 그 영향을 파악하기 위해서는 인과관계가 중요한 역할을 하게 되는데 이러한 인과관계를 조사하는 방법이다.

과학적 조사의 절차는 문제 제기, 조사 결계, 자료 수집, 자료 분석, 해석 및 이용, 보고서 작성의 5개 주요 부분으로 구성되는데, 과학적 조사가 효율적으로 수행되기 위해서는 각 조사 단계별로 효과적인 관리가 이루어져야 한다.

3 … 빅데이터와 데이터 과학

데이터 과학(Data Science)은 오늘날 우리가 직면한 빅데이터의 처리 그리고 데이터 분석이라는 어려운 작업을 이해하고자 만들어졌다.

데이터 과학은 데이터 세계의 새롭고, 매력적이며, 다룰 가치가 큰 빅데이터에 관한 학문이다. 이 빅데이터는 간단명료하게 설명할 방법이 없어서 다소 이해하기 어려울 수 있는데, 바로 이 점이 데이터 과학자로서 가지게 될 창조적이며 다양한 기회를 제공하기도 한다. 또한 다른 IT 분야에서는 얻을 수 없는 창의성과 의사소통, 기업과의 직접적인 연결 등 새로운 역할을 맡을 기회를 줄 것이다. 잘 짜인 데이터베이스와 비교하면 여러 빅데이터는 경우에 따라 너무 많고 너저분하기도 한데다가 종류까지 많을 수 있다. 바로 이때 데이터 과학자로서 빅데이터를 과학적이고 창조적으로 이해할 수 있게 분석해 주어야 한다(Zacharias Voulgaris, 2014).

데이터 과학이란 데이터로부터 의미 있는 정보를 추출해 내는 학문을 의미한다. 데이터 과학은 통계학이나 데이터 마이닝(Data Mining) 등과 유사한 용어인데, 데이터 과학이 근본적으로 차이를 보이는 부분은 분석 대상인 데이터이다. 통계학이 정형화된 데이터를 분석대상으로 하는 것에 비해 데이터 과학은 현장에서 축적되는 빅데이터를 대상으로 한다. 데이터베이스를 통한 지식발견이 데이터 생성원천을 데이터베이스로 상정하고 있는 것과 달리 데이터 과학은 인터넷, 휴대전화, 감시용 카메라 등에서 생성되는 숫자와 문자, 영상정보 등 다양한 유형의 데이터를 대상으로 한다(김성태, 2014).

데이터 과학자와 비슷한 개념으로 데이터 분석가가 있다. 데이터 분석가는 빅데이터보다 상대적으로 적은 용량의 데이터를 다루고, 이미 알려진 방법들을 통해서 데이터가 가진 유용한 정보를 알아내고 보고서를 작성한다. 반면에 데이터 과학자는 직접 모델을 개발하기도 하고, 기업가만이 아닌 많은 사람이 이용할 수 있는 철저하게 데이터에 기반을 둔 분석자료를 내놓기도 한다.

데이터 과학 분야는 빅데이터 안에 내재한 잠재적 가치를 찾아내는 것과 데이터의 양, 속도, 다양성, 신뢰도에 대한 도전 속에서 탄생했다. 여기에는 현대 컴퓨터 산업이 발달하여 다양한 기술적 진보가 있었기에 가능했다. 특히 병렬처리 기법으로 인공지능의 일종으로 데이터가 가진 정보를 학습하여 결과를 도출하는 기술인 기계학습(Machine Learning)과 같은 복잡한 데이터 분석 처리가 가능했고, 낮은 비용으로 더 많은 데이터 처리를 할 수 있기에 발달했다.

빅데이터를 구성하는 요소를 충족시킬 수 있는 기술로는 수집 기술, 공유 기술과 저장 기술, 처리 기술, 분석 기술, 시각화 기술이 있다. 이 기술들을 통하여 빅데이터 시스템은 외부로부터 필요한 데이터를 수집하고 이를 저장하며, 저장된 데이터를 공유할 수 있다(한국방송통신전파진흥원, 2013).

표 7-3 빅데이터 요소 기술 구성 및 분류

요소 기술	설 명	해당 기술
빅데이터 수집	조직내부와 외부의 분산된 여러 데이터 소스로부터 필요로 하는 데이터를 검식하여 수동 또는 자동으로 수집하는 과정과 관련된 기술로 데이터 확보가 아닌 검색/수집/변환을 통해 정제된 데이터를 확보하는 기술	ETL/크롤링 엔진/로그수집기/센싱/RSS/Open API 등
빅데이터 공유	서로 다른 시스템 간의 데이터 공유	멀티 태넌트 데이터 공유/협업 필터링 등
빅데이터 저장	작은 데이터라도 모두 저장하여 실시간으로 저렴하게 데이터를 처리하고 처리된 데이터를 더 빠르고 쉽게 분석하여, 이를 비즈니스 의사결정에 바로 이용하는 기술	병렬 DBMS/하둡(Hadoop)/NoSQL 등
빅데이터 분석	데이터를 효율적으로 정확하게 분석하여 비즈니스 등의 영역에 적용하기 위한 기술로 이미 여러 영역에서 활용해온 기술임	실시간 처리/분산 병렬처리/인-메모리 처리/인-데이터베이스 처리
빅데이터 시각화	자료를 시각적으로 묘사하는 학문으로 빅데이터는 기존의 단순 선형적 구조의 방식으로 표현하기 힘들기 때문에 빅데이터 시각화 기술이 필수적임	시간시각화/분포시각화/관계시각화/비교시각화/공간시각화/인포그래픽

자료: 한국방송통신전파진흥원(2013), 빅데이터 활용단계에 따른 요소기술별 추진 동향과 시사점, 방송통신 이슈 & 전망, 10, pp. 1-20.

4 … 빅데이터 분석을 위한 역량

1) 빅데이터 분석의 개요

빅데이터는 기존 데이터베이스 관리 도구의 데이터 수집, 저장, 관리, 분석하는 역량을 넘어서는 데이터 셋이다(McKinsey Global Institute, 2011). 빅데이터는 속성상 기존의 데이터와 구별되게 데이터의 크기, 종류, 분석시간, 복잡도 등이 차이를 보인다. 또한 기존의 데이터의 경우 수행할 분석의 양이 수십 개의 모델이었다면, 수천,

수만 개 이상의 세분화된 모델이 있고, 분석 사용자 환경이 전문가 위주에서 시각화나 분석 모델링이 자동화되는 것이 특징이다.

빅데이터의 분석은 관점에 따라서 해결과제를 달리한다. 즉 연구자의 목적에 따라 분석 목적도 다르고 방법도 다를 수 있다. 예를 들어 비즈니스 관점에서 빅데이터의 속성에 따라 해결 과제를 살펴보면 다음과 같다(김근태, 2012).

'데이터 규모 면에서 살펴보면 현행 환경에서 다루기 힘든 큰 규모의 데이터를 어떻게 분석할 것인가? 데이터의 주기 면에서는 어떻게 실시간에 가깝게 통찰력(insight)을 제공할 것인가?, 데이터의 다양성 측면에서는 어떻게 텍스트를 비롯한 비정형 데이터를 분석할 것인가? 데이터의 가치 면에서는 빅데이터로부터 어떤 가치 있는 정보를 얻을 것인가?'를 해결과제로 볼 수 있다.

빅데이터 분석을 위한 역량을 알아보기 위하여 먼저 빅데이터의 분석상의 특성과 분류 방법을 알아볼 필요가 있다. 빅데이터 분석 기법은 새로운 분류 방법이라기보다는 통계학과 전산학, 특히 기계학습/데이터 마이닝 분야에서 이미 사용되던 기법들인데, 이 분석 기법들의 알고리즘을 대규모 데이터 처리에 맞도록 개선하여 빅데이터 처리에 적용시키고 있다.

빅데이터 분류 방법 및 활용에서 빅데이터 분류 방법은 크게 정형화된 분류 방법과 비정형화된 분류 방법이 있다. 첫째, 정형화된 분류 방법은 기존 정보 시스템에 저장된 정보나 조사자료 등이 분석대상이며 구조방정식모형과 다층분석 등의 다변량 통계분석 방법으로 분석이 가능하다. 둘째, 비정형화 빅데이터(소셜 빅데이터) 분류 방법은 검색포털 로그파일, 페이스북, 트위트, SNS의 입소문(buzz) 등이 분석대상으로, 분류 방법은 텍스트 마이닝(text mining), 오피니언 마이닝(opinion mining), 네트워크 분석(network analysis), 통계와 기술통계 분석(statistics and descriptive analysis) 등이 있다(송태민, 2015). 최근 소셜 미디어 등 비정형 데이터의 증가로 인해 분석기술 중 텍스트/오피니언 마이닝, 소셜 네트워크 분석, 군집분석 등이 주목을 받고 있다고 하였다.

최근 대두되고 있는 빅데이터의 분석 비법을 살펴보면, 첫째, 텍스트 분석(text mining)이다. 특정 주제어 분석으로 자연어 처리 기술을 이용하여 정보를 추출하거나 연계성을 파악, 분류 혹은 군집화하는 것으로 하향식(top-down) 방법과 상향식(bottom-up) 방법이 있다. 하향식 방법은 해당 토픽에 대한 이론적 배경 등을 분석하여 온톨로지(ontology)를 개발한 후, 온톨로지의 키워드를 수집하여 분류하는 방식이고, 상향식 방법은 해당 토픽을 웹크롤로 수집한 후 유목화(categorized)한다. 유목화에 사용되는 사전은 '21세기 세종계획'과 같은 범용사전도 있지만, 대부분 목적에 맡게 사용자가 설계분야별 온톨로지 작성한 사전을 사용한다. 둘째, 오피니언 마이닝(Opinion Mining)은 소셜 미디어의 텍스트 문장을 대상으로 자연어 처리 기술과 감성 분석 기술을 적용하여 사용자 의견을 분석하는 것으로 마케팅의 입소문(Buzz) 분석, 긍정/부정 태도 등의 감성분석 등으로 나누어진다. 감성분석은 감성어 사전을 활용한 분류 방법과 감정 키워드를 활용한 분류 방법이 있다. 셋째, 네트워크 분석(network analysis)는 사람들 간 연결 관계와 상호 영향력을 분석하고, 통계와 기술통계 분석(statistics and descriptive analysis)는 통계분석을 통해 어떤 경로로 전파하는지 누구에게 영향을 미치는지 파악하는 방법이라고 하였다(송태민, 2015).

데이터 마이닝의 기법은 분류분석, 군집분석, 연관규칙 탐사, 개인화 추천으로 분류가 가능하다. 첫째, 분류분석은 레코드를 부류나 등급으로 나누는 작업으로 의사결정나무, 신경망 네트워크(neural network) 등의 분석 방법이 있다. 둘째, 군집분석은 레코드들을 유사한 성격을 가지는 소그룹으로 구분하는 작업으로, K-평균(K-means) 알고리즘, EM 알고리즘 등이 있다. 셋째, 연관규칙 탐사는 구매 데이터에서 상품 간의 판매 연관성을 파악하는 작업으로 선형적 알고리즘(apriori algorithm)이 있다. 마지막으로 개인화 추천은 각 고객별로 선호 정보를 파악하여 그 고객에게 적합한 상품을 추천해 주는 작업으로 협업 필터링 알고리즘(collaborative filtering algorithm) 등이 있다(임복출, 2015).

황승구 외(2013)에 의하면 빅데이터 분석은 소셜 빅데이터, 실시간 사물지능통신(M2M) 센서 데이터, 기업 고객관계 데이터 등 도처에 존재하는 다양한 성격의 빅데이터를 효과적으로 분석하는 것이라고 하였다. 빅데이터는 단순히 데이터베이스에 잘 정리된 정형 데이터뿐 아니라 인터넷, 소셜 네트워크 서비스, 모바일 환경에서 생성되는 웹문서, 이메일 등 비정형 데이터를 효과적으로 분석하는 것이 중요해졌다고 주장하면서, 빅데이터 분석기술을 고객데이터 관계분석, SNS 비정형 데이터 분석, 대용량 멀티미디어 분석, M2M 센서정보 분석 등으로 분류하였다. 빅데이터 분석을 위해서 하둡, NoSQL 등의 빅데이터 분석 인프라 기술이 필요하고 그 위에 통계처리, 데이터 마이닝, 텍스트 마이닝, 오피니언 마이닝, 그래프 마이닝 등 다양한 분석 방법 및 기계학습, 인공지능 기법을 적용해야 한다고 하였다.

빅데이터 수집 및 저장 기술이 발달되면서 최근 주목받고 있는 분석 기술은 다음과 같다.

표 7-4 최근 주목받고 있는 분석 기술

분석 방법	내 용
텍스트 마이닝 (text mining)	• 빅데이터 분석에서 텍스트 분석과 비슷하게 일컬어지는데, 인간의 언어로 쓰인 비정형 텍스트에서 자연어 처리 기술을 이용하여 유용한 정보를 추출하거나, 연계성 파악, 분류 혹은 군집화, 요약 등 빅데이터에 숨겨진 의미 있는 정보를 발견하는 것을 말한다. • 고급 텍스트 분석(advanced text analytics)은 보통 자연어 처리(natural language processing: NLP)라고 알려져 있다. 이 분야는 일반적으로 구조화되지 않은 텍스트 데이터에서 유용한 정보와 기업적 지식을 추출해 내는 데이터 분석 기법이다. 텍스트분석은 이전부터 있었지만 데이터 과학에 고급 기법이 도입되면서 이런 오래된 기법을 원시적인 기술로 만들었다. 현대의 고급 텍스트분석 기술을 사용하면 사용자가 많은 양의 텍스트 데이터에서 맞춤법 검사 등을 하면서도 공통구조를 분석할 수 있다. 고급 텍스트 분석 기술은 사용자가 인터넷에 써 놓은 글과 댓글 내용을 통해서 해당하는 사용자의 감정도 알 수 있게 해 준다. 이는 이러한 고급 분석 기술을 이용하지 않는다면, 일반적인 컴퓨터로는 알아낼 수 없는 몹시 어려운 작업이다. 이런 진보된 기법은 하둡 환경에 인공지능 알고리즘을 적용하여 수행할 수 있다.
오피니언 마이닝 (opinion mining)	• 소셜 미디어의 텍스트 문장을 대상으로 자연어 처리 기반 감성분석 기술을 적용하여 사용자의 의견을 분석하는 것을 말하는데, 마케팅에서는 버즈(buzz; 입소문) 분석이라고도 한다. 소셜 미디어 등의 소비자의 의견들을 수집, 분석해 제품이나 서비스 등에 대한 정형/비정형 텍스트의 긍정, 부정, 중립의 평판을 추출해 내는 기술이다.
소셜 네트워크 분석 (social network analytics)	• 그래프 이론을 바탕으로 소셜 네트워크 서비스에서 네트워크 연결구조와 연결강도를 분석하는 것을 말하는데, 소셜 네트워크상의 영향력 행사자를 찾아서 모니터링하고 관리하여 마케팅에 활용한다. 각 개인 또는 그룹의 소셜 네트워크 내 영향력, 관심사, 성향 및 행동 패턴을 그래프 이론에 바탕하여 분석, 추출하는 기술로 감성분석이 대표적이다.

맥킨지(McKinsey) 빅데이터 보고서(2011)에서는 빅데이터 분석을 위한 다양한 분석 기법들을 도출하였다. 즉 분류, 군집화, 기계학습, 회귀분석, 감성분석 등의 분석이 주요한 분석 방법이라고 하였다.

이들 분석 방법들을 구체적으로 살펴보면, 분류(classification)는 미리 알려진 클래스들로 구분되는 훈련 데이터군(group)을 학습시켜 새롭게 추가되는 데이터군에 속할 만한 데이터군을 찾는 학습방법을 말한다. 지도학습(supervised learning) 방법이라고도 한다.

군집화(clustering)는 비슷한 특성이 있는 데이터들을 합쳐 가면서 유사 특성군으로 분류하는 학습방법을 말한다.

기계학습(machine learning)은 인공지능 분야에서 인간의 학습을 모델링한 것으로 빅데이터 분석을 포함한 패턴 인식 등 다양한 분야에서 기본적으로 많이 활용되는 기법이다. 의사결정 트리와 같은 기호적 학습, 신경망이나 유전자 알고리즘과 같은 비기호적 학습, 베이지언 혹은 은닉 마르코프 같은 확률적 학습 등 다양한 기계학습 기법이 있다.

회귀분석(regression)은 통계학에서 많이 사용하는 통계기반 분석 기법으로 어떠한 형상에 영향을 주는 원인에 해당하는 독립변수와 영향을 받는 종속변수가 있을 때, 이러한 변수들 사이의 상관관계를 규명하고자 이용하는 분류 방법이다.

감성분석은 자연어 처리 기법을 이용하여 인간의 언어로 쓰인 텍스트 문장을 분석할 때 문장에서 주관적인 감성을 나타내는 정보를 찾아내어 긍정, 부정, 중립의 성향을 분석하는 것을 말한다. 블로그, 트위터 등의 소셜 미디어를 분석하여 기업제품이나 브랜드에 대한 선호를 파악할 때 이용한다(McKinsey Global Institute, 2011).

다시 정리하면, 빅데이터 시대가 도래하면서 대두된 분석 기법은 기존의 정형화된 분류 방법뿐만 아니라 비정형화된 데이터를 분류하거나 분석하는 다양한 방법이 부각되고 있다.

2) 빅데이터 분석을 위한 역량

빅데이터 분석을 위한 역량을 선행연구에서 살펴보면 다음과 같다.

한국정보화진흥원(2014)은 빅데이터 역량 모델을 개발하면서 국내외 빅데이터 과학자 양성을 위한 전문적인 교육과정을 분석하였다. 기존 데이터 과학자 역량 및 요구 기술에 대한 분석 결과를 살펴보니, 데이터 과학자가 갖추어야 할 역량은 기반역량, 기술역량, 분석역량, 사업역량 등 네 가지로 역량 영역 분류가 가능하다고 주장하였다. 기반역량은 산업별 빅데이터 활용 사례, 빅데이터와 창조적인 사고(creative thinking), 빅데이터 보안분석, 데이터 과학자의 역할 등의 역량강화를 위한 커리큘럼으로 구성되어 있다. 기술역량은 하둡 코어(Hadoop core) 및 에코 시스템(eco system)의 이해, 하둡 분산 파일 시스템(HDFS)과 맵리듀스(MapReduce)의 활용, NoSQL 등의 커리큘럼으로, 분석역량은 분석 모형의 이해, R분석 및 시각화(visualization), 사용 툴(tool) 활용법, 데이터 마이닝 프로세스, 텍스트 마이닝, 소셜 네트워크 분석(social network analysis) 등의 커리큘럼을 통하여 역량을 강화한다. 마지막으로 사업역량은 산업별(제조, 유통, 통신, 금융, 공공, 소매 등) 핵심업무의 이해, 산업 및 업무별 분석 방법 및 적용 등의 커리큘럼으로 구성되어 있다고 주장한다. 네 가지 영역 중 분석역량 하부 분야에 통계분석 커리큘럼이 포함되어 있다. 초급단계에서는 기초 통계이론과 수리적 정량적 사고방식을, 중급과정에서는 분석적 마인드와 통계 패키지 활용, 분석적 마인드, 고급과정에서는 기업 인텔리전스(business inteligence), 비정형 데이터 마이닝, 데이터 마이닝, 전문가 과정에서는 빅데이터 예측 분석으로 구성하여 빅데이터 커리큘럼 모델을 제시하고 있다.

분석적 역량을 구체적으로 살펴보면 기초 통계이론은 기본적인 확률, 통계 이론, 분석 기법 등을 이해하는 역량, 수리적/정량적 사고방식은 숫자(정량적) 중심으로 문제를 해석하고 결과를 도출할 수 있는 역량, 통계 패키지 활용은 사용 목적에 따라 다양한 통계 패키지를 사용 및 응용할 수 있는 역량, 분석적 마인드는 다양한 대량의 수와 통계치에서 새로운 통찰력(insight)을 도출할 수 있는 역량, 경영의사결정을 지원하는 분석 결과물을 기획 · 산출할 수 있는 역량이다. 이외 고급과정에서 데이터 마이닝, 비정형 데이터 마이닝, 빅데이터 예측 분석 등으로 나타난다.

표 7-5 빅데이터 분석을 위한 대표적인 통계기법

통계기법		설 명
고차원 회귀/분류 분석	Lasso	모형의 예측 성능 향상과 변수 선택을 동시에 할 수 있는 기법
	Ensemble	단순 모형을 결합하여 고성능 모형을 찾는 방법
	SVM(Support Vector Machine)	주어진 자료들을 분리하는 가장 좋은 초평면을 찾는 방법
군집분석	K-means Clustering	군집의 중심과 자료와의 거리를 최소화
	Hierarchical clustering	계층 구조를 갖는 군집화 방법
	Model based clustering	혼합 모형에 기초한 군집분석으로 자료를 군집화하는 동시에 각 군집의 분포를 추정
예측분석	추세분석	기술적 분석의 출발점으로써 다항 회귀 모형과 유사한 모형을 가정하고 모수의 추정을 통해 예측값을 구하는 분석법
	평 활 법	현재로부터 가장 최근에 관측된 자료에는 큰 가중값을 주고, 과거로 갈수록 그 가중값의 크기를 줄여나가는 일종의 가중평균을 이용한 예측 방법
	자기회귀누적 이동평균(ARIMA)모형에 의한 분석법	현 시점의 관측 값을 과거의 관측 값들과 백색잡음이라고 불리는 오차들의 형태로 표현하는 모형으로써, 박스-젠킨스모형이라는 이름으로 가장 많이 사용되고 있음

자료: 한국정보화진흥원(2014), 빅데이터 커리큘럼 참조 모델 ver 1.0, 한국정보화진흥원 보고서.

컴퓨터와 네트워크 기술의 발전과 더불어 정보화 사회가 급진적으로 발전하면서 개인, 정부기관 그리고 대기업 같은 조직들은 매일 대량의 데이터를 만들고 이를 축적하고 있다. 대용량의 데이터로부터 이들 내에 존재하는 관계, 패턴, 규칙 등을 탐색하고 모형화함으로써 유용한 지식을 추출하는 일련의 과정들을 데이터 마이닝이라 한다(임복출, 2015). 또한 데이터 마이닝은 많은 데이터 가운데 숨겨져 있는 유용한 상관관계를 발견하여, 미래에 실행 가능한 정보를 추출해 내고 의사결정에 이용하는 과정을 말한다. 데이터베이스로부터 새로운 데이터 모델을 발견하여 미래에 실행 가능한 정보를 추출해 내고 의사결정에 이용하는 과정을 말한다. 즉 데이터에 숨겨진

표 7-6 IT 시장 조사업체인 오범(Ovum)에서 2017년 빅데이터 주요 기술 트렌드

종 류	내 용
기계학습 (machine learning)	• 기계학습은 2017년 빅데이터 분석에 가장 큰 변화를 가져올 기술로 지목되고 있음. 데이터 과학자 인력이 충분하지 않은 상황에서 빅데이터를 응용하고자 하는 기관들에게 유용한 툴로써 성장할 전망 • 맞춤개발보다 애플리케이션과 서비스에 탑재될 것으로 예상 • IT업체들은 기업이 가지고 있는 데이터 셋에 머신러닝을 쉽게 적용할 수 있는 패키지 개발과 판매에 집중하고 있음
하둡 VS. 스파크	• 데이터 저장 솔루션인 아파치 하둡(Apache Hadoop)은 빅데이터 산업의 주요 기술이었으나, 최근 실행 가능 대안으로 아파치 스파크(Apache Spark)가 거론되기 시작함 • 하둡은 많은 데이터를 저장할 수 있는 기능으로 소매기업의 추천엔진, 보안 및 위험관리 등에 활용되고 있음. 하둡의 상용화가 10여 년이 지난 지금까지 사용자들은 어렵다고 느끼고 있음. 특히 기계학습 분야에서는 스파크 실행방식이 낫다고 판단하는 전문가들이 늘고 있음 • 스파크에는 데이터 스트리밍, SQL, 기계학습 및 그래프처리를 위한 내장 모듈이 포함되어 있음. 분산분석 애플리케이션과 스파크를 함께 사용하면 강력한 성능으로 데이터 분석과 스트리밍을 동시에 수행할 수 있고 실시간으로 해답을 제시할 수 있음. 이러한 스파크의 실시간 상호작용 데이터 분석을 통한 광범위한 개인화 제공 기능은 소매기업 및 사물인터넷(IoT) 기업들의 관심을 끌고 있음 • 하둡은 여전히 촉망받는 기술로써 하둡에 Self-service preparation 툴을 보완한 Alteryx, Trivacta, Paxata와 같은 빅데이터 최종사용자에 초점을 맞춘 기술이 2017년 혁신의 중심에 서게 될 것이라고 예측
데이터 레이크	• 비정형 데이터 셋인 데이터 레이크를 구현하는 것은 새로운 트렌드가 아님. 그러나 2017년에는 데이터 레이크를 적절히 관리하고 운영하는 첫 해로 기대가 된다고 함. 신뢰할 수 있는 데이터의 필요성을 인식하고 전체적인 데이터 관리 전략이 결합된 새로운 프로젝트에 힘입어 데이터 레이크는 2017년에 그 잠재력을 실현할 수 있을 것이라고 말함
기 타	• 셀프서비스 BI, 클라우드 기반의 분석, 스트리밍 분석 등 다양한 트렌드가 언급 • 2017년에는 기업이 데이터 과학자들을 고용하지 않고도 빅데이터를 통한 가치 창출을 이룰 수 있도록 더 저렴하고 쉬운 기술들이 개발 및 발전될 것으로 예측

자료: 한국산업기술진흥원(2016), 미국의 빅데이터 산업 육성정책, 글로벌 기술협력기반육성사업 심층분석보고서.

패턴과 관계를 찾아내어 광맥을 찾아내듯이 정보를 발견해 내는 것이다. 여기에서 정보 발견이라 데이터에 고급통계분석과 모델링 기법을 적용하여 유용한 패턴과 관계를 찾아내는 과정이다(두산 두피디아, 2017).

마이닝 기법은 데이터 마이닝, 텍스트 마이닝으로 크게 구분할 수 있다. 데이터 마이닝의 경우 정형 자료와 비정형 자료를 모두 다루는 기법이며, 텍스트 마이닝의 경우 비정형 자료를 다룬다. 데이터 마이닝은 기능은 분류, 추정, 예측, 유사 집단화, 군집화, 서술 등과 같은 6개의 업무 영역으로 구분될 수 있다.

정리하면, 빅데이터 분석을 위한 능력은 기반능력, 기술역량, 분석역량, 사업역량으로 분류할 수 있는데, 그 모든 능력이 모두 중요하고 각각의 요구되는 능력이 다르다. 그 중 분석역량 측면에서 살펴보면 분석 모듈링, 데이터 관리 등의 기반역량과 데이터 수집력, 표준화, 통계 등의 기술역량, 소통 등의 사업역량 등 전반적인 역량이 요구된다. 특히 분석역량은 통계와 시각화, 수학 공학 능력 등이 특히 중요하다. 통계분석 측면에서 살펴보면 기존의 데이터 마이닝 등 분류 방법과 새롭게 대두되는 비정형화된 분석을 분류하고 정형화하는 데 도움이 되는 분류 방법이 대두되고 있다. 이에 전통적인 분류 방법 이외에 새롭게 대두되는 분류 방법 관련 능력도 필요하다. 즉, 빅데이터 분석을 위한 능력 즉 역량은 단순한 통계분석 능력뿐만 아니라 빅데이터에 관한 전반적인 역량이 요구된다.

빅데이터 분류 방법과 관련된 용어를 살펴보면 다음과 같다.

주요 용어

로그 수집기 : 조직 내부에 존재하는 웹서버의 로그 수집, 웹 로드, 트랜잭션 로그, 클릭 로그, DB 로그 데이터 등을 수집

크 롤 링 : 주로 웹로봇을 이용하여 조직 외부에 존재하는 소셜 데이터 및 인터넷에 공개되어 있는 자료 수집

센 싱 : 각종 센서를 통해 데이터를 수집

RSS, Open API : 데이터의 생산, 공유, 참여 환경인 웹 2.0을 구현하는 기술로 필요한 데이터를 프로그래밍을 통해 수집

맵리듀스(MapReduce) : 복잡한 업무를 여러 개의 단순 작업으로 나누고 분산 알고리즘과 병렬처리 기법으로 업무를 저비용으로 빠르게 처리하는 효과적인 방법. 이 알고리즘은 전에도 알고 있었던 것이지만, 데이터 과학에서 널리 사용하여 잘 알려지게 됨. 데이터를 가능한 오류가 적은 데이터로 네트워크를 통해 분산하는 새로운 기술. 연결된 컴퓨터 중 하나—보통 노드(node)라고 함—가 작동하지 않을 때를 대비해서 모든 데이터는 복제됨. 연결된 컴퓨터 중 일부는 모든 작업을 관리하고 데이터의 흐름을 감독하는 노드로 설정됨. 모든 데이터는 매퍼(Mapper)라고 불리는 여러 대의 노드들로 분산 저장됨. 이렇게 매퍼로 분산되고 나면 또 다른 노드 집합에서 유용한 결과물을 얻고자 데이터를 더 작게 만듦. 이러한 작업을 하는 또 다른 노드 집합을 리듀서(Reducer)라고 부르는데 이미 매퍼로서 역할을 끝낸 컴퓨터도 이 작업에 참여하기도 함. 모든 것을 관리자 노드가 조정하고 관리하여 결과물을 안전하게 연결된 컴퓨터에 분산 저장함. 모든 처리가 끝나게 되면 그 결과물이 사용자에게 제공됨. 맵리듀스라는 새로운 기법은 많은 양의 프로그램을 수반함. 제일 큰 이점은 사용할 수 있는 자원을 효과적으로 이용하여 상대적으로 짧은 시간에 작업을 처리하는 것임. 또한, 한 무리의 컴퓨터 네트워크 하드웨어 종종 발생하는 고장으로 잃을 수 있는 데이터 손실도 최소화함

하둡 분산 파일 시스템(Hadoop Distributed File System: HDFS) : 병렬처리를 하도록 만들어진 오픈소스 플랫폼. 기본적으로 네트워크에 연결된 컴퓨터가 처리할 수 있도록 커다란 데이터를 작게 나누어줌. 네트워크로 연결되어 있지만 여기저기 흩어져 저장된 파일을 마치 하나의 파일로 사용할 수 있게 해주는 파일 시스템

대규모 데이터 프로그래밍 언어(Large Scale Data Programming Languages, 예를 들어 Pig, Rm ECL 등): 대량의 데이터를 효과적으로 다루는 프로그래밍 언어. 빅데이터를 처리하고 하둡과 통합할 수 있게 해 줌. R 프로그래밍 언어는 빅데이터가 출현하기 전에 만들어졌는데 나중에 하둡과 연결되어 HDFS를 이용할 수 있게 많은 부분에 업그레이드되었음

대체 데이터베이스 구조(Alternative Database Structures, 예를 들어 Hbase, Cassandra, MongoDB 등) : 빅데이터를 병렬처리 기법으로 기록, 질의, 편집할 수 있는 데이터베이스. 데이터 과학 덕분에 새로운 대체 데이터베이스 구조를 만들 수 있었음. 이러한 데이터베이스 구조에서는 해시 테이블(Boss data grid, Riak)과 B-Tree(MongoDB, CouchDB), Log Structured Merge Tree(HBase, Cassandra) 등이 있음. 과거 데이터베이스와 다르게 이런 유형의 데이터 논리구조는 빅데이터를 위한 것임. 따라서 데이터베이스에 데이터 레코드를 읽고 쓰는 것이 유연함. 레코드와 필드의 수가 제한적인 기존의 SQL 데이터베이스에 비교하면 당연히 월등함

자료: 한국방송통신전파진흥원(2013), 차하리아스 불가리스(2014)의 연구를 정리함.
한국방송통신전파진흥원(2013), 빅데이터 활용단계에 따른 요소기술별 추진동향과 시사점, 방송통신이슈 & 전망, 10, pp. 1-20.
안성준(역)(2014), 데이터 과학자 빅데이터를 주도하는 사람들, 프리렉.

5 … 실습하기

1) 빅데이터 관련 직업과 업무능력 알아보기

① 주변에 있는 학생들과 5명 내외로 팀을 만들고 조장을 정합시다.
② 빅데이터와 관련된 직업을 찾아봅시다.
③ 각 직업에 필요한 업무능력을 알아봅시다.

2) 미래의 빅데이터 직업 예측해 보기

① 현재의 빅데이터 관련 직업 이외에 어떤 직업이 새로 생길지 생각해 봅시다.
② 새로운 빅데이터 직업에서 필요한 역량을 예측해 보고 서로 논의해 봅시다.

생각해 볼 문제

1. 빅데이터 시대가 도래하면서 자주 이용되는 분류 방법이 무엇이 있는지 찾아보고, 그 분류 방법의 장점과 단점을 이야기해 봅시다.

2. 빅데이터의 주요 성과가 무엇이 있는지 알아보고, 앞으로 빅데이터를 통한 성과가 무엇이 있을지 예측해 봅시다.

3. 빅데이터를 활용하여 소비자보호를 할 수 있는 방법을 논의해 봅시다.

제8장 빅데이터 관련 소비자 관계를 어떻게 시각화하는가?

도입

IT 기술의 발달과 더불어 급증하는 데이터를 수집하고, 분석하는 일은 빅데이터 시대의 주요한 문제로 대두되고 있다. 빅데이터 관련 소비자 관계를 분석하는 방법은 크게 두 가지로 분류하여 살펴볼 수 있는데, 기존의 데이터와 다르게 용량이 큰 데이터를 수집하기 위한 기술적인 방법론과 수집된 데이터를 분석하는 방법이다.

제 8 장에서는 수집된 데이터를 분석하는 방법을 집중적으로 살펴보고자 한다. 선행연구들은 빅데이터 분석에 공개 프로그램인 R을 주로 이용하는데, 프로그램에 대한 기초지식이 없는 일반 소비자들이 R을 분석하는 것은 결코 쉬운 일이 아니다. 이에 SPSS 통계 프로그램을 이용한 빅데이터 분석 방법을 알아보도록 한다.

또한 다양한 빅데이터를 소비자들이 흥미를 가지고 쉽게 이용할 수 있도록 시각화하는 방법들을 살펴보고, 최근 대두되고 있는 인포그래픽의 활용방안을 함께 알아보고자 한다.

1 ··· 빅데이터의 기술통계 분석

통계의 주요 기능은 수집된 데이터를 소비자들이 이해하기 쉽도록 요약하는 것인데, 기술통계(descriptive statistics)는 데이터를 수집하여 표나 그림으로 나타내거나 대푯값, 산포도, 분포 등의 형태로 수집된 데이터의 특성을 쉽게 파악할 수 있도록 데이터를 정리 또는 요약하는 것이다. 기술통계는 방대한 데이터를 소수의 측정치로 간편하게 요약할 수 있다는 장점도 있으나, 많은 데이터를 너무 단순화하여 자세한 정보를 잃어버리게 되는 경우도 있다. 따라서 기술통계를 이용할 경우 데이터를 해석하는 데 세심한 주의를 기울여야 한다(이희연 · 노승철, 2012).

1) 기술통계의 기초 개념

(1) 가설 또는 연구문제

연구에서 검정 대상이 되는 진술을 가설이라 한다. 가설은 경험적으로 검정되지 않은 예비 이론으로, 둘 혹은 그 이상의 변인들 간의 관계에 대한 추론적 진술이다. 또한 연구문제의 해답이다. 가설은 변인관계를 간단, 명료하고 실증적으로 검정 가능하게 진술하여야 하고, 가설 내용은 긍정 또는 부정이 가능하도록 진술되어야 한다. 가설은 표본을 통하여 검정된다. 즉 가설이란 실증적인 증명 이전에 잠정적으로 세우는 모집단 특성에 대한 진술이며, 이것은 후에 경험적으로 또는 논리적으로 검정되는 조건 또는 명제다. 가설검정은 추정과는 달리 모수의 특성에 대한 진술을 가지고 시작한다. 그러고 나서 모집단으로부터 추출된 표본의 통계량을 이용하여 그 가설의 채택, 기각 여부를 결정한다(이희연 · 노승철, 2012).

가설의 종류는 연구가설, 귀무가설, 대립가설이 있다. 연구가설은 연구문제에 대한 잠정적인 대답으로, 논리적 대안으로서 귀무가설이 기각될 때 채택되는 가설이다. 주로 'A는 B보다 ~이다'라고 잠정적으로 기술한다. 둘째 귀무가설(영가설)은 연구문제에 대한 잠정적인 대답으로, 논리적 대안으로서 귀무가설이 기각될 때 채택되는 가설이다. 주로 'A는 B보다 ~이다'라고 잠정적으로 기술한다. 대립가설(연구가설)은 영가설에 대립되는 가설로서 영가설이 거짓일 때 채택하며, 귀무가설이 기각될 때 채택되는 가설이다. 주로 '~의 관계(차이)가 있을 것이다'라고 기술한다(원태연 · 정성원, 2011).

변수는 요인을 구성하고 설명하며 일정한 측정단위로 계량화가 가능한 것으로, 수집하는 자료의 개개 항목이다. 각 케이스의 변수에 해당하는 값을 변숫값이라고 한다.

변수는 크게 양적 변수와 질적 변수로 나눌 수 있다. 양적 변수는 연구자의 관심 대상이 되는 속성을 수치로 나타낼 수 있는 것을 말하고, 성별 등 수치보다는 범주로 표시하는 것은 질적 변수라고 한다. 양적 변수는 이산변수와 연속변수로 나눌 수 있는데, 이산변수는 셀 수 있는 숫자로만 값을 가지는 변수이므로 정숫값을 취하고 연속변수는 일정한 범위 내에서 어떠한 값이라도 취할 수 있다.

(2) 변수와 척도

독립변수는 다른 변수에 영향을 주는 변수이고, 종속변수는 영향을 받는 변수이다. 즉 독립변수에 의하여 변화되는 변수를 말한다. 매개변수는 종속변수에 영향을 주는 독립변수 이외의 변수로서 연구에서 통제되어야 할 변수를 말한다.

측정이란 관찰 대상의 속성을 질적인 상태에 따라 수치를 부여하는 것이며, 척도는 일정한 규칙을 세워 질적인 자료를 양적인 자료로 전환시켜 주는 도구이다. 척도는 일정한 규칙에 입각하여 연속체상에 표시된 숫자나 기호의 배열이다. 척도는 연속성을 지니며 대상의 속성을 양적 표현으로 전환한다(이희연 · 노승철, 2012).

척도의 종류는 사물을 구분하기 위하여 이름을 부여하는 명목척도, 사물의 등위를 나타내기 위하여 사용되는 서열척도, 똑같은 간격에 똑같은 단위를 부여하며 임의 영점과 임의 단위를 지니는 등간척도, 똑같은 간격에 똑같은 단위를 부여하여 등간성이 있고, 절대영점과 임의단위를 지니며, 덧셈법칙, 곱셈법칙이 모두 적용되는 비율척도가 있다(이희연 · 노승철, 2012; 원태연 · 정성원, 2010).

표 8-1 척도의 종류

척도의 종류	내용
명목척도 (명명척도)	• 측정도구로 가장 기초가 되는 명목척도는 대상이나 현상을 분류할 수 있는 정도의 측정수준을 가리킴 • 명목척도는 측정대상 특성의 존재 여부 또는 몇 개의 상호배타적인 범주로의 구분을 위해 수치를 부여하는 범주형 척도임 • 가장 낮은 수준의 척도로서 측정대상을 유사성과 상이성에 따라 구분하고 구분된 각 집단 또는 카테고리에 숫자나 부호 또는 명칭을 부여하는 것 • 성별, 결혼유무, 종교, 인종, 직업유형, 장애유형, 지역, 계절 등
서열척도	• 측정 대상 또는 현상들 간에서 나타나는 속성의 차이점을 명시해 줄 뿐만 아니라 그 차이를 크고 작음, 또는 높고 낮음에 따라 순위화하여 나타낼 수 있는 척도임 • 서열척도는 측정대상의 분류는 물론 대상의 특수성 또는 속성에 따라 각 측정대상들의 등급순위를 결정하는 척도임 • 서열척도에 의해 카테고리 상 부여된 숫자는 순서 또는 서열을 나타내지만, 이러한 숫자가 거리나 간격의 의미를 지니지는 않음 • 사회계층, 선호도, 석차, 수여 받은 학위, 자격등급 등
등간척도	• 등간척도는 측정대상의 특수한 속성에 따라 대상의 크다/작다의 구분뿐만 아니라 그 간격에 있어서의 동일함을 의미하는 동일성의 척도임 • 측정은 측정의 대상인 사물이나 현상을 분류하고 서열을 정하며 나아가 이들 분류된 부분간의 간격까지도 측정함. 하지만 전혀 없는 상태인 절대적인 영(absolute zero)는 존재하지 않으며, 단지 임의적인 영(arbitrary zero)만 존재함 • IQ, EQ, 온도, 학력, 시험점수, 물가지수, 경제성장률, 사회지표 등
비율척도	• 비율척도 또는 비례척도는 등간척도가 지니는 성격에 더하여 절대 0의 값을 가짐으로써 비율의 성격을 지니는 척도임 • 가장 세련된 측정수준으로서 고도의 통계분석이 가능함 • 연령, 무게, 신장, 수입, 출생률 등

자료: 이희연 · 노승철(2012)과 원태연 · 정성원(2010)의 연구를 정리함.
이희연 · 노승철(2012), 고급통계분석론: 이론과 실습, 법문사.
원태연 · 정성원(2010), 통계조사분석, 한나래출판사.

(3) 자료 입력 방법(코딩)

데이터 입력 방법, 다시 말하면 코딩은 수집된 자료의 응답 범주를 통계분석에 적합한 범주로 전환하여 수치를 부여하는 작업으로, 연역적 코딩과 귀납적 코딩으로 분류할 수 있다. 연역적 코딩은 개념적 정의에 입각하여 조작적 정의가 이루어지고, 그에 따라 응답범주가 자료수집 단계에서 이미 확정된 경우에 사용하는 것이고, 귀납적 코딩은 자료수집 단계에서 응답자가 자신의 표현으로 자유롭게 응답한 결과를 수집이 완료된 후 비슷한 응답유형을 찾아 응답범주를 분류하고 수치를 부여하는 코딩 방법이다.

코딩체계를 확정한 다음에는 코드집을 구성해야 한다. 코드집은 수집된 모든 변수에 관련된 정보를 일목요연하게 정리해 놓은 것으로 응답에 인위적으로 부여한 수치나 수량적 수치의 의미와 그 위치에 대한 정보를 담고 있다.

코딩을 하는 방법은 텍스트 파일, 엑셀, SPSS 통계 프로그램 등 다양한 방법으로 저장할 수 있다. 또는 빅데이터를 다루는 다양한 솔루션(solution)에서 저장도 가능하다. 맨 윗줄에는 변수이름을 적고 그 아랫줄에 데이터를 저장하는데, 각 프로그램에 따라 다양한 확장명으로 저장한다.

각 파일을 열기 위해서는 SPSS 데이터 열기에서 *.*을 선택한 후 불러오면 된다. 일부 데이터 파일은 엑셀이나 텍스트 등으로 저장한 후 이용하는 것이 통계분석이 용이하다.

여러 집단 간의 분포 특성을 기술하기 위해서는 보다 적절한 지표를 이용해야 한다. 일반적으로 실측된 측정치나 수집된 데이터에의 집중경향(central tendency)을 나타내는 데 대푯값이 사용되며, 대푯값으로부터 각 변량들의 분산 정도를 나타내기 위해서는 분산, 그리고 도수분포 형태의 비대칭 정도를 나타내는 왜도 등이 이용되고 있다(이희연 · 노승철, 2012).

데이터를 코딩하는 방법을 구체적으로 살펴보면 다음과 같다.

예를 들어 성별에 따라서 연봉의 차이가 있는지 알고 싶을 때 데이터를 얻는 방법을 알아보자. 데이터를 구하는 방법은 설문지를 이용하여 조사 후 데이터를 얻는 방법과 기존의 다른 권위 있는 단체나 기관에서 이미 조사한 자료를 구하는 방법이 있다.

연구자가 설문지를 직접 작성하여 조사하는 경우는 성별과 연봉을 묻는 질문이

설 문 지

▷ 성별

1-1. 귀하의 성별은 어떻게 되십니까? 직접 기입해 주십시오. ______________

1-2. 귀하의 성별은 어떻게 되십니까? ① 남자 ② 여자

▷ 연봉

2-1. 귀하의 연봉은 어떻게 되십니까? 직접 기입해 주십시오.
최근 1년간 ____________ 원

2-2. 귀하의 연봉은 어떻게 되십니까?
① 1,000만원 이하
② 1,001만원 ~ 2,000만원 이하
③ 2,001만원 ~ 3,000만원 이하
④ 3,001만원 ~ 4,000만원 이하
⑤ 4,001만원 이상

필요한데, 설문지를 연구자가 직접 설계하는 방법을 예시를 들면 다음과 같다.

성별을 묻는 질문은 다양한 방법이 있지만 직접 이름을 적게 하는 방법(질문 1-1)과 남자와 여자에 숫자를 부여하여 1번에 남자를 2번에 여자를 대신하여 조사하는 방법이 있다(질문 1-2). 어느 방법이든 조사 방법으로 틀린 방법은 아니지만 통계의 편리성을 위해서는 문자 형식으로 이름을 직접 기입하는 방법보다 남자나 여자 대신에 숫자를 대신하여 조사하는 방법이 편리하다. 그 다음으로 연봉을 묻는 질문은 응답자가 직접 연봉을 적게 하는 방법(질문 2-1)과 연구자가 범주를 미리 정하고 응답자가 선택하게 하는 방법(질문 2-2)이 있다. 연봉을 묻는 질문은 연구자의 선택에 따라 차이가 있겠지만 질문 2-1의 경우는 얻어지는 데이터가 비율척도가 되고, 질문 2-2는 서열척도가 되어 통계분석 할 때 분석 방법을 달리하여야 한다.

위에 작성한 설문지를 100명에게 돌리거나 인터넷으로 조사한 후 SPSS 통계 프로그램에서 데이터를 입력하는 방법 즉 코딩하는 방법을 살펴보면 다음과 같다.

첫째, 파일, 새파일, 데이터를 순서대로 클릭한다.

둘째, 변수보기를 클릭하고 이름과 1이 만나는 셀에 설문지번호라는 변수 명을 적는다. 그 다음에 이름과 2가 만나는 셀에 성별, 이름과 3이 만나는 셀에 연령을 적는다. 설문지번호 유형은 숫자로 그대로 두고, 성별은 질문 1-1처럼 글자로 조사한 경우는 유형을 클릭하여 문자형으로 수정하고, 질문 1-2로 질문한 경우는 숫자형으로 그대로 둔다. 연령은 숫자형태로 데이터를 수집하였으므로 그대로 둔다.

셋째, SPSS 통계 프로그램의 하단의 데이터보기를 클릭한다. 그리고 조사한 설문지에 1번에서 100번까지 번호를 준다. 그리고 1번 설문지를 들고, 데이터를 입력하기 시작한다. 설문지번호와 1이 만나는 셀에 숫자 1를 입력하고 성별과 1이 만나는 셀이 1번 설문지 응답을 기입한다. 연령도 동일한 방법으로 입력한다. 두 번째 설문지를 들고 설문지번호와 2번이 만나는 셀에 두 번째 설문지 내용을 코딩한다. 위와 같은 방법으로 100번째 설문지까지 코딩한다.

SPSS 통계 프로그램에서 데이터 입력하는 방법

▷ 클릭 순서: 파일 → 새파일 → 데이터

▷ 세부 메뉴: 데이터 보기, 변수 보기

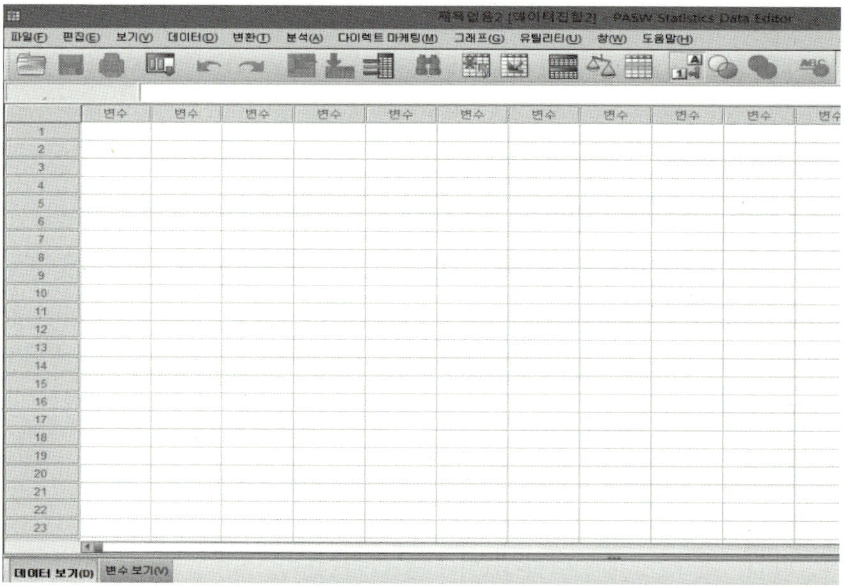

표 8-2 세부 메뉴

메 뉴	내 용
데이터 보기	SPSS 통계 프로그램을 처음 화면을 열렸을 때 데이터를 기입할 수 있는 페이지
변수 보기	각 변수의 이름, 유형, 너비, 소수점 이하자리, 설명, 값, 결측값, 열, 맞춤, 측도, 역할 등을 입력 또는 수정할 수 있음

2) 기술통계의 개념과 분류 방법

일반적으로 실측된 측정치나 수집된 데이터에의 집중경향(central tendency)을 나타내는 데는 대푯값이 사용되며, 대푯값으로부터 각 변량들의 분산정도를 나타내기 위해서는 분산, 그리고 도수분포 형태의 비대칭 정도를 나타내는 왜곡도 등이 이용되고 있다(이희연 · 노승철, 2012).

표 8-3 기술통계 분석

종 류		내 용
대푯값 (central tendency)	1. 산술평균	• 통계학에서 가장 많이 활용되는 대푯값 • 전체 변량을 다 합하여 데이터의 개수로 나누는 단순 산술평균과 변량에 가중치를 부여한 후 가중치 합계로 나누는 가중치 산술평균이 있음 • 계산이 쉬우며 유용한 정보 제공 • 이상치에 크게 좌우됨
	2. 중위수	• 각 변량을 크기 순서대로 배열한 후 가장 가운데 중앙항이 갖고 있는 변량을 대푯값으로 정함 • 데이터 수가 적을 때 계산이 용이함 • 이상치에 크게 좌우되지 않음 • 표본크기가 달라지면 산술평균보다 중위수 변화가 더 큼
	3. 최빈값	• 주어진 데이터의 분포에서 가장 높은 빈도를 보이는 수치 • 데이터가 클 경우에만 의미가 있음 • 계산할 필요가 없음

		• 정량적, 정성적 데이터 사용 가능함 • 데이터가 작을 경우에는 의미가 없음
분산도 (dispersion)	1. 범위	• 분산도를 측정하는 지표 가운데 가장 기초적인 것으로 데이터를 순위화하였을 때 최대변량과 최소 변량의 차이를 말함 • 최대치와 최소치의 양극 변량의 차이를 나타내는 범위로는 주어진 변수의 분포 특성을 알 수 없음
	2. 사분위 편차	• 변량 분포의 제3분위수와 제1분위수와의 차를 이등분한 값을 말함
	3. 표준편차	• 분산의 정도를 나타내는 데 가장 유용하며 일반적으로 쓰이고 있는 지표 • 평균으로부터 각각의 변량이 얼마나 떨어져 있는가를 측정하는 변수로 각각의 변량에서 산술평균값을 뺀 편차의 제곱을 평균하여 제곱근을 씌운 값
	4. 상자그림	• 상자그림은 중심성향과 분산도를 동시에 나타내는 시각적 표현 방법 • 1977년 미국의 터키(Tukey)가 고안하였으며 5개 지표로 분포 특성을 말해 줌. 1사분위수, 중위수, 3사분위수, 최댓값, 최솟값으로 데이터의 분산수준뿐만 아니라 왜곡도에 대한 정보도 제공
	5. 변동계수	• 분산의 정도를 상대적으로 측정하는 지표로 표준편차를 평균값으로 나눈 값임 • 변동계수의 값이 클수록 평균으로부터 분산도가 더 넓음
형태(shape)	1. 왜도 (왜곡도)	• 분포유형의 비대칭 정도를 측정하는 지표임 • -3과 +3의 범위에 있으며, 대칭 분포일 경우 0이 되며, ±0.25이면 왜곡도가 미미하다고 봄 • 왜곡도는 도수분포의 형태를 기술해 주는 지표일 뿐만 아니라 데이터의 정규성을 검정하는 데 이용
	2. 첨도	• 특정 변수의 분포특성을 나타내는 데 있어서 얼마나 뾰족하게 봉우리가 분포되었는가를 수치로 비교하는 자료 • 도수분포 유형이 대칭분포이거나 정규분포를 이룰 경우는 3이 되며, 고봉의 분포형태를 이룰 경우 첨도는 3보다 크게 나타나고, 저봉의 분포를 나타내는 경우는 3보다 작게 나타남

자료: 이희연 · 노승철(2012)의 자료를 정리함.
이희연 · 노승철(2012), 고급통계분석론: 이론과 실습, 법문사.

일반적으로 빅데이터를 수집한 후 맨 처음에 실시하는 통계기법은 자료에 대한 빈도나 평균 등 데이터의 특성을 파악하는 일이다. 이러한 작업을 통해서 연구자는 자료에 대한 기초정보를 얻을 수 있다. 통계 프로그램의 경우 빈도분석이나 기술통계를 이용하여 관련 자료를 분석할 수 있다.

빈도분석이란 점수 하나 하나에 대한 빈도나 백분율(%)을 헤아리는 것을 뜻한다. 본인이 설문지를 작성하여 데이터를 모으는 방법도 있지만 패널이나 기업의 빅데이터를 분석하는 경우 자료의 상태를 이해하거나 분석하는 데 도움이 되는 방법 중 하나이다.

빈도분석을 통하여 빈도, 백분율, 누적백분율을 나타내는 빈도표, 중심 경향값으로 평균, 중앙값, 표준편차, 자료의 특성을 도식화하는 그래프 등을 알 수 있다(성태제, 2015).

SPSS 통계 프로그램을 이용하여 빈도분석을 하는 방법은 다음과 같다.

SPSS 통계 프로그램에서 빈도분석 하는 방법

▷ 클릭 순서: 분석 → 기술통계량 → 빈도분석

▷ 세부 메뉴: 통계량, 도표, 형식 등

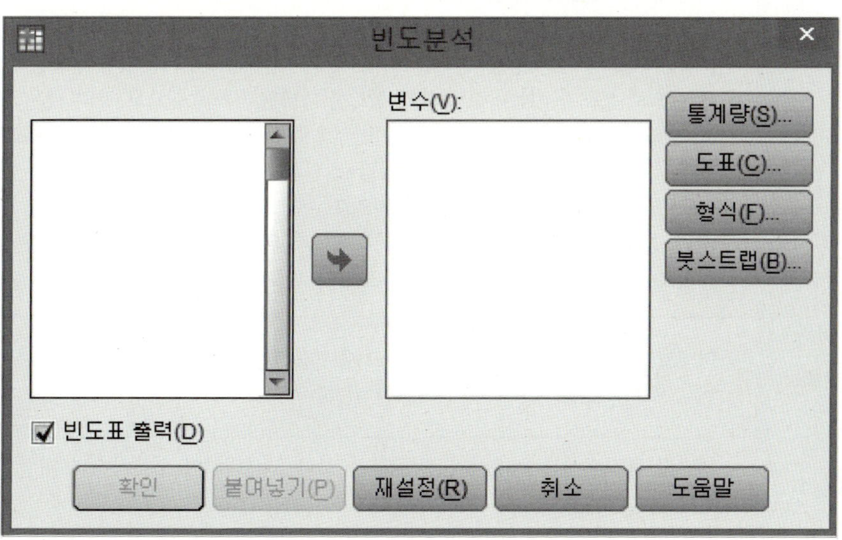

표 8-4 세부 메뉴

메 뉴	내 용
통계량	• 통계량을 클릭하면 백분위수 값, 중심경향, 산포도, 분포 등의 내용을 선택할 수 있음 • 백분위수 값은 기본적으로 사분위수와 백분위 수를 선택할 수 있음 • 중심경향은 평균, 중위수, 최빈값과 합계를 선택할 수 있음. 평균값은 일반적으로 산술평균, 기하평균, 조화평균 등이 있다. 산술평균은 가장 간단하고 널리 사용되는 방법으로서 주어진 수의 합을 수의 계수로 나눈 값이고, 기하평균은 변화율 또는 비율의 평균이고, 조화평균은 시간에 따라 변하는 변량, 속도, 상품의 시세 등 단위당 평균 산출에 이용함. SPSS 통계 프로그램에서는 산술평균을 기본적으로 제공함. 중위수(median)는 전체 사례 수에서 가운데에 해당하는 값임. 맨 위와 맨 아래의 가운데에 위치하는 값으로 홀수의 경우 숫자가 하나이나, 짝수의 경우 두 값이 나오므로 두 값을 더한 후 2로 나눈 값임. 최빈값은 집단에서 가장 빈번히 나타나는 값임 • 산포도는 절대적인 분포의 산포도와 상대적인 분포의 산포도로 분류할 수 있음. 절대적인 산포도는 범위, 평균편차, 사분편차, 표준편차가 있었고, 상대적인 분포는 변이계수, 사분위편차계수, 평균편차계수 등으로 나누어짐. SPSS 통계 프로그램에서는 산포도는 표준편차, 최솟값, 분산, 최댓값, 범위, 평균의 표준오차 등을 선택할 수 있음. 표준편차는 편차를 자승해서 합하는 방법으로 자승한 값의 제곱근을 구하는 것이고, 분산은 편차를 제곱하여 모두 더한 후 총 케이스로 나눈 값으로 표준편차의 제곱값임. 최솟값은 해당 변수의 가장 작은 값, 최댓값은 해당 변수의 가장 큰 값임. 범위는 최댓값에서 최솟값을 뺀 값이고, 평균의 표준오차는 평균을 표본크기의 제곱근으로 나눈 값임 • 분포는 왜도와 첨도 등을 선택할 수 있다. 왜도는 분포의 좌우대칭 정도를 나타내는 값으로 분포가 기울어진 방향과 정도를 나타냄. 0을 중심으로 양의 값은 정적분포, 음의 값은 부적분포임. 분포는 일반적으로 정규분포, 부적분포, 정적편포로 분류할 수 있음. 정규분포는 평균=중앙값=최빈값이 같으며, 부적편포는 우측 비대칭으로 평균〈중앙값〈최빈값 순임. 정적편포는 좌측비대칭으로 평균〉중앙값〉최빈값 순임. 첨도는 분포의 모양이 중앙값 주위에서 얼마나 모여 있는가를 나타냄. 0을 중심으로 양의 값을 가지면 정규분포보다 더 뾰족한 모양이 됨
도 표	• 막대도표, 원도표, 히스토그램 등의 그래프를 선택하여 그릴 수 있음. 도표화 값은 빈도와 퍼센트를 선택하여 그릴 수 있음
형 식	• 변숫값 출력순서를 변숫값과 빈돗값 중 하나를 선택하여 오름차순과 내림차순을 선택할 수 있음

첫째, 분석, 기술통계량, 빈도분석을 클릭한다.

둘째, 왼편에 상자에서 원하는 변수를 오른쪽의 변수 칸으로 이동한다.

셋째, 통계량 메뉴를 클릭하면 백분위수, 중심경향, 산포도, 분포 등을 선택한다. 백분위수 값은 사분위수나 본인이 원하는 백분위수를 기입하여 구할 수 있다. 중심경향에서는 평균, 중위수, 최빈값, 합계를 선택할 수 있으며 다수의 중심경향을 함께 분석할 수 있다. 산포도에서는 표준편차, 최솟값, 분산, 최댓값, 범위, 평균의 표준오차가 선택 가능하고, 분포에서는 왜도와 첨도가 선택 가능하다.

넷째, 도표에서는 막대도표, 원도표, 히스토그램을 간단하게 그릴 수 있다. 간단한 시각화를 원하는 경우에는 빈도분석으로 가능하다.

다섯째, 출석순서와 다중변수 선택이 가능하다.

여섯째, 모든 것을 선택한 후 확인을 클릭하면 빈도분석이 가능하다.

기술통계(Descriptive statistics)는 주어진 자료를 요약해 주는 통계 값을 계산하고, 표준화하기 위하여 사용한다. 기술통계량은 빈도분석과 유사하나 양적인 변수만 분석이 가능하다는 점에서 차이가 난다.

SPSS 통계 프로그램에서 기술통계 분석하는 방법을 살펴보면 첫째, 분석, 기술통계량, 기술통계를 클릭한다. 그리고 왼쪽 상자에 있는 변수 중 연속변수 중 연구자가 원하는 변수를 선택하고 오른쪽으로 이동한다.

둘째, 옵션을 클릭하고 평균, 합계, 산포도, 분포, 출력순서 중 연구자가 원하는 항목에 클릭한다.

셋째, 변숫값을 표준화 값 변수로 저장하고 싶을 경우 첫 페이지에서 클릭하고 확인을 클릭한다.

기술통계 결과는 빈도분석에서도 유사한 결과를 얻을 수 있는데, 빈도분석은 주로 불연속변수의 기술통계를 분석한다면 기술통계는 연속변수를 기술통계를 분석한다는 데 차이가 있다.

SPSS 통계 프로그램에서 기술통계 분석하는 방법

▷ 클릭 순서: 분석 → 기술통계량 → 기술통계

▷ 세부 메뉴: 옵션, 표준화 값 변환 등

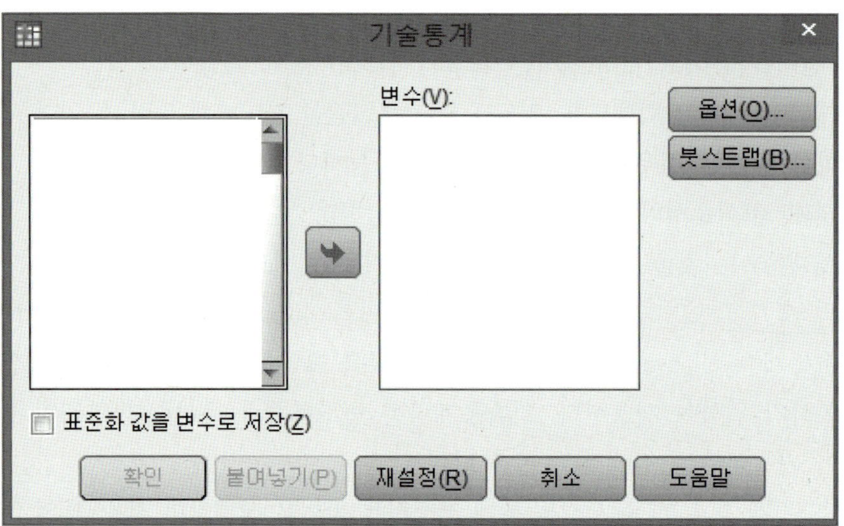

표 8-5 세부 메뉴

메 뉴	내 용
옵 션	• 수집된 자료를 설명하기 위하여 사용하는 통계를 기술통계라 하는데 평균, 합계, 산포도, 분포, 출력 순서 등을 선택할 수 있음. 산포도는 표준편차, 최솟값, 분산, 최댓값, 범위, 평균의 표준오차를 선택할 수 있음 • 분포에서는 첨도와 왜도가 선택 가능하고, 출력 순서 또한 선택할 수 있음
표준화 값을 변수로 저장	• 선택한 변수에 Z점수를 계산하여 새로운 변수로 생성하는 기능임. Z점수는 원점수의 상대적 위치를 알려주는 표준점수의 일종으로 원점수의 평균은 0, 표준편차는 1로 변환한 점수임

중국의 빅데이터 활용 현황 – 중국 빅데이터 발전 조사 보고서

▷ **개요:** 중국의 빅데이터의 활용 수준과 현황을 파악하여 우리나라 빅데이터 활용 확대를 위한 정책적 시사점을 도출하는 것을 목적으로 하고 있다. 이 보고서에 나타난 기술통계 분석을 살펴보면 다음과 같다.

▷ **해석:** 2014년 중국 빅데이터 시장규모는 약 84억 위안 규모이며, 주요 산업은 빅데이터 SW, HW 그리고 빅데이터 관련 전문 서비스로 구분된다.
위 조사 보고서는 빅데이터 시장 분야별 규모에 관한 평균과 비율을 제공하고 있다.

〈2014년 중국 빅데이터 시장 분야별 규모〉

분 야	시장규모(억 위안)	점유율(%)
소프트웨어	35.6	42%
하드웨어	28.5	34%
서비스	19.9	24%
계	84.0	

자료: 정보통신기술진흥센터(2016)의 연구를 정리함.
정보통신기술진흥센터(2016), 중국의 빅데이터 활용 현황, 중국 빅데이터 발전조사 보고서, 해외 ICT R&D 정책 동향, 2016(1).

2 … 빅데이터의 시각화

1) 시각화의 개념

시각화는 18세기에서 20세기에 걸쳐 자크 베르탱(Jacques Bertin)과 에드워드 터프티(Edward Tufte)를 비롯한 여러 연구자에 의해 오늘날의 시각화 원리와 방법론이 발전되어 왔다. 전문 연구 분야로서의 데이터 시각화는 1990년대에 비롯되었으며, 최근엔

데이터 시각화, 비주얼 애널리틱스, 인포그래픽 등으로 불리기도 한다. 정보의 시각화는 정보를 직관적으로 이해할 수 있게 한다. 많은 데이터를 동시에 인식할 수 있도록 하고, 그래픽 요소를 통해서 정보에 감성을 부여하고 흥미를 유발한다. 시각화된 정보는 문자보다 친근하게 정보를 전달하고 입체적으로 만들 수 있도록 한다. 또한 정보 이면에 이야기를 만들어, 언어와 문자에서 발견하게 어려운 이야기를 창출할 수 있다는 것이 장점이다(이지영, 2015).

2) 시각화의 방법

빅데이터의 기초통계 값을 도출한 후 시각화하는 방법은 여러 가지가 있다. 대중적인 방법으로는 빅데이터 기초통계 값을 구한 후 엑셀이나 파워포인트 등을 이용하여 시각적으로 표시할 수도 있고 R 등의 통계 프로그램을 이용할 수도 있다. 이 장에서는 SPSS 통계 프로그램을 이용하여 시각화하는 방법을 알아보고자 한다.

SPSS 통계 프로그램을 이용하여 시각화하는 방법은 크게 두 가지가 있는데, 그 첫 번째 방법은 데이터 탐색 메뉴를 이용하는 것이다.

SPSS 통계 프로그램에서 그래프 작성하는 방법

▷ 클릭 순서: 분석 → 기술통계량 → 데이터 탐색

▷ 세부 메뉴: 도표, 상자도표, 기술통계, 정규성 도표 등

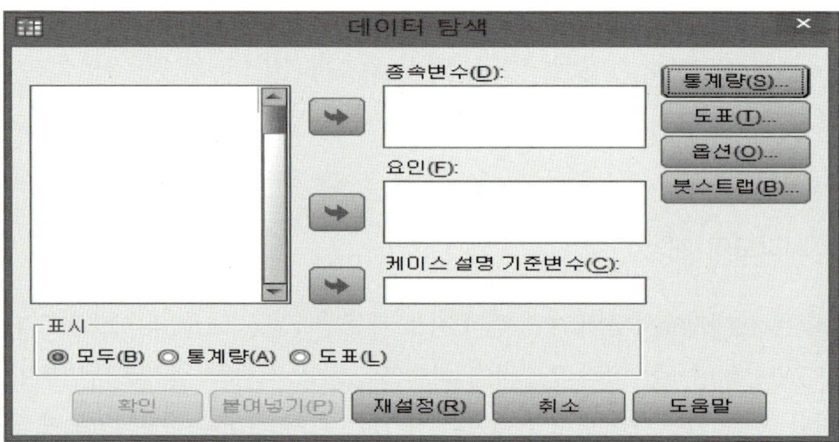

표 8-6 세부 메뉴

메 뉴	내 용
통 계 량	기술통계, 신뢰구간, M-추정량, 이상값, 백분위수
도 표	줄기와 잎그림, 히스토그램
옵 션	결측값

구체적으로 살펴보면 SPSS 통계 프로그램에서 분석을 클릭한 후 기술통계량, 데이터 탐색 메뉴를 클릭한 후 왼편에 있는 변수를 오른쪽 종속변수로 이동한다. 둘째, 요인이 되는 변수나 케이스 설명 기준 변수를 이동할 수 있다. 그리고 도표를 클릭하면 줄기와 잎그림, 히스토그램을 출력할 수 있다. 셋째, 마지막으로 확인을 클릭한 후 출력파일에서 해당 그래프를 클릭 후 수정하여 이용한다.

빅데이터를 시각화하는 두 번째 방법으로는 그래프 메뉴를 이용하는 것이다.

표 8-7 세부 메뉴

메 뉴	내 용
도표작성기	• 변수에서 오른쪽 칸에 변수를 끌어와서 도표를 작성 • 갤러리에서는 막대, 선, 영역도표, 원도표/극좌표, 산점도/점도표. 히스토그램, 상한-하한 도표, 상자도표 등을 선택하고, 기본요소에서는 축과 요소를 선택, 그룹/포인트 ID: 드롭 연역을 추가, 제목/각주: 선택한 항목의 제목과 각주를 도표에 추가하고, 속성 내의 텍스트 편집할 수 있음
그래프보드 양식 선택기	• 기본, 세부 사항, 제목, 옵션으로 시각화 양식을 선택할 수 있음
레거시 대화상자	• 막대도표, 3차원 막대도표, 선도표, 영역도표, 원, 상한-하한 도표, 상자 도표, 오차막대, 모집단 피라미드도표, 산점도/점도표, 히스토그램 등을 선택하여 그릴 수 있음

위와 같은 방법으로 그래프를 작성한 후 출력결과에서 해당 그래프를 더블 클릭하여 원하는 색이나 모양으로 수정이 가능하다.

첫째, 그래프, 레거시 대화상자를 순서대로 클릭한 후 원하는 막대, 선, 산점도 등 원하는 도표를 클릭한다.

둘째, 직접 도표를 작성하기 원하면 도표작성기를 기존의 양식으로 그리기를 원하는 경우에는 레거시 대화상자를 이용하여 원하는 그래프를 작성한다.

3 ··· 빅데이터와 인포그래픽

1) 인포그래픽의 개념

인터넷과 스마트폰을 통해 과거에는 상상도 할 수 없었던 엄청난 양의 정보가 매일 양산되고 있다. 2011년을 기준으로 전 세계에서 생성되는 디지털 정보량은 1.8ZB라고 하는데, 이는 2시간짜리 HD영화 2천억 편과 맞먹는 정보의 양이다. 그런데 이와 같은 디지털 정보량은 2년마다 2배씩 증가하고 있다고 한다(정소영 · 이하나, 2014).

이에 IT 기술의 발전과 함께 인터넷과 디지털 정보처리 기술이 상용화되면서 기하급수적으로 생성되고 실시간으로 유통되는 빅데이터(big data)가 새로운 기술로 등장하게 되었다(김진환, 2015).

빅데이터 시대가 되면서 누구나 쉽게 정보를 만들거나 접근할 수 있는 환경이 되었지만 한편으론 정보가 많아짐에 따라 필요한 정보를 찾기가 더욱 어려워지고, 그 데이터를 이해하는 것도 쉽지 않게 되었다. 빅데이터의 활용은 다양한 유형의 데이터를 유의미하고 신뢰도 높은 정보로 구성해야 하기에 과거 분석 방식에 비해 한층 높은 기술로 데이터 분석이 이루어진다고 볼 수 있다.

빅데이터를 분석하기 위한 세계 각국과 다양한 기관들의 노력이 이루어지고 있는 가운데 빅데이터를 시각화하여 패턴과 변화를 읽어 낼 수 있는 인사이트(insight)를 제공하는 것이 데이터 시각화(data visualization)라 할 수 있다. 데이터 시각화란 장시간 누적된 혹은 수집된 많은 양의 데이터를 기초 자료로 하여 쉽게 이해할 수 있도록 시각적으로 표현하고 전달하는 것을 말한다. 데이터 시각화의 핵심은 방대한 데이터들을 수집, 시각화하여 그 데이터 속에서 일정하게 나타나는 어떠한 현상, 패턴, 구조, 변화 및 상호 연관성 등을 발견하고 분석하여 미래를 예측하고 문제점을 발견해내는 데 있다(두경일, 2016).

이에 데이터의 홍수 속에서 중요한 정보와 필요 없는 정보를 구별하고 정리하여 간결한 메시지로 표현한 시각화된 데이터가 필요한데 그 중에 대표적인 방법이 인포그래픽이다. 인포그래픽 또는 인포메이션 그래픽(information graphics)은 정보, 자료 또는 지식의 시각적 표현이다. 정보를 구체적, 표면적, 실용적으로 전달한다는 점에서 일반적인 그림이나 사진 등과는 구별된다. 복잡한 정보를 빠르고 명확하게 설명해야 하는 기호, 지도, 기술 문서 등에서 사용된다. 차트, 지도, 다이어그램, 흐름도, 로고, 달력, 일러스트레이션, 텔레비전 프로그램 편성표 등이 인포그래픽에 포함된다(위키백과, 2016).

언어나 말로는 이해하지 못했던 것이라도 구체적인 그림을 보는 순간 무슨 내용인지 금방 납득이 가는 경우가 있다. 시각적으로 적절하게 표현된 디자인은 언어와 비교할 수 없을 정도로 강력한 정보 전달력을 가진다. 이렇듯 특정의 정보 덩어리를 시각적인 요소로 변환하여 보는 사람에게 알기 쉽도록 전달하는 것을 목적으로 하는 시각 표현을 일컬어 인포그래픽이라고 한다(김덕용 · 김재영, 2015).

다시 말하면, 데이터 시각화의 핵심은 작은 공간 안에 최소한의 자료로 신속하게 정보를 전달하는 것이다. 이러한 시각화 효과는 메시지를 명확하게 이해하고, 동향이나 패턴을 신속하게 확인하며 더 나아가 아이디어의 발견이나 의사결정을 하는 데 도움을 줄 수 있다(김진환, 2015).

빅데이터에 대한 관심과 인식이 증가하면서 데이터의 시각화 활용은 데이터의 속성과 가치를 창출하기 위한 핵심 도구로 사용되고 있다. 방대한 양의 데이터로부터 데이터의 속성과 유의미한 가치를 창출하기 위해서는 데이터의 특성을 고려한 다양한 유형의 데이터 분석 방식이 제공되어야 한다. 이에 따라 가장 중요한 것은 정보를 찾아 헤매야 하는 불편함을 줄이고 필요한 정보가 어떤 것인가를 파악하고 효과적으로 전달하고자 주목받기 시작한 것이 인포그래픽(infographics)이다. 인포그래픽은 정보(information)를 그래픽(graphic)의 형태로 나타낸 것이다(두경일, 2016).

인포그래픽은 방대하고 복잡한 정보를 시각화시켜 내용을 효과적으로 구성하여 수용자에게 정보를 신속하게 전달할 수 있는 장점이 있다(김진환, 2015).

인포그래픽은 논리적과 감성적인 면을 가지고 있다. 논리적인 면은 커뮤니케이션 과정을 통해 복잡한 정보를 쉽고 빠르게 전달하고 정보나 개념을 시각화하여 내용이 한눈에 직관적으로 전달되는 것을 의미한다. 감성적인 면은 흥미를 유발하는 것이다. 시각화된 정보는 주목성이 높으며 표현에 따라 기쁨, 슬픔 등의 감정표현이 가능하고 이를 통해 인간의 경험을 풍부하게 전달한다(이지영, 2015).

인포그래픽은 기능성과 효율성을 위해 논리적이고 과학적인 접근법을 중요시하는 측과 정서적 미적 요소를 강조하는 측이 있다. 좋은 인포그래픽은 데이터의 시각화를 잘 이루어 내면서 정보 전달이라는 목적을 잘 달성할 수 있는 미적요소를 적절히 활용하여 균형을 잡는 것이 무엇보다 중요하다(정소영, 이하나, 2014).

한운희(2014)는 데이터 시각화와 인포그래픽은 서로 강조하는 요소 차이를 살펴봄으로써 쉽게 이해할 수 있다고 주장하였다. 각 요소는 강조되는 것이지 결핍되는 것이 아니라고 하였으며 간략하게 정리하면 다음과 같다.

인포그래픽과 데이터 시각화는 비슷한 개념이긴 하나 약간의 차이가 있다. 각각의 정의를 살펴보면 데이터 시각화란 장시간 누적된 혹은 수집된 많은 양의 데이터를 기초자료로 하여 시각화하는 것을 말하며, 인포그래픽은 데이터를 시각화하여 사용자간의 정보를 전달함에 있어 직관적인 의사 소통 수단으로의 역할을 하는 정보 디자인의 하위 개념으로 볼 수 있다. 그러나 인포그래픽은 빅데이터 시대 데이터 시각화를 통해 사용자에게 효과적인 정보 전달 수단으로의 역할을 하고 있다는 점은 분명하다(정소영 · 이하나, 2014).

급변하는 저널리즘 환경 속에서 인포그래픽의 관심이 증가하고 있는 이유는 크게 두 가지 관점에서 살펴볼 수 있다. 첫째 빅데이터 시대가 시작되면서 디지털 정보량의 증가가 이루어졌기 때문이고, 두 번째는 정보전달 과정의 변화이다. 빅데이터 등장에 따른 정보의 홍수 시대에 새롭게 등장한 인포그래픽은 뉴미디어 시대의 정보 전달에 대한 효율성을 높일 수 있는 중요한 역할로 주목받고 있다. 과거에는 종이

신문이나 잡지 등과 같은 사진과 텍스트를 중심으로 정보 전달이 이루어졌다면 현재는 미디어의 발달로 인해 스마트 기기를 중심으로 정보를 전달하는 문화로 변화하였기 때문이다(최진원 · 김이연, 2012; 김진환, 2015).

2) 인포그래픽의 유형

인포그래픽의 유형은 기준에 따라 다양하게 분류할 수 있다. 선행연구에 나타난 인포그래픽 유형을 살펴보면 다음과 같다.

두경일(2016)은 인포그래픽 유형을 위치 · 지리형, 통계형, 타임라인형, 프로세스형, 비교분석형, 스토리텔링형으로 분류하였다. 김덕용 · 김재용(2015)은 구성방식을 기준으로 나열형, 비교형, 구분형, 강조형으로 분류하였고, 이지영(2015)은 정보유형에 따라 그래픽형, 동영상형, 인터랙티브형으로 분류하였다.

표 8-8 인포그래픽 유형

	종 류	특 성
두경일 (2016)	위치·지리형	• 국가나 지역의 지도 위에 정보를 담는 방식
	통 계 형	• 숫자로 된 데이터를 기반으로 표와 그래프를 사용하는 방식
	타임라인형	• 역사나 일정 등의 시간성을 가진 정보를 시간의 흐름에 따라 정보를 표현하는 방식
	프로세스형	• 여러 가시 정보들의 연관성과 처리 과정을 보여 주는 방식
	비교분석형	• 서로 상반되는 데이터를 대조 및 비교하는 방식
	스토리텔링형	• 데이터 또는 주제를 이야기로 구성하여 정보를 전달하는 방식
김덕용, 김재용 (2015)	나 열 형	• 나열형은 정보를 어떤 구성으로 나열하느냐의 중요한 포인트가 될 수 있는 형태로 프로세스 및 타임라인에 따라 정보를 나열하는 방식으로 어떠한 사건이나 시간 속에 일어난 일들의 과정 및 흐름을 나열하여 표현할 수도 있으며 이야기의 줄거리 등 스토리텔링 형식으로 순차적으로 열거해 놓는 방식 • 가장 기본적인 인포그래픽의 유형

	비 교 형	• 서로 상반되는 데이터를 대조 및 비교함으로써 강력한 설득과 이해를 이끌어야 할 경우 유용하게 사용할 수 있는 방식의 인포그래픽임. 양적인 비교나 증감, 속도의 비교 등 두가지 이상의 제품이나 개념을 비교하거나 다양한 제품의 특성을 파악할 수 있는 중요한 표현 방식임
	구 분 형	• 정보를 목적과 속성에 따라 구분하여 내용을 나누어 시각화한 방식으로 지리적 기반을 한 위치 표현에 중요한 핵심형의 인포그래픽이 될 수 있음. 또 정보와 정보간의 구분을 통해 연결된 관계적 속성에도 이용할 수 있고 크기와 형태에 따라 특정정보를 구분형식의 인포그래픽으로 시각화를 할 수 있기 때문임
	강 조 형	• 강조가 되는 핵심 데이터를 강조하는 형식임. 거시적 또는 미시적 표현을 통하거나 제품에 대한 특징이나 강점, 사회전반에 대한 인식 개선을 요하는 중요한 핵심전략, 건축, 의학, 과학 분야 등 핵심이 되는 기술적인 내용과 중요한 강조점을 기술하기 위한 시각화에 다양하게 적용할 수 있는 대표적 인포그래픽 유형임
이지영(2015)의 정보 유형별 분류	그 래 픽 형	• 한 장의 이미지에 많은 양의 정보와 메시지를 담을 수 있는 인포그래픽으로 제작이 쉽고 SNS 상에서 확산이 쉬움. 출판이나 웹 환경에서 자주 활용하고 SNS 환경에서 포스팅되어 공유하기가 용이함
	동 영 상 형	• 음성데이터로 활용이 가능하여 정보 이해가 빠르고 수용자가 쉽게 다가갈 수 있음. 수치나 정보를 단순히 보여 주고 움직임을 활용하기 때문에 좀 더 다양한 상황을 연출할 수 있음
	인터랙티브형	• 수용자가 필요한 정보를 선택하고 행위에 따라 상호작용이 일어나는 인포그래픽임. 한 화면 안에서 전체적인 정보의 개괄적인 부분을 보여 주고 각각의 항목을 선택하여 자세한 정보를 보는 것임. 사용자가 원하는 정보에 따라 피드백(feedback)의 효과를 가지고 있는 상호작용의 특성을 가지며, 수용자의 흥미와 주목도를 높이는 장점을 가짐

자료: 두경일(2016), 김덕용 · 김재영(2015)과 이지영(2015)의 자료를 정리함.

두경일(2016), 빅데이터의 효과적 시각화를 위한 인포그래픽 연구, 커뮤니케이션 디자인학연구, 55, pp. 152-162.

김덕용 · 김재영(2015), 정보유형 및 인포그래픽 유형에 관한 연구: 아리스토텔레스와 칸트의 범주론을 중심으로, 한국기초조형학회 기초조형학 연구, 16(6), pp. 63-76.

이지영(2015), 인포그래픽을 활용한 관광포스터디자인연구: 대한민국 10개 도시권역을 중심으로, 동서대학교 디자인전문대학원, 석사학위논문.

3) 인포그래픽의 특성

선행연구에 나타난 인포그래픽의 특성을 살펴보면 직관적인 정보의 전달이고, 수용자의 흥미유발이 용이하며, 다양한 표현방식이 가능하다. 그리고 네트워크를 통한 빠른 확산을 그 특징으로 한다(김진환, 2015). 이경은(2013)에 의하면 인포그래픽은 수용자 중심적이고, 경제적이고 직관적이다. 또한 흥미를 유발하며, 확산이 빨라서 마케팅에 효과적이라고 한다.

표 8-9 인포그래픽의 특성과 장점

		내용
김진환 (2015)	1	• 직관적인 정보의 전달임 • 인포그래픽은 수많은 정보들을 분석하고, 시각화된 정보의 전달이 이루어지기 때문에 수용자에게 일반적인 데이터에 비해 정보의 수용 시간이 짧고 오랜 시간동안 머릿속에 인지시켜 줌
	2	• 수용자의 흥미를 유발함 • 분석자의 의도에 따라 제공되는 인포그래픽은 시각적인 효과를 적용하면서 텍스트를 이용한 정보 전달에 비해 이해가 빠르고 흥미를 끄는 효과를 제공함
	3	• 다양한 표현방식이 있음 • 다양한 정보의 표현방식을 활용하여 수용자의 관점에서 정보를 구성할 수 있고, 전달하고자 하는 핵심 내용을 강조하여 명확한 의사전달을 할 수 있음
	4	• 네트워크를 통한 빠른 확산이 가능함 • 인포그래픽은 정보를 직관적으로 전달하도록 구성되어 정보를 제공함. 네트워크를 활용한 직관적인 정보 전달은 수용자가 자발적으로 SNS를 통하여 빠른 속도로 확산시킬 수 있다는 장점을 보유함
이경은 (2013)	1	• 인포그래픽은 수용자 중심적임 • 구체적인 텍스트나 수치를 그래픽 이미지를 중심으로 정보를 제공하기 때문에 텍스트보다 시선을 끌기 유리하고 정보를 깜끔한 디자인으로 보여줌
	2	• 경제적이고 직관적임 • 빅데이터 시대에는 수많은 정보를 인지하기 위해 많은 시간을 소요함. 정보를 빠르고 정확하게 전달받고자 하는 인포그래픽은 다양한 정보를 한눈에 파악할 수

		있도록 시각화하여 편집함. 글보다 쉽고 빠르게 시각적으로 표현이 되어서 정보를 파악하기 빠름
	3	• 흥미를 유발함 • 인포그래픽은 다양한 그래픽 이미지를 중심으로 정보를 제공하고 있기 때문에 텍스트보다 시선을 끌기 유리하고 그 이미지들은 정보의 이해를 도울 뿐 아니라 흥미를 끄는 효과까지 제공함. 수용자들이 관심을 갖게 함으로써 커뮤니케이션 효과를 높일 수 있음
	4	• 확산이 빠름 • 정보를 간결하고 직관적으로 이해할 수 있도록 때문에 수용자는 이미지 정보에 흥미를 느껴 자발적으로 네트워크를 통해 공유함. 인포그래픽은 직관적인 정보습득 방식을 제공하여 빠른 확산을 유도했다는 점에서 쌍방향성, 개방성, 즉시성, 정확성, 자발성이라는 특성이 있는 SNS시대에 적합한 형태임
	5	• 마케팅에 효과적임 • 버즈 효과(buzz effect)를 만들어서 많은 사랑에게 전파시킬 수 있기 때문에 마케팅 및 홍보에 효과적임

자료: 김진환(2015), 이경은(2013)의 자료를 정리함.
김진환(2015), 빅데이터 환경에서 인포그래픽 뉴스기사가 수용자의 정부수용에 미치는 영향, 중앙대학교 신문방송대학원 석사학위논문.
이경은(2013), 수용자 개인적 특성에 따른 정보격차와 인포그래픽 이해 등에 관한 연구: 공공 인포그래픽을 중심으로, 홍익대학교 사업미술 대학원 석사학위논문.

1) 기술통계

① SPSS 통계 프로그램을 이용하여 빈도분석을 실습해 봅시다.
② 기술통계 분석을 실습해 봅시다.
③ 작성한 결과를 보고 표를 작성하고, 해석해 봅시다.

2) 시각화하기

① SPSS에서 나온 기술통계 값을 토대로 엑셀 또는 파워포인트에서 그래프를 작성하여 봅시다.

② SPSS 통계 프로그램을 이용하여 기술통계 값을 그래프로 작성하여 봅시다.

③ 작성한 그래프를 문서 프로그램에서 복사 또는 붙여넣기 하는 방법을 실습해 봅시다.

생각해 볼 문제

1. 빅데이터에서 나타나는 다양한 척도를 이야기해 봅시다.
2. 빅데이터의 신뢰성을 높이기 위한 방법을 논의해 봅시다.
3. 설문지를 작성할 때 성별, 연령 등 개인적인 정보를 묻는 문항을 어디에 배치하는 것이 좋은지 논의해 봅시다.
4. 빅데이터를 수집한 후 처음에 실시하는 통계기법은 무엇이고, 왜 그런지 이야기해 봅시다.

도 입

'소비자와 소비자의 관계를 분석하는 방법은 무엇이 있을까? 성별에 따라서 연봉이 차별(차이)가 있을까? 외모와 행복은 연관이 있을까?'

통계적인 관점에서 살펴보면 데이터가 질적 변수인가 아니면 양적 변수이냐에 따라서 통계분석 방법은 다르게 하여야 한다. 또한 분석하는 목적이 두 변수의 차이인지, 연관인지에 따라서도 방법을 다르게 하여야 한다. 다르게 말하면 데이터의 척도에 따라 동일한 사안도 다른 분석 방법을 이용하여 하며, 연구자의 목적에 따라 각기 다르게 분석할 수 있다.

제 9 장에서는 빅데이터의 소비자 관계 분류 방법은 무엇이 있는지 알아보고자 한다. 질적 변수의 차이분석에 도움이 되는 교차분석, 평균의 차이 검증을 알아보는 t 검정(t-test)과 일원배치 분산분석(oneway ANOVA)과 사회연결망 분석을 중심으로 살펴보고자 한다.

1 … 빅데이터와 교차분석

1) 카이제곱(χ^2)의 개념

'남자가 SNS를 많이 이용할까? 아니면 여자가 SNS를 많이 이용할까?', '새로운 휴대폰이 출시되었을 때 청소년이 먼저 구매할까? 아니면 노인이 먼저 구매할까?',

'졸업생의 전공에 따라 직급이 차이가 있을까?' 성별, 전공 등의 명목이나 서열척도의 성격을 가진 두 변수의 관계나 차이를 분석할 때 이용하는 분류 방법이 교차분석이다. 두 변수의 성격이 질적 변수 즉 범주형 변수를 분석하기 위한 통계분석 방법이다. 카이제곱은 다양한 교차분석 방법 중 하나이다.

독립변수에 따른 종속변수의 빈도나 평균의 차이를 알아보는 방법은 카이제곱(χ^2), 분산분석, t 검정(t-test), 일원배치 분산분석(oneway ANOVA) 등이 있다. 독립변수에 따른 질적 변수의 빈도의 차이를 알고 싶은 경우에는 카이제곱을 이용한다. 반면에 독립변수에 따른 연속변수의 평균의 차이를 알고 싶을 때에는 t 검정(t-test), 또는 일원배치 분산분석을 실시한다(이희연 · 노승철, 2012).

동질성 연구는 여러 모집단에서 각각의 표본을 추출하여 각 모집단의 속성이 유사한가를 검정하는 데 목적이 있으며, 상관성 연구는 한 모집단에서 하나의 표본을 추출하여 표본의 각 사례에서 두 변수를 관찰하여 두 변수가 서로 관계가 있는지를 검정한다. 동질성 연구나 상관성 연구 모두 똑같은 변수로 측정되나 동질성 연구는 연구의 목적상 여러 개의 모집단에서 각각의 표본을 추출하며, 상관성 연구는 한 모집단에서 하나의 표본을 추출하여 카이제곱을 실시하는 차이점이 있다(성태제, 2015).

교차분석은 성별이나 인종 등 질적 변수와 다른 질적 변수와의 빈도와 비율을 제시하는 교차표(cross tabulation)를 작성하고, 모집단에서 차이가 있는지를 분석하기 위하여 사용한다(성태제, 2016). 교차분석 방법 중 일반적으로 많이 이용하는 통계검정 방법이 카이제곱(χ^2) 검정이다. 두 범주형 변수가 서로 상관이 있는지 독립인지를 판단하는 통계적 검정방법을 카이제곱(χ^2) 검정이라고 한다(원태연 · 정성원, 2010).

카이제곱의 통계적 검정을 실시할 때 기본 가정은 다음과 같다.

첫째, 종속변수가 질적 변수이거나 최소한 범주 변수이어야 한다.

둘째, 획득도수와 기대도수가 5보다 작은 칸이 전체 칸 수의 20% 이하여야 한다. 카이제곱은 관찰빈도가 최소한 5이상이 되지 않으면 카이제곱 값이 지나치게 커지게 되는 오류가 발생하며, 표본크기에 의해 영향을 받는다는 점에 유의하여야 한다.

셋째, 각 칸에 떨어져 있는 도수는 각각 독립적이어야 한다. 따라서 중복응답 문항의 경우에는 카이제곱 검정을 적용할 수 없다.

카이제곱의 통계값은 다음과 같이 계산된다(성태제, 2015).

$$\chi^2 = \sum\sum \frac{(\text{획득빈도} - \text{기대빈도})^2}{\text{기대빈도}}$$

2) SPSS 통계 프로그램으로 카이제곱 하는 방법

SPSS 통계 프로그램을 이용하여 카이제곱을 하는 방법은 다음과 같다.

SPSS 통계 프로그램을 클릭하여 시작한 후 상단 메뉴에 있는 분석 메뉴를 클릭한다. 그 이후 기술통계량, 교차분석 순으로 클릭하고, 왼편의 상자에서 오른편의 행과 열로 해당 변수를 이동한다. 처음 화면에 있는 수평누적 막대도표 출력과 교차표, 출력않음 중 원하는 곳에 클릭한다. 정확한 검정에서는 검정 방법을, 통계량에서는 카이제곱 통계량을 선택할 수 있다.

SPSS 통계 프로그램에서 카이제곱 하는 방법

▷ 클릭 순서: 분석 → 기술통계량 → 교차분석 → 통계량 → 카이제곱

▷ 세부 메뉴: 정확, 통계량, 셀, 형식 등

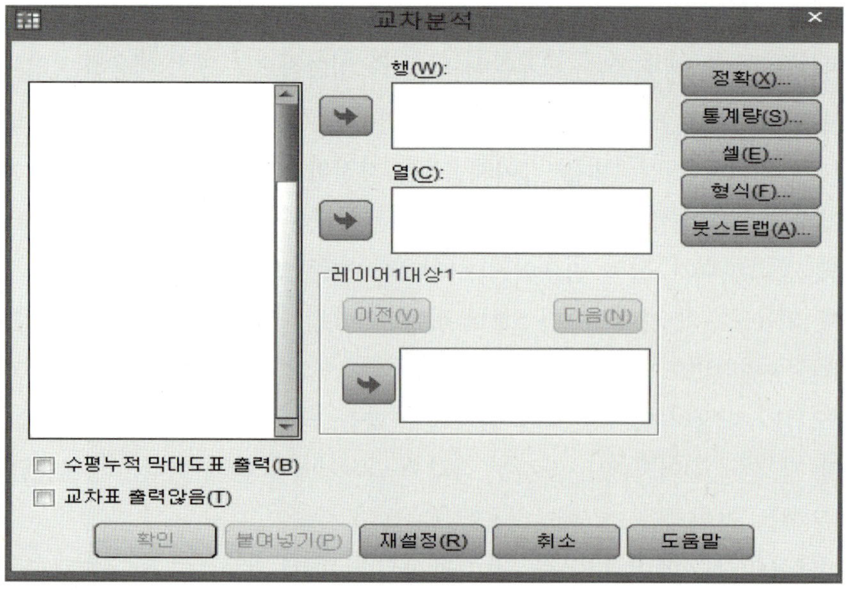

표 9-1 세부 메뉴

<table>
<tr><th>메 뉴</th><th>내 용</th></tr>
<tr><td>처음화면</td><td>• 수평누적 막대도표 출력: 교차표와 더불어 도표를 출력함
• 교차표 출력않음: 교차표의 출력 여부를 지정함</td></tr>
<tr><td>정확한 검정</td><td>• 점근적 검정, Monte Carlo 등 검정 방법을 선택할 수 있음</td></tr>
<tr><td>통 계 량</td><td>• 카이제곱, 상관관계 등을 선택할 수 있음. 카이제곱은 교차분석 방법 중 하나임
• 명목 데이터, 명목 대 등간 척도, 순서, 기타 통계량을 선택할 수 있음. 명목 데이터는 변수가 명목척도인 경우, 명목 대 등간 척도는 한 변수는 명목척도, 다른 변수는 등간척도인 경우, 순서는 변수가 서열척도인 경우 선택함. 기타 통계량 중 카파는 두 변수의 범주가 같을 때의 일치 정도를 나타내며 관찰자 간 신뢰도 계산에 사용함. 위험도는 2×2 교차표에서 상대적 위험도를, 맥네마 검정(McNemar test)은 두 개의 대응하는 이분형 변수에 대한 비모수 검정으로 사전, 사후 실험에서 응답의 변화량을 파악하는 데 유용함

〈카이제곱의 통계량〉
<table>
<tr><th colspan="2">변 수</th><th>내 용</th></tr>
<tr><td>명목 데이터</td><td>명목척도</td><td>- 분할계수(O: contingency coefficient)
- 파이 및 크레이머의 V(P)
- 람다(LAMDA)
- 불확실성 계수(U: uncertainty coefficient)</td></tr>
<tr><td>명목대
등간척도</td><td>한 변수는 명명척도,
다른 변수는 등간척도</td><td>- 에타(E: Eta)</td></tr>
<tr><td>순 서</td><td>서열척도</td><td>- 감마(G: Gamma)
- Somer의 d(S)
- Kendall의 타우-b
- Kendall의 타우-c</td></tr>
<tr><td>기타 통계량</td><td colspan="2">- 카파(K: Kappa)
- 위험도(Risk)
- McNemar</td></tr>
</table>
</td></tr>
<tr><td>셀</td><td>• 빈도, 퍼센트, 잔차, 정수가 아닌 가중값을 선택할 수 있음
• 빈도는 실제 관찰된 사례의 빈도수인 관측 빈도와 영가설 하에서 얻을 것이라 기대되는 사례 수인 기대빈도 중 하나를 선택할 수 있음. 퍼센트는 지정된 항목의 백분율을 행, 열, 전체 중 하나를 선택할 수 있음. 잔차는 모형으로 예측한 값과 관측한 값 사이의 차이를 비표준화, 표준화, 수정된 표준화로 나누어 선택할 수 있음. 마지막으로 정수가 아닌 가중값을 선택할 수 있음.</td></tr>
<tr><td>형 식</td><td>• 변숫값을 오름차순, 또는 내림차순으로 정렬하도록 선택할 수 있음</td></tr>
</table>

2 … 빅데이터와 t 검정(t-test)

1) t 검정(t-test)의 개념과 가정

두 모집단의 평균의 차이에 대한 가설을 검정하는 방법은 하나의 모집단에 대한 평균을 검정하는 것이다. 하나의 표본 집단으로부터 평균값을 산출하여 이를 모평균과 비교하는 것이다. 만일 두 개의 표본 집단에서 산출된 평균값이 서로 다르면 두 표본의 평균의 차이가 통계적으로 유의한지 검정하여야 한다. 이때 모집단의 분산이 알려져 있는 경우는 Z 검정(Z-test)을 이용하며, 모집단의 분산이 알려져 있지 않은 경우에는 t 검정(t-test)을 실시한다(이희연 · 노승철, 2012).

t 검정은 두 모집단의 평균의 차이 유무를 판단하는 통계적 검정 방법으로 영가설은 '두 모집단의 평균 간 차이는 없다'이고, 대립가설은 '두 모집단의 평균 간에 차이가 있다' 이다. t 검정은 영가설이 옳다는 가정 하에 두 모집단으로부터 추출된 표본들로부터 계산된 검정통계량에 근거하여 영가설을 부정할 수 있는 상당한 근거를 보이면 영가설을 기각하고 그렇지 않은 경우에는 영가설을 채택한다(원태연 · 정성원, 2010).

t 검정을 수행하기 위한 기본 가정은 다음과 같다.

- 종속변수가 양적 변수이어야 한다.
- 모집단의 분산, 표준편차를 알지 못할 때 사용한다.
- 모집단 분포가 정규분포이어야 한다.
- 등분산 가정이 충족되어야 한다.

만약 모집단의 분포가 정규분포라는 가정을 충족시키지 못하면 비모수통계를 사용하여야 한다. 또한 두 집단의 분산이 같지 않아 등분산 가정을 충족시키지 못할 경우에는 두 독립표본 t 검정 대신에 Welch-Aspin 검정을 사용하여야 한다.

t 검정은 단일표본 t 검정, 대응표본 t 검정, 독립표본 t 검정으로 분류할 수 있다. 단일표본 t 검정은 한 집단의 평균과 특정 값을 비교하는 경우에 사용하며, 대응표본은 같은 모집단에서 추출된 두 표본의 평균을 비교하는 경우에 사용된다. 다른 모집단에서 추출된 두 표본의 평균을 비교하는 경우에는 독립표본 t 검정을 사용한다(성태제, 2015).

2) 단일표본 t 검정(onesample t-test)

단일표본 t 검정은 연구자가 알고 있는 특정 값과 표본에서 추출된 평균값의 차이를 비교하는 방법이다. 영가설은 '연구자가 알고 있는 특정 값과 표본에서 추출된 평균값이 같다' 이고, 평균값의 차이가 크면 영가설을 기각하게 된다.

예를 들면 국제 수학 성취도 평균값이 500점 만점에 300점이라는 사실을 알 경우, 국내 학생들의 수학 성취도가 국제 수준과 비교하여 차이가 있는지 알고 있을 때 실시하는 방법이다. 국제 수학성취도 평균값을 알고 있으므로 국내 학생들의 수학성취도를 알기 위하여 동일한 시험지로 K수의 학생을 대상으로 실시한다. 다시 말하면, 국제 수학 성취도는 평균값만 알고, 국내 학생들은 표본이 다수 있을 경우 평균의 차이를 검정하는 방법이 단일표본 t 검정이다.

단일표본 t 검정을 SPSS 통계 프로그램을 실시하는 방법은 다음과 같다.

SPSS 통계 프로그램에서 단일표본 t 검정 하는 방법

▷ 클릭 순서: 분석 → 평균비교 → 단일표본 t 검정

▷ 세부 메뉴: 옵션, 검정값 등

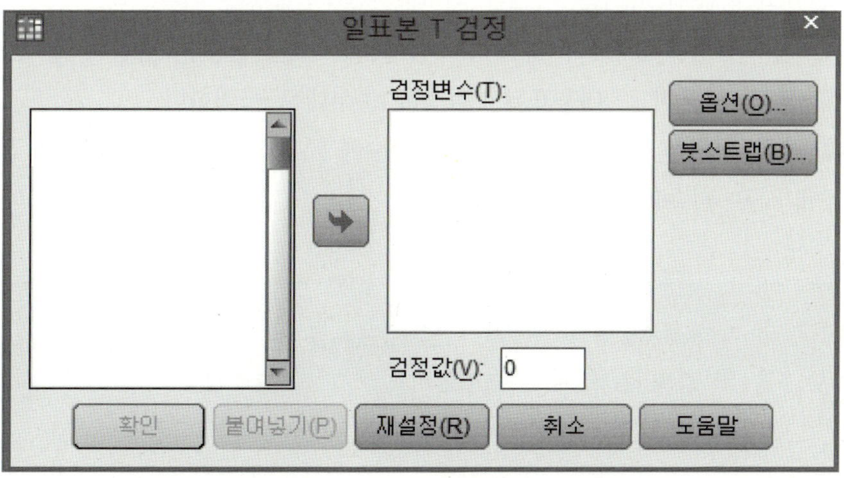

표 9-2 세부 메뉴

메 뉴	내 용
검 정 값	• 선택한 변수의 평균과 비교 또는 검정할 수치를 적음
옵 션	• 신뢰구간 퍼센트와 결측값을 선택할 수 있음. 신뢰구간은 정해진 확률에서 모수치를 포함하게 될 변동구간으로 SPSS 통계 프로그램에서는 95%가 기본 설정값으로 지정되어 있음 • 결측값은 분석에서 사용되는 모든 변수에서 결측값이 있는 케이스 제외 방법을 선택할 수 있음

3) 대응표본 t 검정(paired sample t-test)

대응표본 t 검정은 종속변수가 양적 변수이고, 두 집단이 독립적이지 않을 경우 두 집단의 평균의 차이 연구를 위하여 사용하는 통계적 방법이다. 두 집단이 서로 관계가 있을 경우에 사용한다. 부부 모집단이나 남매 모집단에서 추출하거나 사전-사후 검사를 할 때 주로 이용한다.

예를 들어 새로운 소비자 교육 프로그램을 개발했다고 하자. 동일한 집단을 대상으로 수업 전에 소비자교육 점수를 측정하고, 교육 후 점수를 측정한다. 그리고 사전-사후 집단의 평균의 차이를 비교할 때 대응표본 t 검정을 이용한다.

대응표본 t 검정을 SPSS 통계 프로그램을 실시하는 방법은 다음과 같다.

첫째, 분석, 평균비교, 대응표본 t 검정을 순서대로 클릭한다.

둘째, 왼쪽에 있는 변수를 오른쪽 대응변수에 투입한다. 변수 1에 사전 점수를 변수 2에 사후 점수를 투입한다.

SPSS 통계 프로그램에서 대응표본 t 검정 하는 방법

▷ 클릭 순서: 분석 → 평균비교 → 대응표본 t 검정

▷ 세부 메뉴: 옵션 등

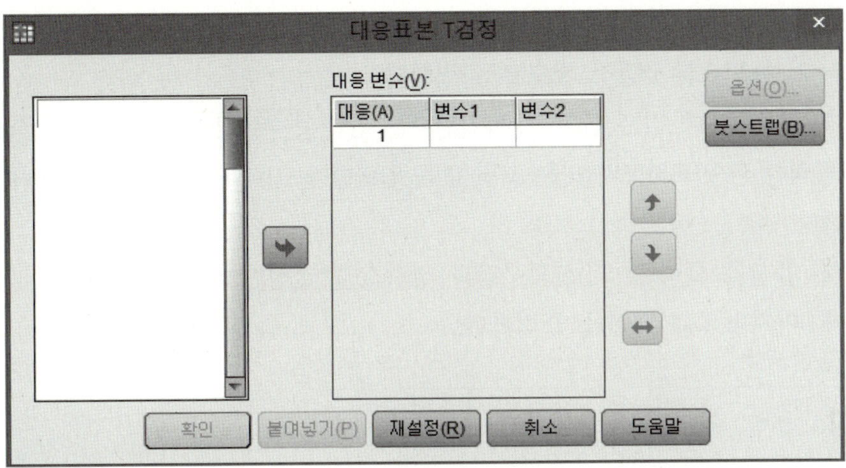

표 9-3 세부 메뉴

메 뉴	내 용
옵 션	• 단일검정 t 검정과 동일하게 신뢰구간 퍼센트를 설정할 수 있게 되어 있음 • 기본 설정값은 95%이고, 연구자가 검정수준을 기입할 수 있음 • 그 외에 결측값 처리 방법을 선택할 수 있음

셋째, 오른쪽에 있는 옵션을 클릭 후 신뢰 구간과 결측값 처리 방법을 결정한 후 확인을 클릭한다(원태연 · 정성원, 2010).

4) 독립표본 t 검정(independent sample t-test)

각기 다른 모집단의 속성인 평균을 비교하기 위하여 두 모집단을 대표하는 표본들을 독립적으로 추출하여 표본 평균을 비교함으로써 모집단 간의 유사성을 검정하는 방법이다. 독립표본 t 검정은 두 표본 집단의 등분산성을 기본 가정으로 한다.

예를 들어 성별에 따라 연봉에 차이가 있는지 검정하는 경우를 생각해 보자. 성별의 값인 남자와 여자는 서로 겹치지 않는다. 이렇게 서로 독립된 값이 있는 독립변수에 따른 종속변수의 차이를 검정하고자 할 때 독립표본 t 검정을 실시한다.

독립표본 t 검정을 SPSS 통계 프로그램에서 검정하는 방법은 다음과 같다.

첫째, SPSS 통계 프로그램을 시작한 후 상단 메뉴에 있는 분석을 클릭한다. 이후 평균비교, 독립표본 t 검정 순으로 클릭한다.

둘째, 왼쪽상자에 있는 변수 중 독립변수는 집단 변수에 투입한다. 그리고 집단정의를 클릭한 후 비교하고자 하는 코딩 값을 입력한다. 그리고 종속변수를 검정변수에 투입한다.

셋째, 옵션을 클릭한 후 신뢰구간과 결측값을 결정한 후 클릭한다.

넷째, 마지막으로 확인을 클릭한다.

SPSS 통계 프로그램에서 독립표본 t 검정 하는 방법

▷ 클릭 순서: 분석 → 평균비교 → 독립표본 t 검정

▷ 세부 메뉴: 옵션, 집단변수 등

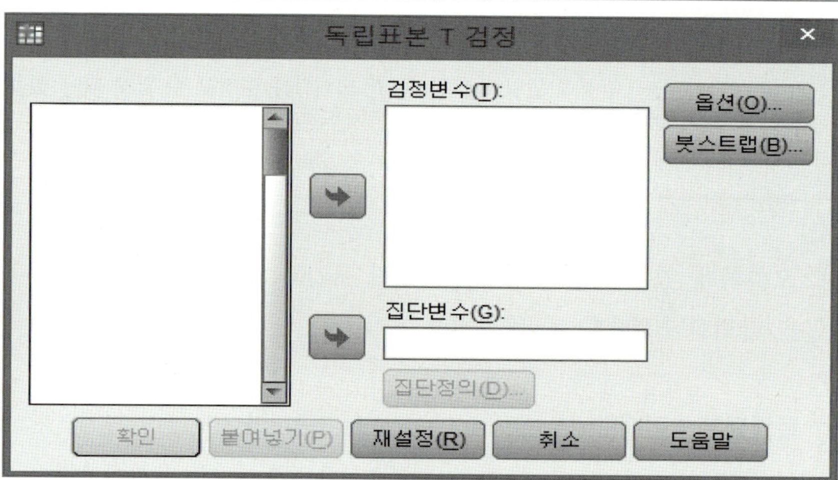

표 9-4 세부 메뉴

메뉴	내용
집단변수	• 아래 칸에 독립변수를 투입한 후 독립 변숫값 중 비교할 값을 집단정의 값에 적음
옵션	• 단일검정 t 검정과 동일하게 신뢰구간 퍼센트를 설정할 수 있게 되어 있음 • 기본 설정값은 95%이고, 연구자가 검정수준을 기입할 수 있음 • 그 외에 결측값 처리 방법을 선택할 수 있음

 … 빅데이터와 일원배치 분산분석

1) 일원배치 분산분석(oneway ANOVA)의 개념과 과정

비교가 되는 집단의 수가 3개 이상이 되면 모평균의 차이에 대한 통계적 유의성을 검정하는 데 t 검정이나 Z 검정을 사용할 수 없으며, 이런 경우에는 F 검정을 이용한 분산분석(ANOVA: analysis of variance) 방법을 사용한다. 분산분석 방법은 사회과학 분야, 자연과학 분야에서 자주 사용되는 통계분석 방법이다(이희연 · 노승철, 2012).

일원배치 분산분석을 실행하려면 연속변수인 종속변수, 세 개 이상의 범주를 가지고 있는 독립변수가 있어야 한다.

기본 가정을 살펴보면

첫째, 독립변수는 세 개 이상의 범주를 가지고 있는 하나의 독립변수와 연속변수인 종속변수가 있어야 한다.

둘째, 각 집단에 해당되는 모집단의 분포가 정규분포이어야 한다.

셋째, 각 집단에 해당되는 모집단들의 분산이 같아야 한다(김성태, 2015).

실험 계획에 의한 분산분석에서는 각각의 처리를 가한 표본의 관측 결과, 즉 반응에 의하여 모평균의 동일성을 검정한다. 여기에서 반응은 처리 효과(treatment effect)와 오차 효과(error effect)의 결합된 형태로 설명할 수 있다. 처리 효과란 각각의 처리에 의하여 나타난 효과를 말하며 오차 효과는 반응 중에서 처리에 의하여 설명되지 않는 효과를 말한다(원태연 · 정성원, 2010). 분산분석에서는 각 처리집단 간의 반응의 차이가 실제로 처리 수준이 다름으로 하여 발생되었는가를 분석하고자 하므로 반드시 각 처리집단의 오차효과가 각 집단에서 동일하게 나타나도록 하여야 한다.

두 집단에서 나온 자료가 동일한 분포를 갖는가를 검정하는 t 검정을 확장하여 k개의 표본들이 같은 분포를 갖는가를 검정하는 데 분산분석을 사용하며, 요인이 하나인 실험에 대한 분산분석법을 일원배치 분산분석이라고 한다(원태연 · 정성원, 2010).

예를 들면 인종에 따라서 연봉에 차이가 있는지 알고 싶다고 하자. 독립변수인 인종의 범주(1. 황인종, 2. 백인종, 3. 흑인종, 4. 기타)에 따른 연봉의 차이를 알고 싶을 경우 일원배치 분산분석을 실시한다. 독립변수의 범주가 3개 이상이므로 일원배치 분산분석을 실시한다.

2) SPSS 통계 프로그램으로 일원배치 분산분석을 실시하는 방법

일원배치 분산분석을 하는 방법은 다음과 같다.

첫째, SPSS 통계 프로그램을 시작한 후 상단 메뉴의 분석을 클릭한다. 그 이후 평균비교, 일원배치 분산분석을 순서대로 클릭한다.

둘째, 요인분석 부분에 독립변수를 투입하고, 종속변수 칸에 종속변수를 투입한다.

셋째, 사후분석은 집단 간의 차이뿐만 아니라 집단 내의 변숫값 사이에 평균의 차이가 있는지를 검정하는 방법이다. 등분산을 가정하였을 경우에는 LSD, Bonfoni, Sidak, Scheffe, Duncan 등의 분류 방법을 선택할 수 있고, 등분산을 가정하지 않았을 경우에는 Tamhane의 T2, Dunnett의 T3, Games-Howell, Dunnett의 C 등을 선택할 수 있다.

SPSS 통계 프로그램에서 일원배치분산분석 하는 방법

▷ 클릭 순서: 분석 → 평균비교 → 일원배치 분산분석

▷ 세부 메뉴: 대비, 사후분석, 옵션 등

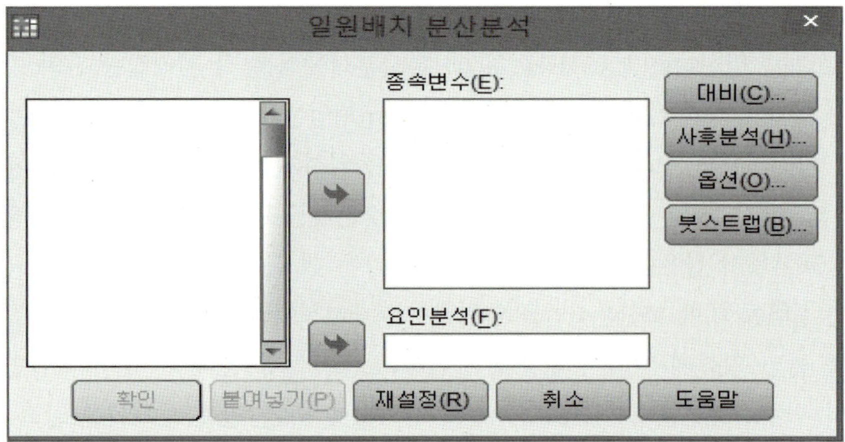

표 9-5 세부 메뉴

메 뉴	내 용
사후분석	• 분산분석에서의 영가설은 '각 집단의 모집단 평균이 모두 같다'임 • 사후비교분석은 분산분석에서 전체 가설이 기각되었을 경우 이것이 구체적으로 어떤 집단 간의 차이에 기인하는지를 분석하는 것임 • 등분산이 가정되었을 때 분석 가능한 방법과 등분산이 가정되지 않았을 때 선택할 수 있는 방법이 분리되어 있어 연구자가 선택할 수 있음
옵 션	• 기술통계, 분산 동질성 검정 등을 선택할 수 있음 • 기술통계는 관련변수에 대한 기술통계값을 표시하고, 분산 동질성 검정은 등분산성 가정 충족 여부를 조사할 수 있음 • 평균 도표는 집단별 평균에 대한 선그래프를 산출하고, 결측값 처리 방법도 선택할 수 있음

넷째, 옵션을 클릭하면 통계량은 기술통계, 모수 및 변량효과, 분산 동질성 검정, Brown-Forsythe, Welch를 선택할 수 있고, 평균 도표와 결측값 처리 방법을 선택할 수 있다.

4 … 빅데이터와 사회연결망 분석

1) 사회연결망 분석(social network analysis)의 개념

사회연결망 분석은 시대의 흐름에 따라 분석 기법이 발전되고 이에 따라 개념과 정의가 수정, 보완되고 있다. 글로벌 IT 컨설팅 기관인 가트너(Gartner)는 2011년 10대 전략 기술 중 하나로 사회연결망 분석을 채택하였다. 사회연결망 분석은 사람뿐만 아니라 분석하고자 하는 모든 주체와 관련된 텍스트 간의 상호작용과 연관성을 분석하는 기법이라고 언급하였다. 이와 같이 사회연결망 분석은 시간의 흐름에 따라 축적되어 온 관련연구와 현장적용 사례를 바탕으로 다양한 분야에서 활용되고 있으며, 앞으로도 그 정의에 대해 재고할 여지는 얼마든지 존재한다. 현재 시점에서는 인류에 존재하는 모든 것의 상호 관계적 특성을 규명하기 위한 측정, 분석, 시각화 등의 절차로 정의할 수 있다(이제욱, 2016; Gartner, 2011).

사회연결망 분석은 기술과 분류 방법의 발전에 따라 최근에 크게 대두되기는 하지만 새로운 분류 방법은 아니다. 사회연결망 분석의 초기 연구는 사회학으로부터 시작되었으며, 다양한 형태의 집단 및 조직 내 사람과의 관계를 규명하고자 시작되었다(이제욱, 2016). 사회연결망 분석은 수학의 그래프 이론을 이용하여 사람, 그룹, 데이터 등 객체 간의 관계 및 관계 특성 등을 분석하고 시각화하는 측정기법으로, 1980년대 이후 수리사회학과 수학의 그래프 이론의 결합을 통해 발전되었다. 최근에는 트위터나 페이스북과 같은 누리소통망 서비스(SNS, 사회연결망 분석, 소셜 네트워킹 서비스) 상에서 정보의 허브 역할을 하는 사용자를 찾는 데 주로 활용되고 텍스트 마이닝 기법에 의해 주로 이루어지며 확산된 내용과 함께 연결의 맥락을 파악하여 분석한다(한국정보통신기술협회, 2017). 다시 말하면, 사회연결망 분석은 구조나 연결망 형태의 특징을 도출하고, 관계성으로 체계의 특성을 설명하거나 체계를 구성하는 단위의 행위를 설명하는 것이 목적이다(김용학, 2003).

전통적인 정량화된 데이터와 다르게 걸러지고 다듬어지지 않는 빅데이터의 경우 확인할 수 없는 데이터 속 의미를 전처리, 군집화 등을 거쳐 가치 있는 데이터를 도출하는 과정이 중요하다. 최근의 네트워크 결과를 통해 도출이 가능하며, 소셜 네트워크 분석이 현재 빅데이터의 주요한 분석기술로 대두되고 있으며, 다양한 분야에서 도입되고 있다. 소셜 네트워크 분석은 빅데이터 이슈와 컴퓨팅 기술의 비약적 발달을 통해 분석 기법의 다양성 및 기술적 진보가 가속화되고 있다(이제욱, 2016).

사람들과의 사회적 관계에서 각자가 차지하는 위치 하나 하나를 사회적 지위라고 부르며, 각각의 사회적 지위에 따라 기대되는 행위를 가리켜 사회적 역할이라 한다. 연결망 분석은 사회학의 전통을 따라 사회관계망에서의 위치를 측정하고 위치의 효과를 재는 기법들을 다양하게 고안하였다. 연결망 분석에서 이러한 접근법을 위치적 접근(positional approach)이라고 한다. 전체 관계망에서의 위치와 그 효과를 측정하는 위치적 접근과 달리 관계적 접근(relational approach)은 연결망의 직접적인 관계에 초점을 둔다. 관계적 접근은 직접적인 상호 작용을 중시하는 접근인 반면 위치적 접근은 행위자의 갖는 관계의 전반적인 유형에 초점을 둔다.

사회연결망 분석에 앞서, 연구 설계 단계에서 먼저 몇 가지 요소를 고려할 것이 있다.

첫째, 표본을 정확하게 결정하여야 한다. 표본이 개인인지, 조직 아니면 국가와 같은 거시 단위인지를 먼저 결정해야 한다.

둘째, 모집단의 경계를 설정해야 한다.

셋째, 조사할 관계의 내용을 정해야 한다.

넷째, 분석 단위가 무엇인지를 고려해야 한다.

끝으로 분석 단위와 밀접하게 연관되어 있는 분석 수준을 결정해야 한다(김용학, 2003).

연결망 분석을 위해서는 먼저 분석 단위와 그에 알맞은 자료의 형태가 정해져야 하고, 소집단이나 조직에 속한 사람들 사이의 관계망을 분석할 때에는 집단의 경계가 명확하게 설정되어야 한다.

사회연결망 자료 즉 관계를 나타내는 자료는 기준에 따라서 차이가 있지만 행렬의 형태에 따라서 분류하면, 완전 연결망(Complete Network), 자아 중심적 연결망(ego-centric network), 준(quasi) 연결망으로 분류할 수 있다. 연결망 자료는 궁극적으로 행렬의 형태를 가진다. 행렬의 각 셀(cell)은 i와 j 사이의 관계를 나타내는데, 관계를 나타내는 자료에는 크게 세 가지 종류가 있다. 첫째, 상호 작용이 있는지 없는지에 따라 i와 j의 관계가 이분법(binary)으로 표현되거나 관계의 강도가 숫자로 표현되는 연결망을 완전 연결망이라고 한다. 둘째, 자아 중심적 연결망으로 무작위로 추출된 응답자들로부터 구해진 연결망이다. 응답자에게 자신의 가장 친한 친구를 열거하게 하고, 친구의 나이, 인종 등에 대한 정보를 응답자로부터 구하는 것이다. 셋째, 인터넷 서점인 아마존에서 책을 구입하면 다른 책 목록을 추천하는 것처럼 책과 책 사이에 아무런 직접적인 관계가 존재하지 않고, 단지 책을 구매한 사람들에 의해서 관계가 인위적으로 설정된 연결망을 준(quasi) 연결망이라고 한다. 연결망 자료는 n명의 행위자들 사이의 직접적인 상호 작용을 나타내는 (n×n) 행렬로 구하는 것이 가장 좋지만 이러한 자료를 구하기 어려운 경우에 자아중심 연결망이나 준 연결망 자료를 분석하는 방법도 있다. 실제 사회과학의 연결망 분석은 완전연결망 보다는 자아중심 연결망이나 준 연결망을 분석하는 경우가 더 빈번하다(김용학, 2003).

최근에는 포털이나 트위터 등에서도 소셜 빅데이터를 제공한다. 예를 들어, 정혜정, 오정화(2016)는 소셜 빅데이터를 통한 윤리소비유형 동기와 감정분석을 위한 연구를 위하여 ㈜다음소프트의 소셜메트릭스TM(some.co.kr) 서비스를 사용하여 데이터를 수집하였다. ㈜다음소프트의 소셜메트릭스TM는 국내에서 사용되고 있는 대표적 SNS인 트위터와 블로그 자료를 검색하여 소셜검색 메뉴에 연관 키워드, 감성 키워드, 주간 급증 키워드 순위를 제공한다. 메뉴에서는 검색 키워드의 연관어를 인물, 단체, 장소, 상품, 속성, 브랜드, 심리 등으로 세분화하여 가장 많이 언급된 연관어들을 맵으로 연결 지어 시각화 정보로 제시한다(다음 social metrics TM 홈페이지, 2017).

분류 방법을 살펴보면 다음과 같다. 탐색어 맵에 감기라는 키워드를 입력하면 최근 한 달 동안 블로그와 트위터에 상의 감기와 관련된 용어와 연관된 용어가 시각화 자료로 제시된다. 매체는 블로그와 트위터, 전체 중에서 선택할 수 있고, 연관어 개수는 최소 10개에서 100개까지 선택 가능하다. 연관어는 핵심어와 관련된 탐색 건수로 측정되며 심리, 속성, 장소로 색을 달리하여 그래프가 제시된다.

탐색어 추이를 클릭하면 한 달 동안 블로그와 트위터에 탐색된 키워드의 수가 날짜별로 선그래프로 제시되고, 긍정과 부정 추이도 동일하게 제시된다. 마지막으로 탐색어 여론을 클릭하면 키워드에 대한 긍정, 부정, 중립, 기타 등의 여론 동향을 볼 수 있도록 제시되어 있다.

2) 다차원척도법(multidimensional scaling: MDS)

다차원척도는 변수들 간의 정보를 단순화시켜 숨어 있는 구조를 밝히는 데 사용하는 기법으로, 연결망 분석에서 많이 사용하는 통계기법이다. 다차원척도법 분석은 상대적 거리로 개념화할 수 있는 자료를 주로 2차 3차 공간에 시각적으로 표현해 주는 기법으로(김용학, 2003; 노형진, 2008), 대상(object)의 선호도를 나타내는 데이터라든가 대상과 대상 사이의 유사성(혹은 친근성) 데이터가 주어졌을 때, 적당한 성질과 차원을 갖는 공간에 대상과 피험자의 공간 배치를 각각 혹은 동시에 정하는 방법이다.

광의의 개념으로는 대상을 하나의 수치가 아니라 여러 개의 수치의 조에 의해 표현하는 기법으로 요인분석, 대응분석도 넓은 의미에서 다차원척도법에 속한다.

협의의 의미로는 유사성 데이터 혹은 비유사성 데이터에 거리 모형을 적용시키는 방법으로 대상 간의 유사성 측도에 의거해서 대상을 다차원 공간에 배치시키는 방법으로 정의할 수 있다(노형진, 2008).

다차원척도는 거리 측도를 이용하는 방법이다. 거리 측도는 변수들 혹은 사례들 사이의 거리를 측정하는 기법으로, 다양한 방법으로 계산된 거리 측도에 근거하여 집락이 만들어지고 요인이 추출되며 구조와 차원이 파악되는 것이다.

거리 측도를 얻는 방법으로 두 가지이다. 응답자에게 연구 대상 사이의 거리를 직접 물어서 데이터를 수집할 수도 있고, SPSS 통계 프로그램을 이용해 주어진 자료로부터 거리 측도를 계산해 낼 수도 있다. 첫 번째 방법은 응답자가 거리를 어떻게 느끼는지 응답하게 하는 방법으로 데이터 수집 단계에서 거리 측도로 데이터를 수집하는 방법이다. 두 번째 방법은 SPSS를 이용하여 원하는 변수를 선택한 후 변수들 사이의 거리 그리고 상이성 측도에 표시를 하는 방법이다(김용학, 2003; 노형진, 2008).

데이터 수집단계에서 거리 측도로 수집하지 못하고 일반 데이터로 수집한 경우에 SPSS를 이용하여 거리 측도를 구하는 법은 다음과 같다.

첫째, 분석, 상관분석, 거리 측도를 순서대로 클릭한다.

둘째, 왼쪽 상자에서 변수를 클릭한 후 상단의 변수 칸으로 이동하고, 케이스 설명 기준 변수에 대상자 관련 변수를 투입한다.

셋째, 측도에서 상이성 측도와 유사성 측도를 선택할 수 있다. 측도 부분을 클릭하면 새로운 상자가 열리면서 측도, 값 변환, 측도 변환을 선택할 수 있다.

SPSS 통계 프로그램에서 거리 측도(상이성, 유사성)를 구하는 법

▷ 메뉴: 분석 → 상관분석 → 거리 측도

▷ 상단의 변수 상자에 분석하고자 원하는 분수를 선택하여 투입하고, 케이스 설명 기준 변수에 대상자관련 변수를 투입한다.

▷ 측도는 유클리디안 거리, 제곱 유클리디안 거리 등 다양한 방법을 이용할 수 있다.

▷ 확인 후 거리 측도를 얻을 수 있다.

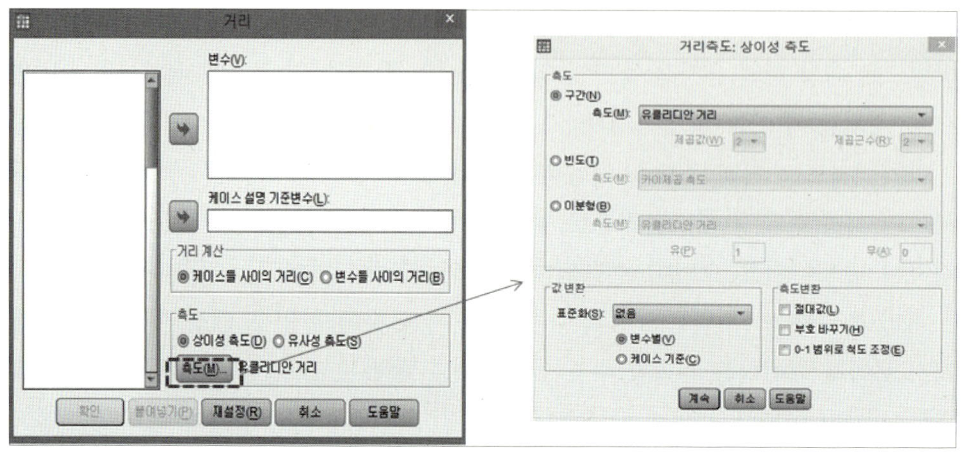

표 9-6 세부 메뉴

메 뉴	내 용
척 도	• 척 도 : 구간, 빈도, 이분형 중에서 하나를 선택할 수 있으며 각각의 특성에 맞는 척도 방법을 선택할 수 있음 • 구 간 : 유클리디안 거리, 제곱 유클리디안 거리 등 • 빈 도 : 카이제곱 척도, 파이제곱 척도 • 이 분 형 : 유클리디안 거리, 제곱 유클리디안 거리, 크기 차이 등 • 값 변 화 : Z점수 등 자료를 표준화할 수 있음 • 척도 변환: 절댓값, 부호바꾸기, 0-1 범위로 척도 조정 등

다차원척도법의 모형이나 기법은 다양하지만, 그 목적은 데이터 속에 잠재해 있는 패턴(pattern), 구조를 찾아내거나, 그 구조를 소수 차원의 공간에 기하학적으로 표현하는 것이다. 관측한 데이터로부터 어떤 방법에 의해서 거리에 대응하는 측도가 주어졌을 경우, 그 측도를 거리가 정의된 좌표공간에 있어서의 거리에 의해서 표현할 수 있기 위한 조건은 우선, 얻어진 측도의 값이 대응하는 거리의 값과 일치하여야 한다. 또한, 얻어진 측도에 있어서의 순위관계가 대응하는 거리에 있어서의 순위관계와 일치하여야 한다(노형진, 2008).

다차원척도법의 종류는 그 기준에 따라 종류가 다양하다. 얻어진 측도의 성질에 따라서는 첫째, 계량적 다차원척도법(metric MDS), 둘째, 준계량적 다차원척도법

(semimetric MDS), 셋째, 비계량적 다차원척도법(nonmetric MDS)로 분류가 가능하다(김용학, 2003; 노형진, 2008).

또는 비유사성 데이터 행렬이 단 한 개인 경우로 가장 간단한 다차원척도법인 전통적 다차원척도법, 두 개 이상의 데이터 행렬을 분석하는 경우에 사용되는 기법인 반복 다차원척도법, 개인별 또는 세부적인 집단별 평가가 가능한 다차원척도법으로 가중다차원척도법으로 분류가 가능하다.

다차원척도법을 실행하려면 데이터를 적합한 형태로 수집하고, 다차원척도법의 절차를 잘 알아야 하는데, 실행 절차는 다음과 같다.

첫째 문제를 정의하여야 한다. 문제의 정의를 위해서 다차원척도법의 결과가 어디에 사용될 것인지에 대하여 정확히 파악하여야 한다.

둘째, 입력 데이터를 수집하여야 한다. 다차원척도법에서의 입력 데이터는 유사성 또는 선호도의 데이터가 이용된다. 유사성이나 선호도의 데이터는 정량적인 데이터와 정성적인 데이터로 대별되는데, 정량적인 데이터는 유사성이나 선호도가 등간척도나 비율척도로 측정된 데이터이며, 정성적인 데이터는 순서척도에 의해서 얻어진 데이터를 말한다.

셋째, 다차원척도법을 선택하여야 한다. 다차원척도법은 주로 사람들의 심리상에 위치한 관측 대상들의 상대적인 위치를 도표화하여 나타내는 기법이다(노형진, 2008).

다차원척도법을 실행하기 전에 데이터의 상대적인 위치를 파악하기 위하여 산점도를 그려보는 것도 데이터 파악에 도움이 된다.

SPSS 통계 프로그램을 이용하여 산점도를 그리는 방법은 다음과 같다.

첫째, SPSS 통계 프로그램에서 직접 데이터를 입력하거나, 엑셀 등에서 입력한 자료를 불러온다.

둘째, 그래프, 레거시 대화상자, 산점도/점도표를 입력한다.

셋째, 단순산점도를 선택한 후, Y축과 X축에 관련 변수를 삽입하고, 케이스 설명 기준에 이름 등 기준점수를 삽입한다. 옵션 메뉴를 클릭하고 '케이스 설명과 함께 도표 출력'을 클릭하고 계속을 클릭하면 산점도 그래프가 그려진다.

SPSS 통계 프로그램에서 산점도 그리는 법

▷ 데이터를 입력한다. 단 데이터의 모든 편성에 대해서 거리를 측정하여야 한다.

▷ 산점도를 그린다[그래프 → 레거시 대화상자 → 산점도/점도표]

- 단순 산점도를 선택한다.
- Y축과 X축에 관련 변수를 삽입하고, 케이스 설명기준에 이름 등 기준점수를 삽입한다.
- 옵션 메뉴를 클릭하고 '케이스 설명과 함께 도표 출력'을 클릭하고 계속을 클릭한다.
- 산점도 그래프가 그려진다.

산점도는 SPSS 통계 프로그램 이외에 엑셀이나 파워포인트 등을 이용하여 분석해도 동일한 효과를 얻을 수 있다.

넷째, 차원수를 결정하여야 한다. 다차원척도법은 입력 데이터를 이용하여 공간상에서 관측 대상들 간의 상대적인 거리를 가능한 한 정확히 자리매김함으로써 다차원 평가공간을 형성한다. 관측 대상들의 상대적인 거리의 정확도를 높이기 위해서 다차원 공간에의 적합(fitting)은 더 이상 개선이 안 될 때까지 반복적으로 계속된다. 이 적합의 정도를 스트레스 값(stress value)으로 나타난다. 스트레스 값은 불일치의 정도(badness of fits)로 볼 수 있다(노형진, 2008).

다섯째, 차원의 이름과 포지셔닝 맵을 결정해야 한다. 각 차원의 이름을 결정해야 하는데, 차원의 이름을 정하는 방법은 관측 대상들에 대해 잘 알고 있는 전문가에 의한 방법, 회귀분석을 통한 방법, 점수 간의 상관계수가 큰 속성을 차원의 이름으로 정하는 방법 등이 있다. 각 차원의 이름을 정하고 나면 포지셔닝 맵을 얻을 수 있다. 포지션이란 가령 소비자들이 측정 대상에 대해서 느끼는 심리적 공간상의 위치를 말한다.

여섯째, 신뢰성과 타당성을 검증한다. 다차원척도법의 분석 결과에 대해 신뢰성과 타당성 검정을 위해서는 모형의 적합도지수(index of fit)을 알아보아야 한다. 적합도지수는 0과 1 사이의 값을 가지며, 보통 0.6 이상이면 설명력이 높다고 할 수 있다(노형진, 2008).

SPSS 통계 프로그램에서 다차원척도법을 하는 방법은 다음과 같다.

첫째, 분석, 척도, 다차원척도법(ALSCAL)를 클릭한다.

둘째, 다차원척도에 표시한 변수를 상단의 변수 칸으로 이동한다. 개별 행렬 구분 변수가 있을 경우 하단의 상자로 이동한다. 데이터가 거리 측도가 아닌 경우 하단의 거리 항목에서 데이터 변환이 가능하다.

SPSS 통계 프로그램에서 다차원척도법 하는 방법

▷ 클릭 순서: 분석 → 척도 → 다차원척도법(ALSCAL)(M)

▷ 세부 메뉴: 모형, 옵션 등

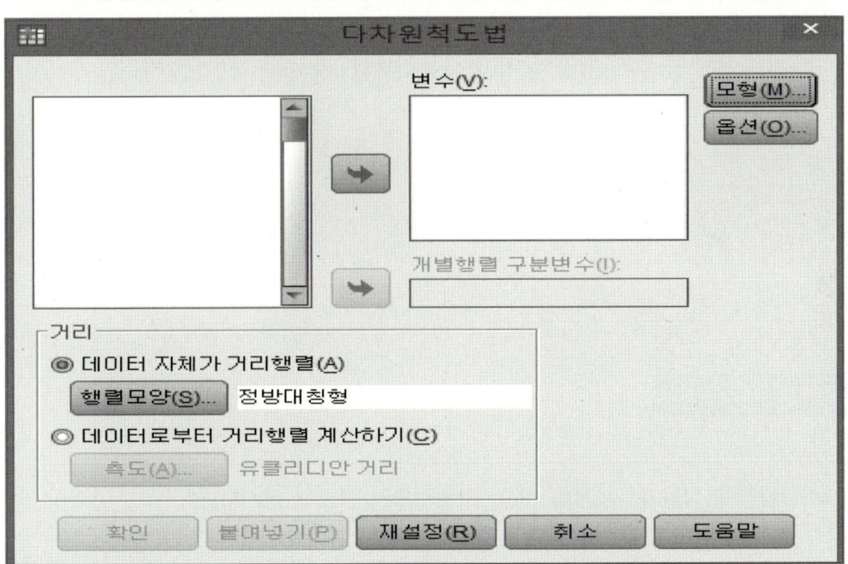

표 9-7 세부 메뉴

메 뉴	내 용
모 형	• 측정수준, 조건부, 척도화 모형으로 구성되어 있음
옵 션	• 표시에서 집단도표, 개별 개체도표, 데이터 행렬, 모형 및 옵션 요약을 선택할 수 있고, 기준에서 스트레스 수렴기준과 최대 반복 계산수, 결측값에 관련된 내용을 선택할 수 있음

5 … 실습하기

1) 인터넷에서 빅데이터 자료를 다운 받기

① 블로그, 뉴스 등 인터넷에서 빅데이터를 무료로 다운로드 받을 수 있는 곳을 찾아봅시다.
② 다운로드한 각각의 빅데이터의 장점과 단점을 이야기해 봅시다.

2) 패널 자료 분석하기

① 통계청 등 공공기관에서 제공하는 패널 자료를 찾아봅시다.
② 변수의 척도와 분석 방법을 고려하여 사회연결망 분석을 실습해 봅시다.

생각해 볼 문제

1. 사회연결망 분석을 한 사례를 찾고, 구체적으로 설명해 봅시다.
2. 사회연결망 분석의 목적이 무엇인지 논하고, 최근에 관련 연구가 증가하는 이유를 설명해 봅시다.
3. 기초통계가 왜 중요한지 그 중요성과 의의를 설명해 봅시다.
4. 학력에 따라 연봉의 차이가 있는지 알고 싶을 경우, 어떤 방법으로 연구를 진행할지 설명해 봅시다.

제 IV 부

빅데이터 분류와 소비자 커뮤니케이션

도 입

휴대전화 인터넷이 상용화되면서 더욱 다양한 데이터가 대량으로 쏟아지기 시작했다. 전 세계에서 수분 아니 수초 동안에도 새로운 데이터는 발생하고 저장되거나 사라진다. 빅데이터 시대가 도래한 것이다.

빠른 속도로 명멸하는 대량의 데이터 시대에 개별 데이터를 오랜 시간에 걸쳐 살펴보고 분석하는 것은 시간이나 여건상 어려움이 따른다. 이와 같을 때 짧은 시간에 데이터의 구조를 쉽게 알아보는 유효한 수단으로 데이터를 구성하고 있는 관측 대상(혹은 속성)을 어떠한 기준에 의해서 분류하는 것을 생각할 수 있다. 더 나아가 새로운 관측 대상이 출현했을 때 어느 분류에 속하는지 예측할 수 있다면 데이터를 이해하는 데 도움이 될 것이다.

제 10 장에서는 빅데이터를 분류하고 더 나아가 예측하는 데 도움이 되는 군집분석과 의사결정나무 분석에 대하여 알아보고자 한다.

1 … 빅데이터와 군집분석

빅데이터 분석에서 목표 변수가 명확하게 규정되지 않은 상태에서 데이터에 존재하는 여러 형태의 특징을 찾거나, 정량화되지 않은 자료를 정량화하는 단계에서 불필요한 정보를 제거하는 데 이용하는 분류 방법 중 하나인 군집분석에 대하여 알아보고자 한다. 일반적으로 군집분석은 그 자체가 대용량 데이터에 대한 탐색적 기법으로서 주어진 데이터의 내부 구조에 대한 사전 정보 없이 의미 있는 자료구조를 찾아낼 수 있다(김훈범, 2016).

대용량 데이터에서 개개의 관찰치를 요약하는 것보다는 전체의 유사한 관찰치들의 군집으로 구분하여 복잡한 전체보다는 그를 잘 대표하는 군집들을 관찰함으로써 전체 데이터에 대한 의미 있는 정보를 얻어낼 수 있다(김훈범, 2016; 김재희, 2012).

군집분석은 자바 코드에서 직접 실행하거나 맵리듀스를 이용하여 분석하는 방법과 R과 같은 통계 프로그램을 이용하여 분석하는 경우 등 다양한 방법을 이용하여 분석할 수 있다. 이 장에서는 빅데이터 분석에 자주 이용되는 군집분석의 기본 개념과 SPSS 통계 프로그램을 이용하여 분석하는 방법을 알아보고자 한다.

1) 군집분석의 개념

빅데이터 분석에 있어서 군집분석은 데이터 정제 과정에서 데이터 표준화 절차나 수집된 분석을 동일한 군집으로 유형화할 때 주로 이용한다.

분류(classification)는 인간의 기본적인 개념적 활동으로 과학 분야에서 분류체계는 이론 발전에 필요한 개념 형성에 있어서 중요한 과정이 되며 관찰이나 실험을 통해 얻은 개체들을 분류하는 것이 연구 목표가 되기도 한다. 1939년 트라이언(Tryon)이 '군집분석(cluster analysis)'라는 용어를 처음으로 사용하였으며 그 이후 군집화하기 위한 다양한 방법과 알고리즘이 개발되었다. 그 이후로 과학 분야에서 군집분석 응용 결과들이 많이 나왔으며 컴퓨터의 발달과 과학에서 분류의 중요성 증가 등으로 인하여 군집분석에 대한 연구가 더욱 증가하게 되었다(김재희, 2012).

군집(cluster)이란 관련 다변량적 특성이 그룹 내적으로는 균일하고 외적으로는 이질적인 관찰 개체들의 모임으로, 군집분석이란 목표 변수(그룹 변수) 또는 반응 변수가 없는 자료에 적용하여 개체를 소수의 그룹으로 분류하고자 하는 분석 기법이다. 군집분석의 목적은 관측 개체를 몇 개의 군집으로 나눔으로써 대상 집단에 대한 이해 및 효율적인 활용을 가능하게 하고, 군집의 개수, 내용, 구조를 모르는 상태에서 개체 간의 유사성에 근거하여 군집을 형성하고, 군집의 특성을 파악하여 군집단 간의 관계를 분석한다(최보승, 2012).

군집분석은 시스템을 표현하는 데이터로부터 구조를 찾아내고 통계적 특성이 서로 다른 군집으로 분리할 수 있는지를 알아내는 것으로 구체적인 군집분석 방법에 따라 군집화 결과에 차이가 날 수 있다(김재희, 2012).

데이터 정제 과정에서 군집분석은 각 주제 키워드의 유사도, 관계성이 높게 나타나거나 동일한 의미를 가지고 있지만 표기 방법이 다른 경우 각 군집의 형태로 단어를 통일시키는 절차이다. 예를 들면 분석에 최적화된 주제 키워드로 이루어진 데이터 셋(data set)을 구성할 수 있다. 데이터 전처리와 군집분석의 차이점은 데이터 전처리는 연구목적에 입각하여 실제 분석에 활용되기 어려운 주제 키워드를 제거하는 '가지치기'의 역할을 하는 과정인데 반하여, 군집분석은 연구 내용의 핵심을 내재하고 지식구조를 설명할 수 있도록 표기 다양성 혹은 불규칙성으로 인한 분석 결과의 혼동을 방지하기 위한 데이터 표준화 절차이다(이제욱, 2016).

군집분석은 데이터 그 자체에만 의존하여 데이터 탐색과 자료를 요약하는 사전에 정의된 어떠한 특수한 목적이 없는 학습 모형이다. 주어진 관측 값들 사이의 거리 또는 유사성을 이용하여 전체를 몇 개의 집단으로 그룹화하여 각 집단의 성격을 파악함으로써 데이터 전체의 구조에 대한 이해를 돕고자 하는 탐색적인 통계분석 기법이다. 다른 군집에 속한 개체들 사이에는 다른 성격이, 동일한 군집은 유사한 성격을 갖도록 전체 데이터를 군집을 통해 잘 구분하는 것이 군집분석의 목적이다(이제영, 2016). 다시 말하면, 군집분석의 첫 번째 목적은 적절한 군집으로 나누는 것이고 두 번째 목적은 각 군집의 특성, 군집 간의 차이 등에 대한 탐색적 연구를 하는 것이다(김재희, 2012).

데이터의 구조를 아는 유효한 수단으로서 그 데이터를 구성하고 있는 관측 대상을 어떠한 기준에 의해서 분류하는 것을 생각할 수 있다. 군집분석은 다양한 특성을 지닌 관찰 대상을 유사성을 바탕으로 동질적인 집단으로 분류하는 데 쓰이는 기법이다. 판별분석과 다르게 집단의 수를 미리 정하지 않고 시장세분화 등에 사용된다. 분류 규칙이 불명확하거나 또는 집단의 수를 미리 정하지 않는 경우에 매우 유용하다. 군집분석은 자료분석, 자료 탐색, 자료 축소, 가설 정립, 군집에 근거한 예측 등과 같은 목적을 가진다.

군집분석의 장점과 단점을 살펴보면 다음과 같다(이제영, 2016).

군집분석의 장점은 첫째, 사전적인 정보 없이 의미 있는 자료 구조를 찾아낼 수 있다. 둘째, 거리를 데이터의 형태에 맞게만 정의하면 다양한 형태의 데이터에 적용 가능하다. 셋째, 사전 정보를 요구하지 않으므로 분류 방법의 적용이 용이하다.

군집분석의 단점은 첫째, 거리를 정의하고 가중치를 결정하기 어렵다. 둘째, 초기 군집 수의 설정이 어렵다. 셋째, 목적이 없으므로 결과 해석이 어렵다.

2) 군집분석의 유형과 원리

군집분석은 무엇을 기준으로 해서 데이터를 분류하느냐에 따라서 수없이 많은데, 다음의 두 가지가 대표적인 방법이다. 하나는 관측 대상 간에 정해지는 유사성을 기초로 해서, 소위 비슷한 것끼리 하나의 그룹으로 해서 전체를 몇 개의 그룹으로 분할하는 것이다. 또 하나는 데이터 및 그룹 내의 분산 개념을 기초로 그룹 간의 분리의 정도를 기준으로 분리하는 것이다.

군집 구성법의 종류는 어떻게 계산하느냐에 따라 여러 가지 기법이 있다. 가장 가까운 항목, 가장 먼 항목, 중위수 군집화, 중심점 군집화, 집단 간 연결법, Ward의 방법 등이 있다.

군집의 유형을 구체적으로 살펴보면 다음과 같다(이제영, 2016).

첫째, 상호배반적(disjoint) 군집으로 각 관찰치가 상호배반적인 여러 군집 중 오직 하나에만 속하는 유형이다.

둘째, 계보적(hierarchical) 군집으로 한 군집이 다른 군집의 내부에 포함되는 형태로 군집 간의 중복은 없으며 군집들이 매 단계 계층적인 구조를 이룬다.

셋째, 중복(overlapping) 군집으로 두 개 이상의 군집에 한 관찰치가 동시에 포함되는 것을 허용한다.

넷째, 퍼지(fuzzy) 군집으로 관찰치가 소속되는 특정한 군집을 표현하는 것이 아니라 각 군집에 속할 가능성을 표현한다.

군집화 방법은 계층적 방법과 비계층적 방법으로 분류한다(최보승, 2012; 김계수, 2015).

(1) 변수 선정

군집분석에서는 의미 없는 변수를 제거할 수 있는 방법이 없기 때문에 선정된 변수는 모두 동일한 비중으로 유사성 평가에 이용된다. 이에 변수 선정이 매우 중요하다.

(2) 유사성 측정 방법

군집분석은 특성들의 유사성, 즉 특성 자료가 얼마나 비슷한 값을 가지고 있는가를 거리로 환산하여 거리가 가까운 대상들을 동일 집단으로 편입하여 분석한다. 두 개체 간 거리가 가까우면 유사성이 높고, 거리가 멀면 비유사성이 높다고 판단한다. 구체적인 방법을 살펴보면 다음과 같다.

▷ 유클리디안 거리(euclidean distance): 다차원공간에서 직선 최단거리를 말하며, 가장 일반적으로 사용되는 거리 측정 방법이다.

$$d(x,y) = \sqrt{(x_1 - y_1)^2 + \ldots + (x_p - y_p)^2}$$

표 10-1 척도별 거리 측정 방법

척 도	내 용
등간척도, 비율척도 (연속척도)	- 유클리디안 거리 - 가중 유클리디안 거리 - 마하라노비스 거리 - 내적에 의한 유사성
명목척도 (각 변량의 값이 1 또는 0인 경우 카테고리 데이터)	- 유사비(theh coefficient of Jaccard) - 일치계수(the simple matching coefficient) - Russel_Rao의 계수 - Rogers-Tanimoto의 계수 - Hamann의 계수 - 파이계수
순서척도	- 순위 상관계수(rank correlation coefficient)

자료: 노형진(2008)의 자료를 정리함. 노형진(2008), SPSS에 의한 다변량분석 기초에서 응용까지, 한올출판사.

▷ 유클리디안 제곱거리(squared euclidean distance): 유클리디안 거리를 제곱한 거리이다.

▷ 민코프스키 거리(Minkowski distance): 거리를 산정하는 일반식으로 함수에 포함된 지수들을 조정해서 다양한 방식의 거리를 구할 수 있다(노형진, 2008).

$$d(x,y) = \left[\sum_{i=1}^{p} |x_i - y_i| m \right]^{1/m} \qquad m > 0$$

(3) 군집화 방법

군집화 방법은 다음과 같다(김계수, 2015).

▷ 단일 기준 결합방식: 어느 한 군집에 속해 있는 개체와 다른 군집에 속해 있는 개체 사이의 거리가 가장 가까운 경우에 두 군집이 새로운 하나의 군집으로 이루어지는 방법이다.

▷ 완전 기준 결합방식: 각 단계마다 한 군집에 속해 있는 대상과 다른 군집에 속해 있는 대상 사이의 유사성이 최대 거리로 정해지는 방법이다.

▷ 평균 기준 결합방식: 한 군집 안에 속해 있는 모든 대상과 다른 군집에 속해 있는 모든 대상의 쌍집합에 대한 거리를 평균적으로 계산하는 방법이다.

군집의 타당성을 검토하는 방법은 다음과 같다(이제영, 2016).

첫째, 동일한 자료에 대해 다른 가정에 기초를 둔 여러 가지 군집 방법을 적용하였을 때, 대부분의 방법에서 제공된 결과가 유사한가를 살펴본다. 즉 같은 데이터를 상이한 거리 측정 방법을 통해 군집분석을 실시한 후 결과를 비교한다.

둘째, 주어진 자료를 임의적으로 두 부분으로 나누고 각 부분을 독립적으로 군집시키는 방법이다. 이때 군집들이 안정되어 있다면 그 결과는 유사할 것이다. 구체적으로 응답자가 답변한 데이터를 2개로 나누어 제1군집의 반분 결과와 제2군집의 반분 결과를 전체 결과와 비교한다.

셋째, 어떤 군집분석 방법에 의하여 얻어지는 군집의 안전성을 알아보기 위하여 몇 개의 변수를 제거하는 것이 군집의 구조에 어떤 영향을 미치게 될 것인가를 고찰

하는 방법이다.

비계층적인 방법을 통해 사례 수에 따라 결과가 달라지므로 다양한 방법을 적용한다.

3) 계층적 분류 방법

군집분석에서는 관측 벡터 간의 거리뿐만 아니라 군집 간 거리에 대한 정의가 필요하다. 이 절에서는 군집 간 거리에 대한 정의에 따라 최단연결법, 최장연결법, 평균연결법, Ward 방법을 알아보고자 한다(노형진, 2008).

최단연결법(nearest neighbor method)은 두 군집의 개체 간 최단거리를 군집 간 거리로 하며, 군집의 모양이 가늘고 길게 되는 사슬 효과가 발생한다. 컴퓨터 처리시간이 비교적 빠르며 순서적 의미를 가지는 자료에 대한 좋은 결과를 제공하고 군집의 고립성을 찾는 데 주안을 둔다.

두 군집 c_1과 c_2의 거리는 $d\{c_1, c_2\} = \min\{d(x,y) | x \in c_1, y \in c_2\}$로 두 군집 간의 최단거리를 군집 간 거리로 정의한다.

최장연결법(farthest neighbor method)은 두 군집의 개체 간 최장 거리를 군집 간 거리로 한다. 군집의 형태가 대체적으로 둥그렇게 되고, 군집의 응집성에 주안을 둔다.

두 군집 c_1과 c_2의 거리는 $d\{c_1, c_2\} = \max\{d(x,y) | x \in c_1, y \in c_2\}$로 두 군집 간의 최장 거리를 군집 간 거리로 정의한다.

평균연결법(average linkage)는 평균 기준 결합방식에 의한 그룹 형성 방법으로 두 군집의 모든 개체 간 (제곱)거리들의 평균을 군집 간 (제곱)거리로 한다. 작은 분산을 가지는 군집을 형성하는 경향이 있다.

$$d\{c_1, c_2\} = \frac{1}{n_1 n_2} \sum_i \sum_j d_{ij}$$

여기서 n_1은 c_1에 속한 개체 수이고 n_2는 c_2에 속한 개체 수이다.

중심연결법(centroid method)은 군집 전체를 군집의 중심으로 대표시켜 군집 간 거리를 얻는다. 새로운 개체는 군집의 중심과의 거리가 가장 가까운 군집에 개체를 포함시킨다. 일반적으로 중심은 평균이 사용되고, 군집 간 표본크기의 차가 큰 경우에 크기가 작은 군집의 특성이 무시되는 경우가 발생한다.

와드의 방법(Ward's method)은 군집 중심 간 거리에 가중치를 부여하여 군집 간의 거리를 계산하는 방법이다. 군집을 만들어 각 단계마다 두 군집의 병합으로 발생하는 총군집 내 (제곱)거리의 오차 제곱합이 최소화하도록 군집들을 병합한다. 비슷한 크기의 군집끼리 병합하는 경향이 있다(최보승, 2012; 김재희, 2012).

SPSS 통계 프로그램에서 계층적 군집분석을 하는 방법은 다음과 같다.

데이터를 입력한 뒤 분석-분류분석-계층적 군집분석을 선택한다. 케이스 설명 기준 변수를 아래 칸에 넣고, 군집분석하고 싶은 변수를 위의 변수 칸에 옮겨 놓는다. 케이스 설명 기준 변수는 문자 변숫값을 사용하여 케이스를 구별할 때 사용한다. 즉 관찰 대상 간의 거래 계산을 통해 사례별 군집분석을 실시하는 것이다. 변수 간의 거래 계산을 통해 변수들을 군집화할 경우는 케이스가 아니라 변수를 지정한다.

SPSS 통계 프로그램에서 계층적 군집분석 하는 방법

▷ 클릭 순서: 분석 → 분류분석 → 계층적 군집분석

▷ 세부 메뉴: 통계량, 도표, 방법, 저장 등

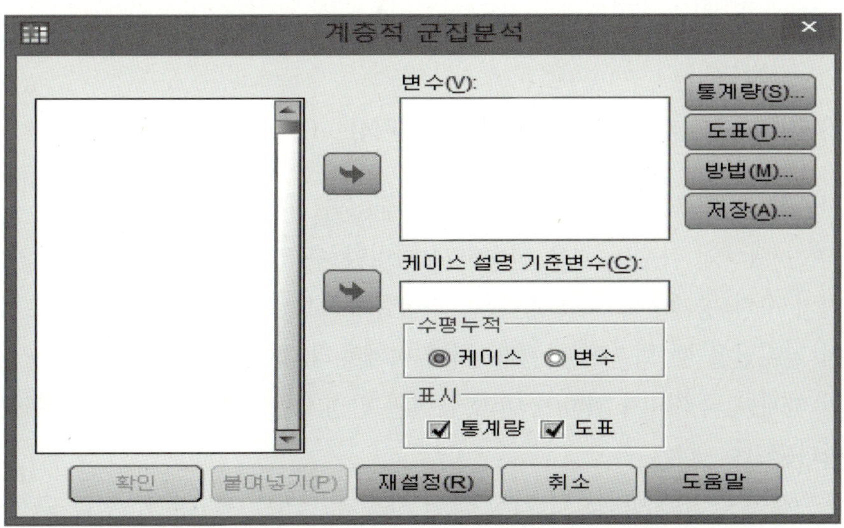

표 10-2 세부 메뉴

메 뉴	내 용
통계량	• 군집화 일정표, 근접행렬, 소속 군집을 선택할 수 있음
도 표	• 덴드로그램, 고드름, 방향 등을 선택할 수 있음. 덴드로그램은 군집이 차례로 구성되고 있는 모습이 손바닥을 보듯이 환히 알 수 있도록 그린 그림임
방 법	• 군집 방법과 측도 방법을 선택할 수 있음. 군집 방법은 집단 간 연결, 집단 내 연결, 가장 가까운 항목, 가장 먼 항목, 중심점 군집화, 중위수 군집화, 와드(Ward) 방법이 있음 • 측도 방법은 유클리디안 거리, 제곱 유클리디안 거리, 코사인, 피어슨(Pearson) 상관 등 다양한 방법이 있는데 이 중에 연구자의 의도와 가장 적합한 방법을 선택함. 측도의 빈도(빈도 계산 자료에 대한 비유사성을 측정)에는 카이제곱 측정이 있음 • 변환측정은 변환의 종류를 나타내는 것으로 절댓값은 거리의 절댓값을 가짐. 부호바꾸기는 비유사성을 유사성으로, 유사성을 비유사성으로 변환하는 것임. 0과 1의 범위로 척도 조정은 0과 1 사이의 범위에 대한 거리를 재측정하는 것을 나타냄
저 장	• 소속 군집에서 단일해법의 군집 수나 해법 범위에서 최소 군집 수와 최대 군집 수를 선택할 수 있음. 소속 군집을 선택할 경우 단일 해법을 선택하면 원하는 군집 수를 적을 수 있음 • 근접행렬에서는 개체들 사이의 유클리디안 거리행렬을 보여줌. 거리행렬의 계수는 상이성(disimilarity)의 크기를 나타내므로 계수가 작을수록 유사성이 높다고 볼 수 있음 • 군집화일정표는 단일 기준 결합방식을 이용하여 소비자들의 군집화 과정을 보여줌 • 계수는 해당 소비자들이 속해 있는 군집 간의 거리 정도를 나타내므로 이 값이 클수록 군집화가 늦음

4) 비계층적 분석 방법(K-평균 군집분석)

비계층적인 군집화 방법은 다른 계층적인 군집화 방법보다 그 속도가 빨라 군집화를 하려는 대상이 다수인 경우 신속하게 처리할 수 있다. 계층적 군집분석의 경우 관찰치의 수가 증가함에 따라 연산이 기하급수적으로 증가하여 초기에 부적절한 병합이 일어났을 때 회복이 어렵다. 이에 비계층적 군집 방법은 이런 계층적 군집 방법의 한계를 극복하기 위하여 미리 규정된 판정기준으로 최적화시키도록 군집을 형성한다(최보승, 2012).

비계층적인 군집화 방법으로 가장 많이 사용되고 있는 방법은 K-평균 군집 방법이다. K-평균 군집 방법은 변수를 군집화하기보다는 대상이나 응답자들을 군집화하는 데 많이 사용된다. 여기서 K는 미리 정하는 군집의 수를 의미한다. K-평균 군집 방법은 계층적인 군집화의 결과를 토대로 미리 군집의 수를 정해야 하며, 군집의 중심을 정하여야 한다. K-평균 군집 방법에는 각 군집화 과정에서 발생하는 오류를 최소화하는 방향으로 군집화를 계속하며, 오류가 발생하지 않는 단계에서 군집이 종료된다(이제영, 2016; 최보승, 2012).

K-평균 군집 방법의 절차는 다음과 같다(이제영, 2016).

첫째, 군집 초깃값을 선택한다. 자료에서 임의로 K개의 개체를 초깃값으로 선택한 후 표준편차 간격으로 고르고, 오차 제곱합에 기초를 둔 판정기준이 충족될 때까지 군집의 수를 감소한다. K-평균 군집분석법은 초기 군집 수 K의 결정에 민감하게 반응한다. 실제 자료의 분석에서는 군집 수 K값을 다르게 하여 여러 번의 군집분석을 실행하고 가장 좋다고 생각되는 K값을 이용한다.

둘째, 초기 군집을 형성한다. 각 개체들의 초깃값과 거리를 계산하고, 거리가 가까운 초깃값에 개체를 할당한다. 개체가 할당될 때마다 군집의 중심을 평균 벡터로 다시 계산한다.

셋째, 개체들을 재할당한다. 군집 중심들의 변화가 일정 수준 이하가 될 때까지 두 번째 과정을 반복한다.

표 10-3 K-평균 군집분석

K-평균 군집분석	내용
계보적 군집 방법	• 가까운 개체들을 하나씩 묶어 감으로써 군집을 형성 • 어떤 한 군집에 속하면 다른 군집에 속하지 못함 • 개체 수가 커지면 유용성이 떨어지고, 거리행렬 계산에 많은 시간과 비용이 필요
최적분리 군집 방법	• 유클리디안 거리에 기초하여 군집이 형성됨 • 초기 군집의 수를 미리 결정

자료: 이제영(2016), 최보승(2012)의 자료를 정리함.
이제영(2016), 데이터마이닝 입문, KOCW수업자료, http://www.kocw.net
최보승(2012), 다변량 자료분석, KOCW수업자료, http://www.kocw.net

일반적인 K-평균 군집분석에서 군집 수를 결정하는 방법은 적절한 다변량 통계분석법을 이용해 관찰치의 위치를 시각화해 이를 관찰해서 결정하는 방법과 계보적 군집분석의 결과로부터 얻어지는 여러 가지 통계량의 변화를 관찰해서 결정하는 방법이 있다(최보승, 2012).

데이터 기반 교육정책 분석 연구 - 지방 대학의 교육 실태 및 성과 분석

▷ **개요:** 이 연구는 지방 대학의 교육 실태 및 성과분석을 기초로 대학교를 분류하기 위하여 위계적 군집분석을 실시하였다. 첫 번째 단계에서 거리 매트릭스(proximity matrix)를 계산하고, 두 번째 단계에서 반복, 세 번째 단계에서 가장 가까운 두 집단을 병합, 네 번째 단계에서 새로 병합된 집단과 다른 집단들의 거리 매트릭스를 재계산, 다섯째 단계 하나의 군집으로 묶일 때까지 위 절차를 반복하여 지방 대학을 분류하였다.

▷ **해석:** 본 연구에서는 4년제 대학 중 산업대학교, 교육대학교, 방송통신대학교를 제외한 일반 대학 중 비수도권 118개의 대학(서울, 경기, 인천 소재 수도권 대학 제외)을 대상으로 위계적 군집분석을 실시하였다. 동 분석에는 지방 대학의 조직적 특성 및 기능적 특성을 고려하여 구분한 5개의 범주에 따라 총 15개의 변수를 투입하였다.

대학 유형화를 위한 변수 선정은 대학 기능별 유형 분류 기준에 따라 선행연구에서 제시된 주요 변수들을 토대로 선정하였다. 선정 변수는 1차적으로 대다수의 학교에서 파악 가능한 변수들을 1차적으로 선정하였고, 복수의 군집분석 과정을 거쳐 충분한 분산과 유형별 특징을 보여 주는 변수들을 최종적으로 선정하였다.

〈대학 유형화 기준 및 선정 변수〉

구분기준	변 수		자 료
	1차 선정	최종 선정	
조직적 특성	재적 학생수	재적 학생수 학부 재학생 수 대비 일반대학원 학생수 비율	2013 교육통계
교 육	신입생 충원율	신입생 충원율	2013 교육통계
	학생1인당 장학금	학생 1인당 장학금	2013 교육통계
	취업률	취업률	2013 취업통계
등			

범주별 유형화 변수와 그 기초통계량을 제시한 것은 다음과 같다.

〈위계적 군집분석을 위해 투입한 변인들의 기술통계치〉 (단위: 명, %, 개, 천원)

범 주	변 수	관측치	평 균	표준편차	최솟값	최댓값
조직의 특성	재적학생수	118	10,265	9,062	58	34,894
	사 립	118	0.76	0.427	0	1
	일반대학원 학생수 비율	118	10.39	30.469	0	272.1
교 육	신입생충원율	118	49.34	16.784	10	101.6
	취 업 률	118	49.34	21.64	0	84.8
	학생1인당장학금	118	1,063	551	0	3,682
등						

지방 대학의 교육 실태를 분석하기 위해 대학의 조직적 특성, 교육, 연구, 지역화/평생교육, 산학협력 등의 다섯 가지 범주와 15개 변수들을 토대로 지방 대학의 유형화를 시도하였다. 위계적 군집분석 방법을 활용한 분석 결과, 지방 대학은 연구중심대학군, 국립대학군, 사립대학군, 기타 대학군 등 4개의 군집으로 유형화되었다.

자료: 박성호 외(2014)의 연구를 정리함.
박성호 외(2014), 데이터 기반 교육정책 분석 연구(III), 지방대학의 교육 실태 및 성과분석, 한국교육개발원.

SPSS 통계 프로그램에서 K-평균 군집분석 하는 방법

▷ 클릭 순서: 분석 → 분류분석 → K-평균 군집분석

▷ 세부 메뉴: 반복계산, 저장, 옵션, 군집의 수, 군집 중심 등

표 10-4 세부 메뉴

메 뉴	내 용
변 수	군집화할 변수를 위의 변수 칸에 삽입한다.
저 장	소속 군집, 군집 중심으로부터의 거리를 저장할 수 있다.
옵 션	군집 중심 초깃값, 분산분석표, 각 케이스의 군집정보를 선택할 수 있고, 결측값을 정할 수 있다.

2 … 빅데이터와 의사결정나무 분석

빅데이터 분석 방법 중 고급 분석에 해당하는 데이터 마이닝 기법은 분류분석, 군집분석, 연관규칙 탐사, 개인화 추천 등으로 분류가 가능하다(임복출, 2015).

의사결정나무 분석은 과거에 수집된 데이터들을 분석하여 이들 사이에 존재하는 패턴 즉 범주별 특성을 속성의 조합으로 나타내는 분류 모형으로 새로운 데이터에 대해 분류(classification)하거나 해당 범주의 값을 예측(prediction)할 때 이용하는 분석 방법이다(이대원, 2010). 의사결정나무 분석은 레코드를 부류나 등급으로 나누는 작업으로 데이터 정제화 과정에서 레코드를 분류하거나 소비자 패턴 분석에 도움이 되는 방법이다.

이 장에서는 의사결정나무 분석 방법의 개념과 SPSS를 이용한 통계분석 방법을 알아보고자 한다.

1) 의사결정나무 분석의 개념

의사결정나무 분석은 대표적인 분류분석 방법으로 입력 데이터는 레코드들의 집합이다. 인스턴스(instance) 또는 견본(example)이라고 부르는 각 레코드는 (x, y) 형태로 구성되어 있는데 일반적으로 x는 속성 집합(attribute set) 또는 독립변수, y는 목표 속성(target attribute) 또는 종속변수로 불리는 클래스 레이블(class label)을 의미한다. 분류 모델(classification model)은 서술 모델링과 예측 모델링으로 분류될 수 있다. 서술 모델링은 서로 다른 클래스의 객체들을 구별하기 위한 설명 도구이고, 예측 모델링은 알려지지 않은 레코드들의 클래스 레이블을 예측하기 위하여 사용될 수 있다. 분류 기법은 범주나 명목형 범주를 갖는 데이터 집합을 예측하거나 서술하는 것이 적합하다(Pang-Ning Tan 외, 2007).

의사결정나무 분석 기법은 의사결정 규칙을 도표화하여 관심 대상이 되는 집단을 몇 개의 소집단으로 분류하거나 예측을 수행하는 계량적 분류 방법이다. 의사결정나무는 나무를 거꾸로 세워 놓은 구조로 뿌리(root)가 상단에 위치하고 하단에 나뭇가지

(branch)와 잎(leaf)이 연결되어 있는 구조로 뿌리를 뿌리마디(부모마디), 자식마디로 구성되어 있다(김계수, 2015). 뿌리마디(root node)는 입력 간선은 없고, 0개 이상의 출력 간선을 가지고, 내부마디(internal node)는 하나의 입력 간선과 두 개 이상의 출력 간선을 가지며, 단말마디(leaf or terminal node)는 하나의 입력 간선을 가지고 출력 간선은 없는 잎 또는 노드를 말한다.

의사결정나무는 과거에 수집된 데이터들을 분석하여 이들 사이에 존재하는 패턴을 속성의 조합으로 나타내는 분류 모형이다. 의사결정나무 분석의 목적은 새로운 데이터를 분류하거나 해당 범주의 값을 예측하거나 데이터로부터 나무 구조의 일반화된 지식을 추출한다(이제영, 2016).

의사결정나무 분석 기법은 DB마케팅, CRM, 시장조사, 광고조사, 의학연구, 품질관리 등의 다양한 분야에서 활용되고 있다.

의사결정나무 분석의 장단점을 살펴보면 다음과 같다.

먼저 의사결정나무 분석의 장점을 살펴보면

첫째, 입력 변수를 선정하는 데 매우 유용하다. 중요변수는 나무의 상위 분리수준에서 일반적으로 나타나는 입력 변수이고, 불필요 변수는 나무 전체에서 분리 기준으로 선택되지 않는다. 질적 변수나 양적 변수의 자료분석이 가능하며, 다변량분석의 기본 가정인 선형성, 정규분포성, 등분산성을 따르지 않아도 된다.

둘째, 사용자들의 노력이 적게 든다. 변수를 변환할 필요가 없으며, 변수군의 선택은 분할의 일부이므로 자동으로 수행된다. 또한 분석 결과가 나무구조로 되어 있어 해석이 용이하고, 이해하기 쉬운 규칙을 생성한다.

셋째, 분류 규칙을 생성하여 모형의 이해도를 높인다. 분류 예측에 유용하여 어느 변수가 상대적으로 더 중요한지를 보여준다.

넷째, 두 개 이상의 변수가 결합하여 목표 변수에 어떠한 영향을 주는지 교호작용 효과의 해석이 용이하다.

다섯째, 비모수적 모형으로 이상치에 민감하지 않다.

여섯째, 결측치를 처리할 필요가 없다(이제영, 2016; 김계수, 2015; 이대원, 2010).

의사결정나무 분석의 단점은 다음과 같다.

첫째, 분석 결과가 표본의 크기에 영향을 받기 쉽다. 데이터의 변화에 민감하여 좋은 분류 모형을 만들기 위해서는 많은 데이터 집합이 필요하다.

둘째, 연속형 변수를 비연속적인 값으로 취급하여 연속변수가 많으면 모형의 예측력이 떨어질 수 있다.

셋째, 선형 구조 하에서 입력 변수들 간의 관계를 반영하지 못하여 선형성 또는 주효과의 결여로 선형 또는 주효과 모형에서와 같은 결과를 얻을 수 없고, 분석용 자료에만 의존하므로 새로운 자료의 예측에 불안정하다. 평가용 데이터에 의한 교차 타당성 평가나 가지치기에 의해 안정성 있는 결과를 얻는 것이 바람직하다.

넷째, 나무 모형은 모든 변수에 대해 가능한 분리를 계산하기 위해서 수많은 정렬 계산 과정이 필요하기 때문에 나무를 성장시키는 데 상대적으로 많은 시간이 소요된다. 또한 평가용 집합을 이용하여 데이터를 가지치기 할 경우 더 많은 계산 시간이 요구된다.

마지막으로 분석에 무리하게 많은 예측변수를 투입하면 과대 적합이 발생할 수 있다(이제영, 2016; 김계수, 2015; 이대원, 2010).

2) 의사결정나무 분석의 종류와 원리

의사결정나무 분석은 분석의 목적과 자료의 구조에 의해서 분류 방법을 나눌 수 있다. 목표 변수 유형에 따라 분류하면 범주형은 분류나무(classification tree), 연속형은 회귀나무(regression tree)로 분류할 수 있다. 분류나무는 범주형 목표 변수의 경우 각 범주에 속하는 빈도에 기초하여 분리가 일어나고, 회귀나무는 연속형 목표 변수의 경우 목표 변수의 평균과 표준편차에 기초하여 분리가 일어난다(이대원, 2010; 이제영, 2016).

SPSS 통계 프로그램에서 제공되는 의사결정나무 분석 방법은 CHAID, Exhaustive CHAID, CRT, QUEST 방법 등이 있다.

CHAID(Chi-squared Automatic Interaction Detection) 분류 방법은 순도를 통계적으로 유의한 양만큼 개선하기 위해 마디를 더 분할할지 여부에 대한 판단을 통계 검증

즉 독립변수에 대한 카이제곱을 이용하여 결정한다. 가지치기를 하지 않고 나무를 적당한 크기에서 성장을 중지시키는 방법으로 불순도로 카이제곱 통계량을 사용한다. 각 마디에서 목표 변수와 가장 강하게 연관된 예측변수를 분할하며, 만약 가장 좋은 예측변수를 이용한 마디 분할의 검정 결과가 유의적으로 향상되지 않는다면 분할은 수행되지 않고 나무는 그대로 종료된다. 분리 방법은 다지 분리(multiple split)이며, 분리변수의 각 범주가 하나의 부마디(sub-node)를 형성한다. 목표 변수가 질적 변수인 경우 카이제곱 통계량이 이용되고, 양적 변수인 경우는 F 검정이 이용된다. Exhaustive CHAID는 CHAID의 수정된 방법으로 예측변수에서 모든 가능한 분리를 모두 고려하는 방법이다. CRT(Classification and Regression Trees)는 순수도나 불순도로 목표 변수의 분포를 구별하는 방법이다. 순수도의 반대개념인 불순도를 지니계수(Gini index)라고 하는데 의사결정나무 분석 구조는 지니계수를 최소화해서 부모마디와 자식마디가 구분된다. QUEST(Quick Unbiased Efficient Statistical Tree)는 CRT와 마찬가지로 이지분리인데 계산시간이 빨라서 복잡한 계산에 자주 사용된다(김계수, 2015; 이대원, 2010).

이 외에 과적합에 대한 또 다른 해결 방법으로 완전히 성장한 나무에 가지치기(pruning)를 하는 방법이 있다(이대원, 2010).

의사결정나무모형 형성과정을 살펴보면 의사결정나무의 형성은 분석의 목적과 자료구조에 따라서 적절한 분리 기준(split criterion)과 정지규칙(stopping rule)을 지정하여 의사결정나무를 얻는다. 분류오류를 크게 할 위험이 높거나 부적절한 규칙을 가지고 있는 가지를 제거하고, 이익도표나 위험도표 또는 검증용 데이터에 의한 교차 타당성 등을 이용하여 의사결정나무를 평가한다. 마지막으로 의사결정나무를 해석하고 예측모형을 설정한다. 분리 기준은 어떤 입력 변수를 이용하여 어떻게 분리하는 것이 목표 변수의 분포를 잘 구별해 주는지 기준이 되는 것으로 순수도나 불순도를 이용하여 목표 변수의 분포를 구별한다. 순수도는 목표 변수의 특정 범주에 개체들이 포함되어 있는 정도를 의미한다. 즉, 의사결정나무 분석과정은 훈련용 데이터를 이용하여 독립변수의 차원공간을 반복적으로 분할하고 평가용 데이터를 이용하여 가지치기를 수행한다. 부모마디보다 자식마디의 순수도가 증가하도록 분류나무를 형성해 나간다(이제영, 2016).

의사결정나무 원리를 살펴보면 다음과 같다. 첫째, 반복적 분할과정은 훈련용 데이터를 이용하여 독립변수의 차원공간을 반복적으로 분할하는 것으로, 분할기준은 부모마디보다 자식마디의 순수도가 증가하도록 분류나무를 형성해 나가는 것이다. 순수도란 최종 직사각형에 포함된 변수가 동일한 집단에 속하는 비율이다. 모든 x 공간을 직사각형으로 나누어서 각 직사각형이 가능한 순수하게 또는 동질적으로 되도록 하는 것을 목적으로 하며, 여기에서 순수란 최종 직사각형에 포함된 변수가 모두 동일한 집단에 속하는 것이다.

반복적 분할과정을 구체적으로 살펴보면 다음과 같다.

첫째, 변수 중 하나인 x_i가 선택되고 x_i의 값 즉 s_i(분할기준)가 p차원의 공간을 두 개의 부분으로 나누도록 선정된다.

둘째, $x_i <- \{ x_i <= s_i \} \cup \{ x_i > s_i \}$

셋째, 다시 변수를 선정해서 같은 방식으로 나누고, 원하는 순수도에 도달할 때까지 반복 수행한다(이대원, 2010). 이때 분리 기준은 이산형 목표 변수의 경우 카이제곱 통계량은 p값이 가장 작은 예측변수와 그때의 최적 분리에 의해서 자식마디를 형성하고, 지니계수를 감소시켜 주는 예측변수와 그때의 최적 분리에 의해서 자식마디를 선택한다. 또한 엔트로피지수가 가장 작은 예측변수와 이때의 최적 분리에 의해 자식마디를 형성한다. 연속형 목표 변수는 분산분석에서 F 통계량은 p값이 가장 작은 예측변수와 그때의 최적분리에 의해서 자식마디를 형성하고, 분산의 감소량을 최대화하는 기준의 최적분리에 의해서 자식마디를 형성한다(김계수, 2015).

불순도를 측정하는 방법은 지니계수(Gini index)와 엔트로피(entropy measure)가 많이 이용된다. 직사각형 A에 속하는 지니 불순도 지수(Gini impurity index)는 다음과 같이 표기된다. p_k는 직사각형 A에서 K집단에 속하는 관찰치의 비율이다.

$$I(A) = 1 - \sum_{k=1}^{m} p_k^2$$

엔트로피 지수(entropy measure)는 다음과 같이 정의된다.

$$entropy(A) = -\sum_{k=1}^{m} p_k \log_2(p_k)$$

반복적 분할의 마지막 단계는 각 직사각형은 단일 집단으로 구성된다(이대원, 2010).

정지기준은 더 이상 분리가 일어나지 않고, 현재의 마디가 끝마디가 되도록 하는 규칙이다. 의사결정나무의 깊이를 지정하고 끝마디의 레코드 수의 최소 개수를 지정한다. 가지치기 기준은 테스트데이터 활용방법은 구축된 모형에 테스트 데이터를 적용하여 도축된 모형의 예측률을 검토한다. 오분류율을 크게 할 위험이 높거나 부적절한 추론규칙을 가지고 있는 가지를 제거한다. 또 다른 방법은 전문가에 의한 방법으로 특정분야의 전문가에 의하여 구축된 모형에서 제시되고 있는 규칙들의 타당도를 검토하여 타당성이 없는 규칙을 제거하는 것이다.

분류나무의 정확도를 평가하기 위해서 데이터를 학습용과 평가용 데이터 집합으로 나누고, 평가용 데이터는 최종 분류 나무에 연결된 끝마디에 따라 분류하고, 정오분류표를 통해 분류나무 성과를 평가한다. 특정 집단에 관심이 있을 때 리프트 도표(lift chart)를 이용한다.

분류나무의 학습은 학습용 데이터의 불순도를 낮추는 방향으로 학습한다. 완전히 성장한(full-grown) 나무는 완전히 순수한 끝마디로 종료하고, 학습용 데이터에 대한 분류 예측률은 100%가 되어야 한다. 학습용 데이터에 기초하여 나무가 분할될수록 학습용 데이터의 경우는 전체 오차가 점점 감소하여 나무의 최대 마디수준에서 0이 된다. 그러나 새로운 데이터에 대해서는 나무가 집단과 예측변수 사이의 관계를 모형화하는 학습점까지는 전체 오차가 일반적으로 감소하지만, 이 점을 지나면 나무는 학습용 집합에서 잡음(noise)을 모형화하기 시작하고 평가용 집합에서 전체 오차는 일반적으로 증가한다. 나무의 높은 마디 분리수준에서 과적합이 발생하는 직관적인 이유는 이 분리된 마디가 매우 작은 관찰치를 사용하기 때문이다. 이러한 경우에는 집단 간의 차이가 예측변수 정보보다는 잡음에 기반을 두어 발생하였을 가능성이 높다.

과적합을 제한하는 두 가지 방법은 초기 종료(early stopping)로 나무의 성장을 멈추는 규칙을 정하거나 가지치기(pruning)로 전체 성장한 나무를 과적합화되지 않는 수준으로 다시 되돌리는 것이다(이대원, 2010; 김계수, 2010). 분류나무의 가지치기에서 과적합에 대한 해결방안은 최소 오차나무(minimun error tree)와 최적의 가지 친 나무가 있다. 최소 오차나무는 평가용 데이터 집합에서 가장 작은 오분류를 갖는 나무이고,

최적의 가지 친 나무는 최소 오차나무의 추정 표준오차 안에 있는 오차를 가진 가장 작은 크기의 나무를 의미한다.

김현정 외 한국 중·고령자의 은퇴 유형별 요인도출을 위한 종단적 연구 - 의사결정나무 분석을 중심으로-

▷ **개요:** 김현정 외(2015)는 한국 고령자의 은퇴 및 노동참여에 대한 결정요인을 분석하기 위해, 한국고용정보원의 한국 고령화 패널 연구(Korea Longitudinal study of ageing)를 대상으로 의사결정나무모형을 구축하여 고령 노동자의 완전은퇴, 부분은퇴, 직무이동, 그리고 은퇴하지 않음 등의 은퇴의사결정을 살펴보았다.

▷ **해석:** 은퇴결정에 미치는 영향요인을 살펴보기 위해 두 개 이상의 변수가 결합하여 종속변수에 어떠한 영향을 주는지 쉽게 알 수 있는 의사결정나무모형 중 분류나무(Classifiacation tree)를 사용하였다. 이 모형은 선형성, 정규성, 등분산성 등의 가정을 필요로 하지 않는 비모수적 방법으로, 교호효과를 모형에 포함하여 분석하는 것이 어려운 기존의 회귀분석이나 로짓분석과 같은 모수적 모형과 달리 의사결정나무의 모형은 이러한 효과를 효율적으로 추출해 낸다는 장점이 있다.

직무이동에 영향을 미치는 요인을 알아보기 위하여 2012년 완전히 성장한 의사결정나무에서 확인한 결과 직무이동을 선택하는 데는 지난해 가구총소득(X40), 일자리에 대한 전반적 만족도(X25), 일자리에 대한 교육적합도(X26), 경제적 만족도(X16), 친목과 동창모임 횟수(X11)의 요인이 영향을 미치는 것으로 나타났다. 이 중 특히 지난해 가구총소득이 120만원 미만이라도 일자리에 대한 교육적합도 및 만족도를 인식할수록 직무이동을 하는 것으로 나타났으며, 이 외에도 경제적 만족도가 낮고 모임횟수가 적은 경우 직무이동을 선택하는 것으로 나타났다고 하였다.

자료: 김현정 외(2015)의 연구를 정리함.
김현정 외(2015), 한국 중 · 고령자의 은퇴유형별 요인도출을 위한 종단적 연구-의사결정나무분석을 중심으로, 한국고용정보원.

중고령자의 근로형태에 따른 삶의 질과 빈곤가구의 속성에 관한 분석

▷**개요:** 중고령자의 현재 상태를 과거의 직업력 자료와 연계하여 과거의 경력이 현재의 삶의 질에 어떠한 영향을 끼치는지를 분석하고, 빈곤가구의 가구주가 어떠한 속성을 가지는 지를 분석하는 데 목적이 있다. 즉, 과거 직업력의 근로 및 고용형태에 따라 현재의 경제 상태와 건강 그리고 만족도와 문화생활에 어떠한 관련이 있는지를 분석하고, 빈곤가구를 선별하고, 현재의 속성과 더불어 과거에 어떠한 속성을 가지는지를 의사결정나무 분석을 이용하여 결과를 살펴보았다.

▷ **해석:** 빈곤가구 여부를 종속변수로 삼고, 나머지 변수를 독립변수로 이용하여 의사결정 나무 분석을 실시한 결과 위험률이 0.19로 비교적 양호한 추정비율을 보이고 있다.

〈의사결정나무의 모델 추정 결과〉

Misclassification Matrix				
		Actual Category		
		일반가구	빈곤가구	Total
Predicted Category	일반가구	4973	1093	6066
	빈곤가구	435	1419	1854
	Total	5408	2512	7920
		Risk Statistics		
Risk Estimate		0.192929		
SE of Risk Estimate		0.004434		

자료: 남기성 · 이기성(2013)의 연구를 정리함.
남기성 · 이기성(2013), 중고령자의 근로형태에 따른 삶의 질과 빈곤 가구의 속성에 관한 분석, 한국고용정보원.

중 · 고등학생 학교급에 따른 청소년 자살생각의 예측요인 – 의사결정나무 분석의 적용

▷ **개요:** 이 연구는 청소년의 학교급을 고려하여 자살생각에 관한 예측요인을 파악하고자 하였다. 이를 위해 전국 10개 시 · 도의 중 · 고등학생 399명을 대상으로 의사결정나무 분석을 적용하여 자살생각의 예측 요인을 분석하였다.

중 · 고등학생의 자살생각을 예측하는 요인을 알아보기 위해 Answer Tree 2.1을 사용하여 의사결정나무 분석(decision tree analysis)을 실시하였다. 변인 간 상호작용이 이루어지는 모든 조합관계를 산출하는 의사결정나무 분석은 다양한 요인들과 서로 맞물려서 영향을 미치는 청소년의 자살생각을 잘 예측할 수 있다는 점에서 효과적인 분류 방법이라고 하였다.

▷ **해석:** 중학생의 자살생각에 관한 의사결정나무 분석 결과는 다음과 같다. 자살생각 평균점수는 1.66이었다. 중학생의 자살생각을 가장 효과적으로 예측하는 변인은 우울이었으며, 우울이 높은(2.45 초과) 중학생이 자살생각을 많이 하는 것을 알 수 있다. 또한 우울이 2.45를 초과하면서 자존감이 2.15 이하로 낮은 중학생은 자살생각을 가장 많이 하는 것으로 확인되었다.

…

Index(%)를 보면 3번 마디의 특성을 가진 자료로 자살생각을 예측하는 것은 아무런 정보를 가지지 않고 예측하는 뿌리마디보다 약 277% 이상의 효율적인 의사결정을 하는 것으로 나타났다.

누적된 이익지수는 각 마디가 추가되면서 증감되는 예측의 효율성을 보여 주는 것으로 4개 마디로 의사결정나무를 구성할 때 가장 효율적이고 경제적인 모형이 됨을 의미한다. 이것은 누적된 이익지수의 Index(%)가 100% 되는 마디까지를 기준으로 하며, 전반적으로 중학생의 자살생각을 예측하는 효율성이 높음을 알 수 있다.

〈중학생의 자살생각 각 마디 이익도표〉

	개별 이익지수				누적 이익지수			
Node	Node:n	Node:%	Gain(%)	Index(%)	Node:n	Node:%	Gain(%)	Index(%)
3	5	3.14	4.60	276.78	5	3.14	4.60	276.78
6	35	22.01	2.55	153.43	40	25.16	2.81	168.85
5	20	12.58	1.66	99.88	60	37.74	2.42	145.86
1	99	62.26	1.20	72.20	159	100.00	1.66	100.00

☞ Node는 의사결정나무구조에서 보여 주는 마디번호이며, n은 해당 마디번호에서의 자료 수, Node:%는 그 백분율, Gain(%)은(Resp:n)/(Node:n)의 비율, Index(%)는 해당 마디에서의 Gain(%) 전체자료에서의 평균 분류의 비율임

자료: 이창식 외(2012)의 연구를 정리함.
이창식 · 정미나 · 김윤정(2012), 중 · 고등학생 학교급에 따른 청소년 자살생각의 예측요인: 의사결정나무분석의 적용, 한국청소년연구, 23(1), pp. 31-55.

3) SPSS 통계 프로그램에서 의사결정나무 분석 하는 방법

첫째단계, SPSS 통계 프로그램에서 해당 파일을 열고, 데이터를 불러온다. SPSS를 더블 클릭하여 연 후, 파일-열기-데이터를 클릭한다. 의사결정나무 분석 데이터 파일이 저장되어 있는 디렉터리를 선택한 후 확인을 클릭한다.

둘째단계, SPSS 통계 프로그램 하단의 변수보기를 클릭한 후 변수의 척도를 정확하게 선택한다.

셋째단계, 트리분석을 실시한다. 클릭 순서는 SPSS 통계 프로그램 버전마다 차이는 있으나 일반적으로 분석-분류분석-트리 순서로 클릭한다. 클릭한 후 결정트리 상자가 보이는데, 변수보기를 클릭한 후 변수의 척도를 정확하게 선택했으면 확인을, 그렇지 않을 경우 변수특성 정의를 클릭한다.

트리분석을 실시한 후 맨 위 칸에 종속변수(목적변수)를 투입한 후 가운데 칸에 독립변수를 삽입한다. 확장방법은 독립변수와 종속변수(목적변수)가 질적 변수이므로 CHAID 방법을 선택한다.

넷째단계, 확인을 클릭하여 의사결정나무 분석을 실시한다.

▷ 클릭 순서: 분석 → 분류분석 → 트리
▷ 세부 메뉴: 결정트리, 출력결과, 확인, 기준, 저장, 옵션 등

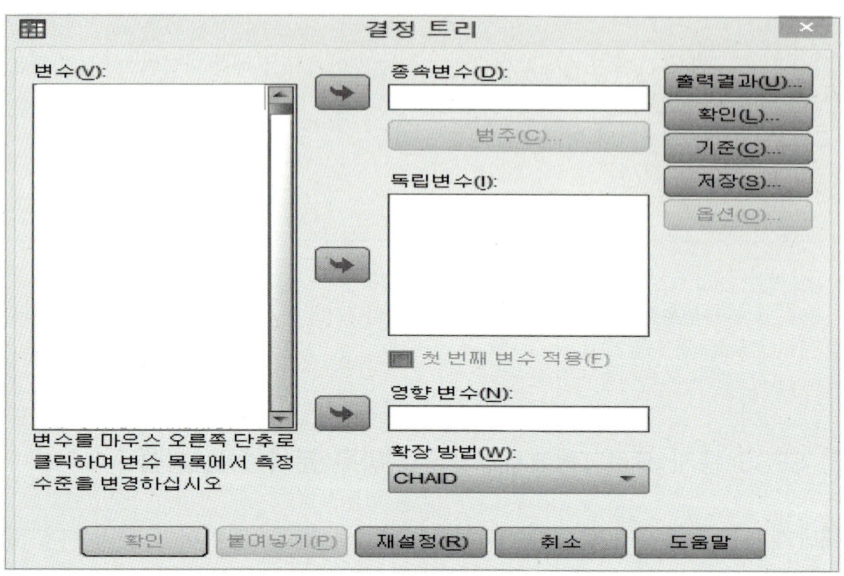

표 10-5 세부 메뉴

메 뉴	내 용
출력결과	• 트리, 통계량, 도표, 규칙으로 구성되어 있다. • 트리는 방향, 노드 내용, 척도, 표 형식의 트리 등을 선택할 수 있다. 방향은 위에서 아래로, 노드 내용은 표로, 척도는 자동으로(큰 트리의 척도 줄임)을 선택하고, 독립변수 통계량, 노드정의, 표 형식의 트리를 모두 선택한다. • 통계량은 모형, 독립변수, 노드 성능 등으로 구성되어 있는데, 초기 지정상태를 유지한다. 도표의 노드 성능에서는 평균을 클릭한다. • 규칙은 분류 규칙을 생성할 수 있는데, 초기 지정상태를 유지하고 계속을 클릭한다.
확 인	• 크로스 타당성 검사, 분할 표본 타당성 검사를 할 수 있고, 원하지 않을 경우 지정 않음을 클릭하면 된다.
기 준	• 확장한계에서 최대 트리 깊이를 자동으로 하거나 사용자가 정의할 수 있다. 또한 최소 케이스 수를 상위 노드와 하위 노드로 나누어 지정할 수 있다. CHAID 에서는 유의성 수준, 카이제곱 통계량, 모형 추정 선택이 가능하다.
저 장	• 저장된 변수에서 터미널 노드 수, 예측값 등을 저장할 수 있고, 트리 모형을 XML로 내보내기를 할 수 있다.
옵 션	• 결측값, 오분류비용, 이익 등의 지정이 가능하다.

3 … 실습하기

1) 군집분석

① SPSS 통계 프로그램을 활용하여 군집분석을 실습해 봅시다.
② SPSS 통계 프로그램을 활용하여 분석한 군집분석 결과를 표로 작성하여 봅시다.
③ 작성한 표를 해석해 봅시다.

2) 의사결정나무 분석

① SPSS 통계 프로그램을 활용하여 의사결정나무 분석을 실습해 봅시다.
② SPSS 통계 프로그램을 활용하여 분석한 의사결정나무 분석 결과를 표로 작성하여 봅시다.
③ 작성한 표를 해석해 봅시다.

생각해 볼 문제

1. 문자, 숫자, 영상 등 다양한 형태의 빅데이터를 체계적으로 분류하는 방법을 찾아봅시다.

2. 빅데이터를 분석하여 이들 사이에 존재하는 패턴을 찾는 방법을 생각해 봅시다.

3. 빅데이터를 활용하여 기업이 재무적인 위험관리를 할 수 있는 방법을 창의적으로 생각해 봅시다.

4. 빅데이터를 분석하여 경제적인 위험을 예측할 수 있는 방안을 이야기해 봅시다.

도 입

빅데이터와 관련된 많은 이슈가 있지만, 아직은 그 활용성에 있어서 미약한 편이다. 빅데이터의 활용성 강화를 위한 주된 목적은 미래의 트렌드 이슈를 읽고 다양한 발전 전략 및 제품과 서비스의 개선과 신상품 개발 등에 있다고 볼 수 있다. 이러한 것을 수행하기 위한 우선적인 작업으로 기업, 기관 등에서는 소비자와 긴밀한 커뮤니케이션이 있어야 할 것이다. 특히 일방적인 것이 아니라, 쌍방향적인 커뮤니케이션이 필요하다. 왜냐하면 앞으로의 기업이나 정부의 정책 및 시장요소는 소비자를 얼마나 어떻게 어떠한 방법으로 잘 아느냐에 달려 있기 때문이다.

이에 제 11 장에서는 빅데이터 관련 소비자와의 커뮤니케이션을 알아보고, 기업에서의 소비자 커뮤케이션, 기관에서의 소비자 커뮤니케이션, 패널 자료를 통한 소비자 커뮤니케이션, 그리고 미래 사회 변화와 소비자와의 커뮤니케이션 등을 다루고자 한다.

이러한 것을 통하여 좀 더 빅데이터의 활용성을 발굴하고 그 효용성을 높일 수 있을 것이다.

1 … 기업에서의 소비자 커뮤니케이션

2007년부터 전 세계적으로 생성된 디지털 정보량이 사용 가능한 저장 공간을 초과하기 시작하여 2011년 전 세계에서 생성될 디지털 정보량이 1.8ZB에 달하는 '제타바이트 시대'로 진입하였다. 스마트 단말의 확산, SNS의 활성화, 사물네트워크(M2M) 확산으로 데이터 폭발이 더욱 가속화되면서 다양한 정보 채널의 등장과 이로 인한 정보의 생산, 유통, 보유량의 증가는 계속적인 데이터의 기하급수적인 증가를 유발한다.

최근 빅데이터 관련 사회적 이슈는 데이터 자체보다는 이를 활용하여 새로운 인사이트를 창출하는 고급 분석의 중요성이 더욱 관심의 대상으로 부각되고 있다. 빅데이터를 활용하여 스마트한 의사결정과 새로운 가치 서비스를 창출하려면 실시간으로 빠른 현황분석은 물론, 예측 분석까지 민첩하게 실행하여야 한다. 이와 아울러 디지털 정보량의 기하급수적인 증가에 따라 기존 데이터베이스 관리 도구의 데이터 수집, 저장, 관리, 분석하는 역량을 넘어서는 '빅데이터'가 어느새 우리 곁으로 다가왔다.

2012년 10월 18일 시장조사기관 가트너(Gartner)가 공개한 자료에 의하면, 2012년 글로벌 빅데이터 관련 IT 지출이 280억 달러를 기록할 전망으로 분석하였다. 매년 SNS 분석과 콘텐츠 분석 분야가 신규 지출의 많은 부분(45%)을 차지할 것으로 전망하였으며, 해당 분야에서 영향력을 확대해 가고 있다고 지적하였으며, 2013년에는 빅데이터 관련 IT 지출이 340억 달러에 이를 것으로 전망하였다(복경수 · 유재수, 2013).

최근의 자료를 보면, 고령화, 저출산, 건강한 삶 추구, 여성지위의 향상, 지구온난화, Green Green, 평생학습, 지구촌 생활권, 상호연결성, 우주 개발, 현실과 가상현실이 혼합된 사회, 빈부 격차가 더 커지고 있다, 작게, 더 작게, 그리고 보이지 않게, 너무 빠른 기술 변화, 인간 모방, 인간 대체, 인간 창조, fun fun하게 등을 주요 트렌드로 보고 있다.

트렌드에는 큰 흐름인 메가트렌드도 있고, 적은 영향을 미치는 작은 트렌드도 있다. 분명하게 보이는 트렌드도 있고 뚜렷하지 못한 트렌드도 있다. 어느 누구도

이 세상의 모든 트렌드를 다룰 수는 없다.

트렌드를 중심으로 관련 산업과의 연관성을 찾아야 한다. 물론 하나의 트렌드가 하나의 산업과만 연관되어 있는 것은 아니다. 어떤 산업은 몇 개의 트렌드가 함께 영향을 미치기도 하고, 하나의 트렌드가 여러 분야의 산업에 영향을 미치기도 한다.

그러나 트렌드를 찾고, 추적하고, 방향을 예측하고, 기회와 위협을 분석하고, 대응한다면, 다른 기업보다 앞서 시장을 선점할 수 있고 선도자로서의 우위를 누릴 수 있다고 생각된다. 유망 기술을 찾기 위해서는 그러한 기술이 속하고 있는 유망한 산업을 찾아야 하고, 유망한 산업을 찾기 위해서는 산업내외의 환경 변화의 흐름, 즉 트렌드를 읽을 수 있어야 한다.

지금의 유망 산업이 언제까지 유망한 것은 아니다. 하나의 유망 기술이 영원한 것은 더욱 아니다. 유망 기술도 변하고, 유망 산업도 변한다. 우리는 아날로그 제품에 기반한 기업들이 디지털 트렌드를 예측하지 못하고 시장에서 갑자기 사라진 예들을 많이 목격하여 왔다. 미래에도 기업이 존속하고 성장하려면 현재 시점에서 미래로 이어지는 흐름들을 지속적으로 관찰하고 분석해야 한다.

트렌드로부터 도출된 유망 산업에 대해서는 다수의 공감을 얻기가 쉽지만, 구체적 기술에 대해서는 견해가 다를 가능성이 높다. 사회의 거시적 환경을 이해하기 위해 트렌드를 분석하고, 이러한 트렌드로부터 유망 산업을 예측하고, 유망 산업으로부터 유망 기술을 발굴해내기 위한 연구는 매우 실용적인 지식을 위한 시도라 생각된다. 유망 산업과 유망 기술이라고 생각된 것들이 나중에 그렇지 않을 수도 있겠지만, 현재의 시점에서 다가오는 미래를 준비하기 위한 논의라는 점에서 충분한 의미를 가진다고 생각된다.

일반적으로 미래 사회에 대한 소비자의 생각은 우리에게 다가올 미래에 대한 불확실성, 위험성에 대한 불안한 심리가 작용하며, 그리고 어느 정도의 기대감을 동반한 궁금증을 도발한다. 이러한 것은 미래 변화의 다양한 계기가 되며, 또한 다양한 스마트를 중심으로 한 융합적인 변화를 도모하기도 한다. 이러한 체제에서의 경영 패러다임은 효율적으로 통제가 가능하여 안정을 취해야 하며, 여기에는 보다 기본적으로 분석, 통찰, 그리고 혁신이 요구된다.

오라클, EMC, IBM, MS 등 글로벌 IT 기업들이 국내 업체와 학계와의 제휴를 통해 이미 시장에 진입중이며 국내 기업들도 글로벌 데이터 기업, 대형의료기관 등과 공동으로 비즈니스 시장분석, 유전자 정보 분석 등 빅데이터 사업에 뛰어들었다.

글로벌 IT 기업들의 국내 빅데이터 시장 진출을 선언으로 국내 SI 업체들도 관련 솔루션 출시와 빅데이터 사업 참여를 본격화하고 있지만, 자체 솔루션을 가지고 사업 적용 사례를 확대하며 역량을 강화하고 있는 소수의 국내 IT 업체를 제외하고는 대부분의 국내 빅데이터 기업들의 경쟁력은 약한 편이다. 이를 극복하기 위해 국내 빅데이터 기업들은 자체 네트워크를 기반으로 경쟁력 강화를 다양한 방법 및 정책으로 모색해야 할 것이다.

'아마존 고' 앱 켜고→상품 담고→자동 결제… 아마존, 계산대 없는 매장 열어

글로벌 전자상거래 업체 아마존은 최근 시민들에 '아마존 고(GO)'라는 계산대 없는 매장을 선보인다.

아마존 닷컴은 전 세계에서 가장 거대한 온라인 유통망을 가진 전자상거래 기업이다. 1995년 인터넷 서점으로 시작한 아마존 닷컴은 현재 미국 온라인 소매 시장의 절반을 차지하는 세계 최대의 온라인 쇼핑몰로 자리매김하고 있다. 이 아마존 닷컴이 혁신적인 오프라인 진출 모델을 잇따라 선보이면서 전 세계적인 주목을 받고 있다. 지난 한 해를 뒤 흔든 '알파 고(GO)', '포켓몬 고(GO)'에 이어 등장한 '아마존 고(GO)'다.

계산대 없는 매장, 아마존 고(GO)

아마존은 지난해 최대 실적을 기록했다. 6분기 연속 영업이익 흑자를 냈다. 롯데그룹 신동빈 회장은 최근 그룹 내부회의에서 "아마존에게서 배우라"며 '아마존 고'를 임원들에게 직접 소개했다. IT전문매체 벤처비트는 이달 초 아마존이 올해도 잘 나갈 수밖에 없는 이유 다섯 가지를 제시했다. 그중 하나가 '아마존 고'다.

아마존 고는 '계산대 없는 매장'이다. 지난해 말 시애틀에 시범적으로 문을 열었다. 이름 그대로, 이곳을 찾는 고객은 물건을 고르고 매장 밖으로 '가지고 나가면' 된다. 카메라 센서와 인공지능, 자율주행 기술이 그 핵심이다. 아마존이 지난달 공개한 아마존 고 홍보 영상(//youtu.be/NrmMk1Myrxc)을 보면 이해가 쉽다.

영상을 보자. "한 고객이 스마트폰 전용의 '아마존 고' 앱을 실행하고, 아마존 고 매장(식료

품점)에 들어선다. 아마존 고 앱에는 이용자의 결제 정보(아마존 고 계정)가 이미 등록돼 있다. 매장 입구의 개찰구 같은 검사대에 이 스마트폰을 인식시킨 후 매장에 입장한다. 이후엔 매장을 돌아다니며 원하는 상품을 진열대에서 고르기만 하면 된다. 고객이 물건을 고르면, 아마존 고는 이를 실시간 인식해 가상의 카트에 목록을 추가한다. 한 여성이 맘에 들지 않는 듯 고른 물건을 진열대에 되돌려놓는다. 그러자 가상의 카트에서 그 목록이 사라진다. 고객은 이렇게 고른 물건들을 가방에 넣거나 손에 들고 매장을 걸어 나오면 된다."

아마존 고를 방문하는 고객은 계산대 앞에서 길게 줄을 설 필요가 없다. 계산대는 물론 계산해 주는 직원도 없다.

이런 일이 가능한 데는 아마존이 보유하고 있는 특허 기술이 있다. 일명 '저스트 워크아웃(Just Walk Out) 테크놀로지'다.

특정 지역 밖으로 운반하는 상품을 추적하는 시스템과 카메라를 통해 선반에서 상품을 자동 감지하는 시스템이다. 매장 내 센서가 부착된 여러 대의 카메라가 쇼핑을 즐기는 고객의 동선을 추적한다. 고객이 물품을 집는 동작과 가방에 넣는 동작을 인식한다.

물론 아마존 고가 어느 정도 정확하게 고객의 동작을 인식할지는 현재로선 미지수다. 고객들이 혼잡할 때 과연 한 명 한 명의 동작을 다 따라잡을지, 결제 오류는 없을지 단정하기 어렵다.

하지만, 오프라인 매장의 '자동 결제'를 전혀 다른 방식으로 해결하려는 접근 시도는 전 세계 유통업체들의 시선을 잡기에 충분하다.

온라인과 오프라인 경계를 허문다

아마존이 오프라인 매장 개설에 도전한 사례는 또 있다.

월스트리트저널은 이달 초 아마존이 맨해튼의 타임워너센터에 뉴욕의 첫 서점을 올 하반기에 개점할 예정이라고 전했다.

서점이 들어설 타임워너센터는 뉴욕의 명소 센트럴파크와 인접해 있으며, 핸드백으로 유명한 코치(Coach)와 신발 메이커 콜한(Cole Haan), 고급 레스토랑 등이 입주해 있다.

아마존은 2015년에 워싱턴 주 시애틀에 처음으로 서점을 오픈했으며, 지난해에는 캘리포니아주 샌디에이고와 오리건 주 포틀랜드에서도 서점을 개설했다. 또 시카고와 보스턴에서도 서점을 오픈할 계획을 하고 있다.

이런 아마존의 오프라인 진출은 'O2O(Online to Offline)' 서비스의 극적인 확대 가능성을 시사한다. 한 유통 전문가는 "O2O 서비스가 강화되면서 온라인과 오프라인 간 이질감을 극복하는 기술들이 더욱 다양하게 개발될 것"이라고 내다봤다.

자료: 매일신문 페이스북(2017. 1. 18.), '아마존 고' 앱 켜고 → 상품 담고 → 자동 결제 … 아마존, 계산대 없는 매장 열어.

이제 미래의 기업 경영은 감에서 값으로, 통념에서 통찰로, 경험에서 실험으로의 변화가 요구된다. 이러한 말은 빅데이터 전략은 기업을 이끌어 가는 리더로부터 시작되어야 함을 의미한다는 것이다. 즉, 이러한 말은 빅데이터는 하나의 툴이고 사회기반시설(infrastructure)이지 경영이 아니라는 생각은 극히 위험하며, 빅데이터는 경영 철학이고 경영 패러다임이고 이걸 통해서 전략이며 모든 것을 해결해야 한다는 것이다. 아직도 우리의 주변에서 이해가 부족하고 신뢰도 부족하며, 기업의 모든 의사결정이나 프로세스를 빅데이터 기반으로 해야 한다고 주장하였다.

이러한 기저에는 기업에서 소비자와의 커뮤니케이션이 중요하며, 다양한 방법으로 쌍방향적인 커뮤니케이션을 해야 하고, 그 결과를 신상품과 서비스의 생산 및 AS 등에 반영해야 함을 의미한다. 따라서 소비자의 목소리, 소비자의 행동, 그리고 구매 이후의 다양한 소비자 의견은 다시 기업의 생산과 관리에 적용되는 순환적인 시스템이라고 볼 수 있다. 여기에는 융합적인 측면(기업, 기관, 소비자 등)에서 다양한 유형이 존재한다. 뿐만 아니라, 기업이 보유하고 있는 소비자의 목소리(VOC), CS 및 AS 자료 등은 소비자의 충성도 및 재구매 의사결정, 구전 및 다양한 SNS를 통한 홍보와 관련이 있어 중요한 커뮤니케이션의 빅데이터 자료이다.

그러나 이러한 기술적 변화가 단순히 개인의 생활이나 기업의 활동을 편리하게 하는 수준에서 머물렀다면 정보기술 투자의 효과는 제한적이라고 할 수밖에 없을 것이다. 실제로 정보기술 투자로 인한 효과에 관해서 의문이 제기되어 왔는데, '정보기술 생산성의 역설'로 표현되거나 카르(Carr)는 정보기술은 아무런 도움도 되지 않는다는 주장을 하기도 하였다. 이러한 주장의 배경에는 정보기술에 대한 투자가 의사결정의 질을 높여서 생산성에 기여하기보다는 단순한 업무지원의 역할밖에는 하지 못한다는 것과 구축된 시스템이 기계적인 전산화에 그쳐서 새로운 가치의 창출로 이어지지 못한 다는 비판의 의미를 담고 있다.

조직의 활동에서 발생하는 각종 데이터를 수집하고 처리하여 의사결정을 위한 정보를 생성할 수 있도록 시스템을 구축하는 것은 정보기술에 대한 투자효과를 높이는 데 있어서 필수적이다. 이처럼 오랫동안 데이터는 조직 내부에서 발생하는 데이터를 수집대상으로 하였으나, 정보기술의 발달로 시민들의 공과금 데이터나 소셜네트워크에서 발생하는 문자나 사진 등을 수집하여 가치 있는 정보를 생성하는 사례가 나타나고 있다. 이것은 정보 시스템의 필수적인 입력요소인 데이터를 조직 내부뿐만 아니라 외부의 다양한 소스로부터 확보하여 보다 빠르고 정확한 의사결정에 도움을 줌으로써 정보기술에 대한 투자가 더욱 효과적일 수 있게 되었음을 의미한다.

예를 들어, 어떤 상품에 대한 일반인들의 초기반응을 알아보기 위하여 트위터 문자를 분석하거나 고객과의 통화 내용을 녹화하여 데이터베이스에 저장하고 분석하여 문제점을 파악할 수도 있다. 이처럼 빅데이터 정보 시스템은 기업의 내외부에서 대량으로 발생하는 데이터를 수집하고 처리하여 지속적으로 정보를 제공할 수 있는 시스템을 말한다. 빅데이터를 활용한 다양한 사례들이 보고되었지만, 기업이나 기관의 입장에서 안정된 데이터 원천과 정보의 생성을 위한 시스템을 구축하려면 어떻게 해야 하는지에 관한 구체적인 논의가 필요하다.

앞으로 기업과 기업 간의 융합, 기업과 기관 간의 융합, 기업과 소비자 간의 융합, 소비자의 목소리(VOC)를 통한 재생산, 개선 프로세스, 악덕소비자, 감정노동자 등의 예도 좋은 커뮤니케이션으로 승화할 수 있는 방안, 그리고 다양한 소비자의 유형별 다양한 커뮤니케이션으로 승화를 기대해 본다.

트레저데이터코리아-하쿠호도제일, 마케팅에 빅데이터 접목

트레저데이터코리아와 하쿠호도제일이 '스마트 리타깃팅 마케팅(Smart Retargeting Marketing)' 서비스 개발을 골자로 하는 업무제휴를 체결하였다. 이번 업무제휴를 통해 트레저데이터코리아와 하쿠호도제일은 DMP(Data Management Platform)를 기반으로 한 스마트 리타깃팅 마케팅 서비스를 연구 · 개발하고 마케팅을 공동 진행할 예정이다. 하쿠호도제일은 각 사업 분야별 마케팅 인사이트와 고객 솔루션의 아이디어와 전략을 제공하며, 트레저데이터코리아는 암호화된 고객 프로파일 DB를 안전하게 저장 · 분석 · 출력 가능한 DMP 인프라를 제공할 계획으로, DMP란 데이터 종합 관리 플랫폼으로써 광고를 노출할 때 필요한 수요측 플랫폼과 공급측 플랫폼의 근간이며, 스마트 리타깃팅 마케팅은 기업 내외부 빅데이터 기반의 프라이빗 DMP를 통해 기존 리타겟팅 광고의 효율과 성과를 높인 차세대 디지털 광고를 의미한다.

트레저데이터코리아 지사장은 "이번 업무제휴는 하쿠호도제일의 디지털 광고와 트레저데이터의 클라우드 기반 빅데이터 플랫폼이 만나 광고주들에게 새로운 시장 기회를 제공하고 기업의 매출 경쟁력을 높일 수 있는 대표적인 성공 사례가 될 것"이라고 밝혔다.

자료: 한국정보화진흥원(2016). 트레저데이터코리아-하쿠호도제일, 마케팅에 빅데이터 접목. *Big Data Bimonthly*, 21, p. 12.

MDS 테크놀로지, 기계학습 솔루션 '팔콘리' 통해 데이터분석 서비스 제공

MDS 테크놀로지가 기계학습(Machine Learning) 솔루션 '팔콘리(Falkony)' 사업권을 확보해 데이터 분석을 위한 서비스를 제공할 예정이다. 팔콘리는 자체 학습 알고리즘을 통해 최적의 데이터 모델을 도출해 내는 미국의 기계학습 솔루션으로, 데이터를 실시간으로 수집, 분석, 시각화하는 빅데이터 플랫폼 스플렁크(Splunk)와 연동하면 시너지 효과를 낼 수 있다고 설명하였다. 스플렁크가 실시간으로 분석한 데이터 결과를 팔콘리의 자체 알고리즘으로 자동화하여 이상징후를 사전에 탐지할 수 있기 때문이다. MDS테크놀로지는 스플렁크와 팔콘리를 결합해 데이터 수집, 분석과 의사결정에 필요한 이상징후를 사전에 탐지하는 솔루션을 제공할 예정으로, 최첨단 데이터 분석 기술을 활용해 고객의 업무 생산성을 높이고 새로운 가치를 제공한다는 전략이다. MDS테크놀로지 상무는 "치열해지는 비즈니스 환경 하에서는 데이터를 실시간으로 수집, 분석, 예측하여 업무 효율성을 높이는 것이 기업의 경쟁력"이라면서 "빅데이터와 머신러닝 기술을 결합하여 고객들에게 차별화된 서비스를 제공하겠다"고 밝혔다.

자료: 한국정보화진흥원(2016). MDS 테크놀로지, 기계학습 솔루션 '팔곤리' 통해 데이터분석 서비스 제공, *Big Data Bimonthly*, 21, p. 12.

한국기업데이터, 국내 첫 세무증명서류 모바일 발급 · 전송

중소기업 신용평가 전문기관인 한국기업데이터(KED)가 국내 최초로 각종 세무증명서류를 스마트폰으로 발급받아 전송할 수 있는 '퀵파인드' 서비스를 출시하였다. 종전에는 개인이 최근 출시된 개인종합자산관리계좌(ISA)를 개설하고자 할 경우 소득금액증명원이나 원천징수영수증을 발급받아 은행에 제출해야 했으나, '퀵파인드' 서비스를 이용하면 개인과 기업 등이 각종 세무증명서류를 스마트폰으로 발급받은 뒤 스마트폰에서 바로 은행에 제출이 가능하다. 아울러 은행은 해당 증명서를 '퀵파인드' 앱을 통해 데이터베이스화된 상태로 제공받음으로써 심사프로세스에 자동으로 적용할 수 있고, 이를 통해 고객에게 대출 가능 여부 및 금액 등을 신속하게 고지가 가능하다.

향후 한국기업데이터는 퀵파인드를 통해 모바일 환경에 적합한 기업 본인확인서비스를 활성화할 계획이고, 나아가 이를 통해 구축된 빅데이터를 기반으로 금융기관이 필요로 하는 다양한 신용정보서비스를 제공할 예정이다.

자료: 한국정보화진흥원(2016). 한국기업데이터, 국내 첫 세무증명서류 모바일 발급 · 전송, *Big Data Bimonthly*, 21, p. 13.

KB국민카드, 빅데이터 활용해 소상공인 지원

KB국민카드는 '소상공인 지원 플랫폼 구축을 위한 업무협약식'을 개최하고, 빅데이터를 활용한 소상공인 지원에 나설 예정이다. 이번 협약을 통해 KB국민카드와 전자부품연구원, 한국과학기술정보연구원은 소상공인 경쟁력 강화를 위한 맞춤형 마케팅 전략 제공 솔루션 구축, 홍보물 제작을 위한 소프트웨어 플랫폼 개발 등 다양한 분야에서 협력할 계획. 매출을 늘리고 싶은 소상공인에게 상권 주변의 유동 인구, 인구 밀집도 등 분석을 통해 영업시간 운영 전략과 쿠폰 배포 전략 등을 제시하는 방식이다. 또한 소상공인이 홍보 동영상을 쉽게 제작할 수 있도록 소프트웨어 플랫폼도 지원할 예정이다. KB국민카드 관계자는 "소상공인의 경쟁력 강화에 기여할 수 있기를 기대한다"며 "KB국민카드의 빅데이터 역량을 공공 목적 사업에 적극 활용토록 하겠다"고 밝혔다.

자료: 한국정보화진흥원(2016), KB국민카드, 빅데이터 활용해 소상공인 지원, *Big Data Bimonthly*, 21, p. 13.

농협은행, 빅데이터와 AI 활용한 '글로벌 로보어드바이저 펀드' 판매

NH농협은행은 빅데이터와 인공지능 알고리즘을 활용한 '키움 쿼터백 글로벌 로보어드바이저 증권투자신탁 펀드'를 판매한다. 이 상품은 로보어드바이저 투자자문사인 쿼터백투자자문과 키움투자자산운용 간의 업무제휴를 통해 만들어진 상품으로 빅데이터와 인공지능 알고리즘을 활용해 최적화된 글로벌 자산배분을 추구한다. 먼저 국내외에 상장된 전체 ETF를 대상으로 펀드 규모와 유동성 등을 고려해 투자 가능 ETF를 선별, 이후 시장국면, 경제지표, 변동성 등 다양한 빅데이터를 활용해 투자에 적합한 10개 내외의 자산군을 선정한다.

마지막으로 자산간 상관관계 등을 고려해 투자 비중을 결정하는 방식. 농협은행은 전통적 투자자산인 주식과 채권뿐만 아니라 대체투자(AI)와 환율, 부동산 등 다양한 글로벌 자산군을 투자 대상으로 삼기 때문에 다른 상품들보다 수익 창출 가능성이 높을 것으로 기대한다고 밝혔다. 또 대부분의 투자 상품이 자산의 향후 상승 여력에 투자하는 반면 이 상품은 하락위험자산을 제거하는 방식으로 운용되기 때문에 안정적인 투자가 가능하다고 설명하였다.

자료: 한국정보화진흥원(2016), 농협은행, 빅데이터와 AI 활용한 '글로벌 로보어드바이저 펀드' 판매, *Big Data Bimonthly*, 21, p. 13.

한국무역통계진흥원-가이온, 빅데이터 접목 무역통계정보 분석서비스 개발

한국무역통계진흥원은 빅데이터 전문기업 가이온과의 업무제휴를 통해 실시간 수출입 정보 분석 및 모니터링 서비스인 '스마트 트레이드(SmartTrade)'를 개발했다. 스마트 트레이드 서비스는 수출입 통관자료를 활용한 무역통계가 과거 실적 등을 정형화된 수치로 확인하던 서비스 수준에서 벗어나 국내 수출입기업들이 해외시장개척 등에 실질적으로 도움 되는 다차원적인 분석정보와 고객 맞춤형으로 자기업체 수출입통관 상세 분석정보를 실시간으로 제공하는 데 초점을 맞춰 개발했다.

특히 각 산업별 수출입 동향을 각종 수치와 그래픽으로 시각화한 다양한 분석정보와 자기업체 수출입 상세현황 파악 및 위험관리 차원의 모니터링 분석정보를 기본으로 제공함과 아울러 중국 등의 해외 공급업체 및 바이어의 정보, 각종 관세 분석정보를 종합적으로 제공해 국내 기업들의 신규 해외시장 개척 등과 관련한 수출입 업무에 효과적 적용이 가능. 한국무역통계진흥원 원장은 "수출입 무역통계가 빅데이터 기술과 접목돼 새로운 정보가치를 창출하게 되어 매우 뜻깊다"며 "날로 경쟁이 치열해지는 세계무역시장에서 최근 수출 실적 악화로 어려움을 겪고 있는 국내 기업들의 수출 경쟁력이 향상되는 데 스마트 트레이드 서비스가 일조할 수 있기를 기대한다"고 밝혔다.

자료: 한국정보화진흥원(2016), 한국통계진흥원-가이온, 빅데이터 접목, 무역통계정보 분석 서비스 개발, *Big Data Bimonthly*, 21, p. 14.

신한은행, 빅데이터 · 머신러닝 적용한 신용평가모형 개발

신한은행이 빅데이터 분석 및 머신러닝 등 새로운 분석 기법을 활용한 중금리 대출 전용 신용평가모형 개발을 완료하고 7월 초부터 모바일은행인 써니모바일 대출에 적용한다. 신한은행은 지난 3월부터 나이스평가정보 및 핀테크 업체 솔리드웨어와 협업을 통해 머신러닝 등 새로운 기법을 도입한 신용평가모형 개발을 진행했으며, 솔리드웨어는 머신러닝 기술에 기반한 정교함과 효율성을 지닌 예측 모델 개발 및 빅데이터 분석 솔루션을 제공하는 업체. 이번에 개발된 중금리 신용평가모형은 대출, 연체, 카드 정보 등의 신용정보 외 텍스트, 신용패턴 등 다양한 비금융정보를 머신러닝 기법으로 분석함으로써 중금리 대출 대상들을 더욱 정교하게 평가가 가능하다.

신한은행 관계자는 "머신러닝, 빅데이터 분석을 활용해 기존의 신용 평가 방식으로는 찾아내지 못했던 중금리 잠재 대출이용자들을 발굴해 지원할 것"이라며 "이를 통해 중금리 대출상품의 승인율은 높아지고, 부실률은 낮아지며 이용자의 만족도가 증가할 것"이라고 밝혔다.

자료: 한국정보화진흥원(2016), 경제혁신 3개년 계획, *Big Data Bimonthly*, 22, p. 13.

ING생명, 보험업 빅데이터 분석 전략모델 개발

ING생명은 올해 말까지 미래창조과학부, 한국정보화진흥원, 생명보험협회와 함께 '생명보험 빅데이터 전략모델 개발 · 확산' 사업을 수행할 계획이다. 이번 사업은 미래창조과학부와 한국정보화진흥원의 '2016년 빅데이터 활용 스마트서비스' 시범사업의 일환으로 진행되며, ING생명은 이번 사업을 통해 '보험업 가치 사슬(Value Chain)'을 기준으로 한 빅데이터 분석 전략모델을 개발할 예정이다.

고객이탈 예측분석, 고객 마이크로 세그먼테이션, 상품추천 분석, FC영업활동 패턴 분석, 진단 · 적부 예측분석, OB(아웃바운드) 모니터링 콜 차별화 모델, 유지율 예측분석, 보험사기 예측분석, 민원고객 예측분석 등 고객 관련 사항부터 서비스 사후 관리까지 보험업무 전반에 대한 빅데이터 분석을 통해 실제 업무활용과 개선방안을 모색할 계획이다.

ING생명은 "해당 모델이 완성되면 고객이탈을 예측하고 원인을 분석했다. 사전응대 절차를 개발하여 선제적인 대응 방안을 마련할 수 있을 것"이라고 평가하고 있다. 또한 ING생명은 또 개발 완료 후 해당 모델 개발의 필요성을 절감하고 있으나 성공 사례가 없어 도입을 주저하고 있는 중소형 보험사를 대상으로 핵심분석 모델과 분석 방법들을 공유, 이를 위해 머신러닝, 딥러닝, 강화학습 등 최신 빅데이터 분석기술을 활용할 예정이다.

자료: 한국정보화진흥원(2016), ING생명, 보험업 빅데이터 분석 전략모델 개발, *Big Data Bimonthly*, 22, p. 13.

DGIST, 대용량 그래프 빅데이터를 PC 한 대로 처리하는 기술 개발

대구경북과학기술원(DGIST) 정보통신융합공학전공 교수팀은 슈퍼컴퓨터로 처리하던 대용량 그래프 데이터를 한 대의 PC로 처리할 수 있는 'GStream 2.0' 기술을 개발했다. 교수팀이 개발한 기술은 뇌과학, 인공지능, 사물인터넷(IoT), 웹, 소셜네트워크 등 다양한 분야에서 사용하는 그래프 형태 빅데이터를 두 개의 GPU(그래픽카드의 핵심 칩)와 두 개의 'PCI-eSSD'가 장착된 PC 한 대로 초당 최대 20억 개 처리속도로 2,560억 개 간선들을 처리할 수 있는 기술이다. SSD로부터 GPU 메모리에 비동기적 방식으로 스트리밍하면서 동시에 GPU의 수천 개 계산 코어들을 이용해 데이터를 처리하는 새로운 접근 방법을 시도하여, 이를 통해 기존 통신비용 및 메모리 사용량 문제점을 해결할 수 있다.

그 결과 두 개의 GPU와 두 개의 PCI-e SSD를 장착한 컴퓨터 한 대만으로 320억

개 간선 규모 데이터를 500초 만에 처리했으며 최대 2,560억 개 간선 규모의 대용량 데이터를 처리하였다. 교수는 "신경망 형태 빅데이터를 GPU와 SSD 기반으로 고속 처리할 수 있는 소프트웨어 기술을 확보했다"며 "뇌과학 및 인공지능 분야에서 사용되는 신경망 형태의 데이터 처리나 IoT 데이터 기반 사이버 보안 등에 활용할 수 있으며, 특히 초대규모 심층 인공신경망을 구현할 수 있는 기반 기술로 사용할 수 있을 것"이라고 밝혔다. 이번 연구 성과는 미국 샌프란시스코에서 열린 데이터베이스 분야 학술대회 '2016 ACM SIGMOD(시그모드)'에서 발표되었다.

자료: 한국정보화진흥원(2016), DGIST, 대용량 그래프 빅데이터를 PC 한 대로 처리하는 기술 개발, *Big Data Bimonthly*, 22, p. 16.

제로웹, 빅데이터 기반 '중소상공인 지원 플랫폼' 개발

온-오프라인(O2O) 연계 모바일 마케팅 전문기업 제로웹이 빅데이터 기반 '중소상공인 지원통합 플랫폼' 개발에 착수했고, 제로웹은 산업통상자원부 '2016년 사업화연계 기술개발 사업(R&BD)' 주관기관으로 선정돼 최고 20억원의 정부출연지원금을 확보했다. 향후 '중소상공인 지원 통합 플랫폼'을 개발 · 구축해 중소상공인이 실질적으로 활용할 수 있는 빅데이터 기반 경영 · 마케팅 정보를 제공할 예정이다. 모바일 트래픽을 토대로 지역별, 구역별 실시간 유동인구 정보를 수집하고 이를 빅데이터 기술로 분석 · 처리 · 가공, 또한 빅데이터와 기존 오픈 데이터를 융합한 새로운 정보도 만들 예정이다. 특히 최신 모바일 트렌드를 반영해 기존 월별, 분기 또는 반기별 유동인구 및 상권 정보 제공 수준을 넘어 실시간으로 정보를 업데이트해 제공할 계획이다.

플랫폼 구축이 완료되면 중소상공인은 플랫폼에서 제공하는 정보를 활용해 원하는 지역 상권을 분석하여 최적의 입지를 선택해 매장을 운영할 수 있고, 또 플랫폼을 기반으로 O2O 타깃 마케팅을 전개할 수 있다. 대표는 "소상공인이 쉽게 활용할 수 있는 모바일 플랫폼을 제공해 중소상공인이 자생력을 키울 수 있는 생태계를 만들겠다"며 "실용적이고 데이터화된 정확한 정보 제공은 중소상공인 경영 효율 개선에, 특히 신규 창업의 성공 가능성을 획기적으로 높여 줄 것"이라 밝혔다.

자료: 한국정보화진흥원(2016), 제로웹, 빅데이터 기반 '중소상공인 지원 플랫폼' 개발, *Big Data Bimonthly*, 22, p. 13.

KT, 빅데이터 분석 기반 '올레TV 쇼핑나우' 출시

KT는 '올레TV' 시청 중 콘텐츠와 관련된 상품 정보를 빅데이터 분석에 기반해 제공하는 TV-모바일 연계 쇼핑 서비스 '쇼핑나우(Now)' 서비스를 시작했다. '쇼핑나우'는 '올레TV' 이용 고객의 콘텐츠 시청이력, 콘텐츠 정보 등을 분석해 실시간 채널 또는 VOD 시청 중에 리모컨의 '쇼핑' 버튼을 누르면 해당 콘텐츠와 관련된 상품들을 화면상에서 추천받고 스마트폰을 이용해 바로 구매할 수 있는 서비스이다.

특히, 현재 시청 중인 콘텐츠 관련 상품뿐만 아니라 이용자가 시청했던 콘텐츠 이력을 빅데이터 분석, 이용자 기호에 맞는 상품을 추천하여 한층 더 스마트한 쇼핑이 가능하다고 하였다. KT 미래사업개발단장 상무는 "이번 '쇼핑나우' 서비스는 단순 상품추천 서비스를 넘어 향후 PP, CP사 간 연계 및 각종 상품 제조사들과의 제휴 확장을 통해 보다 진보되고 스마트한 PPL 시장 창출 등의 사업 확장 가능성이 기대되는 서비스"라고 밝혔다.

자료: 한국정보화진흥원(2016), KT, 빅데이터 분석 기반 '올레TV 쇼핑나우' 출시, *Big Data Bimonthly*, 22, p. 14.

삼성SDS, 빅데이터 · IoT 활용 솔루션 · 서비스 글로벌 사업 확대

삼성SDS는 창조적 혁신과 도전을 통해 경쟁력 있는 솔루션과 서비스를 기반으로 글로벌 사업 확대를 개시했다. 우선 금융관제사 차세대 시스템 구축을 완료하고, 빅데이터 · IoT 등을 활용해 제조 혁신을 고도화할 계획이다. 더불어 삼성그룹 IT자원을 클라우드로 통합 효율화하는 등이다.

관계사의 IT 일류화를 지속적으로 추진할 방침이다. 특히 삼성SDS는 제조관리 솔루션(MES)과 데이터 분석 기술, 비디오 분석(video analytics)을 활용해 제조 현장의 품질과 수율 극대화를 통해 고객사 제조 경쟁력을 높이고 있으며, 삼성SDS가 삼성전자의 제조 경쟁력 향상을 위해 구축한 글로벌 제조실행 시스템은 생산 준비와 관리, 물류 · 설비 제어, 품질분석, 환경안전에 이르는 전 공정을 통합 관리하는 지능형 제조 분석 솔루션이다. 이와 함께 글로벌 ICT 서비스 회사로 거듭나기 위해 해외 기업들과의 협력 · 투자에도 적극적이고, 지난달에는 기업용 솔루션사업 강화를 위해 SAP와 엔터프라이즈 클라우드

사업 업무협약(MOU)을 체결하였다.

국내와 아태지역에서 기업용 클라우드 솔루션 사업 기회를 발굴하고 사업을 확대할 계획이다. 삼성SDS 관계자는 "선택과 집중을 통한 솔루션 일류화, 글로벌 판매채널 확대 등을 통해 솔루션 사업 성과를 본격화할 방침"이라며 "이와 함께 미래 성장동력 발굴을 위해 인공지능(AI), IoT 분야를 중심으로 지속적인 투자를 전개할 것"이라고 밝혔다.

자료: 한국정보화진흥원(2016), 삼성SDS, 빅데이터 · IoT 활용 솔루션 · 서비스 글로벌 사업 확대, *Big Data Bimonthly*, 22, p. 14.

아비바생명의 고객 맞춤형 보험 상품

영국의 아비바생명은 운전자의 운전 패턴에 기반을 둔 맞춤형 보험 상품을 제공하고 있는데, 이를 위해 차량 내 운행기록 장치를 통해 실제 운전 행태를 수집 및 분석하고 있으며, 주로 운전하는 시간과 지역 등을 감안해 보험료를 산정하는 'Pay-as-you-drive' 상품인 'RateMyDrive'를 내놓아 고객들로부터 좋은 반응을 얻었다.

자료: 한국정보화진흥원(2016), 경제혁신 3개년 계획, *Big Data Bimonthly*, 22, pp. 1-31.

타깃(Target)의 고객 맞춤형 프로모션

미국의 유통회사 타깃은 여성 고객의 임신 여부를 선제적으로 파악하기 위해 빅데이터 분석을 활용하고 있는데, 고객의 임신을 높은 확률로 추정할 수 있게 해주는 주요 아이템에 대한 검색이나 구매 등 온/오프라인에서 행해지는 고객의 모든 활동을 지속적으로 축적하여 고객의 임신 주기까지 알아맞힐 수 있는 수준의 정보를 확보하고 있다. 이와 같은 분석 결과를 바탕으로 관련 상품에 대한 프로모션 등의 효과를 제고하고 있다.

자료: 한국정보화진흥원(2016), 경제혁신 3개년 계획, *Big Data Bimonthly*, 22, pp. 1-31.

따라서 기업은 각 기업의 전사적 활용을 위한 다양한 고민을 해야 한다.

우리 기업의 데이터 전략은 무엇인가?

우리 기업은 계열사와의 데이터 공유는 어느 정도 이루어지고 있는가?

우리 기업 내 데이터 기반 사고와 조직적 기업 학습을 저해하는 요소는 무엇인가?

기업문화와 데이터 문화의 충돌은 없는가?

또한 우리 기업만이 생성할 수 있는 독특한 데이터는 무엇인가?

이 데이터로부터 어떤 가치를 창출할 수 있으며 어떤 새로운 비즈니스 모델과 혁신을 만들어 낼 수 있는가? 등을 아는 것이 중요하다.

기업은 각 기업이 어떤 데이터를 가지고 있는지와 이를 통해 무엇을 하고 싶은지를 알아야한다. 그리고 난 후에 가능한 필요 기술을 파악하는 것이 좋으며, 전문가의 도움을 받아야 하며, 왜 필요한가? 무엇을 할 것인가 등 구체적이고 현실적인 목표로 시작해야 한다. 이리하면, 쌓아지고 버려지는 데이터를 통하여 가치를 창출할 수 있을 것이다.

그렇다면 우리나라가 4차 산업혁명의 '퍼스트 무버'로 자리매김하기 위해서는 어떻게 해야 할까?

첫째, 4차 산업혁명을 단순히 기술적 변화가 아닌 국가 · 국민의 의식구조와 행동의 코페르니쿠스적 전환을 요구하는 시대적 변화로 받아들여야 한다. 모든 사회구조적측면에서 혁명적 변화가 필요하다.

둘째, 고용 없는 성장의 굴레를 탈피하기 위해서 중소기업과 소상공인의 튼튼한 기반조성을 위한 정책 마련이 절실하다. 중소기업과 벤쳐 · 스타트업이 중견 · 강소(强小)기업이 되어 우리나라 경제의 허리가 될 수 있도록 적극적 육성과 지원이 필요하다.

셋째, 대기업은 창업 당시의 정신으로 돌아가 사회적 책임을 통감하고 자율적으로 중소기업과 동반성장하는 풍토를 조성하며 노블레스 오블레주 경영을 해야 한다.

세계는 정보통신기술과 인공지능이 결합한 대기업이 4차 산업혁명을 주도하고 있다. 2016년 8월 기준 전 세계 시가총액 10대 기업 중 애플 · 구글 · 마이크로소프트 · 아마존 · 페이스북 · GE · 차이나모바일 등 7개의 ICT 기업이 있다. 이들이 4차 산업혁명에 엄청난 투자를 하며 지능정보사회를 주도해 가고 있다. 6년간 매출 200조가 넘는 우리나라 최대 기업 삼성전자는 2016년 이미지 순위 7위, 미국에서 특허 5,508건(스마트폰 · 스마트TV · 반도체)을 취득한 세계 2순위 특허강기업이면서도 시장가치 세계 10대 기업에 끼지도 못하고 24위이다.

넷째. 국회와 정부는 지능정보사회로 빨리 진입할 수 있는 관련 법제와 함께 이를 효율적으로 관리하고 역기능도 순화시키는 종합 컨트롤타워가 있는 정부조직으로 조속 개편해야 한다.

4차 산업혁명이 진행되면 아이러니하게도 빈부격차와 경제양극화는 심화되어 갈등이 증폭된다고 한다. 모든 증오와 갈등은 4차 산업혁명이라는 용광로에서 태우고 융합과 연결, 협업과 공유, 협력을 통한 성장을 지향해야 한다. 그래야 우리는 지능정보사회를 선도하는 일류국가 대한민국을 만든 자랑스러운 조상으로 후손들에게 길이 기억될 수 있을 것이다(신윤식, 정보환경연구원 회장)

2 … 기관에서의 소비자 커뮤니케이션

빅데이터를 둘러싼 관심은 민간 기업들뿐만 아니라 미국, EU, 싱가포르와 같은 국가들을 시작으로 국가차원의 전략으로 확산되고 있다.

미국 과학기술정책자문위원회는 2010년 "모든 연방정부는 빅데이터 전략수립이 필요하다"고 제시하고 2012년 3월에는 빅데이터 관련 연구개발에 2억 달러 이상을 투입하는 빅데이터 연구개발 이니셔티브를 발표하였다. 미국의 빅데이터 연구개발 이니셔티브 참가기관은 유전자 연구 및 의료, 교육, 지구과학 및 국방 분야 등 빅데이터 활용 효과가 뛰어난 분야의 기관들이 우선적으로 참여하였다.

일본 총무성은 2020년까지 중점 추진할 ICT(정보통신기술) 전략의 테마로 '대량 데이터 활용'을 선정하고 정보통신 심의회의 ICT 기본전략위원회는 빅데이터 활용의 장래성과 과제 등을 정리하고 있다.

영국은 '영국 역사상 가장 투명한 정부'를 목표로 오픈 데이터 전략을 추진하고 있다. 기업혁신기술부(BIS)는 공공정보 공개 및 데이터 가치 창출을 위한 자문기구인

'데이터 전략위원회'를 설립하고, 내각 사무처와 함께 데이터 접근성 강화 및 데이터 공개지침 등의 정책을 발표하였다. 빅데이터를 통한 정부혁신과 국가경쟁력 제고를 위해 대통령 직속 국가정보화전략위원회에서 '빅데이터를 활용한 스마트 정부 구현 방안'을 마련하였다. 방송통신위원회는 '빅데이터 서비스 활성화 방안'을 마련하여 7대 과제를 추진 중에 있으며, 국민권익위원회는 2011년부터 각 부처의 온라인 민원 정보를 수집 · 관리 · 분류 · 분석 및 예측하는 민원정보 분석 시스템을 구축하여 운영하고 있다.

빅데이터는 거대한 데이터의 양과 속도, 여러 가지 비정형 데이터를 포함하고 있으며, 생성 · 유통 및 소비가 빠르게 일어나 기존의 방식으로는 관리와 분석이 어려운 데이터 집합이며, 이를 관리 및 분석하기 위해 필요한 인력과 조직 및 관련 기술까지 포괄하는 개념이다. 다시 말해서 처리, 분석하고 이를 통해 가치를 만들어 내는 프로세스 및 기술을 통칭한다. 또한 빅데이터 산업은 시장 성장주기의 태동기에 놓여 있는 특성으로 인해 그 개념과 범위에 있어서 다양한 견해가 존재하고 있다.

빅데이터는 비정형 데이터의 활용에 주목하여 '생각'을 만드는 기술이라고 특징짓기도 하였는데, 이는 일상대화에 잠재되어 있는 감정이나 상태 등 기존의 데이터 분석 기술로는 활용이 불가능했던 데이터를 분석하여 '생각'에 의한 반응을 이끌어 내는 기술이라고 할 수 있다.

이러한 빅데이터는 대용량의 데이터를 활용하여 다양한 문제해결에 유의미한 통찰력을 얻을 수 있지만, 다른 일각에서는 빅데이터 분석으로 다양한 데이터가 결합하면서 개인정보 침해에 대한 가능성이 높아졌기 때문에 개인 정보보호 측면 역시 고려할 필요가 있다.

이와 관련하여 최경진(2013)은 빅데이터가 불가피하게 개인과 관련된 많은 정보를 보유하고 활용할 수밖에 없다는 점을 지적하면서 이는 개인정보보호의 측면에서 위험을 증가시킬 수 있는 문제가 있음을 밝히며 빅데이터의 진흥과 개인정보의 보호라는 상반되는 이익을 어떻게 조화할 것인가라는 물음에 대한 답을 찾는 노력이 필요함을 들었다. 신재민(2013)은 개인정보보호법의 주요 내용을 처리단계별 보호기준, 개인정보의 안전관리, 개인정보의 침해 최소화로 구분하고, 클라우드 기반에서 개인정보가 안전하게 유통될 수 있도록 법적 · 제도적 개선방안을 제안하였다. 또한 박천웅과 김준우(2015)는 빅데이터 시대에 맞도록 개인정보의 개념을 재정의하여 이에 따른 개인정보보호 정책을 개발해야 한다고 주장하였다.

온라인을 통한 의사소통이 확대되면서 개인정보의 남용, 프라이버시에 대한 침해가 발생하게 되었고, 개인의 정보를 제3자가 관리하는 것에 대해 정보주체가 관여할 수 있는 권리가 중요하게 되었다. 이는 타인에 의해 자신의 정보 유출·남용 등을 방지하기 위하여 개인정보에 대한 자기결정권을 나타내는 정보프라이버시 개념이 등장하였다(Buchanan 외, 2007). 이처럼 정보 프라이버시는 개인에 관한 정보를 통제하는 개인의 권리로 개인정보에 대한 자기결정권을 말하고 있다. 이는 정보화 시대의 프라이버시 개념이 개인정보 유출 및 프라이버시 침해에 초점을 두게 되면서 개인정보에 대한 타인의 접근을 통제할 수 있는 적극적이고 능동적인 권리로 확대되어 왔다(Buchanan 외, 2007). 따라서 정보프라이버시는 어떠한 대상이 개인에 관한 정보를 수집, 보유할 것인지, 정보제공에 따른 정보 보유와 운영 관리가 안전한지에 대한 문제로 정보 프라이버시의 침해는 '개인정보의 부적절한 이용에 따른 사생활 침해'로 정의할 수 있다. 이처럼 전통적인 프라이버시 개념에서 분리된 정보 프라이버시는 기존 개인정보의 개념이 인격권과 재산권이 혼재된 새로운 영역으로 범위가 확대되어 왔다.

즉, 정보 프라이버시는 개인 프라이버시 측면의 인격권이라는 개념과 고객정보 측면의 재산권이라는 개념이 양립되는 상황으로 발전하게 된 것이다(연세대학교 산학협력단, 2009).

이러한 정보 프라이버시는 디지털 서비스의 특성상 복제가 쉽고 전파가 매우 빠르고, 사실 여부에 대한 검증이 어렵고 침해 당사자인 정보주체가 잘못된 정보를 교정할 수 있는 기회를 가지기 매우 어렵다는 특징을 가지고 있다(박천웅 · 김준우, 2015).

기업은 사용자가 제공하는 개인정보에 대해서 적정수준의 프라이버시를 보호하면서 이를 활용하여 부가가치를 창출할 수 있게 되었으며, 사용자 역시 자신의 프라이버시를 보호 받으면서 기업으로부터 유 · 무형의 이익을 얻게 되었다.

그러나 사용자들은 기업에서 자신들의 프라이버시를 침해하거나 동의 없이 개인정보를 활용할 것이라는 염려 때문에 자신의 프라이버시에 대해 확신하지 못하고 있다(Hann 외, 2002). 이처럼 정보 프라이버시 염려는 사용자의 정보 프라이버시에 대한 불안이나 우려를 측정하는 대표적인 개념으로 정보 프라이버시의 공정성에 대한 사용자들의 주관적인 관점으로 정의될 수 있다. 또한, 정보 프라이버시와 관련하여 수행되는 조직의 다양한 활동들과 그에 따른 통제에 대한 사용자의 인식으로 정의되기도 한다. 다시 말해서, 정보 프라이버시 염려는 사용자들이 자신의 개인정보에 침해에 대한 우려를 반영하고 있다. 이러한 정보 프라이버시 염려는 '수집, 비인가된 2차 사용, 부적절한 접근, 오류, 자료의 결합 등 다양한 우려가 결합되어 나타난다(Smith 외, 1996).

정보 프라이버시 염려는 개별 사용자의 내면적인 상태로 사용자의 성격과 사용자에게 제공되는 서비스 수준에 대한 기대에 따라 차이가 있다. 특화된 서비스를 원하는 사용자는 정보 프라이버시 염려가 있어도 상대적으로 많은 개인정보를 제공할 가능성이 있으며, 개인화된 서비스 제공을 원치 않는 사용자는 정보 프라이버시 염려가 있어서 개인정보 제공에 대해 부정적인 생각을 갖게 된다.

이처럼 정보 프라이버시 염려는 사용자들이 자신의 개인정보 침해에 대한 걱정을 반영하는 것으로 정보화 시대가 발전하면서 더욱 높아졌다. 이는 빅데이터, 사물인터넷 등 데이터 수집과 활용이 확대되면서 서로 다른 데이터가 융합하여 개인을 인식할 수 있는 개인정보로 변화하는 상황이 발생하기 때문에 정보 프라이버시 염려에 대한 인식이 높아지면서 관련 연구도 발전하였다(Back 외, 2015).

주요 선진국의 경우 공공부문의 빅데이터 활용이 두드러지고 있는데, 특히 미국은 지방정부 부문에서 많은 사례를 보이고 있다. 그러나 지자체의 빅데이터 활용에 관한 체계적인 연구는 아직 일천하다 할 수 있다. 다만, 빅데이터에 관한 관심과 사례가 증가하면서 각종 저널과 온라인 매체에 지방정부의 사례 분석 문헌이 증가하고 있다.

예를 들어, CIO.com은 버팔로 시, 뉴욕 시 등의 빅데이터 활용 사례를 심층 분석하였다. the Christian Science Monitor의 경우 시카고 시와 뉴욕 시의 빅데이터를 활용한 행정 서비스 사례를 취재 하였다. 또한 Information Age는 '지방정부의 빅데이터 활용 제고 필요성(Local government needs to make better use of big data)'에 대한 보고서를 분석, 게재하였다. Crozier(2013)는 'Skoll World Forum'에서 "빅데이터는 보다 스마트한 시티를 의미한다(Bit Data Means Smarter Cities)"는 글을 통해 주요 시의 빅데이터 활용 사례를 분석하였다. 스마트시티와 관련되는 빅데이터 연구가 비교적 많은 것으로 파악된다. 한편 빅데이터 관련 학술행사도 증가하고 있는데, '2013 IEEE

International Conference on Big Data'에서 개최된 빅데이터와 스마트 시티에 관한 워크숍이 그것이고 또한 아세아와 중동 지역의 고위공직자들의 네트워크인 'FutureGov'는 도시 관리 및 계획에의 빅데이터 활용에 관한 학술행사인 'Cities & Big Data Summit 2014'를 개최하였다.

이 외에도 다수의 기사와 분석 칼럼 등이 소개되었는데, 전체적인 흐름은 '빅데이터가 주요 도시를 보다 스마트한 도시가 될 수 있도록 하는 정책과 행정 서비스를 가능하게 하는 핵심 트렌드'라고 결론내리고 있다는 점이다. 이런 추이로 볼 때 미국 등 주요국의 지방정부는 빅데이터 도입에 박차를 가할 것으로 추정된다.

국내의 경우 지자체의 빅데이터 관련 연구는 거의 없었다고 해도 과언이 아니다. 그런데 정부의 정부 3.0 추진 기본계획에서 빅데이터를 활용한 과학적 행정과 맞춤형 서비스를 창출하겠다고 함에 따라 지자체의 빅데이터 활용에 대한 시범사업 등이 추진되고 있어 상황이 달라지고 있다.

한편 정부의 이러한 추진계획과는 별도로 광주광역시 광산구청, 부산광역시 해운대구, 서울특별시 등 몇몇 지자체에서 자체적인 실행 계획에 의한 데이터 활용 정책 혹은 시민 행정 서비스 성과들을 내면서 지자체의 빅데이터 활용 가능성이 나타나고 있다.

그러나 이에 관한 것은 아직 시작단계이다.

그런 가운데 지자체의 빅데이터 도입과 관련되는 김신곤 · 조재희(2013)의 제언 연구가 주목을 끌었는데, 이들은 연구를 통해 지자체 보유 공공데이터에 대한 현황 분석, 빅데이터 활용을 위한 인프라 구축, 공공 정보의 개방과 공유 문화 확산에 적극적 참여, 공공데이터 활용을 위한 오픈 플랫폼 구축, 소셜 미디어 활용, 중앙정부의 공공 분야 빅데이터 지원 사업 활용, 빅데이터 사업 유형 및 도입 방법 고려 등 지자체의 빅데이터 도입에 관한 고려사항을 제안하였다.

서울시, 빅데이터로 '젠트리피케이션' 선제 대응

서울시가 젠트리피케이션에 대한 선제적인 대응을 강화하기 위해 지난 10년간 빅데이터분석을 활용해 서울 전역의 젠트리피케이션 흐름을 파악 · 예측할 수 있는 정책지도 개발에 착수할 예정이다.

젠트리피케이션이란 낙후됐던 구도심이 다시 번성해 사람들이 몰리면서 임대료가 상승하고 기존 원주민들이 밀려나는 결과가 현상화된 것으로, 서울시는 도시 재생사업과 연계한 상생 · 협력 중심의 바람직한 젠트리피케이션을 유도하기 위해 이와 같은 사업을 추진하기로 하고 이달 중으로 연구용역을 발주한다고 밝혔다. 또한 정책지도개발은 지난 10년간 도시재생활성화지역 등 주요지역을 포함한 서울시 전역의 인구이동, 부동산거래 등 다양한 빅데이터 자료 분석을 기반으로 할 예정으로, 정책지도를 통해 각 지역의 젠트리피케이션 현상을 모니터링하고 추이를 예측함으로써 선제적인 대응방안 마련이 가능해지고 체계적인 도시재생정책 수립에도 활용 가능하다는 계획이다.

'도시재생활성화지역별 젠트리피케이션 대응 기본지침'에 따른 5개 지역은 ▲저이용 · 저개발 중심지역 ▲쇠퇴 · 낙후 산업지역 ▲역사 · 문화 · 관광 특화지역 ▲노후주거지역(이면주거지형) ▲노후주거지역(생활가로형) 등이다.

자료: 한국정보화진흥원(2016). 서울시, 빅데이터로 '젠트리피케이션' 선제 대응. *Big Data Bimonthly*, 21, p. 10.

공공부문; 빅데이터 융합으로 감염병 유입 차단

미래창조과학부는 '2016 빅데이터 선도 시범사업'으로 질병관리본부와 KT가 제안한 '로밍 빅데이터를 활용한 해외유입 감염병 차단 서비스'를 선정했다. 따라서 민관 빅데이터를 융합하여 해외에서 유입되는 감염병을 조기에 인지하고 확산을 최소화하는 사업이 시작될 예정이다. 사업은 KT의 로밍 빅데이터와 질병관리본부의 입국자 검역정보 데이터를 융합하는 것으로, 해외 감염병 오염국가 방문 이후 국내 입국자, 혹은 제 3국가 체류 이후 입국자를 파악했다. 이후 통신사 가입자 정보를 이용하여 귀국 이후 해외 감염병 증상 발현 시 자진신고 안내 등 문자서비스를 제공하는 방식이다. 시범사업은 우선 KT 가입자 대상으로 실시하고, 질병관리본부가 추가 예산을 확보해 다른 통신사 고객에게도 확대할 예정이다. 장석영 미래부 인터넷융합정책관은 "시범사업은 국민의 생명과 안전이라는 공익 목적 달성을 위해 민관이 협력, 빅데이터 등 정보통신기술(ICT) 융합기술을 활용하는 의미 있는 사업"이라고 밝혔다.

자료: 한국정보화진흥원(2016). 공공부문; 빅데이터 융합으로 감염병 유입 차단. *Big Data Bimonthly*, 21, p. 9.

중국 난통 국가산업단지에 '한중 빅데이터 센터' 개소

중국 장쑤성 난통시 난퉁국가고신기술산업개발지구에 '한중 빅데이터 센터'가 개소될 예정이다. 한국 기업의 난퉁고신개발지구 진출을 돕는 지원센터가 설립되고 한국 스타트업의 입주공간도 마련될 계획이다. 중국 아태창의산업원 및 난퉁고신개발지구는 강원창조경제혁신센터 및 한국만화영상진흥원과 이 같은 내용의 업무협약(MOU)을 체결한다. 난퉁고신개발구에는 다양한 한국 기업과 기관이 진출하며, 아태창의산업원과 강원창조경제혁신센터가 협력해 양국의 빅데이터(Big Data) 기반 기업을 지원하고 첨단산업 과학인재를 양성하기 위한 빅데이터 센터도 구축할 예정이다. 빅데이터 협력 첫 사례로 뷰티 관련 빅데이터 전문 기업인 플러스메이의 중국 진출을 돕는 업무협약(MOU) 또한 체결한다. 아태창의산업원 유영배 회장은 "많은 한국 기업이 중국 진출을 희망하지만 중국 현지에 대해 잘 모르고 제각각 움직여 성공 사례가 드물다"며 "많은 한국기업이 중국에 진출하고 함께 움직일 수 있도록 아태창의산업원이 세무, 법률, 행정 지원을 아끼지 않을 것"이라고 밝혔다.

자료: 한국정보화진흥원(2016). 중국 난통 국가산업단지에 '한중 빅데이터 센터' 개소. *Big Data Bimonthly*, 21, p. 9.

도로공사, 빅데이터로 노후 콘크리트 도로 보수

빅데이터로 낡고 오래된 고속도로의 포장 상태를 미리 파악하고, 파손 구간을 효율적으로 보수해 통행 불편을 최소화하는 연구개발이 추진될 예정이다. 한국도로공사는 20년 이상된 노후 콘크리트 포장 고속도로가 계속 증가하고 있어 보수 구간 선정과 작업의 효율화를 위해 빅데이터 자료 분석 방법과 알고리즘을 개발한다고 밝혔다.

콘크리트 포장 도로는 아스팔트 도로와 달리 부분적인 보수를 할 수 없어 대대적인 포장 작업이 불가피하며, 따라서 차량 통행 제한에 따른 교통 정체는 물론 콘크리트 양생에 걸리는 시간도 필요해 상당한 통행 불편이 발생. 이에 따라 고속도로 포장상태와 교통량, 제설제 사용량, 기후 등을 빅데이터로 종합 분석해 재포장이 필요한 구간을 찾아내 효과적으로 보수할 계획으로, 또한 생애주기 비용에 따른 사업대상구간에서 최적의 대안과 우선순위 알고리즘도 개발해 효율적인 예산 정책도 수립할 예정. 도로공사 관계자는 "앞으로 10년간 노후 콘크리트 포장 도로가 6배 증가할 것으로 보여 효율적인 보수를 위해 내년 말까지 빅데이터 분석 방법과 알고리즘을 개발할 것"이라고 밝혔다.

자료: 한국정보화진흥원(2016). 도로공사, 빅데이터로 노후 콘크리트 도로 보수. *Big Data Bimonthly*, 21, pp. 9-10.

부산 스마트시티, 어디까지 왔나, 해운대를 시작으로 전체로 확산

2017년 1월 20일에 부산시는 '소통과 협치로 시민이 행복한 스마트시티 실현'이라는 정책 목표를 공고하면서 본격적인 스마트시티 추진계획을 발표했다.

추진계획에는 스마트 파킹 확산사업, 영상기반 스마트교차로 구축, 통합 빅데이터 플랫폼 구축 및 빅데이터 분석 사업 등 97개 사업에 대한 실행계획을 담고 있다. 이를 위해서 부산시는 총 551억원을 투자할 계획이며, 올해에만 약 175억원을 투자한다.

부산시 스마트시티 추진은 올해 처음은 아니다. 부산시는 스마트시티 구축을 위해서 2015년부터 해운대를 스마트시티 시범구역으로 지정해서 스마트시티 구축 사업을 이미 추진하고 있다.

해운대 스마트시티 실증단지 구축은 미래창조과학부 주관으로 부산시와 SK텔레콤이 컨소시엄을 구성해서 2017년까지 3년에 걸쳐서 진행하고 있는 사업이다.

해운대 스마트시티 주요 추진목표는 사물인터넷 도입으로 '관광인프라 수준 향상'이다. 관광객들에게 편리한 관광서비스를 제공해서 관광객들이 해운대에 만족도를 더욱더 증가시키고 더 많은 관광객들의 방문을 유도해서 해운대 지역경제를 더 활성화시킬 수 있다.

이와 동시에 지역경제를 더욱더 활성화시키기 위해서 고용 창출도 목표로 하고 있다. 2017년 말까지 사물인터넷 전문 인력 500명 양성, 창조기업 50개 육성 그리고 글로벌 강소기업 5개 육성으로 부산시 내에 고용을 더욱더 촉진시키는 것을 목표로 하고 있다.

해운대 스마트시티 구축현황과 구축전략을 중점적으로 살펴봄으로서 부산시가 어떤 모습으로 스마트시티를 구축하고 있는지를 알아보자.

혼잡한 해운대, 사물인터넷 기술로 해결

'해운대' 하면 떠오르는 곳은 바로 '해수욕장'일 것이다. 여름에는 더위를 피할 수 있어서 좋고, 겨울에는 모랫길을 걸으면서 도시에서 낭만을 즐길 수 있어서 좋다. 해운대의 이러한 매력으로 관광객들로 항상 붐빈다.

사람이 붐벼서 해운대에 활기가 넘쳐서 좋기는 하지만, 이에 따른 불편한 점들도 적지 않다. 미아발생, 교통 혼잡, 주차불편 등 사람들이 붐벼서 불편하기 짝이 없다. 부산 바다를 즐길 수 있어서 괜찮지만, 이러한 불편한 점들을 줄일 수 있다면 해운대는 '금상천화'의 장소가 될 수 있을 것이다.

그래서 부산시는 해운대 해수욕장 중심으로 스마트시티 플랫폼을 구축해서 이러한 불편한 점들을 해결하게 했다. 특히 사물인터넷 기술을 적극 활용한 것이 특징이다.

스마트 미아방지 서비스는 해운대에서 미아발생을 방지하기 위한 서비스이다. 해운대 해수욕장은 사람이 붐비고 넓기 때문에 해마다 미아가 발생하고 있다. 그래서 데이터 통신 비용을 들이지 않고 사물인터넷에 특화된 망을 구축해서, 해운대 해수욕장 내에 어린이 위치 및 수영 안전지역 이탈을 보호자에게 알려주는 스마트 미아방지 서비스를 해운대 해수욕장에 구축했다.

스마트 미아방지 서비스를 사람이 가장 붐비는 작년 7월 8일부터 8월 7일까지 한 달간 적용해 운영했다. 해운대 해수욕장 300여 곳에 안심태그밴드를 제공하는데, 아이들이 안심태그밴드를 착용하고 있으면 실시간으로 부모들에게 모바일 앱으로 아이들 위치를 제공하는 방식이다.

그리고 드론을 활용해서 '스마트해상안전서비스'를 제공하는데, 드론영상 촬영으로 익사자 발생 시 안전튜브를 투하해 구조할 수 있게 했다. 스마트미아방지서비스와 스마트해상안전서비스로 관광객들이 더욱더 안전하게 즐길 수 있게 한 것이다.

뿐만 아니라 스마트파킹과 스마트횡단보도로 해운대 지역에 구축했는데, 이는 교통 혼잡성도 줄이는 효과가 있다. 스마트파킹은 해운대 지역에 주차 빈 공간 정보를 알려줘 운전자가 모바일과 웹으로 이를 확인해서 주차장소를 찾는 데 어려움 없이 주차할 수 있게 했다.

스마트횡단보도는 자동차들이 신호를 지킬 수 있게 해서 신호위반으로 발생하는 불편성 및 사고위험을 줄일 수 있게 했다. 도로에 센서를 설치해서 주차위반 차량이 있을 시 경찰청에 바로 알리도록 구축했다.

그리고 신호등에 안전대기 장치를 설치해 차량이 도로에 지나가는 여부를 확인해 녹색불이 바뀌어도 안전하지 않으면 보행자가 지나갈 수 없게 설치했다. 스마트횡단보도는 해수욕장 외에 학교 근처에도 설치해서 학생들이 안전하게 횡단보도를 건널 수 있게도 했다.

거버넌스 적인 협력모델로 '행복한 부산으로'…

해운대 스마트시티는 정부기관이 독자적으로 주도하는 사업이 아니다. 민간사업자들과 함께 컨소시엄을 구성해서 공공기관과 민간기관이 협력하는 모델을 기반으로 하고 있다.

해운대 스마트시티는 독일의 프리드리히스하펜 스마트시티 모델을 롤 모델로 삼았는데, 민간 기업들이 참여해서 통신을 서로 호환하고 정보를 공유할 수 있는 오픈 플랫폼 구축했다. 이는 민간기업들 간에 협력 플랫폼을 구축하게 해서, 이를 기반으로 추가적인 협력사업을 가능케 하는 장점이 있다.

뿐만 아니라 시민들이 스마트시티 구축에 아이디어를 제안할 수 있게 해서 눈에 보이지 않는 불편함을 발견해서 이를 해결할 수 있도록 했다. 해운대 스마트시티 플랫폼은 시민과 민간기관, 공공기관 모두가 참여해서 부산에 맞는 서비스를 특화할 수 있게 한 셈이다.

이러한 스마트시티 플랫폼은 앞으로 부산 전체에 적용할 전망이다. 아울러 스마트시티 성공모델로서 중동아시아, 남미 등에 수출하는 것을 목표로 삼고 있고 부산시에 축적한 데이터들을 공유해서 스마트시티를 고도화해 나갈 전망이다.

미래 부산시는 부산시가 표어로 내걸었듯이, '소통과 협력으로 부산만이 가지는 스마트 시티'로 발전해 갈 것으로 전망된다.

자료: 사이언스타임즈(2017. 2. 2.), 부산 스마트시티, 어디까지 왔나, 해운대를 시작으로 전체로 확산.

법무부, AI 기반 대화형 플랫폼 구축

내년부터 국민 누구나 개인용컴퓨터(PC)와 스마트폰 등으로 인공지능(AI) 법률 서비스가 가능할 예정이다. 일상생활에 AI 기술을 적용하는 창조비타민 과제 중 첫 사업으로, 법무부는 연말까지 AI 기반 대화형 생활법률지식서비스 인프라를 구축할 계획. 법률지식 등 관련 빅데이터를 분석한 대화형 AI 상담은 처음 시도되는 것으로, 대법원 판례, 대한법률구조공단 상담 사례, 법제처 생활법령정보 등 데이터 수집 시스템을 만들고 포털 데이터 수집, 생활법률정보데이터베이스(DB) 필터링 · 관리 모듈, 대화형 생활법률정보 지능정보화 모듈을 개발 및 생활법률정보 활용 모듈도 갖추게 될 예정이다.

국민 생활법률관련 유형과 빈도를 분석해 우선순위에 따라 생활법률 서비스를 하며 첫 서비스로 주택임대차보호법과 상가임대차보호법 관련 부동산임대차 내용, 근로기준법 임금과 해고 내용이 법률 상담 서비스 대상. 법무부 관계자는 "초기서비스 진행 후 내부 검토를 거쳐 대상을 확대한다"고 밝혔다. AI 상담은 대화형으로 이뤄져, 국민은 PC와 스마트패드, 스마트폰 등을 활용해 문자 등으로 상담이 가능하다. 법무부는 사용자 질문 의도와 법률 쟁점을 파악해 신속한 정보를 제공한다는 계획이다. 사전에 다양한 질문 형태를 AI에 입력하며, 국민이 이해하기 어려운 법률용어와 생활법률 교육자료는 카드뉴스 등 멀티미디어 콘텐츠로 활용할 예정이다.

자료: 한국정보화진흥원(2016), 법무부, AI 기반 대화형 플랫폼 구축, *Big Data Bimonthly*, 21, p. 10.

인천시-인천관광공사, 중국 '알리바바' 산하 알리트립과 업무협약

인천시와 인천관광공사는 알리바바 산하 최대 온라인 여행서비스 플랫폼인 알리트립과 '중국 온라인 여행시장 선점을 위한 전략적 업무협약(MOU)'을 체결했다. 인천관광공사는 협약을 통해, 알리트립 여행 온라인 플랫폼을 기반으로 중국 자유여행객(FIT) 유치를 위한 인천관광 상품을 기획 · 구성하고 홍보 및 판매 촉진을 위해 중국 온라인 · 모바일 시장을 본격 공략할 방침이다.

특히 알리트립이 보유한 약 4억명에 달하는 알리바바 그룹의 빅데이터를 활용해 파트너인 중국 여행기업과 소비자들의 최신 여행 트렌드를 분석하고 이를 통해 고객 맞춤형 홍보를 진행할 계획이다. 인천관광공사 본부장은 "중국 온라인 시장은 급격히 성장하고 있으며, 10명 중 8명의 중국 관광객이 인터넷을 통해 주문 예약하고 있다"며 "이에 발맞춰 중국 현지에서 파급력이 높은 알리바바의 빅데이터를 활용한 온라인 마케팅을 통해 관광객 유치에 힘쓰겠다"고 밝혔다.

자료: 한국정보화진흥원(2016), 인천시: 인천관광공사, 중국 '알리바바' 산하 알리트립과 업무협약, *Big Data Bimonthly*, 21, pp. 10-11.

한국지식재산전략원, 미래 전략 '특허 데이터' 활용도 상승 계획

한국지식재산전략원이 국내 표준산업 분류에 맞춰 '특허 데이터' 동기화에 나설 예정이다. 산업현장에서 특허 데이터에 기반을 두고 미래 먹거리를 찾을 수 있도록 접근 장벽을 허문다는 목표로, 전략원은 최근 국내외 2,90여 만 건 특허 빅데이터를 한 곳에 통합한 '국가 미래전략 특허분석센터'를 오픈하였다.

누구나 '맞춤형'으로 활용할 수 있는 특허 분석 기틀을 마련한 것으로, 특허분석센터는 향후 ▲정부 R&D 기획 ▲민간기업 미래 먹거리 제시 ▲기술금융 활성화 등을 목표로 미래 전략 분석을 지원할 예정. 또한 국내 특허 정보에 시장 · 기술 정보 등을 추가해 필요에 따라 맞춤형으로 활용할 수 있도록 할 계획이다.

올해는 △정부 R&D 기획을 위한 유망기술 발굴 △민간업체 대상 맞춤형 특허 분석 제공 △기술금융 활성화를 위한 기술신용평가기관(TCB) · 기술정보DB 등과 연계 강화 등을 우선 추진하여 유망 기술뿐만 아니라 유망 제품 · 서비스까지 발굴 영역을 확장, 국가 미래 전략 밑그림을 그린다는 목표이다.

자료: 사이언스타임즈(2017. 2. 2.), 한국지식재산전략원, 미래 전략 '특허 데이터' 활용도 상승 계획.

대구정부통합전산센터, 국가 클라우드센터 구축 추진

대구정부통합전산센터는 국정과제(134번) '정부통합전산센터를 클라우드 컴퓨팅센터로 전환'의 일환으로 추진되는 사업으로, 전자정부 2020기본계획 '지능정보기술을 활용한 첨단행정 구현'을 위한 핵심기반의 '국가 클라우드 센터'로 구축될 예정이다.

이 사업은 총 사업비 4,609억원을 투입하여, 대구광역시 동구 도학동 일대에 최대 5만여 전산장비를 수용하는 규모로 추진하고 있으며, 클라우드 · 빅데이터 등 신기술을 활용한 클라우드 컴퓨팅 센터로 구축할 계획이다.

특히, 대구센터는 기존 대전 · 광주센터와 서비스 이동이 자유로운 소프트웨어 정의 데이터센터(SDDC)로 구축할 예정으로, 가상화 기술을 서버뿐만 아니라 스토리지 · 네트워크 등에 확대 적용함으로써 각 센터 간 실시간 서비스 분산 배치 및 자동 백업이 가능할 것으로 기대된다. 정부통합전산센터장은 "대구센터는 클라우드 · 빅데이터 등 최신 정보기술이 집약된 데이터센터로 구축하겠다"며 "신기술 기반의 통합전산센터 구축 모델을 마련하여 행정한류가 더욱 확산될 수 있도록 노력하겠다"고 밝혔다.

자료: 한국정보화진흥원(2016), 대구정부통합전산센터, 국가 클라우드센터 구축 추진, *Big Data Bimonthly*, 21, p. 11.

국립재난안전연구원-KT, 재난대응협력 MOU 체결

국립재난안전연구원은 KT와 '통신 빅데이터 기반의 재난안전기술 공동연구수행을 위한 업무협력 양해각서'를 체결했다. 이번 협약으로 국립재난안전연구원은 재난대응 연구기술을 KT가 보유한 통신 빅데이터 등에 접목해 최적의 재난대응 방안을 수립할 계획이다.

이를 위해 기술, 정보, 인력을 상호교류하고 데이터와 시설활용에 대해서도 상호 협력할 예정. 또한 KT의 통신데이터 등을 바탕으로 특정 지역의 인구를 분석하고 맞춤형 재난대응 시나리오를 공동으로 개발해 재난 시 최적의 대응방안을 연구, 특히 건물의 화재나 붕괴 시 인명피해를 최소화하기 위해 건물 내 피해자 위치를 신속하게 파악할 수 있는 실내측위기술도 연구할 예정이다. 국립재난안전연구원 원장은 "최근 재난관리는 빅데이터와 같은 다양한 기술과의 접목으로 발전해야 한다"며 "특히 통신 빅데이터의 경우 신뢰도를 높일 수 있는 장점이 있어 재난관리의 다양한 영역에 활용될 수 있을 것으로 기대한다"고 밝혔다.

자료: 한국정보화진흥원(2016), 국립재난안전연구원-KT, 재난대응협력 MOU 체결, *Big Data Bimonthly*, 22, p. 10.

창원시, 빅데이터 행정으로 제4차 산업혁명 선도

경남 창원시는 2017년 시정업무 추진 시 과학적 분석행정을 도입해 시민의 다양한 요구를 시정에 반영 할 수 있는 빅데이터 기반의 스마트 행정체제로 전환하겠다는 포부를 18일 밝혔다.

창원시는 이를 위해 지난 16일 '빅데이터TF'를 신설하고, 오는 19일부터 23일까지 외부 채용공고를 통해 빅데이터 분석전문가 등 전문 인력을 영입할 예정이다. 채용된 빅데이터 분석전문가는 빅데이터 추진 전략 제시, 수집과 분석, 분석 결과 활용까지 전 과정을 관리해 창원시 빅데이터 행정 활용체계 기반을 마련하고, 빅데이터 업무를 전담하게 된다.

아울러 빅데이터 분석 과제발굴을 위한 시정 주요 분야별 실무협의회를 구성하고, 부서별 빅데이터 담당자를 지정, 선도인력으로 양성하는 등 빅데이터 전문 인력 확보와 직원 빅데이터 수준 향상에도 주력한다.

지능형 ICT시대 흐름에 맞춰, 지난 2015년부터 관광객 분석 등 발 빠르게 빅데이터 업무를 추진해 온 창원시는 시스템 구축 위주의 종전의 사업과는 달리 차별화된 빅데이터 행정 마스터 랜을 본격 수립했다.

시민 편익추구와 선제적 스마트 행정정책 구현을 목표로 한 마스터플랜의 추진전략은 ▶1단계 빅데이터 활용 체계 인프라 구축 ▶2단계 데이터 기반의 스마트 행정혁신 본격 추진 ▶3단계 스마트 행정체계 완성이다.

이에 창원시는 2017년을 티핑포인트로 삼아 ▶전담조직 구성과 전문 인력 확충 ▶빅데이터 활용 기반 조성 ▶빅데이터 활성화를 위한 조례 제정 ▶민간 빅데이터 활용지원 업무 등을 적극적으로 추진하기로 했다.

'티핑포인트(Tipping point)'란 어떠한 현상이 서서히 진행되다가 작은 요인으로 한순간 폭발하는 것이다.

먼저 빅데이터 분석전문가 채용 등 전문 인력 확충을 통한 전담조직을 구성해 빅데이터 활용체계 인프라를 구축하고 공공과 민간에서 수집 가능한 대량의 데이터 축적, 시정 주요 분야 핵심과제를 분석모델로 구축해 빅데이터 활용 기반을 조성할 계획이다.

또한 빅데이터 활성화를 위해 빅데이터 정책반영 등 활용에 대한 성과 평가를 시행하며 제도 마련의 일환으로 창원시 빅데이터의 활용과 빅데이터산업 육성, 전문가로 구성된 빅데이터 위원회 설치 등을 규정하는 빅데이터 이용 활성화 조례도 제정한다.

아울러 민간에서의 빅데이터 활용을 위해 소상공인 창업입지 분석 시스템 서비스 제공을 시작으로 기업체 빅데이터 교육 등 민간의 빅데이터 활용 지원에도 힘쓸 예정이다.

오는 2018년 2단계 추진과제는 구축된 빅데이터 분석플랫폼을 본격 운영하며, 시정전반에 빅데이터 분석기반의 여러 정책들을 수립한다.

또 기업체 대상 빅데이터 분석지원을 위한 제도적 기반도 마련한다.

오는 2019년 이후 3단계는 빅데이터 분석 플랫폼을 고도화 운영하고 빅데이터 민간지원 서비스가 기업체 지원뿐 아니라 학계, 개인에게까지도 다양한 방법으로 서비스를 확대할 방침이다.

창원시 기획예산실장은 "107만 창원시민의 다양한 요구가 잘 반영된 시민 맞춤 행정 전개와 광역시 승격의 분수령이 될 올해, 광역행정 기반을 조성해 '더 크고 더 강한 창원광역시'를 열어 가기 위해서는 빅데이터를 도입한 과학적 행정체제로의 전환이 불가피하다"고 강조했다. 따라서 "행정쇄신의 도구로 활용할 빅데이터를 기반으로 행정의 효율성과 투명성을 강화함으로써 스마트 행정체제로 빠르게 전환하겠다"고 밝혔다.

자료: 아시아뉴스통신(2017. 1. 18.). 창원시, 빅데이터 행정으로 제4차 산업혁명 선도.

DGIST, 빅데이터 기반 올리고뉴클레오티드 설계 기술 개발

DGIST(대구경북과학기술원) 연구팀이 빅데이터 기술을 적용한 올리고뉴클레오티드(Oligonucleotide) 설계 기술을 개발하였다. 올리고뉴클레오티드는 A · C · T · G 네 가지 뉴클레오티드로 구성된 단일 나선의 짧은 염기서열을 말하며 유전자 진단, 신약 개발 등에 쓰이는 것으로, DGIST 정보통신융합공학전공과 뇌 · 인지과학전공 융합연구팀은 구글 검색 방식의 빅데이터 기술을 적용해 정밀하고 빠른 성능의 올리고뉴클레오티드 설계 기술(MRPrimerW)을 개발하였다.

MRPrimerW 기술을 적용하면 유전자 기반의 암 진단, 유전자 변형 농산물(GMO) 탐지, 신종 바이러스 탐지 등 유전자 진단에 광범위하게 사용하는 올리고뉴클레오티드를 정밀하게 설계할 수 있고 바이오 신약 개발에도 도움을 줄 것으로 기대. 이번 연구 성과는 국제적 생물과학 학술지인 '뉴클레익 애시즈 리서치(Nucleic Acids Research, 5월 6일자)'에 게재되었다.

연구팀은 관련 기술을 웹사이트(http://MRPrimerW.com)로 전 세계에 무료 공개하였으며, "MRPrimerW 기술은 빅데이터 분석 기술을 유전자 데이터에 가장 효과적으로 적용한 사례 중 하나로 평가받고 있다"며 "세계 생명정보 소프트웨어 시장을 선도할 수 있도록 지속적으로 노력하겠다"고 밝혔다.

자료: 한국정보화진흥원(2016). DGIST, 빅데이터 기반 올리고뉴클레오티드 설계 기술 개발, *Big Data Bimonthly*, 21, p. 15.

KISTI, 70배 빠른 초고속 빅데이터 분석기술 개발

KISTI(한국과학기술정보연구원)는 동일한 컴퓨팅 환경에서 전통적인 데이터베이스 관리 시스템 등을 적용한 시스템과 비교한 결과 70배 빠른 빅데이터 분석기술을 개발하였다.

이번에 개발한 빅데이터 분석 시스템인 '투픽스(Turning Pixels into Knowledge and Science)'는 데이터 저장 · 계산 방식의 변화를 통해 대용량 데이터를 병렬분산처리할 때 발생하는 원형 데이터의 전처리 · 불러오기 · 재구성 과정 없이 바로 원형 데이터에 접근하는 방식을 취하며, 아울러 환경설정을 통해 손쉽게 필요한 만큼 컴퓨팅 노드를 추가 · 연동할 수 있다는 것이 특징이다.

또한 KISTI는 한국해양과학기술원과 극지연구소에, 위성영상 · 해양연구를 필요로 하는 기관의 특성을 고려한 '투픽스 오션 컬러(TuPiX Ocean Color)' 시스템을 무상으로 기술 이전을 하였다. KISTI 과학데이터기술연구실장은 "데이터 검색 · 관리에 필요한 비용과 시간을 크게 줄일 수 있어 연구 생산성과 빅데이터 분석 · 관리 효율성 향상에 기여할 것"이라며 "빅데이터 플랫폼 확산 · 융합연구 활성화를 위해 투픽스를 기반으로 하는 기관별 특화 시스템을 지속적으로 제공해 나갈 계획"이라고 밝혔다.

자료: 한국정보화진흥원(2016). KISTI, 70배 빠른 초고속, 빅데이터 분석 기술 개발. *Big Data Bimonthly*, 21, p. 15.

GIST, 암 유전자 발굴 빅데이터 알고리즘 개발

GIST(광주과학기술원) 연구팀이 차세대 염기서열 데이터를 활용해 암과 연관성이 높은 유전변이 영역을 발굴하는 알고리즘을 개발했다.

차세대 염기서열 데이터란 유전체를 무수히 많은 짧은 길이의 DNA조각들로 나눈 뒤 병렬적인 서열분석을 통해 얻은 정보를 말하며, 연구팀은 먼저 개별 암 세포들로부터 획득한 차세대 염기서열 데이터 내 노이즈를 '웨이블릿 변환'이라는 수학적 기법을 활용해 제거하고 체세포유전자의 유전자 개수가 변한 영역을 검출한 것이다.

연구팀은 검출한 결과들로부터 암과 가장 연관성이 높을 것으로 보이는 유전체 상의 영역들을 선별했고, 그 결과 기존의 유전자 복제 수변이의 이상을 측정하는 'DNA 마이크로어레이 플랫폼'을 사용하는 알고리즘과 비교했을 때 암과 연관된 유전자를 더 많이 발굴하였다. 연구팀은 47개의 난소암 샘플에 개발한 알고리즘을 적용해 기존의 방법론보다 두 배 가까운 수의 암 연관 유전자를 찾아냄을 확인하였다. "이 알고리즘은 바이오 빅데이터로부터 암과 연관된 유전변이 영역을 찾는 데 널리 활용될 수 있을 것으로 기대된다"고 밝혔으며, 이번 연구결과는 국제학술지 '사이언티픽 리포츠(Scientific Reports, 5월 9일자)'에 게재되었다.

자료: 한국정보화진흥원(2016), GIST, 암 유전자 발굴 빅데이터 알고리즘 개발, *Big Data Bimonthly*, 21, p. 16.

DGIST, 대용량 그래프 빅데이터를 PC 한 대로 처리하는 기술 개발

대구경북과학기술원(DGIST) 정보통신융합공학전공팀은 슈퍼컴퓨터로 처리하던 대용량 그래프 데이터를 한대의 PC로 처리할 수 있는 'GStream 2.0' 기술을 개발하였다. 연구팀이 개발한 기술은 뇌과학, 인공지능, 사물인터넷(IoT), 웹, 소셜네트워크 등 다양한 분야에서 사용하는 그래프 형태 빅데이터를 두개의 GPU(그래픽카드의 핵심 칩)와 두 개의 'PCI-eSSD'가 장착된 PC 한대로 초당 최대 20억개 처리속도로 2560억개 간선들을 처리할 수 있는 기술이다.

SSD로부터 GPU 메모리에 비동기적 방식으로 스트리밍하면서 동시에 GPU의 수천개 계산 코어들을 이용해 데이터를 처리하는 새로운 접근 방법을 시도, 이를 통해 기존 통신비용 및 메모리 사용량 문제점을 해결하였다.

그 결과 두 개의 GPU와 두 개의 PCI-e SSD를 장착한 컴퓨터 한 대 만으로 320억개 간선 규모 데이터를 500초 만에 처리했으며 최대 2560억개 간선 규모의 대용량 데이터를 처리. "신경망 형태 빅데이터를 GPU와 SSD 기반으로 고속 처리할 수 있는 소프트웨어 기술을 확보했다"며 "뇌과학 및 인공지능 분야에서 사용되는 신경망 형태의 데이터 처리나 IoT 데이터 기반 사이버 보안 등에 활용할 수 있으며, 특히 초대규모 심층 인공신경망을 구현할 수 있는 기반 기술로 사용할 수 있을 것"이라고 밝혔다. 이번 연구 성과는 미국 샌프란시스코에서 열린 데이터베이스 분야 학술대회 '2016 ACMSIGMOD(시그모드)'에서 발표되었다.

자료: 한국정보화진흥원(2016), DGIST, 대용량 그래프 빅데이터를 PC 한 대로 처리하는 기술 개발, *Big Data Bimonthly*, 22, p. 16.

도쿄도, 빅데이터 활용으로 재난 서비스 제공 예정

일본에서 재난 발생 시 빅데이터와 가상현실(VR)을 활용해 대응할 수 있는 방안이 추진 중이다. 도쿄 대학교 생산기술 연구소는 지진, 화재 등 재난 발생 시 사람들이 어떻게 행동하는지에 대한 정보를 파악하고, 이를 반영해 재난 대응책을 마련하기 위한 연구를 진행하고 있다.

도쿄도는 연구 결과를 오는 2018년 구축할 예정인 재난 피난처에 반영한다는 계획이다. 연구소는 올해 일반인들을 대상으로 VR을 활용해 실제 재난이 발생한 상황을 제시한 뒤, 사람들의 행동 정보를 수집해 빅데이터로 만들어 분석하였다.

빅데이터를 활용한 재난 대책은 미국과 다른 나라에서도 도입하고 있고, 오라클, IBM 등도 재난 대비 솔루션을 내놓고 있지만, VR과 빅데이터를 결합하는 것은 이번이 최초이다. 연구를 맡은 도쿄 대학교 생산기술 연구소 교수는 "재난을 당한 사람 반응을 통해 피난 장소와 대응 체계에 반영할 수 있다"며 "사람들의 반응을 분석해 피난 장소 구축과 위치 선정 등에 활용하면 실제 재난 시 피해를 줄일 수 있다"고 밝혔다.

자료: 한국정보화진흥원(2016), 도쿄도, 빅데이터 · 가상현실 활용 재난 대비, *Big Data Bimonthly*, 20, p. 16.

4차 산업혁명 시대의 도래를 앞둔 상황에서 국내 기업들의 빅데이터 분석 활용 수준은 전반적으로 제고되어야 할 것으로 평가된다. 기업들의 노력이 결실을 맺을 수 있도록 정부의 지원도 절실하다.

기업의 빅데이터 분석 활용에 대한 인식 제고를 위해 정부 차원에서 관련 성공 사례를 창출하고 전파하는 것뿐 아니라, 기업 자체적으로는 해결하기 어려운 부분, 가령 데이터 소스 부족 해결에 필요한 개인정보 보호제도 정비 등은 정부가 앞장서 해결해 주어야 할 것이다. 구체적으로는 다양한 개인정보 중 순차적으로 개방할 수 있는 정보에 대한 가이드라인 마련과 개인정보 활용제도 수립과 같은 것들이 그 예가 될 수 있을 것이다.

이러한 기업과 정부의 빅데이터 분석 활성화에 대한 노력이 결실을 맺을 때 국내 제조업과 서비스업은 한 단계 더 도약하고 4차 산업혁명 시대에 부응할 수 있는 경쟁력을 확보할 수 있을 것으로 기대된다.

얼마 전 세계경제포럼인 다보스포럼에서 지능정보사회라는 새로운 패러다임이 처음 소개된 이후 지금 세계 각국은 '4차 산업혁명의 도래'라는 시대 흐름에 앞서가기 위해 대응책 마련에 고심하고 있다. 우리나라도 작년 10개 부처가 공동으로 '지능정보사회 중장기종합대책'을 마련하였고 6개 부처 공무원과 민간 전문가로 구성된 '지능정보사회추진단'을 출범시켰다. 하지만 글로벌 스위스 금융그룹인 USB가 4차 산업혁명 적응수준 즉 국가 시스템이 갖추고 있는 역량 분석 결과 우리나라는 25위였다. 미국(5위), 일본(12위), 독일(13위), 대만(16위), 말레이시아(22위) 등을 살펴 음미해 볼 필요가 있다. 선진국은 민간기업이 선두에서고 정부는 도와주는 구조인데 반하여 우리나라는 정부출연기관 등 중심 정부주도형 R&D정책으로 기업들이 산업 현장에서 요구되는 기술개발보다는 정부에서 기획된 기술개발에 치우치고 있다.

3 … 미래 사회 변화와 소비자와의 커뮤니케이션

3차 산업혁명, 소위 '제3의 물결'이라 부르는 정보화 사회와 디지털혁명은 컴퓨터의 발전으로 가능했다. 컴퓨터가 일반인에게까지 널리 보급된 지 30년 남짓 지났을 뿐이지만, 우리 인류는 실생활에서 많은 변화를 경험하고 있다. 이러한 변화가 가능했던 이유로는 첫째, 컴퓨터 기능향상과 휴대전화의 보급, 둘째, 유무선 통신기술의 발달, 셋째, 멀티미디어자료 처리기술의 진보, 마지막으로 인터넷의 확산 때문이다. 여기에 소프트웨어의 지속적인 기능 향상으로 인해 30년 전과는 확연히 다른 세상을 살고 있다. 이제 많은 사람들이 4차 산업혁명에 대해 이야기한다. 그렇다면 4차 산업혁명의 핵심과 파급 효과는 무엇인가?

4차 산업혁명의 다섯 가지 핵심 기술에 대해 설명한다.

① 디지털 제조혁명: 3D프린터라 불리는 디지털 제조장치의 발전이다.

② 사물인터넷: 인간과 사물, 그리고 사물과 사물끼리 정보를 주고받아 사물에 대한 원격제어가 가능하고 사물이 인간의 도움 없이 독자적으로 행동을 할 수 있다.

③ 모바일 금융 혁명: 모바일 기기를 이용하여 대부분의 금융거래가 이루어진다.
④ 합성생물학: 유전자의 코드화와 이를 이용한 치료기술 및 생명체의 합성기술이다.
⑤ 로봇이 온다: 무인자동차와 드론을 포함하여 지능이 높은 로봇의 출현이다.

4차 산업혁명의 파급 효과에 대해 논의한다. 정치 · 경제 · 사회 등 모든 분야에서 큰 변화가 올 것이고, 이에 대해 낙관론과 비관론이 공존할 수밖에 없는 듯하다. 긍정적 측면으로는 자동화된 편리성, 생산성의 향상, 생명의 연장 등 많은 부분에서 인류의 삶의 질에 도움을 줄 수 있다는 것이다. 이전의 산업혁명들과 마찬가지로 4차 산업혁명도 지구촌 사람들의 소득 수준을 높이고, 삶의 질을 향상시킬 잠재력을 가지고 있다. 반면에 부정적인 측면도 만만치 않다. 빈익빈 부익부의 불공평 성장, 합성 생물체의 위험성, 지능 로봇의 윤리문제 등 많은 문제가 발생할 수 있다.

그리고 무엇보다 일반 사람들의 관심은 역시 일상생활의 변화와 노동시장의 변화일 것이다. '자율주행 차량과 셀프서비스, 창고 로봇과 슈퍼컴퓨터가 궁극적으로 인간을 경제에서 몰아낼 기술 진보 물결의 전조일까?'라는 질문에 대해 1983년 노벨 경제학상 수상자 레온티예프는 사람과 화물을 운송하는 말의 노동력이 무용지물이 되었듯이, 인간 노동도 기술 발전에 따라 감소할 것이라고 보았다.

미래를 준비하는 데에는 다양한 트렌드 변화가 예상된다. 이러한 트렌드 변화의 큰 의미에서는 첫째, 도시화: 거대 도시인 메가시티의 증가, 개발도상국 도시개발, 스마트 도시로의 변화를 들 수 있고, 둘째, 인구: 세계 인구의 증가, 고령화, 저출산, 국가 간 인구 이동 등을 들고 있다. 셋째, 가족: 여권 시장, 가족구조의 변화, 다문화 인구 증가, 차별적 문제 등을 들고 있으며, 넷째, 종교: 주요 종교 인구의 증가, 신흥 종교의 등장, 정신 산업의 발전 등을 들고 있다. 그리고 미디어로 영역을 대영역화하기도 하는데, 다섯째, 미디어: 인터넷, 눈, 정보 접근성, 개방성, 투명성, 미디어 거대 사업 등을 언급하기도 하였다(홍성주, 2014).

상품이 범람하는 현대는 글로벌 경제체제, 의사소통 수단의 다양화 및 변화, 디지털 미디어를 통한 유비쿼터스 환경 등으로 인해 사회를 변화시키는 새로운 의미의 강력한 개인주의를 창출하고 있다. 소비자 선택의 자율권을 지닌 소비자는 더욱더 작은 사회의 틈새 속에서 스스로의 개성과 표현을 재정의하고 새로운 집단으로 분리화되고자 한다.

소비자는 개별화와 선택을 통해 다양한 문화를 개인이나 소수 집단에게 최적화시키고 있으며, 따라서 대부분의 산업계와 시장은 보다 다양하고 맞춤화된 상품생산을 위해 다층적이고 복합적인 협업을 진행하고 있다. 이것은 기존의 광범위하게 적용하던 문화 개념을 세분화해 재정의해야 함을 의미하는 것으로, 소수의 다양한 문화 자체를 인식하고 그들의 흐름을 주시할 필요가 있음을 의미한다. 즉 소비문화가 점차로 사회에서 변화하는 소비자의 습관과 선택을 반영하는 작은 트렌드의 산물이 되어 가고 있다는 것이다.

이러한 다양한 소비자 집단의 소수 문화적 특성은 일정기간 지배적으로 나타나는 흐름을 의미하는 트렌드와 결합하여 소비문화 트렌드로 자리 잡아가고 있다. 현대의 디지털 라이프스타일은 상품 자체 보다는 소비자나 소비자의 감성이나 경험, 일상생활을 포함하는 문화와 관련된 트렌드로 정의하는 것이 바람직하다. 따라서 소비자의 삶은 사회의 가치관, 법 및 제도, 테크놀로지, 그리고 시장환경과 상호 관련이 있으므로, 소비자의 가치, 개성, 그리고 라이프스타일 등 일련의 상호 관련성을 밝히는 것이 필요하다.

미래를 준비하는 데에는 다양한 정책 변화도 예상된다. 인터넷과 빅데이터에 의한 사생활 보호문제, 로봇의 윤리문제, 자본시장의 변화 등 여러 측면에서 정책 변화가 불가피하다. 하지만 가장 중요한 문제는 사회 안전망 구축이다. 사회정책이 더불어 진화하지 않는다면 자동화나 디지털화는 불평등 상태를 악화시키고, 많은 노동자를 이전보다 더 나쁜 상황으로 몰아넣을 것이다. 미리 준비를 하지 않는다면 큰 혼란이 올 수도 있기 때문이다. 사회정책을 개혁하는 최고의 해결책으로 '유연안전성' 개념을 제시한다. 복지 혜택과 일자리를 분리하여 시민들에게 보편적 기준에 따라 기본적인 복지 혜택을 준다면 사람들이 일시적 실업 상태를 두려워하지 않게 되고, 노동자를 배제하지 않는 노동 시장 개혁이 가능하다고 보는 것이다.

가장 중요한 가치는 향후 이러한 기술들에 의해 우리 사회가 어떻게 변화하고 그 효과가 우리 삶에 어떤 영향을 줄 수 있는지에 대한 논의의 시작점이 될 수 있다는 점이다. 따라서 정책입안자, 기업가, 소비자의 융합적인 준비가 요구된다.

'스카이프'가 차 안으로 들어온다

국내에서 무료 인터넷 전화로 유명한 스카이프(Skype)가 자율주행 기능에 도움이 될까?

디지털 음성대화 어플리케이션인 스카이프는 자사 시스템을 볼보 S90 세단, V90 웨건, XC90 SUV에 공급한다고 29일 밝혔다.

볼보 XC90

전문가들은 화상회의에서 주로 사용하는 'Skype for Business'의 활용도에 주목한다. 스카이프는 마이크로소프트의 자회사다. 스카이프가 볼보 차량에 들어간다는 것은 향후 마이크로소프트의 '콘타나'를 장착시키기 위한 초석이라는 분석이 나온다.

'콘타나'는 애플의 '시리', 삼성의 '비브랩스'와 같이 음성인식을 통한 개인비서 서비스를 제공한다.

볼보 센서스 터치스크린

개인비서 서비스와 차의 결합은 탑승자의 목적지가 어디인지 차가 알아차리고 자동으로 프로그래밍 하는 것이다. 목적지까지 가는 교통상황을 반영해 최적의 루트, 최단 시간을 종합하여 길 안내를 한다.

볼보가 스카이프 장착에 대한 시기는 정확히 발표하지 않았지만, 2017년 기존 90시리즈 차량에 소프트웨어 업데이트로 제공될 가능성이 크다.

자료: 카가이(2017. 1. 2.). '스카이프'가 차 안으로 들어온다.

'특허갑질' 퀄컴, 美 당국 이어 소비자들에 제소 당했다

세계 최대의 모바일 칩 메이커인 미국 퀄컴이 휴대전화와 모바일 기기를 쓰는 소비자들로부터 반독점법 위반 혐의로 집단 제소를 당했다.

19일 블룸버그 통신에 따르면 십여 명의 소비자들은 이날 캘리포니아 주 새너제이 연방지방법원에 퀄컴이 반독점법을 위반함으로써 초래한 피해를 보상해 줄 것을 청구하는 소송을 제기했다.

퀄컴이 지적재산권을 남용해 자사의 모바일 칩을 사용하는 기기들에 과다하고 부당한 로열티를 매겨 소비자들이 더 높은 가격을 지불하게 됐다는 것이 원고 측 주장이다.

제소에 참여한 소비자들은 "퀄컴의 경쟁 저해 조치들은 전 세계의 규제 당국으로부터도 비난을 받고 있다"고 말하고 모든 휴대전화나 태블릿 사용자들을 대표하는 방향으로 집단소송의 범위를 넓힐 방침이라고 밝혔다.

소비자들의 집단소송은 미국 연방무역위원회(FTC)가 휴대전화의 핵심 반도체에 대한 독점을 유지하고자 공정한 경쟁을 저해했다는 이유로 퀄컴을 제소한 지 불과 하루 만에 이뤄진 것이다.

이에 앞서 한국 공정거래위원회도 지난달 퀄컴이 시장 지배적 지위를 남용했다는 이유로 1조 300억원의 과징금을 부과했었다. 퀄컴은 유럽연합(EU)과 대만 등에서도 경쟁 당국의 조사를 받고 있는 상태다.

퀄컴 측은 한국 공정거래위원회의 과징금 결정에 항소하겠다는 입장을 밝혔고 FTC의 제소에 대해서는 새 행정부 출범을 불과 며칠 앞두고 내린 성급한 결정이라며 불만을 표시했다.

자료: 연합뉴스(2017. 1. 19.), '특허갑질' 퀄컴, 美 당국 이어 소비자들에 제소 당했다.

카드사들, 잇단 통신사 제휴로 소비자 혜택 풍성, 통신요금, 휴대폰 할부금 할인 등 충성 고객 모시기 사활

카드사들이 경쟁적으로 휴대폰 통신사와 제휴를 맺고 통신비 할인 혜택을 강화하고 있다. 통신사의 경우 카드사가 대부분의 고객이 혜택을 받을 수 있는 통신비 할인 등을 중심으로 고객 유치할 수 있기 때문이다. 이에 따라 소비자 혜택이 늘어날 것으로 보인다.

2017년 2월 5일 금융권에 따르면 KB국민카드는 지난 2일 통신사인 'LG유플러스'와 제휴해 단말기 할부금 할인과 통신요금 자동납부 할인 혜택을 함께 제공하는 'LG유플러스 하이라이트 KB국민카드'를 출시했다.

이 카드는 LG유플러스의 이동통신 단말기를 할부로 구매하면 연간 최대 30만원까지 할부요금 할인과 통신요금 자동납부 할인 혜택을 제공한다. 단말기 할부 수수료는 18개월과 24개월이 연 5.9%, 36개월이 연 7.0%다.

지난해 11월에는 통신요금과 신용카드 사용실적에 따라 월 통신비를 최대 2만원 깎아 주는 '프리미엄 슈퍼DC카드'를 선보였다.

할인액 기준이 되는 통신비에는 이동통신서비스인터넷, 서비스, 인터넷TV(IPTV)서비스 요금과 단말기 할부금 등이 포함된다. 카드 사용실적에는 아파트관리비, 대중교통비, 무이자할부 결제액 등이 포함된다.

KB국민카드는 지난해 9월 알뜰폰 사업을 진행하는 우정사업본부(우체국)와 제휴한 'KB국민 우체국 스마트카드'를 출시하기도 했다. 이 카드는 전월 이용실적에 따라 우체국 알뜰폰 통신요금을 최대 1만5000원까지 할인해 준다.

신한카드는 지난해 11월 SK텔레콤(SKT)과 제휴해 휴대폰 구입 비용을 캐시백해 주는 'T 신한카드 체크'를 출시했다.

이 카드는 SKT 휴대폰을 구입할 때 이 카드로 1000원 이상 결제하고, 전월 이용액이 25만원 이상이면 매월 2500원을 캐시백해 준다. 환급혜택은 단말기 종류에 관계없이 주어진다. 연회비는 무료며, 해당 카드에는 SKT의 멤버십 서비스인 'T멤버십'이 자동 탑재돼 있다.

신한카드는 지난달 LG유플러스와 제휴해 중국 레노버의 드로잉 노트북 '요가북'을 저렴하게 구매할 수 있는 'LG U+ 하이라이트 신한카드'를 내놨다. 이 카드를 사용하면 ▲30만원 이상 사용 시 월 1만5000원 ▲70만원 이상 사용 시 월 2만원 ▲120만원 이상 사용 시 월 2만5000원을 할인받을 수 있다.

지난해에는 LG유플러스와 손잡고 전역 병사 대상의 통신요금 할인과 데이터 무료 제공 서비스를 출시하기도 했다.

하나카드는 최근 알뜰폰 사업자인 CJ헬로비전과 제휴를 맺고 '하나1Q 리빙카드'를 출시했다. 이 카드는 통신비 자동이체 후 금액에 상관없이 한 번 이상 사용하면 통신비를 5000원씩 24회 동안 12만원 청구할인을 받을 수 있다.

하나카드는 지난달 31일 SK텔레콤 알뜰폰 사입자인 스마텔과 KT 알뜰폰 자회사 KT엠모바일과도 협력관계를 구축했다.

우리카드도 제휴 신용카드를 사용하면 전월 이용실적에 부담 없이 통신요금을 1만원 할인(12회)해 주는 '위비 할인카드'를 출시했다.

카드업계 관계자는 "휴대폰 이용요금 할인 경우 고객 대부분이 매달 피부로 느낄 수 있는 서비스인 만큼, 고객충성도가 높다"며 "카드사 입장에서는 충성고객을 많이 확보하기 위해 통신 3사와 알뜰폰 사업자까지 제휴를 확대해 나가고 있다"고 말했다.

자료: 토마토 뉴스(2017. 2. 5.), 카드사들, 잇단 통신사 제휴로 소비자 혜택 풍성, 통신요금, 휴대폰 할부금 할인 등 충성 고객 모시기 사활.

3년 후 개인용 로봇이 가정의 필수품. 로봇이 바꾸는 세상; '1가구 1로봇 시대' 성큼

'1가구 1로봇 시대'라는 말이 낯설지 않을 정도로 이제 로봇은 우리 삶에 깊숙이 들어오고 있다. 로봇 시대가 유토피아일지, 디스토피아일지 장담할 수는 없지만 경제, 정치, 사회, 문화 각 영역에서 로봇이 세상을 바꾸고 있는 것만은 분명하다. 인간의 할 일은 로봇이 몰고 올 변화를 빨리 감지하고 준비하는 일이다.

07:00. 김사타 씨는 NX로봇사의 가정용 로봇 빅아이의 재촉으로 잠을 깬다. 빅아이는 날씨를 말해 주며 오늘은 기온이 많이 떨어졌으니 든든하게 입고 가라고 조언한다. 침대에서 나와 세수를 한 김 씨는 팬케이크 로봇이 만들어 주는 팬케이크 2장과 커피로 아침을 먹는다. 폴디메이트사의 로봇이 차곡차곡 개어 놓은 셔츠 하나를 골라 입고 출근 준비를 한다.

09:00. 자율주행차를 타고 회사에 들어선 김 씨는 정문 안내 로봇의 굿모닝 인사에 기분이 좋아진다. 엘리베이터를 타고 자리에 앉으면 업무가 시작된다. 생산관리본부 소속의 김 씨는 지난해 말 조직개편으로 로봇 상사를 맞이했다. 다소 긴장했지만 이전 상사처럼 불필요하게 감정을 긁지도 않고 보고를 받은 후 피드백을 빨리 주는 것이 상당히 괜찮다고 느낀다.

11:00. 제조 상황을 점검하기 위해 공장으로 향했다. 공장엔 직원들과 유니버설로봇사의 협업 로봇이 한데 어우러져 자동화 효율이 매우 높아졌다. 힘들고 반복적인 일은 로봇에 맡기니 안전사고도 줄어들고 공장 직원들의 건강 상태도 좋아졌다. 생산라인 직원을 교육을 통해 공장 효율화 부분에 투입하면서 1인당 생산성이 높아진 것은 물론이다.

13:00. 늦은 점심은 공장 근처 KFC 매장에서 빨리 먹기로 한다. 매장에 들어서자 김 씨의 얼굴과 표정을 인식한 로봇은 바삭한 치킨 햄버거와 구운 닭날개, 콜라가 어떠냐고 묻는다. 마침 메뉴 고르기도 귀찮고 치킨이 생각나던 터라 바로 주문 승인을 한다.

15:00. 휴게실에서 잠시 휴식을 취하던 김 씨는 문득 집에 혼자 있을 애완견이 궁금해져 펄스펫사의 '고본' 모바일 앱을 열어 본다. 고본은 계속 굴러다니는 애완견용 뼈다귀 모양 로봇으로 강아지와 놀아 주기도 하고 간식통 기능을 하기도 하는데 확인해 보니 운동량이나 간식 섭취도 적당해서 흡족하다.

18:00. 퇴근 후 저녁 약속 장소로 향한다. 친구와 함께 저녁을 먹기로 한 곳은 로봇 스시 전문점. 가와사키가 제작한 로봇 팔이 밥 위에 와사비를 얹고 생선, 계란말이, 장어 등을 올려 1분 만에 원하는 스시를 뚝딱 만들어 준다. 스시 장인이 하는 최고급 스시에는

비할 바가 아니지만 가격대비 만족도가 꽤 높아 자주 찾는 곳이다.

21:00. 홀로 계신 아버님께 전화를 드렸더니 얼마 전 사드린 소셜 로봇에 대해 입이 마르도록 칭찬을 하신다. "말도 걸어 주고, 혈압약도 챙겨 주고, 운동도 시켜 주니 자식보다 낫다"고 마음에 없는 소리를 하신다. 아니다. 가만 생각해 보니 정말 자식보다 나을 수도 있겠다는 생각이 든다. 한 달 후 잡힌 아버지의 백내장 수술은 로봇의 도움을 받아 진행하기로 했다.

22:00. 집에 돌아오니 강아지가 반갑게 맞아 준다. 빅아이도 살뜰한 인사를 한다. 이래서 혼자 살지만 외롭지 않다. 유진로봇의 로봇 청소기가 집안을 말끔하게 청소해 놨다. 하지만 잠들 때는 뭔가 허전하다. 얼마 전 판매가 시작된 러브 로봇이라도 하나 장만할까… 저녁식사를 같이한 친구도 구입할 생각이 있다는데… 아직은 사람들이 좀 이상하게 생각하지 않을까… 빅아이가 들려주는 은은한 음악을 들으며 김 씨는 스르르 잠이 든다. 주인 옆을 지키던 로봇 집사는 집 안의 모든 조명을 끄고 자신도 슬립모드로 바꾼 후 휴식을 취한다.

가와사키가 개발한 스시 만드는 로봇. 로봇 팔이 1분 만에 밥 위에 와시비를 얹고 생선이나 계란을 올려 스시를 만든다. 가는 곳마다 로봇을 만나고 로봇이 해주는 서비스를 받고 로봇에 의존하는 일상이 시작됐다. 위에 언급한 사례들은 가상으로 설정한 것이지만 여기 등장하는 14개의 로봇들은 나라는 달라도 모두 현재 시중에 나와 있는 제품이다.

물론 모든 로봇이 이상적으로 작동하는 것은 아니다. 시제품 단계에 있거나 가격이 높아 상용화에는 시간이 좀 더 필요한 로봇들도 많다. 그러나 로봇이 산업용 기기에서 벗어나 개인 삶과 가정의 동반자로 등장하고 있는 것은 부인할 수 없는 현실이 되고 있다.

굳이 미래를 말하지 않아도 이미 지금도 로봇과 함께 살고 있다. 청소 로봇이 가장 흔히 볼 수 있는 서비스 로봇이며 재활용 로봇이나 외골격 수트는 위험 작업장이나 의료 재활치료에 활용되고 있다.

로봇 수술은 또 어떤가. 수술용 로봇의 대명사인 다빈치는 국내 주요 병원에서 대부분 도입해 활용하고 있으며 병원마다 '로봇 수술 000례 돌파'를 성과로 내걸고 있다. 드론을 통한 배송, 물류 자동화, 우주 탐사 역시 모두 로봇의 활약이 있어야만 가능한 일들이다.

가트너는 2018년에 300만 명의 사람들이 로봇 상사와 일하게 될 것이라고 예측한다. 로봇 전문가들은 2020년경이면 개인용 로봇이 TV, PC에 이어 각 가정에 필수적인 존재가 될 것으로 예측한다. 1가구 1로봇 시대에 대한 전망이다.

빅아이와 같은 집사 로봇은 대만 에이수스의 젠보와 미국 스타트업 오메이트사의 유미, 인젠다이나믹스의 아이도 등 이미 7~8종이 나와 있다. 1~2년 후면 훨씬 더 정교한 상태의 많은 로봇들이 쏟아져 나올 것이다.

저가 PC의 대명사인 대만 에이수스는 올해 젠보를 출시하면서 "우리의 야망은 모든 가정마다 로봇 컴퓨팅을 가능하게 하는 것"이라고 선언하기도 했다.

미래의 전쟁은 육해공 모든 부분에서 무인 전장과 드론으로 대체된다. 미래의 토양과 대기 및 해양 오염 감시는 로봇이 맡는다. 아이들의 코딩 교육을 전담하는 로봇이 등장하고 인간 고유의 영역이라고 자신해 온 미술, 음악 등 예술도 로봇이 하나둘씩 업적을 쌓을 것이다.

시장분석업체 가트너는 2018년이면 전 세계 300만 명이 로봇 상사(roboboss)와 일하게 될 것이라고 전망했다.

가트너의 부사장은 로봇 상사 이외에도 로봇 필자가 등장해 전체 업무용 콘텐츠의 20%를 기계가 수행할 것으로 예측했으며, 2018년이 되면 스마트한 직원보다는 스마트한 머신에 의해 기업의 고속 성장 여부가 갈릴 것이라고 말했다.

이미 혼밥, 혼술이 유행어가 될 만큼 가족이나 공동체 개념에 변화가 일어나고 있는 시대, 로봇의 등장은 어떤 또 다른 변화를 가져다줄까.

로봇이 바꾸는 세상이 유토피아일지, 디스토피아일지 누구도 장담하지 못하지만 로봇이 세상을 바꾸고 있는 것만은 분명하다. 그러니 인간의 할 일은 로봇이 삶의 각 영역에서 어떤 변화를 가져오는지를 잘 파악하고 제대로 준비하는 것이다.

자료: 사이언스타임즈(2017. 1. 3.), 3년 후 개인용 로봇이 가정의 필수품. 로봇이 바꾸는 세상; '1가구 1로봇 시대' 성큼.

통신업계 미디어사업서 '돈맥' 찾았다

통신회사들이 내놓은 지난해 실적을 집계한 결과 유·무선 통신사업 매출은 제자리걸음을 계속하고 있는 것으로 나타났다. 반면 인터넷TV(IPTV), 모바일 동영상 서비스(OTT) 같은 미디어 사업은 일제히 성장동력으로 자리를 잡았다. 특히 OTT 이용자가 꾸준히 늘어나 1인당 월 평균 데이터 사용량이 5~6GB에 달하면서, 고가요금제 중심의 롱텀에볼루션(LTE) 가입자 비중을 늘리는 요인으로 작용하고 있다.

통신회사들이 미디어 사업을 강화하겠다고 나서는 이유가 실적으로 입증된 셈이다.

KT, SK텔레콤, LG유플러스 등 통신 3사는 올해 일제히 유·무선 미디어 사업을 강화하는 한편, 인공지능(AI)과 사물인터넷(IoT) 분야 생태계를 키우며 신성장동력을 구축해 나갈 방침이다.

통신 3사, '20% 요금할인' 직격탄…무선매출 성장 둔화

5일 관련 업계에 따르면 지난해 자회사 연결기준으로 KT, SK텔레콤, LG유플러스의 연 매출은 각각 22조 7,437억원, 17조 918억원, 11조 4,510억원으로 집계됐다. 통신회사들의 실적을 사업별로 구분해 보면 통신회사의 주력사업인 무선매출은 성장이 3년째 제자리에 멈춰 있는 것으로 나타났다. 이동통신 가입자가 가장 많은 SK텔레콤의 이동통신 매출은 전년보다 1.6%가량 줄었으며, KT와 LG유플러스는 각각 0.6%, 2.1% 늘어나는 데 그쳤다.

이미 전 국민이 이동통신 가입자라는 점에서 성장의 돌파구가 없는데다, 정부의 요금인하 정책으로 인해 20% 요금할인 가입자가 1,000만 명을 훌쩍 넘어서면서 매출이 줄어든 것이 성장정체의 주요 원인으로 꼽혔다.

IPTV 성장 발판 마련

반면 통신 3사는 IPTV 등 미디어 사업에서 눈에 띄는 실적을 거뒀다. KT는 기존 초고속 인터넷(100Mbps)보다 10배 빠른 '기가인터넷' 가입자가 250만 가구를 넘어서면서, IPTV를 포함한 미디어·콘텐츠 사업 매출이 전년대비 15.8% 오른 1조 9,252억원을 달성했다. SK텔레콤의 미디어 부문 연결 자회사인 SK브로드밴드도 전체 매출이 전년대비 7.7% 늘면서 2조 9,430억원을 달성했다. 이 중 IPTV는 가입자 증가와 유료 콘텐츠 판매 확대로 연 매출 8,440억원을 기록, 전년대비 33.3%나 성장했다. LG유플러스도 IPTV, 인터넷전화, 초고속인터넷 등을 합한 TPS 매출이 전년대비 9.8% 증가한 1조 5,847억원에 달했다.

통신 3사는 올해 미디어를 중심으로 고가요금제로 분류되는 LTE 가입자를 적극 공략해 무선매출 정체를 상쇄할 계획이다. 특히 최근 LTE 가입자의 1인당 월 데이터 사용량이 2015년 3GB에서 2배 가까이 늘어난 5~6GB에 이른다는 점이 청신호로 여겨진다.

지난해 12월 미래창조과학부가 발표한 '무선데이터 트래픽 통계'에 따르면 전체 이동통신에서 발생하는 데이터 사용량 중 56.1%가 '동영상'이었다. 통신 3사가 지난해 일제히 모바일 동영상을 보는 스마트폰 애플리케이션(플랫폼)을 내놓은 것도 같은 맥락이다. 즉 고가요금제는 대부분 '데이터 무제한'이지만, 기본 제공량을 모두 사용하면 속도가 느려지기 때문에 좀 더 비싼 상위 요금제로 전환하거나 데이터 관련 부가서비스를 추가한다는 것이다.

AI, 빅데이터, IoT 기반으로 미디어 및 신성장동력 강화

또 통신 3사는 미디어 사업은 물론 AI와 IoT 부문 생태계를 키우며 신성장동력을 지속적으로 확보하겠다는 전략이다. 이에 따라 올해는 기존의 서비스 요금 경쟁을 넘어 신사업 분야에서도 통신 3사의 격돌이 예상된다.

KT는 올 상반기 내 IoT 전용 요금제를 출시하고, 글로벌 차량 제조사와 계약 확대를 통해 커넥티드 카(ICT가 결합된 지능형 자동차) 사업에도 힘을 쏟을 계획이다. SK텔레콤도 올해 IoT, 자율주행, 스마트홈 등에서 다양한 비즈니스 모델(BM)을 만들 방침이다. LG유플러스 역시 IoT 신사업 투자를 전년 대비 두 배 이상 늘릴 계획이다.

자료: 파이낸셜뉴스(2017. 2. 5.), 통신업계 미디어사업서 '돈맥' 찾았다.

생각해 볼 문제

1. 미래 사회를 예측해 보고, 새롭게 변화되는 소비자와의 커뮤니케이션 내용, 방법 등을 창조해 봅시다.

2. 기업에서 소비자와의 커뮤니케이션의 성공 사례와 실패 사례를 찾아봅시다.

3. 빅데이터의 활용을 위한 기업과 기업, 기업과 기관, 기업과 소비자 등의 융합적인 커뮤니케이션의 예를 들어 보고, 활용의 예를 예측해 봅시다.

4. 다양한 패널 자료를 찾아서 미래 소비자행동을 예측하도록 분석해 봅시다.

5. 다양한 자료로 미래 소비트렌드를 예측하고 상품과 서비스를 새로이 창의적으로 개발해 봅시다.

- 참고문헌
- 찾아보기

참 고 문 헌

국가정보화전략위원회(2011), 빅데이터를 활용한 스마트 정부 구현(안).

국회입법조사처[편](2013), 정부부문의 빅데이터 수요전망과 활용의 문제점 및 입법 개선과제, 국회입법조사처.

강덕희(2012), 데이터 품질관리 활동이 사용자만족과 활용에 미치는 영향, 건국대학교 대학원 석사학위논문.

김계수(2015), 빅데이터 분석과 메타분석, 한나래출판사.

김근태(2012), 빅데이터분석을 위한 기업의 BigAnalytics환경변화, 정보처리학회지, 19(2), pp. 70-78.

김기옥(2000), 소비자의 정보격차 분석: 정보사회가 가져올 또 하나의 소비자문제, 대한가정학회지, 38(10), pp. 97-115.

김덕용 · 김재영(2015), 정보유형 및 인포그래픽 유형에 관한 연구: 아리스토텔레스와 칸트의 범주론을 중심으로, 한국기초조형학회 기초조형학 연구, 16(6), pp. 63-76.

김사혁(2012), 인터넷 생태계 진화에 따른 정책 시사점, 방송통신정책, 정보통신연구원, 24(1), p. 17.

______(2013), 빅데이터 산업 생태계 분석 동향, 방송통신정책, 정보통신정책연구원, 25(13) 통권 558호.

김성재 역(2013), 빅데이터의 충격: 거대한 데이터의 파도가 사업 전략을 바꾼다!, 한빛미디어.

김성태(2014), 빅데이터분석의 이해와 적용, KOCW 수업자료, http://www.kocw.net

김성현(2015), 빅데이터 사업으로 본 빅데이터 발전현황: 글로벌 빅데이터 사례와 시사점, 빅데이터 기획보고서, 3, 한국정보화진흥원.

김신곤 · 조재희(2013), 지방자치단체의 빅데이터 도입을 위한 제언, 한국지역정보화학회지, 16(3), pp. 13-41.

김영신 외(2007), 새로 쓰는 소비자법과 정책, 교문사.

김영옥(2016), 빅데이터 관련연구의 현황과 한국 유아교육학의 과제, 유아교육연구, 36(6), pp. 181-206.

김용학(2003), 사회 연결망 분석, 박영사.

김재경(2014), 빅데이터 활용과 개인정보 보호, 제주대학교 법과정책연구원 국제법무, 6(2), pp. 157-178.

김재희(2012), 다변량자료분석, KOCW수업자료, http://www.kocw.net

김진욱(2014), 영화 마케팅의 빅데이터 활용효과에 관한 연구, 한국엔터테인먼트산업학회논문지, 8(2), pp. 349-356.

김진환(2015), 빅데이터 환경에서 인포그래픽(infographic) 뉴스 기사가 수용자의 정보수용에 미치는 영향, 중앙대학교 신문방송대학원 석사학위논문.

김창수 · 송민정(2014), 빅데이터 경영론, 학현사.

김현정 · 서여주 · 임은정(2015), 한국 중 · 고령자의 은퇴 유형별 요인도출을 위한 종단적 연구: 의사결정나무분석을 중심으로, 한국고용정보원.

김훈범(2016), 군집분석을 이용한 기후요인에 따른 강수지역 구분에 관한 연구, 서경대학교 대학원 석사학위논문.

남기성 · 이기성(2013), 중고령자의 근로형태에 따른 삶의 질과 빈곤 가구의 속성에 관한 분석, 한국고용정보원 네이버블로그(2015), http://blog.naver.com/sitsrin?Redirect=Log&logNo=150135182215

노형진(2008), SPSS에 의한 다변량분석 기초에서 응용까지, 한올출판사.

다음 social metrics TM 홈페이지(2017), http://www.socialmetrics.co.kr/campaign.html

두경일(2016), 빅데이터의 효과적 시각화를 위한 인포그래픽 연구, 커뮤니케이션 디자인학연구, 55, pp. 152-162.

두산 두피디아(2017), 백과사전, www.doopedia.co.kr

디지털데일리(2015), 빅데이터에 힘주는 SK텔레콤.

디지털타임스(2016), '빅데이터가 새 먹거리' 기업혁신 시작됐다.

매일경제(2015), 신한카드 '코드나인' 최단기간 300만 돌파 비결은.

매일신문 페이스북(2017. 1. 18.), '아마존 고' 앱 켜고→상품 담고→자동 결제 … 아마존, 계산대 없는 매장 열어.

미국 NITRD(2016. 5.), The Federal BIG DATA REsearch and Development Strategic Plan.

미래창조과학부 보도자료(2016. 5.), ICT 융합 신산업 활성화를 위한 규제혁신 방안.

__________________(2016. 5.), 미래부 NIA, 2016년 빅데이터 시범사업 착수.

박남기(2015), 우리나라 대학경영에서의 빅데이터 활용 가능성과 한계, 한국대학교육협의회.

박세정(2015), 데이터, 플랫폼, 테크노로지 마케팅 미래지도를 바꾸다.

박 웅 · 박호영(2014), 기술사업화의 비즈니스 생태계 모형에 관한 연구: 공공 연구개발 성과 사업화에의 적용을 중심으로, 한국기술혁신학회지, 17(4), pp. 786-819.

박천웅 · 김준우(2015), 융복합시대의 정보 프라이버시와 신뢰 모델에 대한 실증연구, 디지털융복합연구, 13(4), pp. 219-225.

배동민 · 박현수 · 오기환(2013), 빅데이터 동향 및 정책 시사점, 방송통신정책, 25(10), pp. 37-74.

범지인 · 최성종(2013), 빅데이터 활용 사례와 시사점, 농협경제연구소.

복경수 · 유재수(2013), 빅데이터를 활용한 생활형 응용 서비스 사례, 한국스마트미디어학회지, 빅데이터 기술 및 응용 특집, pp. 26-36.

사이언스타임즈(2017. 1. 3.), "손주 이따금 돌보는 조부모 장수한다".

사이언스타임즈(2017. 1. 24.), '헬스케어 천국' 기대수명은 실망, 미국 5% 부유층에 첨단 서비스 집중.

삼정KPMG(2015), 제조업 Are you smart?

성욱준(2016), 공공부문 빅데이터 정책 활성화 연구, 한국정책학회보, 25(2), pp. 125-149.

성태제(2015), SPSS/AMOS/HLM을 이용한 알기 쉬운 통계분석: 기술통계에서 구조방정식모형까지, 2판, 학지사.

소프트웨어공학센터 경영지원TF팀(2013), 기업의 빅데이터 활용을 방해하는 4가지 공통요인, 정보통신산업진흥원 부설 소프트웨어공학센터.

손상영 · 김사혁(2012), 빅데이터 시대의 새로운 정책 이슈와 이용자 중심의 활용방안 연구, 방송통신정책연구, 12-진흥-097, 방송통신위원회.

손연기(1998), 국민정보화교육 실태 및 의견조사, 한국정보문화센터 보고서.

송민정(2012), Business Future Loadmap Made by Big data, Hansmedia, Korea, pp. 7-9.

송태민(2015), 빅데이터 분석방법 및 활용: 2015 한국보건행정학회 후기 학술대회 발표자료, KIHNSA 한국보건사회연구원.

시사상식사전(2013. 2. 5.), 빅데이터(big data), http://terms.naver.com

신재민(2013), 정보기술과 방송통신융합 확산에 따른 개인정보보호 강화 정책 연구, 고려대학교 대학원 석사학위논문.

아시아투데이(2016), 빅데이터에서 금맥 캐는 삼성SDS와 SK C&C.

안희정(2015), 빅데이터 도입을 위한 데이터품질관리의 경영성과 연구: 기업의 데이터 품질관리 프로스세를 중심으로, 국민대학교 대학원 박사학위논문.

앨빈 토플러(Toffler, A.), 원창엽 역(2006), 제3의 물결, 홍신문화사.

오정연(2015), 2015년 빅데이터산업 10대 뉴스 및 이슈, 5, 한국정보화진흥원 ICT융합본부.

______(2015), SMALL BIG 2015 중소기업 빅데이터 활용지원사업 우수사례집, 한국정보화진흥원 ICT융합본부.

오정연 · 신신애 · 신선영 · 남명기(2015), 빅데이터 기반 미래예측 및 전략수립의 의의와 사례, 한국정보화진흥원 미래전략센터 빅데이터전략센터, p. 16.

오토타임즈(2016. 12. 26.), 미국 소비자, “태슬라 재구매 의사 91%”.

원태연 · 정성원(2010), 통계조사분석, 한나래출판사.

위키백과(2017), 인포메이션 그래픽, https://ko.wikipedia.org/wiki

유지연(2012), 세계경제포럼(WEF)을 통해 본 빅데이터 논의 동향과 함의, 방송

윤미형 · 권정은(2012), Big Data 글로벌 10대 선진사례: 빅데이터로 세상을 리드하다. 한국정보화진흥원.

윤용익 · 김스베틀라나(2013), 빅데이터와 클라우드 시대, 정보와 통신, 한국전자통신연구원.

이경식 역(2014), 신호와 소음, 네이트 실버.

이금노 · 서종희 · 정영훈(2016), 온라인플랫폼 기반 소비자거래에서의 소비자문제

연구, 한국소비자원.

이대원(2010), 데이터마이닝, KOCW수업자료, http://www.kocw.net

이석주 · 연지윤 · 천승훈(2013), 빅데이터를 이용한 교통정책 개발 및 활용성 증대 방안, 한국교통연구원.

이수학 · 윤병동(2015), Industry 4.0과 고장예지 및 건전성관리 기술(PHM)의 방향, 소음 · 진동, 25(1), pp. 22-28.

이오준 · 박승보 · 정다울 · 유은순(2014), 소셜 빅데이터를 이용한 영화 흥행 요인 분석, 한국콘텐츠학회논문지, 14(10), pp. 527-538.

이이삭(2015), 빅데이터의 지식재산권문제에 관한 연구, 성균관대학교 대학원 석사학위논문.

이재호 · 성욱준 · 김명진 · 김만수(2013), 정부 3.0 실현을 위한 빅데이터 활용방안, 한국행정연구원.

아주경제(2017. 2. 12.), 빅데이터 개인정보보호에 발목 … 당장 해결 안하면 시장 뺏긴다.

이제영(2016), 데이터마이닝 입문, KOCW수업자료, http://www.kocw.net

이제욱(2016), 소셜 네트워크 분석을 활용한 스포츠 사회과학 분야 학술 Knowledge Map 분석, 중앙대학교 대학원 박사학위논문.

이종익 · 박민석 편(2012), 사회조사분석사, 시대고시기획.

이지연 역(2013), 빅데이터가 만드는 세상, 21세기 북스.

이지영(2015), 인포그래픽을 활용한 관광포스터 디자인 연구: 대한민국 10개 도시권역을 중심으로, 동사대학교 디자인전문대학원 석사학위논문.

이진형(2012), 데이터 빅뱅, 빅데이터(BIG DATA)의 동향, *Journal of Communications & Radio Spectrum*.

이창식 · 정미나 · 김윤정(2012), 중 · 고등학생 학교급에 따른 청소년 자살생각의 예측요인: 의사결정나무분석의 적용, 한국청소년연구, 23(1), pp. 31-55.

이투데이(2014. 10. 15.), [빅데이터와 금융산업] 은행권, 고객 웹 사용 행적 분석 “이런 상품 어때요” 먼저 제시, http://www.etoday.co.kr/news

이홍섭 역(2014), 빅데이터 마케팅, 리사 아더.

이희연 · 노승철(2012), 고급통계분석론, 법문사.

임복출(2015), 빅데이터 환경을 고려한 데이터마이닝 기법을 이용한 서버 장애 예측

모델, 중부대학교 대학원 박사학위논문.
장병열 · 김영돈 · 최지선(2013), 빅데이터 기반 융합 서비스산업 창출방안, 과학기술정책연구원.
장영재(2012), 엄청난 정보로 새 패러다임을 열다, 구글의 무인자동차처럼…, *DBR*, 107, pp. 64-70.
전승우(2012), 빅데이터의 현실, 기대와 큰 격차, LG경제연구원.
전자신문(2014. 8. 27.), SK텔레콤, 지오비전 등 빅데이터 활용 서비스 잇달아 내놓아.
전희국 · 현근수 · 임경빈 · 이우현 · 김형주(2014), 영화 흥행 실적 예측을 위한 빅데이터 전처리, 정보과학회 컴퓨팅의 실제 논문지, 20(12), pp. 615-622.
정보통신기술진흥센터(2016), 미국의 빅데이터 R&D 전략계획, 해외 ICT R&D 정책동향, 2016(12), 정보통신기술진흥센터.
____________(2016), 중국의 빅데이터 활용 현황, 중국 빅데이터 발전조사 보고서, 해외 ICT R&D 정책동향, 2016(1), 정보통신기술진흥센터.
정보통신산업진흥원(2013), 빅데이터가 가져올 소비자와 중소기업의 혁신적 변화, 주간기술동향, 1584, 정보통신산업진흥원.
____________(2013), 일본기업에서 배우는 빅데이터 혁신의 3원칙. 2. 분석기법, 정보통신산업진흥원.
____________(2014), 미국 공공부문의 빅데이터 도입 정책에 대한 평가와 성과 제고를 위한 고려 요인, 해외 ICT R&D 정책동향, 2014(2), 정보통신산업진흥원.
정소영 · 이하나(2014), 빅데이터시대에 국내온라인신문의 인포그래픽 활용 현황분석과 해결방안 연구, 한국기초조형학회, 기초조형학 연구, 15(1), pp. 580-590.
정용찬(2012a), 빅데이터 혁명과 미디어 정책 이슈, *KISDI Premium Report*, 12(2), 정보통신정책연구원.
______(2012b), 빅데이터, 빅브라더, KISDI 전문가컬럼, 12(6), 정보통신정책연구원.
정용찬 · 한은영(2014), 빅데이터 산업촉진전략연구: 해외 주요국 정부 사례를 중심으로, 정보통신정책연구원.
정우진(2013), 빅데이터를 말하다, 클라우드북스.
______(2016), 글로벌 혁신 기업의 Digital Transformation.
정지선(2011), 신가치창출 엔진, 빅데이터의 새로운 가능성과 대응전략, *IT & Future*

Strategy, 18, 정보화진흥원.
정혜정 · 오경화(2016), 소셜 빅데이터를 통한 윤리소비유형, 동기와 감정분석: 널리 인간을 이롭게 하라, 한국심리학회지 소비자 · 광고, 17(4), pp. 875-893.
조현석 외(2016), 빅데이터 시대의 기회와 위험, 나남.
조완섭(2012), Big Data Use and Business Innovation, Big Data Seminar.
______(2016), 비즈니스인텔리전스-빅데이터기술, KOCW수업자료, http://www.kocw.net
정보통신기술진흥센터 정책기획팀(2016), 중국의 빅데이터 활용 현황, 정보통신기술진흥센터 보고서, 2016(1).
조선비즈(2017. 7. 21.), 얼마든지 조작할 수 있는데 빅데이터로 의료, 기술 혁신한다고?.
차하리아스 불가리스(Zacharias Voulgaris), 안성준 역(2014), 데이터과학자: 빅데이터 시대를 주도하는 사람들, 프리렉.
채승병 · 안신현 · 전상인(2012), 빅데이터: 산업 지각변동의 진원, CEO인포메이션, 851, pp. 1-22.
천혜정 · 김시월 · 이동일 · 이지현(2014), 공유가치창출을 위한 기업의 역할 변화와 소비자참여, 소비자학연구, 25(3), pp. 1-9.
최보승(2012), 다변량 자료분석, KOCW수업자료, http://www.kocw.net
최영훈(2013), 정부부문의 빅데이터 수요전망과 활용의 문제점 및 입법개선 과제, NARS 정책연구용역보고서, 국회입법조사처.
최은진(2015), 빅데이터 시대의 소비자보호 문제: 소비자 개인정보의 범위와 정보주체 동의를 중심으로, 연세대학교 법학연구원, 연세법학연구, 7(1), pp. 71-97.
최재경(2016), 빅데이터 분석의 국내외 활용현황과 시사점, *KISTEP InI*, 14, 한국과학기술기획평가원, pp. 33-43.
최진원 · 김이연(2012), 빅데이터 시대에 효과적인 시각커뮤니케이션을 위한 인포그래픽 연구: 정부부처 및 공공기관을 중심으로, 한국과학예술포럼, 11, pp. 165-190.
토마토 뉴스(2017. 2. 5.), 카드사들, 잇단 통신사 제휴로 소비자 혜택 풍성, http://www.newstomato.com/ReadNews.aspx?no=728975
통계청(2016), '2015년 생명표', http://kostat.go.kr
______(2016), '나 홀로 가구' 이제 국내에서 가장 흔한 가구 형태, http://kostat.go.kr
______(2016), 1인가구 비율 가장 높은 지역 '강원', http://kostat.go.kr

______(2016), 40대 미만 가구주 대부분 1인가구, http://kostat.go.kr

한국관광공사(2013), 빅데이터 활용 관광사업 성과 시범분석: 2013 문화관광축제를 중심으로, 한국관광공사.

한국방송통신전파진흥원(2013), 빅데이터 활용단계에 따른 요소기술별 추진 동향과 시사점, 방송통신 이슈 & 전망, 10, pp. 1-20.

한국산업기술진흥원(2016), 미국의 빅데이터 산업 육성정책, 글로벌 기술협력기반육성사업 심층분석보고서.

한국정보통신기술협회(2017), IT용어사전, http://terms.naver.com

한국정보화진흥원(2012a), 빅데이터 시대: 에코시스템을 둘러싼 시장경쟁과 전략, 한국정보화진흥원 보고서.

______________(2014), 빅데이터 커리큘럼 참조 모델 Ver 1.0, 한국정보화진흥원 보고서.

______________(2015), 2015년 빅데이터 산업 10대 뉴스 보고서.

한국지역정보개발원 빅데이터부(2016), 지방자치단체 빅데이터 추진현황과 정책적 시사점, 2016년 지역정보화 이슈 리포트 2호 한국지역정보개발원.

한석희 · 조형식 · 홍대순(2015), 인더스트리 4.0, 페이퍼로드.

한운희(2014), 저널리즘의 최전: 데이터 시각화와 인포그래픽, 한국언론진흥재단.

한주엽(2011), 삼성 · LG 등 국내 대기업 SNS 빅데이터 분석 한창, 디지털데일리, 2011. 12. 4.

함유근(2015), 이것이 빅데이터 기업이다, 삼성경제연구소.

함유근 · 채승병(2012), 빅데이터, 경영을 바꾸다, 삼성경제연구소.

홍범석(2013), 개인정보보호 관련 규제체계와 주요 이슈, 방송통신정책, 15(22), pp. 47-86.

홍성열(2002), 사회과학도를 위한 기초통계, 학지사.

홍성주(2014), 한국사회를 바꿀 5대 글로벌 트렌드, 과학기술정책연구소.

브렌다 L. 디트리히, 에밀리 C. 플래치, 모린 F. 노튼(2015), 애널리틱스, 한국경제신문.

황미진(2015), OECD 빅데이터 시대 성장과 웰빙을 위한 혁신 보고서 발간, 글로벌 소비자정책 리포트 한국소비자원.

황승구 · 최완 · 장명길 · 이미영 · 허성진(2013), 빅데이터 플랫폼 전략, 전자신문사.

용환승 · 나연묵 · 박종수 · 승현우 · 이민수 · 이상준 · 최린 역(2007), *Introduction to DATA MINING*, 인피니티북스.

IBM 글로벌 비즈니스 가치 연구소(2012), 분석: 빅데이터의 현실적인 적용, 요약 보고서.

Digieco(2013), 빅데이터 성공적 활용사례 분석.

______(2013), 사례로 보는 빅데이터 성공 가이드.

______(2014), 빅데이터를 활용한 비즈니스 기회와 활성화 요건.

______(2014), Amazon.com: 기술 기반의 고객 서비스 혁신.

______(2015), 빅데이터의 이해와 활용.

A. Carugati, R. Liao, and P. Smith(2008), "Speed-to-fashion: managing global supply chain in Zara," *Proceedings of the IEEE ICMIT*, Sept, pp. 1494-1499.

A. Jacobs(2009), "The pathologies of big data," *Communications of the ACM*, 52(8), pp. 36-44.

BIG DATA AND IOT: Benefits, drawbacks, usage trends 2016, Techpro Research.

Baek, S. I. and Choi, D. S.(2015), "Exploring User Attitude to Information Privacy," *The Journal of Society for e-Business Studies*, 20(1), pp. 45-59.

Brynjolfsson, E.(1993), "The productivity paradox of information technology," *Communications of the ACM*, 36(12), pp. 66-77.

Buchanan, T., Paine, C., Joinson, A. N., and Reips, U. D(2007), "Development of measures of online privacy concern and protection for use on the internet," *Journal of the American Society for Information Sciences and Technology*, 58, pp. 157-165.

C. Snijders, U. Matzat, and U. Reips(2012), "Big Data: Big gaps of knowledge in the field of Internet," *International Journal of Internet Science*, 7, pp. 1-5.

Cisco(2011), Cisco Visual Networking Index: Global Mobile Data Traffic Forecast Update, 2010-2015, http://www.cisco.com

Crozier, Jen(2013), Bit Bata Means Smarter Cities, Skoll World Forum, March 19. 2013, http://skollworldforum.org

D. Henschen(2011), "Catalina Marketing Aims For The Cutting Edge Of Big Data," *Newsweek*, Sept. 6.

D. Laney(2001), "3D Data Management: Controlling Data Volume, Velocity and Variety," *Meta Group*, Feb. 6.

Dave Feinleib(2012), "The Big Data Landscape," *Forbes*.

Executive Office of the President(2010), Designing a Digital Future, President's Council of Advisors on Science and Technology.

Forrester Research(2016), Enterprise Architecture Professionals.

G. George, M. R. Haas, and A. Pentland(2014), "Big data and management," *Academy of Management Journal*, 57(2), pp. 321-326.

Gartner(2012. 6.), The Importance of Big Data: A Definition.

________(2012. 10.), Big Data Drives Rapid Changes in Infrastructure and $232 Billion in IT Spending Through 2016.

________(2015), Selecting Impactful Big Data Use Cases. Government, *Journal of Korean Association for Regional Information Society*, 16(3).

Hann, I., Hui, K., Lee, T., and Ping, I. P. L.,(2002) "Online Information Privacy: Measuring the Cost-Benefit Trade-off," *TwentyThird International Conference on Information Systems*, Barcelona, Spain, 15(18), pp. 1-8.

I. A. Hashem, I. Yaqoob, N. B. Anuar, S. Mokhtar, A. Gani, and S. U. Khan(2015), "big data on cloud computing: Review and open research issues," *Information Systems*, 47, pp. 98-115.

IBM Center for The Business of Government(2014), Realizing the Promise of Big Data, 2014. 2. 9.

IDC(2011), Extracting Value from Chaos, https://www.emc.com

John Foley(2013), 8 Key To A game-Changing Big Data Strategy, ForbesBrandVoice, http://www.forbes.com

Matt Turck & ShivonZilis (2013). "The Big Data Landscape(Version 2.0)".

McKinsey Global Institute(2011), Big data: The next frontier for innovation, competition and productivity.

N. G. Carr, "IT doesn't matter(2003)," *Harvard Business Review*, 41-49, May 2003. 2, pp. 321-326.

O'Reilly Radar Team(2012), *Planning for Big Data*, O'Reilly.

P. Tambe(2014), "Big data investment, skills, and firm value," *Management Science*, 60(6), pp. 1452-1469.

R. Jacobs(2015), "Rise of Robot Factories Leading Fourth Industrial Revolution," *Newsweek*, Mar. 5, 2015.

R. T. Due(1933), "The productivity paradox," *Information Systems Management*, 10(1), pp. 68-71.

S. LaValle, E. S. Lesser, M. S. Hopkins, and N. Kruschwitz(2013), "Big data, analytics and the path from insights to value," *MIT Sloan Management Review*, 21.

S. Ryu, and T. M. Song(2014), "Big data analysis in healthcare," *Healthcare Informatics Research*, 20(4), pp. 247-248.

S. Zhang, C. Zhang, and Q. Yang(2003), "Data preparation for data mining," *Applied Artificial Intelligence*, 17(5-6), pp. 375-381.

Smith, H. J., Milberg, S. J., and Burke, S. J.(1996), "Information Privacy: Measuring Individuals Concerns about Organizational Practices," *MIS Quarterly*, 20(6), pp. 167-196.

Sqrrl(2013), "Sqrrl's Task on the Big Data Ecosystem".

Timandra Harkness(2016), Big data does size matter? Bloomsbury Publiching Plc (London, New York).

Vital Wave Consulting(2012), Big Data, Big Impact: New Possibilities for International Development, World Economic Forum.

찾 아 보 기

(ㄱ)

가설 191
가지치기 251
가치 133
가치 네트워크 83
가치사슬 83
가치서비스 18
가치지각차이 이론 139
가치 창출 21, 83, 131
개인정보 277
개인정보 보호 69
개인정보 침해 142
개인 프라이버시 277
결측값 처리방법 221
경쟁력 137
계보적 군집 방법 245
계층적 분류 242
고객가치창출 82
고객관계관리 31
고객 데이터 분석 31
고객만족도 119
고객 맞춤형 프로모션 95
고객유지 31
고객이탈방지 31
고객 패널 117
공공개방포털 157
공공데이터 활용 19
공유가치창출 129
공평성 이론 139
과학적 조사 175
교차분석 214
군집(cluster) 237
군집분석 237
권위주의적 방법 175
글로벌 시장 57
기계학습 185
기대불일치 이론 139
기술통계 191
기업생태계 81
기업의 생산성 제고 147

(ㄴ)

나노센서 59
내부마디 249
네트워크 가치 84

노드 249
농사 로봇 59

(ㄷ)

다차원척도법 228
단말마디 249
단일표본 t검정 219
대규모 데이터 프로그래밍 언어 187
대용량 데이터 49
대응력 37
대응표본 t검정 220
대중화된 소비사회 53
대체 데이터베이스 구조 187
대체식품 소일렌트 59
데이터 17
데이터 개방 의무화 160
데이터 과학 176
데이터 관리 18
데이터 기반 서비스 69
데이터 레이크 185
데이터베이스 178
데이터 분석 18
데이터 생성 속도 30
데이터 수집 18
데이터 쓰나미 18
데이터웨어하우스 49
데이터의 양 26
데이터의 이동 28
데이터의 흔적 13
데이터 자산 19
데이터 저장 18
데이터 탐색 18
독립표본 t검정 221
등간척도 93
디지털 경제 156
디지털 정보량 261
디지털 제조혁명 292

(ㄹ)

로그 수집기 186
로봇 133

(ㅁ)

마이크로타기팅 65
맵리듀스(MapReduce) 187
명목척도 193
모바일결제시장 101
모바일 금융 혁명 293
모바일 카드 69
모평균 223
문자와 영상 데이터 13
미래 트렌드 54
미래 트렌드 파악 20

(ㅂ)

범죄예측 시스템 25
분류분석 243
분리 기준 251
분산도 198
분석 89
VOC 31, 114
비교수준 이론 139
비율척도 193
비정형 데이터 27
비주얼 애널리틱스 204
비즈니스 모델 82
비즈니스 생태계 77
비즈니스 인텔리전스 47

빅데이터 13
빅데이터 기술 30
빅데이터 등장 17
빅데이터 분석 32
빅데이터 사례 87
빅데이터 시장 25
빅데이터와 전쟁 62
빅데이터의 본질 29
빅데이터의 역량 21
빅데이터의 창조 170
빅데이터의 핵심 가치 32
빅데이터 잠재적 가치 135
빅데이터 정책 동향 157
빅데이터 프로젝트 172
빅데이터 활용 18
뿌리마디 249

(ㅅ)

사물인터넷 36
사물지능통신(M2M) 13, 17
사용 89
4차 산업혁명 274, 275
사회적 기회비용의 절감 20
사후분석 225
산술평균 197
상품개발 150
생산성 19
서열척도 193
설문지 195
성과관리 18
소비 규모 분석 22
소비동향 분석 22
소비사회 문제 54
소비생활 만족도 53
소비자만족 111
소비자 만족도 53
소비자 목소리 109
소비자문제 138
소비자정보 138
소비자행동 분석 24
소비 장소 분석 22
소셜 네트워크 분석 181
소셜 분석 18
소셜 협업 28
솔루션 18
수정비교수준 이론 139
수집 88
수치 데이터 13
3D프린터 103
3V(volume, variety, velocity) 49
스마트 기기 156
스마트 시티 279
스파크 185
시각화 203
CCTV 17
CS 114
CSV 129
신디케이트 데이터 109
싱글족 127

(ㅇ)

알리바바(Alibaba) 64
앱스토어 100
SNS 16
SPSS 통계 프로그램 219
역량 183
연구문제 191
영감적 혹은 신비적 방법 175
예측 302
예측 배송 34
오픈데이터 정책 161
오피니언 마이닝 181

위험관리 150
의사결정 과학 18
의사결정나무 분석 248
의사결정 능력 향상 19
의사소통 277
이성주의적 방법 175
이온추진 엔진 58
인공지능(AI) 73, 133
인구센서스 17
인사이트 18
인터넷 기업 149
인터넷 이용률 13
인포그래픽 206
인프라 구축 19
1인 가구 127

(ㅈ)

자율주행 차량 293
저장 88
정규분포 218
정보기술 265
정보 시스템 266
정보 약자 보호 159
정보통신 63
정보통신기술 143
정보 프라이버시 277
정지규칙 251
제3의 물결 292
중위수 197
지식재산권 143

(ㅊ)

창조력 137
척도 193
최빈값 197
최적분리 군집 방법 245

(ㅋ)

카이제곱 214
커뮤니케이션 261
K-평균 군집분석 244
콘텐츠 중심 16
클라우드 286
클라우딩 133

(ㅌ)

탐색조사 175
텍스트 마이닝 181
통찰력 137
트렌드 분석 77
트렌드 예측 50
트리분석 257
트위터(twitter) 17

(ㅍ)

표본 227
표준화 값 202
표현 89
프로슈머(prosumer) 83

(ㅎ)

하둡 185
하둡 분산 파일 시스템 187
하드웨어 기술 123

한국형 인더스트리 4.0 105
합성생물학 293
해킹방지 69
핵분열 원자로 59
행복한 소비사회 52
헬스케어 천국 112
형태 198
효율성 19